本书为教育部人文社会科学研究 2009 年一般项目（项目批准号：09YJA770023）

帝国的象征：

清东陵的政治——社会史研究

◎ 王海燕 著

暨南大學出版社
JINAN UNIVERSITY PRESS

中国·广州

图书在版编目（CIP）数据

帝国的象征：清东陵的政治—社会史研究/王海燕著．—广州：暨南大学出版社，2012.12

ISBN 978－7－5668－0445－7

Ⅰ.①帝…　Ⅱ.①王…　Ⅲ.①陵墓—研究—中国—清代　Ⅳ.①K928.76

中国版本图书馆 CIP 数据核字(2012)第 297728 号

出版发行：暨南大学出版社

地　　址：中国广州暨南大学
电　　话：总编室（8620）85221601
　　　　　营销部（8620）85225284　85228291　85228292（邮购）
传　　真：（8620）85221583（办公室）　85223774（营销部）
邮　　编：510630
网　　址：http：//www.jnupress.com　http：//press.jnu.edu.cn

排　　版：广州市天河星辰文化发展部照排中心
印　　刷：佛山市浩文彩色印刷有限公司

开　　本：787mm×960mm　1/16
印　　张：17
字　　数：320 千
版　　次：2012 年 12 月第 1 版
印　　次：2012 年 12 月第 1 次

定　　价：39.80 元

目 录

绪 论

第一节 从“地方”到“整体”
——社会史视角下的政治史研究

社会史自20世纪80年代复兴以来，作为一种颠覆“传统史学”的“新范式”史学，发展到现在，不仅在与它相对立的或者有分歧的派别争论中，同时也在自身的实践中不断地探索、修正其理论和方法，一步步走向成熟。在社会史“从边缘日渐走向中心，其羽翼渐丰”① 的今天，仍有一些问题需要提出来加以讨论、澄清，其中之一就是“社会史”能否研究或更确切地说有没有能力研究“政治史”，以及怎样研究政治史。

对前者的回答应该说不难，因为社会史不是历史学的一个分支，也就是说它不仅仅是“社会生活史”或“生活方式史”或“社会行为史”，而且是“一种新的研究方法、新的研究态度和新的研究视角”，即是一种“新范式”。② 既然是一种史学研究的新视角、新范式，那么它为什么就不能研究历史上的政治事件、制度和现象呢？虽然作为新范式的社会史是以与传统的政治史学的对立面这种方式出现的，但它并不是不要政治史，只是要改造传统的政治史研究模式，在方法手段上试图探索一种新的途径，变单纯的叙事和笼统的概括历史为细致而深刻的解释历史，以求史学研究接近真实。

至于社会史有没有能力研究政治史，这也是无须多费口舌辩驳的问题。因为这绝不像某些学者所认为的“研究政治史的学者注重重大事件和风云人物的活动，而社会史学者则钟情于人们社会生活的细枝末节”，“社会史和政治史在所

① 赵世瑜：《社会史研究向何处去?》，《河北学刊》2005年第1期，第62页。

② 赵世瑜：《再论社会史的概念问题》，见《狂欢与日常——明清以来的庙会与民间社会》，北京：生活·读书·新知三联书店2002年版，第439～440页。

关注的问题上存在着十分明显的鸿沟”[①]。很显然这是对社会史的最大误解，持这种观点的学者仍然是把社会史当作历史学的一个分支了。其实，政治史与社会史从来都不是截然对立的，“两者在任何历史阶段、任何区域以及任何历史侧面，都有着不可分割的联系。发现和研究这种联系为政治史和社会史学者扩展了研究空间和找到了结合点”[②]。有的学者更明确地提出，“对‘区域社会史’的理解也应更多地关注‘政治’作为一种强有力的空间表现形式，是如何与‘地方性知识’达成了某种张力关系的”[③]。即便是早期的年鉴学派，也从来没有“摒弃政治史，只是反对历史以政治史为主体，所以格奥尔格·伊格尔斯在《20世纪的历史科学——国际背景述评》中说年鉴学派的著作，‘国家就连经济都包括在一种内容广泛的社会思考之中。这并不意味着政治因素遭到了忽视’”[④]。

然而对后者的回答，就不是一件容易的事了。既然社会史可以而且有能力研究政治史，那么，怎样去研究？通过什么样的方法和手段介入？换句话说，如何去发现、研究政治史和社会史的联系问题以及怎样找到它们的结合点？这些问题在目前看来，还处在探索之中。尽管已经出现了一些从社会史介入政治史较为成功的研究范例，如杜赞奇的《文化、权力与国家——1900—1942年的华北农村》[⑤]、孔飞力的《叫魂：1768年中国妖术大恐慌》[⑥]以及王笛的《街头政治——20世纪初中国城市的下层民众、改良精英与政治文化》[⑦]等，但还是没有形成一个大家认同的明晰的思路可供研究者参照。这需要政治史学者和社会史学者的共同努力。

杜赞奇的《文化、权力与国家——1900—1942年的华北农村》是将晚清至民国国家力量不断扩展的过程，放置于华北区域社会的情境中去加以阐述的；孔飞力的《叫魂：1768年中国妖术大恐慌》亦是从江浙地区的巫术骚动以及朝廷

---

① 王笛：《街头政治——20世纪初中国城市的下层民众、改良精英与政治文化》，见孙江主编：《新社会史：事件·记忆·叙述》，杭州：浙江人民出版社2004年版，第49页。王笛在此文中介绍了史学研究中常常出现的两种不同的学术倾向：即政治史和社会史研究的上述差别。

② 王笛：《街头政治——20世纪初中国城市的下层民众、改良精英与政治文化》，见孙江主编：《新社会史：事件·记忆·叙述》，杭州：浙江人民出版社2004年版，第49页。

③ 杨念群：《为什么要重提“政治史”研究》，《历史研究》2004年第4期，第12页。

④ 冯尔康：《社会史研究的探索精神与开放的研究领域》，见周积明主编：《中国社会史论》上卷，武汉：湖北教育出版社2000年版，第61页。

⑤ 杜赞奇著，王福明译：《文化、权力与国家——1900—1942年的华北农村》，南京：江苏人民出版社1994年版。

⑥ 孔飞力著，陈兼、刘昶译：《叫魂：1768年中国妖术大恐慌》，上海：上海三联书店1999年版。

⑦ 王笛：《街头政治——20世纪初中国城市的下层民众、改良精英与政治文化》，见孙江主编：《新社会史：事件·记忆·叙述》，杭州：浙江人民出版社2004年版。

对这一事件的处理讲起，进而讨论帝国官僚体制的运行，从地方事件中窥见国家政治；王笛的《街头政治——20世纪初中国城市的下层民众、改良精英与政治文化》同样也是以对20世纪初的成都街头政治的考察而揭示政治对人们日常生活的影响。上述学者的研究对于我们来说，最具启发意义的是，他们都将国家政治放在一个区域社会里考察，都是首先从区域社会史的角度切入，进而扩展到国家"跨区域"的宏观政治，即自下而上地去解读国家政治。尽管他们的研究中还存在着或多或少的不足（如对地方社会错综复杂的状况关注不够），但他们的尝试已经是很了不起，具有开创性意义的了。因为这样一种方法是完全不同于传统的政治史那种宏大叙事框架下"填充式"或"标签式"，只着眼于宏观政治本身的演变，而忽视了政治是否影响和怎样影响地方社会下层民众日常生活的研究，即解构了传统的政治史。所以，这种社会史视角下的政治史研究，可以称得上是一种新型的政治史，这种"新型的政治史在政治史的范畴内不再是政治的历史，而是政权的历史，不再关注那些大人物，诸如国王和大臣是谁，而是探讨解释政权在何处，拥有权力的是谁，社会的权力在哪里"①。也就是说社会史视角下的政治史研究特别注重挖掘历史事件（或叫历史现象）背后隐含的深层次的东西。虽然这些历史事件有可能仅仅发生在一个小范围或一个区域里，但它的背后却可以牵出整个帝国的制度，从而为人们更好地理解这些制度提供帮助。

有的学者虽承认"地方史"对政治史的重新解读贡献很大，但也担心地方史是从各自的地方性视野和脉络中来重绘"整体史"这张地图的，"所以如何拾掇起碎片重新拼贴出一幅整体的政治史图像，又使之区别于'革命史叙事'支配下的传统解释，仍是有待完成的有趣课题"。虽然承认"'地方史'研究方法的介入无疑会更加有效地回答人们脑海里被抽象化的'政治'如何在一些普通中国人的具体行为中发生作用"，但同时却担心地方史"难以回答政治为什么会在超地区的范围内如此前无古人地改变着整个生活世界"②。一言以蔽之，他们就是认为社会史难以完成学科整合的历史使命。③ 很显然，这些担心的本质就是否定社会史是一种研究方法，是一种观察历史视角的观点，仍是把社会史当作历史学的一个分支，那么自然也就由此推论出社会史是没有能力解读政治史的。首先，我们仍认为社会史是一种新的史学研究方法，是观察历史的一种新视角，不论是地方史还是跨地域的整体史，作为方法论意义的社会史是有能力驾驭跨地区的宏观政治的，其中最基本的理由之一，就是地方视野里的政治史研究，有些选

① 勒高夫：《年鉴运动及西方史学的回归》，《史学理论研究》1999年第1期，第126页。
② 杨念群：《为什么要重提"政治史"研究》，《历史研究》2004年第4期，第10、12页。
③ 冯尔康：《"说故事"的历史学和历史知识大众文化》，《河北学刊》2004年第1期，第167页。

题本身就是在解读跨地域的国家政治的总体演变轨迹。如上述提到的杜赞奇、孔飞力和王笛的三部论著，他们虽然是以区域为切入点，但最终讲的还是国家的宏观政治。他们的研究之所以引人注目，其成功之处也正在于他们有别于传统思路的社会史视角。其次，从社会史对政治史研究的实际操作要求看，这种担心更是没有必要。从地方社会去解读整个国家的宏观政治，确实是从各自地方历史场景出发，通过对地方具体历史事件的分析，来考察国家的宏观政治在这个地方的实施以及演变情况。因为中国幅员辽阔，民族众多，地形复杂，经济文化发展历来不平衡，区域差异较大，国家的宏观政治，包括法律法规、各种措施和制度等在各个地方的贯彻执行不可能是整齐划一、完全相同的，即便是在国家政治强烈渗透到普通人生活的近代，国家政治在各地的实施也不可能"刚"性到一成不变的程度，它总会根据各地的实际状况作出某些适当的调整。近些年的社会史研究成果已毫无疑问地证明了这一点。因此，"在社会史这里，或者说与传统的政治史不同的是，政治不再是一个孤立的、脱离具体历史情境和社会变迁的宏大叙事框架，而是立足于具体的时空坐标点上的一个个'叫魂案'。"① 从地方史的视角去解读政治史这一新的研究思路，就可以把国家的整体政治在各个地方的具体实施状况较为全面地展现出来，然后在此基础上进行综合研究，进而揭示国家宏观政治的总体发展脉络。既"立足于地方"，同时又不断地"超越地方"，做到既见树木，又见森林。相比之下，过去的传统政治史正是缺少这种微观细致的考察，在脱离了一个个具体的历史场景的那种宏大叙事框架下的填充式研究，由于"缺乏解释能力和叙述魅力"，其结果很难避免出现千篇一律、僵化呆板和"机械教条的图解"的缺憾局面，以至于造成"人们在政治史的表述中除了了解到堆积出的一系列事件序列和机械的制度外，根本无法感受到中国政治运作奇诡多变的态势和与人们日常生活的关联意义"②。社会史视角下的政治史研究，恰恰能够改变这种状况。把国家的宏观政治放置到一个区域（或叫地方）具体的历史脉络中去理解，通过"地方"这一视野，不但能够使我们窥探到整体政治史这张地图，而且所看到的这张整体史的地图较之从前更加多姿多彩和真实可靠。至于怎样拾掇起碎片去重新拼贴出一幅整体政治史的图像，避免"只见树木，不见森林"缺失的出现，这里需要的是综合的研究和理论的提升问题，这也正是需要史学工作者们今后为之努力探索的重要问题。

诚然，从另一个方面看，上述学者的担心不是完全没有道理，因为在学术研究中，无论是哪个学科，一种新的方法论的提出和实践，总会伴随着挫折、迷

① 赵世瑜：《社会史研究向何处去?》，《河北学刊》2005 年第 1 期，第 67 页。

② 杨念群：《为什么要重提"政治史"研究》，《历史研究》2004 年第 4 期，第 10 页。

茫、困惑，甚至是缺憾。地方史解读政治史这样一种新的研究方法和视角，自然也不例外。但是，不能因此就放弃创新的努力。任何事物，如果不去探索尝试，怎么会知道它的好与不好呢？在历史学研究面临困境的今天，创新意识尤显重要，墨守成规只能永远停留在传统模式上，不但不会给历史学带来繁荣，很可能会走向自我毁灭。但我们要加以注意的是，“在进行区域史研究时，必须时刻保持区域的开放性，同时结合政治史的整体视角，综合使用区域史和整体史的路径。”① 就地方史能否解读政治史和如何解读政治史这个问题而言，既然它是个有趣和有价值的课题，那就需要史学工作者们树立信心，投入更大的精力去研究，探索出一个切实可行的方法，并使其逐渐走向成熟和完善。

在社会史学者看来，国家的“宏观政治”在各个区域的表现（或可以叫“贯彻”）是不同的，若要确切地理解一个幅员辽阔、民族众多、经济和文化发展不平衡的国家政治的话，就不能脱离一个个具体的历史情境孤立地去考察。国家政治，包括从细小的每项法规条例到大的事件发生，在各地所产生的反应是不一样的，换句话说，国家的政治力量在各个地方社会所遭遇的权力网络应对状况是不同的。“上有政策，下有对策”是很多历史时期共有的现象。反过来，国家政治亦会根据不同的地方，因地制宜地作出某些调整，以维持其正常的统治秩序，这就形成了“国家”与“地方”二者的互动关系。而地方社会及其个人，在经历一个全国性的重大政治事件的过程中，一定会有各自完全不同的表现和体会。正如赵世瑜在其《社会史向何处去?》中所讲到的：“王朝的兴衰更替是剧烈的社会变动的产物，不仅王侯将相，而且每一个经历这一切的人，都会对此有着切身的感受，都会以不同的身份、在不同的程度上参与这场变动，也会影响着变动的进程，……甚至就各个不同区域来说，全国性的社会变动对它们会具有并非相同的意义；影响全国或者是跨区域的事件在各个地方的展演是不同的，反过来说，这种地方性的展演对于大历史的影响也是不同的。”② 由“微观”到“宏观”、由“地方”到“整体”，这种从区域社会的视角切入去考察国家的宏观政治的研究方法，将会在某种程度上避免传统方法那种大而粗、笼统而宏观的弊端，即通过对地方社会历史的考察，去管窥国家政治的演变，从而使政治史的研究更趋缜密和细致，更能接近历史的真实。总之，“运用社会史的理论方法对历史上的政治事件、精英人物、国家制度和权力运作等现象进行再研究，能够为政治史研究注入新的活力，创新政治史研究途径”。在研究方式上，“可以突破

① 李忠人：《社会史与政治史关系探究》，见《社会史研究的理论与实践》（两篇），《新华文摘》2012 年第 12 期，第 65 页。

② 赵世瑜：《社会史研究向何处去?》，《河北学刊》2005 年第 1 期，第 65 页。

'区域—整体'、'微观—宏观'和'上层—下层'的割裂性限制，以利于建立全面、立体和动态式的政治史研究架构"①。

尽管传统的政治史范式对问题缺乏解释能力和叙述魅力，但并不是说它的一切都是失败的，应该承认其在某些问题上仍有所长，如王朝的更替、帝王将相等重大问题的研究等。也就是说社会史视角下的政治史，并不是完全取代传统的政治史，而是要改变传统的政治史研究模式，取其之长，去其缺欠。尤其在今后的研究实践中，对某些问题，如：在不同的历史时期，国家的政治力量对地方社会的渗透给民众带来怎样的影响？同时，地方社会又是如何应对国家政治的？这些不应该仅仅是社会史学者或者是政治史学者独自要去解答的，而是需要二者通力合作，积极主动地思考和实践，只有这样，才能较为圆满地回答这些问题。要完成这个任务，就必须摒弃社会史和政治史"二元对立"的观念，建立起二者沟通和对话的平台，探索出一条双方联系的有益途径，找到一个恰当的结合点，使政治史的研究真正走出一条新的路径。

回顾近些年对社会史的研究，学者们关注较多的是那些与国家政治相对抗的一些很显眼的问题，有很大一部分成果"仍强调民众以各种文化和社会象征的形式与政治相对抗的行为"，所以有的学者担心，对"'地方性知识'的过度强调也容易使人误认为乡村社会的传统一定是和上层社会的价值处于一种截然对立的状态，代表乡村的'地方性知识'变成了和代表精英上层的'普遍性知识'相对抗的一种反控制资源"②。这是一个很好的提醒，社会史学者应该认真地反思，应该对以往的研究进行总结，找出不足，以便在今后的研究中注意完善。其实，在一种新的研究方法使用之初，因为处在探索阶段，所以有缺欠在所难免。重要的是，只要社会史学者始终具有反思和不断追求完善的意识，就能够少走弯路，使新的方法逐渐走向成熟。在这里需要特别加以澄清和强调的是，从社会史的角度去解读政治史，并不是说把眼光只盯在地方社会中那些对抗国家政治的力量，同时也会关注到地方社会中那些情愿或不情愿地在国家政治的规范下生活的人们，这些人是怎样的一种心态，是用什么样的一种行动，去服从国家的政治？社会史学者对此同样感兴趣。总之，作为方法论意义上的社会史，在对待政治史的研究上，同样不会局限自己的视野，圈定自己的研究范围，犯自束手脚、"画地为牢"的错误。

另外，很有必要提出来的是，有的学者片面地理解"地方"和"整体"这

① 李忠人：《社会史与政治史关系探究》，见《社会史研究的理论与实践》（两篇），《新华文摘》2012年第12期，第65页。

② 杨念群：《为什么要重提"政治史"研究》，《历史研究》2004年第4期，第11～12页。

两个概念，把二者对立起来。虽然说作为微观的“地方”研究，往往在确定研究对象时所选择的“点”很小，但是它的方法仍然是整体性的。赵世瑜在其《社会史研究向何处去?》一文中所讲的一段话很有说服力：“把整体史追求与更为微观的地方性研究对立起来似乎也是对整体史的误解，因为整体史不一定单纯地意指布罗代尔社会科学化的结构史，因为拉迪里的《蒙塔尤》同样可以被理解为整体史的杰作，同时区域史意义上的整体史也并不一定意味着追求普遍性。”[①] 从“地方”中可以见到“整体”，而“整体”中一定是包括“地方”，“整体”是建立在“地方”基础之上的。过去的传统政治史正是缺少“地方”的视野，才导致它对事件解释的苍白无力。最终使“‘政治史’这块‘帝国版图’迅速被‘文化史’和‘社会史’等新兴学科所吞噬和肢解，最终沦落为边缘学门”[②]。“社会史”作为新兴学科之一，能够“吞噬”和“肢解”“政治史”，说明“社会史”本身具有“政治史”不具备的优势。由此可见，在方法论的问题上同样也体现了优胜劣汰、适者生存的道理。无论如何，从“地方”到“整体”这种社会史视角下的政治史研究，将会给传统的政治史研究带来一个全新的面貌。当然，作为一种新方法的社会史视角的政治史研究尚处在不成熟的阶段，这块园地需要广大史学工作者齐心协力进行耕耘。

本书即尝试用上述方法，一方面，研究清东陵的修建和维护给地方社会带来的影响以及地方社会的应对；另一方面，从地方社会的视角、在区域社会的场景下，自下而上地探索国家宏观政治的演变，即清王朝通过修建皇陵这样一个具体的大事件，在特定的空间范围内是如何展演国家政治的，进而揭示陵寝制度在清王朝的历史中扮演了什么重要角色以及如何扮演的问题。

第二节　研究价值

为什么要选择清东陵作为研究对象？原因有三：其一，笔者比较熟悉这个地方。笔者曾经在唐山工作了八年，所教过的学生中，有很多就在陵区居住，甚至他们当中有一些人就是守陵人的后代，笔者也曾亲自带着学生作为专业考察去过几次清东陵。应该说对那里的风土人情有所了解。其二，笔者曾经作过冀东社会的课题研究，尽管涉及清东陵的不多，但毕竟还是接触了一些地方资料，对完成此研究是有帮助的。其三，这是笔者选择清东陵作为研究对象的最重要的一点。

① 赵世瑜：《社会史研究向何处去?》，《河北学刊》2005年第1期，第64页。

② 杨念群：《为什么要重提“政治史”研究》，《历史研究》2004年第4期，第10页。

清东陵是清代入关之后所建造的第一座也是规模最大的陵园，这里所葬的多是清代或者说中国历史上名声显赫的人物。若从区域社会史的角度来说，作为皇家陵寝所在的地方社会，肯定是有别于其他区域社会的。比如说国家政治在这样一个特殊的区域社会里是如何“展演”的？这个区域的政治经济状况、生态环境、文化风俗以及百姓的生产生活等各个方面，是否都会因皇陵的修建而受到影响？这一特殊的区域社会较之一般的地方社会有什么不同等问题，都是有讨论价值的。更为值得关注的是，本书讨论的重点还不是专讲区域史的问题，而是通过清东陵（从空间范围上可以说是一个区域，从时间延续上可以说是一个断代）的研究，阐释清王朝的政治制度，进而在方法论上实践和证明用社会史这一新范式研究政治史的可操作性。具体地说，即以自下而上的社会史的眼光，通过清东陵这样一个微观具体的特殊区域，去解读清帝国的宏观政治，由此去解构传统的政治史。

到目前为止，在区域社会史的研究中，有关皇家陵园区域的还鲜有涉及，中国有着2000年的陵寝制度史，从战国到明清，建有多处皇家陵园，由于统治者们奉行“事死如事生”的礼制，所以历代陵寝几乎都是按照帝王生前所居的宫廷格局设计建造而成。这些规模宏大的陵园从一开始筹建，就要和所在地方社会发生关系，迨到工程竣工及帝后妃们的奉安、拜谒祭祀等，都会给所在地方社会带来重大影响，由此而逐渐形成了以陵寝为中心、辐射周围地方的一个独特的区域社会。那么，这样一个独特的区域社会内部是如何运作的？所呈现的是怎样的一种历史画面？这种地方社会的政治和国家的宏观政治是怎样的关系？这不但是有趣味，同时亦是有研究价值的问题。

有清一代，共建有5处帝后陵寝：即入关前的盛京福陵（清太祖努尔哈赤）；清太宗皇太极的昭陵；辽宁新宾县赫图阿拉的永陵（清代远祖，即肇、兴、景、显四祖）以及入关后的河北省遵化市的清东陵和河北省易县的清西陵。在这些陵寝中，清东陵的规模最大、体系最完整、布局最得体。清朝同中国历史上的其他朝代一样，非常重视皇陵的营建，几乎每一个新皇帝继位伊始，就着手为自己相度“万年吉地”，陵址一旦选定，便不惜耗费巨资，投入大量的人力和物力去兴修。清东陵自康熙二年（1663）首建孝陵起，到光绪三十四年（1908）重修慈禧陵竣工，修陵时间历时近两个半世纪，前后共修建了15座帝后妃陵寝。其中帝陵5座、皇后陵4座、妃园寝5座、公主园寝1座，大小单体建筑达580座，其神道总长14 500米。这些陵寝都是依昌瑞山南麓按主次分布。清朝入关后的第一位皇帝顺治的孝陵居中，左为清朝在位时间最长的康熙帝的景陵，右为自称“十全老人”的乾隆帝的裕陵，再左为清朝最短命的同治帝的惠陵，再右是继位后历经风波最多的咸丰帝的定陵。这5座主要陵寝中间还分布着皇后陵和妃园寝，慈禧以及极具传奇色彩的香妃的陵园寝也在其中。而在陵区外围还分布着众多的王爷、太子、公主、大臣的坟墓。在陵区大红门外还矗立着清初也是中国历史上最杰出的女政治家、曾辅佐儿孙两代的孝庄文皇后的昭西陵。在清东陵共埋葬了5位皇帝、15位皇后、136位妃嫔、1位阿哥，总计157人。为了守护这些陵寝，清政府在此设立了一套庞大的组织系统，供职的官兵役员人数多达6 357人。另外，帝后奉安、谒陵以及每年大小祭祀活动等所需物品中的一部分，即由附近州县民人提供。这样一来，自然形成了一种独特的区域社会网络关系。研究这种独特的区域社会，对于了解地方社会乃至整个国家的宏观历史都是十分有益的。总之，清东陵虽然是一个微观的区域，但它的历史几乎与清王朝的兴亡相始终。作为皇家陵园，从建陵（包括选址、供料、雇用役夫）、护陵到谒陵，这一系列的活动过程，可以说均牵涉到了清帝国诸多的政治、经济制度和文化观念。对清东陵的研究，能帮助我们更好地理解清王朝的历史。

中国幅员辽阔，民族众多，不同的地方有不同的特色，各地区的差异性很大。区域社会史学就是要揭示各个区域自身历史发展的脉络，走出传统史学那种在“宏大叙事的结构”① 下抽象教条研究的怪圈，使历史学研究更加走近真实。那么，清东陵作为一个区域（包括陵寝本身和周边社会，即风水墙内外），自然也是中国众多区域社会的一个组成部分。只不过它是一个皇家陵寝所在的特殊区域。从这个角度说，它应该有更多既有趣又有价值的东西可供讨论。

第三节　学术史回顾

一、陵寝制度史研究

中国古代帝王陵墓，包括陵墓及其附属建筑，合称为陵寝。我国从第一个王朝夏到最后一个王朝清，历时三千余年，其间，汉族和其他少数民族建立的统一王朝和地方政权，共有帝王五百余人。至今地面有迹可寻、时代明确的帝王陵寝共有一百多座，分布在全国半数以上的省区。所以我国的帝王陵寝不仅数量众多、历史悠久、在世界上独一无二，而且布局严谨、建筑宏伟、工艺精湛，具有独特的风格，在世界文化史上占有重要的地位。陵寝及陵寝制度史的研究，应该是整个中国古代史学中很重要的一部分内容，因为它涉及中国传统的建筑学、美

① 赵世瑜：《作为方法论的区域社会史》，载《明清时期中国区域社会变迁笔谈》，《史学月刊》2004年第8期，第6页。

学、哲学、景观学、丧葬祭祀文化、宗教、民俗等诸多方面，是中国传统文化的载体。但是，令人遗憾的是，目前，学术界有关陵寝制度史的研究相对较为薄弱，历代记载陵墓的书很少。较早的有魏文帝时期由王象、缪袭所撰《皇览》一书。“皇览，书名也，记先代冢墓之处，宜皇王之省览，故曰皇览。”① 此书有800余万字之多，“所以，后来有人怀疑皇览并非仅记冢墓之书。清人侯康曰：‘冢墓盖即四十余部中之一。’又沈家本曰：‘索引但云：记先代冢墓，似皇览专记此一事，其说非也。’”② 这部大作随着时代的变迁，基本散失殆尽。今天只能从御览礼仪部及《水经注》得见原文三十余条。③

明朝出现了两部有关陵寝的著作，一为《历代山陵考》，可能由兵部尚书王在晋编撰。另一为王在晋撰《国朝山陵考》。前者内容简单，但书中记述了历代陵寝的发展演变状况。两书对后世研究陵寝具有一定的参考价值。

清朝康、雍时期由陈梦雷编辑的《古今图书集成》，亦将很多朝代的陵寝收录于书，是研究陵寝者不可忽视的资料。

清道光年间，朱孔阳根据古籍文献，包括正史、地方志和诗文编撰的《历代陵寝备考》（光绪年间铅印本，上海申报馆）一书共五十卷，搜集资料较为全面，是值得重视的。

徐干学的《读礼通考》（清光绪七年刻本，江苏书局），是一部历代丧葬制度的资料汇编，书中有辑录历代山陵制度的内容。但此书多侧重礼制，资料不够完善。

清人长润等纂修的《陵寝规制》，对陵寝建筑的规划和设计作了专门的介绍。

清佚名撰《明陵纪事》（清乌丝栏钞本），专就北京昌平天寿山十三陵各陵之规制和管理防护等作了详细的记述，同时书中记有清初统治者对明陵的保护，如每陵设司香太监两名，香火地若干亩，每陵派军三名，每名给地三十五亩，顺治四年（1647）四月，命工部修明陵；顺治九年（1652），禁樵采等。清朝入关后对前明陵寝的保护，多被誉为“清朝的一项德政”④。的确，通过清朝统治者这一明智的措施，使宏伟壮丽的十三陵得以完整地保存下来，这是清朝统治者对中国历史的贡献。当然这一举动背后深层的东西也是显而易见的，即：笼络人心，为其稳定统治服务。

清人潘时彤的《昭烈忠武陵庙制》、佚名撰《皇清陵寝风水纪略》、董恂的

① ［日］泷川资言：《史记会注考证》卷一，北京：文学古籍刊行社1955年版，第8页。
② 谢敏聪：《中国历代帝王陵寝考略》，台北：中正书局1987年版，第10页。
③ 谢敏聪：《中国历代帝王陵寝考略》，台北：中正书局1987年版，第10页。
④ 谢敏聪：《中国历代帝王陵寝考略》，台北：中正书局1987年版，第9页。

《永宁祇谒笔记》和《凤台祇谒笔记》、布兰泰撰《昌瑞山万年统志》等，均是研究陵寝制度史不可不参考的书籍。

除此之外，在某些正史的“礼制”、“纪”、“传”；各代会要；历代各陵寝所在地方文献以及古代礼仪制度中也有关于陵寝的记载。

20 世纪初，刘仁甫编《前明十三陵始末图说》（编者自刊，1915 年），记述了明十三陵修陵的经过、各陵主人与陪葬人的生平事迹，书后还附有各陵的诗文、题词、楹联等。

在现代学者的研究中，较为系统和有一定影响的是杨宽所著的《中国古代陵寝制度史研究》（上海人民出版社，2003 年）、任常泰所著《中国陵寝史》（台北文津出版社，1995 年）、杨哲文所著《中国历代帝王陵寝》（台北明文书局，1987 年）、谢敏聪所著《中国历代帝王陵寝考略》（台北正中书局，1997 年）和王其亨主编的《风水理论研究》（天津大学出版社，1992 年）。杨宽所著的《中国古代陵寝制度史研究》分为上、中、下三编，上编是作者去日本东京大学东洋文化研究所讲学用的学术报告，主题为“中国古代陵寝制度的起源及其演变”。中编是关于古代陵寝制度若干问题的探讨，如先秦墓建筑的问题、“墓祭”的起源和发生时代以及封建时代的等级制度。又论及了祠堂、石祠、华表、墓碑等的起源及其发展演变等问题。下编是作者到西安、洛阳等实地考察后所写的四篇文章。在现代学者的研究中，凡涉及中国陵寝制度内容的，首先会提到杨宽的这部著作，其影响可见一斑。确实，该著的最大特点在于对有关陵寝制度的起源、发展和演变所作的细致考证。因此，该书自出版以来，在学术界得到广泛关注，尤其对于从事陵寝制度史研究的学者来说，是具有一定的启发意义的。但该书主要是对唐代以前的陵寝制度进行了论述，唐以后，特别是明清时期的陵寝制度涉及很少，显得有些头重脚轻，这不能不说是一个缺憾。任常泰的《中国陵寝史》是一部大部头的著作，全书共分七章，从先秦传说时代的黄帝、尧、舜、禹陵开始，一直讲到清代帝陵，内容十分详尽，所引史料广博。杨哲文的《中国历代帝王陵寝》和谢敏聪的《中国历代帝王陵寝考略》二书均是通史性的研究，对中国历史上的历代皇陵进行了广泛深入的探讨。尤其谢书以二十一章的篇幅，按朝代顺序系统地阐释了各代陵寝概况，并配有大量的附图加以说明。

另外，在 20 世纪八九十年代相继出现了一些论文集和专著，如清代宫史研究会编《清代皇宫陵寝》（紫禁城出版社，1995 年）、中国第一历史档案馆编《清代帝王陵》（北京档案出版社，1982 年）、罗哲文和罗阳著《中国历代帝王陵寝》（上海文化出版社，1984 年）、孙中家、林黎明编著《中国历代陵寝纪略》（黑龙江人民出版社，1984 年）和《中国帝王陵》（黑龙江人民出版社，1987 年）、王德恒的《北京的皇陵与王坟》（中国城市出版社，1990 年）、黄景略、叶学明所著《中国历代帝王陵寝》（中共中央党校出版社，1991年）、罗哲文所著《中国历代帝王陵墓》（外文出版社，1993年）、胡汉生的《明十三陵大观》（中国青年出版社，1993年）、张文生著《中国皇陵》（北京燕山出版社，1992年）、曹蕾编《北京皇陵》（外文出版社，1997年）、曹砚农著《古代帝王陵寝实录》（岳麓书社，1997年）等。在上述各书中，以前两部论文集最为重要，因二者均以清代陵寝为收集对象，书中所收录的文章，其内容涉及各个方面，应该说代表了近些年国内关于清代皇陵研究的总体面貌和水平，这些学者也应该说是目前国内从事陵寝制度尤其是清代陵寝制度研究队伍的主力军。所以这两部书是值得重视的。但是总体上看，这些研究深入程度还不够，其中有些文章，其论述不够严谨、技术不够规范，甚至某些观点还存在着一定的问题。

刘毅著《明代第五陵墓制度研究》（人民出版社，2006年），以五章的篇幅，通过回顾，梳理中国古代陵寝制度发展和研究，对明代皇陵制度等进行全面而深入地探讨，论述了明陵在中国古代陵寝制度发展史上的地位；明陵对清代和民国陵墓的影响，并对明清两代陵寝制度的异同作了比较。就陵寝断代史而言这应该是近年来较为系统且有一定深度的一部著作。但其研究方法仍然是传统的。

1995至1998年，东北大学出版社出版了“清代关外陵寝：城阙”系列书籍，包括李凤民主编的《兴京永陵》和《沈阳辉山》；李凤民、陆海英编著的《沈阳福陵》等著作，对清代关外各陵的建造历史及其风格特点予以阐释，为全面了解和把握整个清王朝的陵寝制度提供了帮助。但这些书还是过于简单。

21世纪之初，又有一些研究成果先后问世。刘庆柱、李毓芳所著《陵寝史话》（中国大百科全书出版社，2000年）和孙翠玲、冬熊编著《陵寝下的神秘：中国名墓大观》（昆仑出版社，2000年），以考古发现为依据，结合文献资料，简要地介绍了中国帝王陵寝发展的历史。苏宝敦著《北京皇陵集萃》（北京燕山出版社，2001年），围绕位于北京的金皇陵、明十三陵、清东西陵及朝代的历史背景作了概要的介绍。宋大川等著《金代陵寝宗庙制度史料》（北京市文物研究所文物与考古系列丛书，北京燕山出版社，2003年），通过对北京房山金陵陵区遗址的考古调查，在介绍山陵和宗庙的同时，论述了金代的丧葬制度。这是一部值得重视的书籍，因为此书的论述是建立在考古调查基础之上的，所引资料比较有说服力，可以说是研究金代陵寝的上作。胡汉生所著《明十三陵探秘160问》（北京燕山出版社，2004年）采取一问一答的方式，解答了明十三陵陵址卜选、营建、建筑规制与沿革等诸多问题。王伯扬主编的《帝王陵寝建筑：地下宫殿》（中国建筑工业出版社，2004年），主要从建筑学的视角，以图、文的形式论述了帝王陵寝建筑的发展沿革和建筑特色。陆建松的博士论文《明代丧葬文化考》（复旦大学，2000年，由樊树志教授指导）重点虽为明代的丧葬文化，但其中陵寝制度专列一章，通过对明代陵寝制度（包括选择陵址、陵园规划建筑和礼制等）的阐述，深刻地揭示了明代的历史特点以及蕴含其中的有关宗教和伦理道德等文化观念，可以说与上述刘毅博士的《明代帝王陵墓制度研究》相辅相成。

中国青年出版社在2000—2004年，以“历代帝后陵寝研究书系”丛编名目，陆续出版了晏子友的《清东西陵》（2000年）、陈安利的《唐十八陵》（2001年）、徐卫民的《秦公帝王陵》（2002年）、潘伟彬的《魏晋南北朝隋陵》（2004年）、阎崇东的《辽夏金元陵》（2004年）、陈朝云的《南北宋陵》（2004年）等专著。这些断代之作对中国历史上不同时期的帝王陵寝，从陵址的卜选、陵名的确定、规制建筑、陵园管理、葬主生平事迹及相关的葬制礼俗等诸多方面进行了论述，有些学者还就某些学界有争议的问题，根据实地考察，结合文献和考古资料，阐发了自己的观点，如阎崇东在《辽夏金元陵》中，对四个朝代的帝王陵墓进行了全面的考察，揭示了契丹、党项、女真和蒙古少数民族的王陵制度，包括葬制和葬俗以及产生的时代背景等诸多问题，可以说填补了中国陵寝制度史研究的空白。

近些年，随着中国古代陵寝申请进入世界遗产名目工作的展开，出现了一批研究中国历代陵寝尤其是明清时期的陵寝的书籍。如窦忠如、刘彩杰著《追忆明清皇陵》（新世界出版社，2004年），范成玉的《明清皇家陵寝》（广东旅游出版社，2003年，本书图文并茂地介绍了明清三大皇家陵寝，包括传统丧葬艺术的建筑典范——明显陵、天人合一的杰作——清东陵、陵寝建造艺术的顶峰——清西陵），罗哲文等的《中国名陵》（百花文艺出版社，2003年），王学智主编的《明清皇家陵寝专辑》（科学出版社，2004年，共收录了明清皇家陵寝体系分类研究、世界遗产申报、保护、利用等文章近四十篇）等，这些成果从不同的角度，对明清陵寝知识作了有益的普及性的工作，在一定程度上丰富了中国陵寝史的学术研究。

总之，就陵寝史的研究而言，虽然取得了上述成果，但从整体上看，无论量与质，相对来说均较为薄弱。已有的研究基本上都是就陵寝本身而进行的。不管是通史，还是断代史，均缺少深入和综合性的探讨，当然就更缺少或者说就根本没有出现从社会史的角度去研究陵寝的论著了。纵观中国历史，历朝历代帝王为了修建自己的陵墓，不惜耗费大量财力和人力，从选陵址、破土动工直至工程完竣，往往需要十几年甚至几十年的时间，在这个过程中，时时处处无不体现着君主的专制集权，尤其是在陵寝所在的地方社会，这种专制集权体现得更为淋漓尽致。与此同时，面对国家的绝对权力，陵寝所在的地方社会如何应对？百姓的生活会受到什么影响？为了维护统治秩序，国家政治怎样进行调整？我们能否在清东陵这个特殊的区域社会，通过陵寝的修建和维护这一系列的活动过程来窥见国家宏观政治发展变化的轨迹？诸如此类的问题，实有必要予以关注，而且对这些问题的研究和探讨是十分有意义的。

二、丧葬祭祀礼仪制度研究

中国素称“礼仪之邦”，如《春秋公羊传·隐公七年》所言：“中国者，礼仪之国也。”在中国古代文献中，就有专记礼者的所谓“三礼”（《周礼》、《仪礼》和《礼记》）或“四礼”（除前三部礼书外，再加上《大戴礼记》）诸书。“道德仁义，非礼不成，教训正俗，非礼不备；纷争辩讼，非礼不决；君臣上下，父子兄弟，非礼威严不行；祷祠祭礼，供给鬼神，非礼不诚不庄。”①《礼记·哀公问》曰：“民之所由生，礼为大。非礼，无以节事天地之神也。非礼，无以辨君臣、上下、长幼之位也。……为政先礼，礼其政之本与！”孔子说：“不学礼，无以立。”②“不知礼，无以立也。”③“故坏国、丧家、亡人，必先去其礼。”④也就是说，在中国古代，礼既关乎个人的立身和处世，又关乎治国平天下，可见礼的重要性。从上述所引可见，“礼”的内容无非就是维护血缘家族原则的“亲亲”和执行政治关系的等级原则的“尊尊”这两个方面，以此保证“天无二日，士无二主，国无二君，家无二尊，以一治也”⑤。礼在古代社会生活中可以说无处不在。而“礼上升为制度规程，就是礼制。”⑥礼制的内容包含极其广泛，《周官·大宗伯》分礼制为吉、凶、宾、军、嘉五类，细目三十六，而丧葬祭祀之礼只是礼中的一部分。在研究礼制的学者看来，礼起源于宗教，尤其是祭礼，因为礼有三本，即上事天、下事地和宗事先祖而宠君师。“天地者，性之本也；先祖者，类之本也；君师者，治之本也。无天地焉生？无先祖焉出？无君师焉治？”⑦《礼记·祭统》曰：“凡治人之道莫急于礼，礼有五经，莫重于祭。”祭礼成为中国古代国家典礼中最重要的组成部分。

在人类的史前时期，由于人们不能认识自然变化而对自然产生敬畏之感，因此而产生了对山川和日月星辰的崇拜和祭祀；当人类进化到知有祖先的阶段，便又产生了对祖先的崇拜和祭祀。祖先崇拜是由“鬼魂崇拜”演化而来的，而鬼魂崇拜又源于“灵魂不死”之说。鬼魂崇拜应该是与自然神崇拜同时出现的。远古时期的人类，由于不能解释生死现象，认为在人的身体之外还有不随形体的

① 《礼记·曲礼》，《十三经注疏》之六《礼记正义》，北京：中华书局1980年版。
② 《论语·季氏》，《十三经注疏》之十《论语正义》，北京：中华书局1980年版。
③ 《论语·尧曰》，《十三经注疏》之十《论语正义》，北京：中华书局1980年版。
④ 《礼记·礼运》，《十三经注疏》之六《礼记正义》，北京：中华书局1980年版。
⑤ 《礼记·丧服四制》，《十三经注疏》之六《礼记正义》，北京：中华书局1980年版。
⑥ 陈戍国：《中国礼制史》，长沙：湖南教育出版社2002年版，第18页。
⑦ 《礼记·礼三本》，《十三经注疏》之六《礼记正义》，北京：中华书局1980年版。

死亡而消失的灵魂。这种灵魂不受时空限制，具有超人的能力，因此对之产生了敬畏之感，久而久之便成为远古人普遍的崇拜对象。“出于趋利避害的本能，人们又总认为自己亲人的鬼魂或自己部落首领的鬼魂最能保护自己。慢慢地，对一般鬼魂的崇拜又逐渐转变为对自己祖先鬼魂或本部落首领鬼魂的崇拜，由之渐渐演化出祖先崇拜。”① 由此说来，祖先崇拜是鬼魂崇拜的一种形式，祖先崇拜的对象就是鬼魂，所谓“鬼”者，就是对死人的称呼，如《礼记·祭法》曰：“大凡生于天地之间者皆曰命，其万物死皆曰折，人死曰鬼。”

人类进入文明社会以后，随着“孝”这一伦理观念的产生，人们认识到，这种灵魂所归宿的神灵世界与现实世界是相通和相互依存的。灵魂在另一个世界里也像其生前一样生活，由此又产生了“事死如事生”，“生，事之以礼，死，葬之以礼，祭之以礼”的丧葬祭祀观念，借以体现对父母长辈生前死后的“孝敬”。一方面，祈求逝去的祖先在神灵世界里能过上好的生活；另一方面，还期待他们对后世子孙给予佑护。祭祀和厚葬祖先，这是祖先崇拜的最直接表现形式，特别是祭祀先祖活动，在古代民间是非常常见的。这种活动甚至一直延续到今天。

当然，礼的起源除了上述所说的三本外，还有“顺人情”之说，即《史记·礼书》所言“缘情制礼”。情即人情，所谓人情，即包括喜、怒、哀、乐、惧、爱、恶七欲。即如《吕氏春秋》所言：“孝子之重其亲也，慈亲之爱其子也，痛于肌骨，性也。所重所爱，死而弃之沟壑，人之情不忍为也，故有葬死之义。”②丧葬之礼起于悲哀，祭祀之礼起于敬畏，“丧则观其哀也，祭则观其敬而时也”③。这是丧葬祭祀之礼最初产生的状况。随着人类社会的发展，礼的内容越来越丰富，作用也越来越重要。尤其对于统治阶级来说，礼不仅仅是“礼天地，法四时，则阴阳”（《礼记·丧服四制》）和“顺人情”，还是规范和束缚臣民、维护统治的最奏效的工具。因为“人生而有欲。欲而不得，则不能无求。求而无度量分界，则不能不争。争则乱，乱则穷。先王恶其乱也，故制礼义以分之，以养人之欲、给人之求；使欲必不穷乎物，物必不屈于欲，两者相持而长，是礼之所起也”④。历代统治者，为了自己的统治，不但将传统的礼制继承下来，而且还根据自己的需要，补充制定新的礼规。使君臣、父子、夫妇、兄弟和朋友之间

① 张岱年、方克立主编：《中国文化概论》，北京：北京师范大学出版社 1994 年版，第 305 页。

② （战国）吕不韦著，陈奇猷释：《吕氏春秋·节丧》上册，上海：上海古籍出版社 2002 年版，第 531 页。

③ 《礼记·祭统》，《十三经注疏》之六《礼记正义》，北京：中华书局 1980 年版。

④ 杨倞注，卢文绍、谢墉校：《荀子·礼论》，《荀子》附校勘补遗（三），见《丛书集成初编》，北京：中华书局 1983 年版。

的五伦关系得以明晰，进而维持整个社会尊卑贵贱的等级秩序。如丧葬之礼，则具有“饬丧纪，辨衣裳，审棺椁之厚薄，营丘垄之小大高卑薄厚之度，贵贱之等级”① 的作用。祭祀之礼亦被视为国家大政，“夫祀，国之大节也。而节，政之所成也。故慎制祀以为国典”② 甚至把“祭祀”与“战争”相提并论。“国之大事，在祀与戎。祀有执膰，戎有受脤，神之大节也。”③ 先秦时期的这种丧葬祭祀观念及由此产生的一系列礼仪制度一直被后世沿袭下来，尤其是少数民族建立的政权就更是如此。清王朝就是一个典型的例证。作为少数民族满族建立的清政权，入关以后，为了笼络人心，取得汉人的支持，不但下令厚葬崇祯皇帝，对明陵采取保护措施④，而且还在丧葬祭祀制度上完全继承了前代的传统，借此昭示新政权的合法性。清朝统治者对前代丧葬祭祀制度的继承最直接的体现就是营建皇陵，以陵寝为载体，通过一系列礼仪制度的展演，成功地塑造了大清帝国的威严象征。因此，祭礼的产生及其发展演变，始终包含着强烈的政治色彩。即如有的学者所言：“祭礼是一种政治典礼，它表达天命信仰、华夷正统、纲常道德等政治信念，政治权力供此而获得合理性的定义并得以实践，即成为皇帝、臣民，组成有序的等级社会，实现社会整合。”⑤

不同时期的丧葬祭祀礼仪制度，能够反映不同时期的政治、经济及宗教信仰等诸多方面。通过丧葬祭祀礼仪制度这个视角，我们可以更全面地窥视不同时期的历史。一个时代的物质文明和精神文明可以通过这个时代的丧葬祭祀礼仪制度折射出来。但是，在学术研究方面，比较而言，丧葬祭祀制度的研究较为薄弱。清人徐干学的《读礼通考》（清光绪七年刻本，江苏书局），是一部历代丧葬制度的资料汇编，应为后人研究丧葬祭祀制度的必读之书。20 世纪以后，研究丧葬祭祀制度开先声者，当推杨树达先生。他于 1933 年写成《汉代婚丧礼俗考》

---

① （战国）吕不韦著，陈奇猷释：《吕氏春秋·孟冬纪》上册，上海：上海古籍出版社 2002 年版，第 522 页。

② 《国语·鲁语上》，上海：上海古籍出版社 1988 年版。

③ 杨伯峻：《春秋左传注·成公十三年》，北京：中华书局 1986 年版。

④ 清世祖曾下诏修葺崇祯思陵，诏书曰：“两幸昌平，周视明代陵寝，躬亲盥奠，俯仰徘徊，以彼诸陵规制，咸壮丽相因，独愍帝之陵荒凉卑隘，典物未昭。当年孜孜求治，宵旰不遑，只以有君无臣，薄海鼎沸，汨乎国步倾危，身殉社稷。诸正终之义，岂同亡国之君。朕于凭吊之余，抚往兴悲，不禁流涕。……饬谕工部：前代陵寝神灵所栖，理应严为防护。朕巡幸畿辅，道经昌平，见明朝诸陵寝殿宇墙垣倾圮殊甚，近陵树木多被斫伐，向来守护未周，殊不合尔部，即将残毁诸陵尽行修葺，见存树木，永禁樵采，添设陵户，令其小心看守，责令昌平道官，不时严加巡察。尔部仍酌量每年或一次、二次差官查阅，勿致疏虞，特谕。”（见《明陵纪事》）读了这一诏书，顺治那种对亡国之君崇祯的悲悯和同情，似乎令我们颇为感动。其实这仅仅是表面上的东西，背后隐藏的是更深层的政治含义。

⑤ 赵克生：《明朝嘉靖时期国家祭礼改制研究》，中国社会科学院博士学位论文，2003 年，第 8 页。

（上海商务印书馆发行，民国二十二年）一书，所引资料丰富翔实，为研究汉代丧葬礼俗提供了方便。于世琦先生也在同年撰成《三国时代薄葬考》（青岛永昌书局，民国二十二年）一书，专就三国葬制进行了考证。此后，一直隔了几十年，至1971年，由章景明先生所著《先秦丧葬制度考》一书，才由台湾中华书局出版发行。这一段时间，是丧葬祭祀制度研究最荒凉的时期。

断代和考证是上述三部专著共同的特点。在丧葬祭祀制度研究被冷落的情况下，三部著作的出版，引起了学术界的关注。接着，又相继有一些成果问世。如罗开玉的《中国丧葬与文化》（海南人民出版社，1988年），徐吉军的《中国丧葬史》（江西高校出版社，1997年）和徐吉军、贺云翱的《中国丧葬礼俗》（浙江人民出版社，1991年），李如森的《汉代丧葬制度》（吉林大学出版社，1995年），孙中家、林黎明的《先秦葬制初探》（《北方论丛》1990年第1期），李向平的《周代的祖宗崇拜与王权的历史特征》（《社会科学战线》1991年第3期），王震中的《祭祀、战争和国家》（《中国史研究》1993年第3期），刘曙光的《丧葬礼俗起源初探》（《中原文物》1994年第2期），李炳海的《周族灵魂归宿观念及其相应文化现象》（《北方论丛》1995年第2期），李德水的《祭坛与文明》（《中原文物》1997年第1期），晁福林的《战国时代的鬼魂观念及其社会影响》（《中国史研究》1998年第2期），韩国河的《论秦汉魏晋时期的厚葬和薄葬》（《郑州大学学报》1998年第5期），陆建松的《明代丧葬文化考》（复旦大学博士论文，2000年，由樊树志教授指导）等诸多论著。这些论著从不同的角度，对不同时期的丧葬和祭祀进行了阐述。其中王震中和晁福林的研究应该说最具功力。陆建松的研究，在断代研究中可以说较为系统全面。除上述所列的这些成果外，从20世纪末以来，还有一些专著和论文先后出版发表，在此不一一列举。

综上所述，就丧葬祭祀礼仪制度的总体研究来说，不论是从最早的开先声，还是至现在，传统的研究方法可谓一脉相承。很多论述，基本是叙述历史而不是解释历史，也就是说只说清了历史是什么，而没有阐明为什么，或者说虽然阐明了为什么，但阐明得还不够深刻透彻。对丧葬祭祀礼仪制度的研究，就如同对陵寝制度的研究一样，除了代代相袭的传统方法外，我们还能不能找到一条新的路径？而且这条新的路径是否可行？本书即试图通过清东陵的研究来回答这些问题，即尝试用一种新的史学范式——社会史的方法，并借鉴象征人类学的手段，围绕着与清东陵这个清朝入关后所修建的第一座陵寝相关的问题展开论述，以期达到对清王朝某些历史的重新认识。

三、清东陵研究

清东陵始建于顺治十八年（1661），至今已有350多年的历史，在三个半世纪的时间里，研究清东陵者可以说是寥寥无几。尽管作为皇家陵寝，以其庞大的占地面积和恢宏的建筑规模、陵区辐射到的地方社会和临近京城的优越地理位置等著称，但这些都没有使清东陵的学术研究兴盛起来。总体来说，清东陵的学术研究有两个特点：一是关注和研究的人少。从建陵始直至现在都是如此。二是现有的研究成果中普及介绍性的占很大的比重，深入性的研究较为欠缺。最早的专著是乾隆年间马兰关总兵①布兰泰撰写的《昌瑞山万年统志》②，此为手抄本。参与此书撰写的还有其手下的一些在清东陵守陵的官员兵弁。布兰泰及其手下的官员因是当时的守陵人，他们是“爰公务之暇，不揣固陋，谨将立陵以来巨细事宜，如沿革、星野、疆域、山川、创建、奉安、祀典、设立、官兵、防护等项，条分缕析，依次汇纂，全志一书，俾后之典守是方者，了如指掌，开卷即得成规”③。全书共16卷，内容全面详细，既是第一部又是到目前为止最具权威性的有关清东陵的专著。到光绪年间，马兰镇总兵英廉对布兰泰的《昌瑞山万年统志》进行了修改补充，新书仍为手抄本。后来，清代陵寝官员为了便于陵寝的祭祀和管理，撰写了一部《陵寝事宜易知》，具体作者不详，这应该算是第二部有关清东陵的专著。

在这之后还有一部值得关注的是黄振之撰写的《清东陵浅说》，仍是手写本。黄振之可以说是清东陵知名人士，他曾任孝东陵（清王朝营建的第一座皇后陵，内葬顺治帝的孝惠章皇后及其二十八名妃子、格格、福晋）的员外郎，生于光绪九年（1883）六月二十一日，卒于1970年1月10日，享年87岁。他的一生经历了清朝、民国、日伪、新中国四个历史阶段，历任员外郎、村长、办事员、人大代表。他祖辈世居河北遵化。他的家族原为汉军旗，后来隶满洲正黄旗。新中国成立后他在担任满族乡人民委员会文教副主任与东陵文物古迹保管委员会副主任期间，撰写了《清东陵浅说》一书。全书分为14目，大致讲了清东陵的位置范围、陵寝建筑和文物名称、帝后妃嫔谒陵典礼仪式、祭品样色、各陵

① 马兰关总兵是清东陵的最高长官，雍正元年改设总兵，以守护陵寝，兼内务府大臣，并由特旨简授，驻遵化州马兰关。

② 参与此书撰写的还有布兰泰手下的一些守陵官员，如马兰镇标中军游击兼左营事居庸路都司刘永年参阅，宗人府教习候选知县江南丙午科举人马尹奇校订，曹家路署游击管都司张世龙、墙子路都司王世勋、镇标左营中军守备荣世杰、镇标右营守备杨先荣、黄花山营守备赵生瑞采辑。张家宝、张尽校对。最后由麟梁淳、梁懋景、李福征、冯卿缮书。

③（清）布兰泰：《昌瑞山万年统志》卷首，光绪年间写本。

的设置管理机关、各陵奉祀守卫官员兵役额数以及俸饷来源、陵寝风水重地禁令等，概括了清东陵的历史。从整体看，此书虽很简略，但因作者的身份和经历，书中内容较为可信，故不失为后人研究东陵可资参考的宝贵史料。

由于上述三部专著的作者都是清东陵的守陵官员，他们多是利用职务和工作之便，将有关清东陵各园寝主人的奉安和祭祀礼仪、组织机构的设立和职责、陵寝的管理和防护等一一记录下来。因此书中所述内容是真实可信的。尤其是布兰泰撰写的《昌瑞山万年统志》一书，成为后来学者研究清东陵的主要史料依据。如清东陵所在地——遵化州的几种旧地方志[①]中有关陵寝志的内容，基本都是以此为蓝本的。

因清东陵建在遵化境内，故遵化几种地方志中对清东陵均有涉及。如乾隆年间的《直隶遵化州志》和光绪年间的《遵化通志》都有专门的陵寝志，而且将此设为卷首。其中，光绪年间的陵寝志内容更为丰富，有十卷专述陵寝。此两种志书主要是依据布兰泰的《昌瑞山万年统志》写成，有关陵寝的大部分内容与布书雷同。但由于方志与布书成书时代不同（从乾隆到光绪期间相隔 178 年），随着时代的发展和国家政治的演变，有关陵寝的某些典章制度以及与基层社会的关系都在发生变化。乾隆时期，清朝还处于盛世，国家政治稳定、经济繁荣。而到光绪年间，内忧外患不断，大清帝国早已是夕阳西下、气息奄奄了，两个时代不可同日而语。时代的盛与衰，都可通过上述书中有关陵寝的记载清晰地反映出来。因此，尽管遵化各种地方志中的陵寝志多是沿袭布书而来，但书中所记仍可续补前书之无。如有关部分匠役树户的调取，陵寝祭祀所需米麦瓜蔬、冰块和牛羊等，均分派附近各州县供应，或专门设立庄头、园头给予房屋、地亩，拨给庄丁及牛具耕种以供祭祀。还有各行宫的记载亦较详细。这些对于后人了解和研究清东陵，都是不可多得的弥足珍贵的史料。

这之后的一段漫长时期，是清东陵研究的空白时期。由于国内形势一直动荡不安，军阀连年混战，人们没有精力去关注清东陵。而清东陵的守护大臣及各部官员兵丁自身难保，不可能像从前布兰泰时代那样兢兢业业去守护陵寝，就更谈不上去记载和研究清东陵了。新中国成立后至 20 世纪 80 年代，由于各种原因，清东陵的研究仍处于沉寂状态。直至改革开放之后，随着市场经济的建立和发

---

① 清东陵所在地遵化州共有五种志书：一为康熙《遵化州志》十二卷，（清）郑侨生等纂修，康熙年间刻本。一为乾隆《直隶遵化州志》十二卷，（清）边中宝纂，乾隆二十一年（1756）刻本。一为光绪《遵化通志》六十卷，卷首一卷，（清）何崧泰修，史朴纂，光绪十二年（1886）刻本。一为民国《遵化县志料》，民国二十一年（1932），县长孙蓉图主修，纲目中已没有陵寝。一为《遵化县志》，遵化县志编纂委员会 1900 年编修。

展，清东陵作为拉动地方经济的旅游资源而备受重视。国家和地方政府先后投资修复陵寝地上、地宫建筑，每年都有大量中外游客来到清东陵参观游览。在这种情况下，清东陵的研究又陆续开始了。

从20世纪80年代直至现在，除了上文提到的由天津大学王其亨教授主编的《风水理论研究》（天津大学出版社，1992年）一书中收编的几篇有关清东陵的研究文章外[①]，对清东陵的研究主要是以本地清东陵文物管理处的工作人员为主，相继出现了一些文章和书籍。最早的应是1985年由河北人民出版社出版的于善浦撰写的《清东陵大观》。该书共有17个大目，较为全面地介绍了清东陵的建制，尤其对各陵寝所葬主人生前身后的事迹进行了叙述。对某些流传下来的所谓"之谜"问题，阐述了自己独到的观点。该书史论结合，引用资料规范翔实。因此出版之后很快成为畅销书，特别是对于那些到清东陵观光旅游的人来说，更是不可或缺的资料。可以说于善浦先生是继乾隆年间的布兰泰之后，新中国当代研究清东陵最具实力、成果最丰的学者。他的《清东陵大观》亦可说是新中国成立之后的开山之作。

在于善浦先生的影响下，清东陵本地相继出现了一些关注和亲身实践清东陵研究的学者。如清东陵文物管理处的徐广源，先后有《清东陵史话》（新世界出版社，2001年）、《清朝皇陵探奇》（新世界出版社，1998年）出版。另外，徐还与人合作撰写了《清东陵》和《清东陵文萃》。

徐广源在这些著作中，利用了正史和部分清宫档案资料，并对某些有争议的问题阐发了自己的见解，有理有据，令人信服。比如孝庄文皇后的昭西陵为什么没有建在陵区之内，而是建在了风水围墙外的大红门东侧？他经过考证，否认了多年以来的民间传说[②]，依据《清实录》、《大清会典》、《清朝文献通考》和《昌瑞山万年统志》等书的记载，通过孝庄文皇后生前嘱咐康熙帝"我身后之事，特以嘱汝，太宗文皇帝梓宫安奉已久，卑不动尊，此时未便合葬，若另起茔

---

① 此书共收编三篇专论清东陵的文章：冯建逵的《清代陵寝的选址与风水》、王其亨的《清代陵寝风水：陵寝建筑设计原理及艺术成就钩沉》和《清代陵寝地宫金井研究》。

② 关于孝庄文皇后为什么葬在东陵而不葬在昭陵的问题，民间传说主要有两种版本：一是托梦定陵址，即孝庄文皇后死后，按照祖制应葬在沈阳的昭陵，与丈夫太宗合葬，当送葬队伍走到东陵的时候，128名抬灵柩的杠夫突然感到孝庄文皇后的棺椁沉重起来，好像压得他们喘不过气来，一步都走不动了，只好把棺椁放下。换了另一批杠夫后，也仍然抬不起来。送葬大臣马上派人报告皇上，康熙帝听此禀报后，也一时无计可施。当晚梦见祖母孝庄文皇后，对他说："我非常想念你们父子，我决定不与太宗合葬，现在梓宫停放处就是吉壤，可就地安葬，切记吾言，休得违误。"康熙皇帝遵照祖母所嘱，发布谕旨，就地安葬了孝庄文皇后。二是孝庄文皇后已下嫁了多尔衮，觉得对不起自己的丈夫，死后无颜见太宗，或者说子孙深以为耻，故惩罚其看守陵区的大门。另外，大臣们也认为既然孝庄文皇后下嫁给了多尔衮，也就没有资格再到昭陵与太宗合葬。但看在她曾经抚育世祖和圣祖两代幼主有功的份上，才把她葬在东陵。

城，未免劳民动众，究非合葬之义，我心恋汝父子，不忍远去，务于遵化安厝，我心无憾矣。再四叮咛，言之恳切”这样一段话，得出结论为：孝庄文皇后之所以葬在清东陵而不是回到沈阳的昭陵与其丈夫皇太极合葬，完全是康熙帝孝顺祖母，实现祖母遗愿所致。同时又从孝庄文皇后的谥号“孝庄文皇后”（文是太宗的谥号）和其在太庙神位的放置（位于太宗神位右旁）以及所用“昭西陵”（皇太极陵位于沈阳，陵名为“昭陵”，居于清东陵之东方向）这几个方面论证了孝庄文皇后不葬在昭陵并不一定就是下嫁多尔衮无颜见太宗。关于孝庄文皇后是否下嫁多尔衮，这是清初第一疑案，多年来，尤其是在国家启动了清史工程之后，诸如此类的疑案备受关注，甚至吵得沸沸扬扬。尽管目前史学界难以得出一致的结论，但徐广源对这个问题的探索精神和论证方法，还是值得肯定的。总体来看，他的研究应该说是较之前人深入了一步。

在遵化当地，还有一位学者叫晏子友，他原来也是清东陵文管处的工作人员，现为遵化市文管所所长，多年来一直从事清东陵以及明清皇陵的研究，先后有《明清帝王及其陵寝》（台海出版社，1998 年）、《清东西陵》（中国青年出版社，2000 年）等专著出版。晏子友的研究有其自己的特点，即不仅充分利用一些正史资料，同时还以有关文集和实地考察为佐证，将传说和广为热议的所谓“迷案”以及不同观点，逐一进行分析考辨，给读者以启发和思考。

除上述几位学者外，在清东陵文管处还有陈景山、李寅等工作人员，对清东陵也有一定的研究，亦有多篇论文发表。李寅还撰写了《清东陵揭秘》一书，对东陵各园寝逐一作了介绍。陈景山虽然没有专著出版，但他的几篇论文填补了有关清东陵研究的某些空白。①

唐山市政协文史资料委员会于 1995 年编辑了《清东陵》一书，将上述几位学者所撰论文收入在内，由社会科学文献出版社出版。

规模大、体系最为完整、所藏人物名声显赫和富有传奇性，这些本就使清东陵格外引人关注。而 1928 年发生的震惊中外的东陵盗案，更使清东陵为世人所知。由此，文学影视界即围绕着“东陵盗案”创作了很多作品。如 1984 年由李云东导演的电影《东陵大盗》和 1998 年作家岳南的纪实报告文学《日暮东陵：清东陵地宫珍宝被盗之谜》等，这些作品虽然充满着渲染夸张的成分，但绝大部分还是尊重史实的。

综上所述，无论是从最早的布兰泰，还是到目前的学者，他们的研究成果绝大部分还是就陵寝本身而进行的，所涉及的内容大多以陵寝的建筑规制、入葬的

① 主要论文有：《清东陵营房的关帝庙》、《陵寝园役的职司与俸饷》、《清东陵的三镇、九营、八圈》、《允禵与清东陵皇会》。

人物事迹、有关典故传说、祭祀礼仪和管理防护为主。而对皇陵所在的地方社会以及陵寝建立后给地方社会带来了什么样的影响，清王朝的国家政治是怎样通过修建东陵的具体事件在陵寝所在的地方社会场景下体现出来的，这些问题几乎无人问津。本书即以此作为研究核心，紧紧围绕这条主线，从社会史的角度，借鉴民族学、民俗学和人类学等边缘学科的方法手段，试图解答这些问题，进而揭示出清东陵这个特殊区域社会历史发展的脉络，以展现幅员辽阔的中国丰富而多姿多彩的历史，并以此去重新解读清王朝的国家政治。

第四节　资料来源、思路和撰写方法

史学研究的立论根据是建立在史料基础之上的，一部好的史学著作或一篇好的史学文章，是靠史料来说话的，否则就会成了无源之水、无本之木一样的空洞之作，苍白而没有说服力。本书即严格遵循史家治史原则，在正式撰写之前，就投入了全部精力和时间去搜集资料。

与论文有关的清东陵资料，大致可归纳为如下几类：

（1）清宫档案。此类是本书的重点史料。在中国第一历史档案馆，收藏了有关清代陵寝的档案，据笔者不完全统计，共有10 000余件、54册、176条。其中绝大部分是有关清东陵的。如：《乾隆朝汉文录副奏折》176条，《嘉庆朝军机处录副奏折》53件，《道光朝军机处录副奏折》17件，《同治朝军机处录副奏折》（包括礼仪、宫廷、陵寝）共813件，《刑部档案案卷目录》（涉及遵化、玉田、丰润、迁安）共1 063余件，上述这些基本都是清东陵的。《内务府档案目录》（陵寝事务）1 001件，15册，《内务府堂簿册》45件，《内务府堂清册》（包括清东、西陵的）共54册，《内务府来文》（陵寝事务，包括西陵）7 619件，《内务府来文补遗》（陵寝事务）99件，《内务府事简目录》（嘉庆、光绪、宣统朝）共308件。在这些档案中，乾隆朝的军机处录副奏折的内容最丰富。录副奏折是朱批奏折的副本，朱批奏折是清政府高级官员向皇帝报告地方政务等情况的一种文书，大臣所上奏折经皇帝批示后，发下执行。发下之前由军机处抄录一份存案。乾隆朝有关清东陵内容的朱批奏折，是乾隆朝东陵历任最高官员——东陵总管内务府大臣（从乾隆四十年起，此职由马兰关绿营总兵官担任，直至清朝灭亡为止）向皇上报告清东陵政务的奏折，因陵寝重地事关紧要，所以方方面面、事无巨细都在奏报之列，由此，这些档案就更为珍贵。而且从某些奏折中可以窥视到当时陵寝社会与地方社会的关系，是我们研究地方社会不可多得的史料。还有从雍正朝到宣统朝各朝的上谕档中有关清东陵的档案资料若干。上谕档是军机处汇抄皇帝谕旨的档册，是清代最高级的下行文书之一，具有权威的法律和行政约束作用，从这里所记录保留的有关清东陵的档案，均为重大的案件和事件，尤其是“廷寄”的谕旨，因为带有保密性，因此在这里涉及的清东陵的事件就更为重要，其史料价值不言而喻。

（2）正史。包括《史记》、《汉书》、《后汉书》、《新唐书》、《宋史》、《金史》、《元史》和《明史》中有关礼制的部分。另外，还有《清实录》、《清史稿》、《康熙起居注》、《清史列传》、《钦定大清会典》、《钦定大清会典事例》、《清朝通志》、《清朝通典》、《清朝通考》、《清朝续文献通考》等。这些古籍文献中所涉及的清东陵资料，理当是本书参考的资料。

（3）地方志。地方志是区域社会史研究最基本也是最重要的史料，要了解某一地方的历史，首先要接触的文字资料就是这一地方的志书。本书的研究亦不例外。清东陵所在地的遵化州前后有志书五种，即康熙《遵化州志》十二卷；乾隆《直隶遵化州志》十二卷；光绪《遵化通志》六十卷，卷首一卷；民国《遵化县志料》；1990 年的《遵化县志》。前四种都有陵寝专志。尤其是光绪年间的《遵化通志》，列在其书纲目之首的陵寝志共有十卷之多，且内容丰富而详细。除此之外，遵化州下辖的丰润和玉田二县的清代及历代志书和清东陵周边的蓟州、迁安县、承德、宝坻县、通州、密云县等的地方志，《顺天府志》、《畿辅通志》、民国《直隶通志稿》、民国《河北通志稿》等书中，亦有涉及清东陵的内容，自然是本研究搜集参考的对象。

（4）专志文集。乾隆年间布兰泰所撰《昌瑞山万年统志》，是清东陵专志，全书十六卷，各园寝图列在卷首，接着就是有关陵寝的祀礼、建置、防护、界限和人物等，内容全面而详细，其中疆域、沿革、山川、市里、物产和书院义学等直接涉及地方社会，并且是当时人写当时事，书中内容真实可信。因此，该书与清宫档案一样，成为本书研究最重要的参考资料。此外，守陵人撰写的《陵寝事宜易知》（六卷）、黄振芝撰写的《清东陵潜说》两书（都是手抄本，清东陵文管处藏），尽管内容多有与布兰泰的《昌瑞山万年统志》重复，但由于其作者都曾是守陵人，很多事件都是亲眼目睹或亲身经历，因此在资料缺乏的情况下，还是可资参考的。

（5）家谱与碑刻。此类资料在本研究中所占虽少，但仍能作为一种类型说明某些问题，尤其是家谱资料，通过调查，到目前为止，在裕大和定大村①，共有四部家谱流传下来，即敖氏、赵氏、周氏和万氏。前三部已经看到。赵氏是大

① 即原风水围墙内的裕大圈和定大圈。裕大圈是守护乾隆陵的内务府营房，定大圈是守护咸丰陵的内务府营房。

清顺治元年到京师内务府，正黄旗，由康熙二年拨往东陵守陵。敖氏家谱是满汉两种文字，以满文为主。只有谱系，写在一张大大的纸上，没有谱序，很简略，也是内务府守陵人。周氏先祖是蒙古博尔济吉特氏，“随龙入京”，顺治皇帝驾崩后，他们被派往东陵守陵。这三部家谱目前还没有被收入美国犹他州以及国家图书馆所编辑的家谱目录上。与中原和江南比较，河北地区家谱流传下来的数量很少，京东一带，有家谱者更是寥寥无几。在田野调查采访中，很多人都说他们原来有家谱，但“文革”时都烧毁了。由于这三部家谱记载了三姓家族的迁入原因和来源地。因此，这三个家谱也是本书能够利用的珍贵资料。关于碑刻，唐山市政协文史资料委员会编《唐山碑刻选介》（第一辑）收录的有关清代东陵所在地遵化州的碑刻12通，与东陵有关的景忠山[①]碑刻8通。《唐山碑刻选介》第二辑收录了丰润、玉田两县的碑刻。这些碑刻的内容也有一定的参考价值。

（6）田野调查资料。这类资料主要是指当地的实物遗迹、民间传说和老人口述等。笔者曾先后三次到清东陵考察，特别是第三次去的时候，在裕小村（当年守护裕陵妃园寝的内务府营房）一个农家院住了十几天，跑遍了方圆几十里的陵区前圈各村，并采访了很多老人，拍摄了一百多张实物照片。从顺治十八年（1661）修建孝陵开始到现在也不过三百多年，若从清代后期的咸丰、同治、光绪和宣统朝（东陵仍在修建中，并且直至1935年还在安葬同治帝的敬懿皇贵妃和荣惠皇贵妃）算起，到现在只有一百年左右。由于时间距现在不算遥远，因此，不但清东陵各陵寝的地面建筑相对来说保存完整，而且当时守陵人的居所包括兵部、礼部、内务府营房（现在都成了一个个自然村）也保留下来。当时守陵官员兵弁生活物品，如建陵时打的水井、石碾，甚至有的目前还在使用。最高护陵大臣的东府衙门主建筑尚存，南大村还有一处至今保存完整的当年守护景陵郎中的住房。总之，走在东陵的土地上，尤其是原风水围墙内的各圈，随处可见残墙青砖，下马石、拴马桩、各种条石和石墩亦有所见。即使过去的房屋早已拆毁，但当时的建筑形式、风格仍然被沿袭下来，成为现今清东陵一道独特的风景，令初到这里的人耳目一新。

自清东陵的第一座陵寝——顺治帝的孝陵修建开始，至后来景陵、裕陵、定陵、惠陵以及后、妃陵的陆续落成，围绕着这些陵和这些陵的主人，在民间流传着很多有趣的传说。虽然这些传说有的与史实相差较远，甚至有诸多的迷信成分充斥其中，但是我们不能以此就完全否定这些传说，一方面因为这些传说中有些可能就是历史的真实，也就是说，传说的最初始那个元素很可能就是史实，只是

① 旧名阴山，位于遵化州东六十里，为州境诸山之冠。每年四月十八日碧霞元君的“娘娘庙会”，清东陵皇会必定参加，而且是首场表演者。

随着时间的流逝和世事的变迁，人们根据自己的各种需要，往这个元素上添枝加叶而已。另一方面，对传说中那部分被加工出来的历史，作为史学工作者来说，自然会不断地去追问，人们为什么要这样做呢？这样做的背景和过程怎样？这些传说的背后隐喻着什么？若带着这样一些问题去审视传说的话，那么这些“传说产生和流传的过程本身恰恰是一个历史真实”，甚至传说“可以和历史放在同等的价值层次上”，或者说“传说与文献传达的历史在价值上是平等的。”① 由此可见，史学家应该积极地把传说纳入自己的研究范围。关于清东陵的传说，唐山市民间文学研究会曾于1984年和1985年组织部分会员搜集了30多个故事，编辑了一本小册子。这些故事传说对于研究清东陵社会的历史，同样具有参考价值。

由于清东陵的历史距现在很近，除了留下很多实物外，更为珍贵的还有当年守陵人及其后代。很多有关清东陵的事情是他们亲身经历和亲眼所见，或祖辈、父辈（本身就是守陵的官兵）亲口告诉他们的。田野调查中发现，在东陵各村镇，60岁以上的老人讲起东陵的话题，都会滔滔不绝。按现在比较流行的说法，他们的所讲即是口述史。口述史学，在目前历史学研究尤其是在区域社会史的研究中很受重视。因为它属于被抢救之列，这些口述者大多是老人，他们是历史的直接或间接见证人，他们本身就是一部活的历史，他们讲述的故事，可能就是历代历史学家们在编写史书时被删除掉的那部分真实的历史，或者说没有被“记忆历史”下来的那部分历史。从这个角度看，口述史学完全可以作为一种新型的史料，用于历史学的探索和研究。正如美国历史学家鲁滨孙在他的《新史学》一书所讲到的“假使历史学家只是局限于史料上所叙述的确切可靠的事件，那么他的著作往往就会缺少生动活泼、真正可信的情节”②。

本书的核心是从陵寝社会中窥见国家政治以及皇陵修建后给所在地方社会带来的影响，其思路是将清东陵放到整个清史这样一个大历史的视野中去研究，其谋篇布局是以“时间”和“问题”相交叉。在资料的运用上，原则上是以基本史料为先，如同样的资料取其成书时间早的，互为补充和印证。并尝试借鉴宗教人类学的方法，从人类学的视角，通过对清东陵区域社会具体事件的叙述，来展现或者进而揭示清代国家政治制度的演变，并试图回答目前清史研究中讨论的某些问题。

① 赵世瑜：《传说·历史·历史记忆——从20世纪的新史学到后现代》，见《新史学》，北京：中国人民大学出版社2003年版。

② ［美］鲁滨孙著，齐思和等译：《新史学》，北京：商务印书馆1989年版，第60页。

第一章　清代陵寝制度和清东陵

第一节　清代之前陵寝制度概述

众所周知，所谓“陵”，专指帝王的坟墓，所谓“寝”是指皇陵上的陵寝建筑。按照一般的说法，中国的帝王陵寝出现于夏商时期，但是其墓葬的观念、象征意识、礼仪、葬制以及某些葬具如棺椁、随葬物品等应该起源更早，可上溯到原始社会。随着灵魂不灭、鬼魂崇拜观念的产生，先人们逐渐形成了“事死如事生”的丧葬习俗。从北京周口店早期的山顶洞人墓葬中的赤铁矿粉和随葬品、山东泰安大汶口墓地的木质棺椁、西安半坡等遗址村落布局的公共墓地，到山西襄汾陶寺葬式之一的带有礼仪性质的礼器，这些考古发现都充分说明了史前的葬式与后来出现的皇陵的渊源关系。但是，远古时代的丧葬还是非常简易，即“墓而不坟”，“不封不树”[①]。也就是说深埋于地下，地面上没有任何标志。从夏商开始，历代帝王死后开始为自己建造豪华的墓地，如殷墟妇好墓就发现了稍大于墓口的房基。但是真正有封土的王陵应该说是从周代开始的。《周礼·春官》上记载“以爵为封丘之度”，即是按照官爵的等级来定坟头的大小。到春秋战国时期，坟头封土逐渐高大，形状像山丘。由此，墓的名称也就发生了变化，改称为“坟墓”、“丘墓”、“冢墓”。到战国中期，作为最高统治者的君王，其坟墓封土最高，因此，墓丘就改称为“陵”了。

据学者研究，帝王陵墓封土的形式，大致有三种：一为“方上”，即早期墓上封土坟头的一种形式。具体做法是，在地宫之上，用黄土层层夯筑，使之成为一个上小下大的方锥体。因为它的上部是方形平顶，好像被截去顶部，故名之为“方上”。陕西临潼的秦始皇陵就是“方上”的形式。二为“依山为陵”，它是利用山的丘峰作为陵墓的坟头，这样既节省了封土的人力物力，又不易被盗掘，唐朝帝王陵基本上都采用此种形式。三为“宝城宝顶”。秦汉时期的方上形式一直

① 《礼记·檀公上》，《十三经注疏》之六《礼记正义》，北京：中华书局1980年版。

延续到宋代，但由于唐朝出现了依山为陵的形式，坟头封土逐渐出现了圆形。直到明清时期方上的封土形式则完全被宝城宝顶所取代。明清两朝的帝、后、妃，全部采用宝城宝顶的封土形式。即在地宫之上砌筑高大的砖城，在砖城内填土，使之高出城墙成一圆顶。城墙上设垛口和女墙，这个城墙被称之为“宝城”，高出的圆顶被称为“宝顶”。宝城的形式有圆形和长圆形两种。明陵多为圆形，清陵多为长圆形。在宝城之前，尚有一个突出的方形城台，上建明楼，称之为“方城明楼”。方城明楼与宝城宝顶是结合一体的建筑，上下城墙有两种方式，一种是从方城的外侧两旁，一种是从方城的正中开券洞，进洞后有一个喇叭院，似月牙形，又称之为月牙城，然后从月牙城内上下①。

自夏商以后，历代帝王陵墓都是按照家族血缘关系，实行“子随父葬、祖辈衍继”的埋葬制度。集中在一个区域，在陵墓和附属建筑的周围划出一定的地带作为保护、控制的范围，称之为陵区。陵区的设置最迟出现在商代晚期，② 一直延续到清代。陵区一般都选建在离都城不远的地方，最初的陵园或者利用天然沟崖作为屏障，或在其四周挖掘沟壕和夯筑围墙，一侧留有出入大门，地面上除了坟墓外再没有其他的建筑物。陵墓上建造用于祭祀的建筑大约出现在商代晚期。尤其到了秦始皇时，陵园的布局基本上是仿照都城宫殿的规划布置。东汉时，陵园布局发生了很大的变化，即陵园四周不再设墙垣，代之以被称为“行马”的木制警戒设施。陵寝坐北朝南，陵前普遍设置神道及石刻。西汉帝王陵旁建有供守陵人居住的“邑”。魏晋南北朝时期，由于社会动荡，战争频仍，加之少数民族入主中原，多数帝王采用潜埋方式，不起坟丘，并废除了建造陵寝及上陵礼仪，直至孝文帝时才又恢复了秦汉的陵寝制度。唐代陵寝的规模和布局都远远超过了前代，在规划上更加模仿都城的形式。以乾陵为例，陵园坐北向南，从后到前可分为三个部分：第一部分为陵墓和祭祀性建筑，墓上建高大的坟丘，高居陵园北部，墓前建献殿，以供上陵朝拜和举行重要祭典使用，四周筑围墙，每面各辟一门，完全是宫城里“前朝后寝”的格局。供灵魂起居及宫人、官吏居住的寝宫（下宫）大都建在陵园西南数里的地方。这种将献殿和寝宫分建两处的制度，更突出了祭祀典礼的重要性。第二部分为阙及神道。陵园南门向南有三对土阙，之间为神道，神道两侧立有石人、石马等，象征长安城皇城的三省、九寺等衙署。第三部分为前方两侧星罗棋布的陪葬墓，整个布局以南门为正门，以南北向为中轴线，东西对称，体现了南面而立、北面而朝的设计思想。总之，唐代陵园的布局对后代帝陵产生了重大影响。北宋陵园的布局基本沿用唐代的制度。元

① 罗哲文、罗扬：《中国历代帝王陵寝》，上海：上海文化出版社 1984 年版。

② 黄景略、叶学明：《中国历代帝王陵墓》，北京：商务印书馆 1998 年版。

朝沿用蒙古族的“潜埋”葬俗，不起坟，葬后让马把地面踏平，也不建陵园。

明朝帝陵主要有三处，一为皇陵，是朱元璋父母的陵墓，位于安徽凤阳。洪武元年（1368），朱元璋追封其父母为仁祖淳皇帝和淳皇后，并在原址为其扩建重修坟墓，整个营建时间历时12年。二是“孝陵”，是开国之君明太祖朱元璋的陵寝，位于南京东郊紫金山南麓，洪武十四年（1381）朱元璋54岁时开始营建，历时两年，于洪武十六年（1383）建成。三是“十三陵”，是明迁都后明成祖永乐等十三位皇帝的陵寝（只有代宗朱祁钰因英宗复辟遇害葬于北京西郊金山），建在北京昌平天寿山南麓，统称为“十三陵”。

皇陵的布局，大体上继承了前代之制，如对唐宋“方陵”体制的沿用；陵园内亦设神道石像生、具服殿、神厨库、神帛炉、祭殿和祠署衙门等。同时，皇陵规制又有改制创新。如合唐宋时期的上下二宫为一体；石像生中增加了象征吉祥的麒麟等。

孝陵规模宏大，从最前面的下马牌到最后面的方城，纵深长达2.62公里，陵园周长22.5公里。全部工程结束大约历时30年。其陵园布局分为前后两个部分，前部从下马牌至棂星门，为神道部分；后部是陵寝的主体建筑。下马牌是进入陵园的起点，“车马过陵，及守陵官员入陵者，百步外下马，违者以大不敬论”[①]。由下马牌向西北依次为大金门（孝陵陵园大门）、大明孝陵神功圣德碑、神道石像生、文武方门、孝陵门、孝陵殿、方城、明楼、宝顶。孝陵的神道石像生包括石兽6种，即：狮、獬豸、骆驼、象、麒麟、马。每种各2对，一对伫立，一对蹲坐；武将3对；文臣3对。孝陵规制对天寿山诸陵和清代帝陵产生了重大影响。

十三陵的形制“悉遵孝陵旧法，而宏敞过之”[②]。陵区面积约120多平方公里。整个陵园以明成祖的长陵为中心，设有一条南北长7公里的总神道，直达长陵，各陵分向左右两侧排列。整体布局是由神道和陵园两个部分组成，石牌坊是神道的起点，往北依次是大红门（十三陵的总门户，坐北朝南，三洞，单檐歇山顶式）、神功圣德碑亭、四华表、二望柱、神道石像生、龙凤门、汉白玉七孔石桥、祾恩门（寝宫大门）、祾恩殿（是帝后谒陵典礼之地，立于三层白石阶上，为陵寝的主体建筑，相似于故宫太和殿）、内红门、方城、明楼和宝顶，宝顶下即为地宫。十三陵的石像生与孝陵有所不同，共有石兽七种，即：马、鹿、麒麟、象、骆驼、獬豸、狮子，每种亦各两对；石人三种，即：功臣、文臣、武臣。这些石人石兽每隔四十余米一对对立，气象雄伟庄严，将皇陵气派衬托无

① （清）张廷玉：《明史》卷六十，志三十六，礼十四“谒祭陵庙”，北京：中华书局1974年版。
② 梁思成：《中国古代建筑史》，北京：中国建筑工业出版社2005年版。

遗。十三陵虽然是个统一的陵区，但各帝陵都建在一个小山下面，自成一个独立的陵园，每个陵的外面都建有围墙。

总之，明代陵园，基本上沿用唐宋规制。[①] 同时，又对前朝陵寝制度进行了重大改革。首先，陵墓形制由唐宋时期的方形改为圆形，以适应南方多雨的地理气候，便于雨水下流，不致侵蚀墓穴，并创设了明楼和享殿等建筑形式。其次，陵园建筑取消了下宫建筑，保留和扩展了唐宋时期谒拜祭奠的上宫建筑。相应地取消了陵寝中留居宫女以侍奉亡灵起居的制度。更加突出了朝拜祭祀的仪式。再次，陵园布局由唐宋时期的方形改为长方形。最后，明代陵园建筑的艺术风格较以前朝代都有较大的突破，形成了由南向北、以中轴线为基准、排列有序的相对集中的木结构建筑群。这是明代乃至后来的清代陵寝制度的一个显著特点。明朝建立之初，为了加强中央集权，太祖朱元璋严禁后妃参政。这个政治特点在葬制上也有所体现。在明英宗以前，除皇后附葬帝陵以外，其他宫妃大多殉葬而死。

另外，明代陵寝规划设计，十分讲究人工建筑与自然形势相结合，使整座陵园布局有很突出的艺术性。

明代对陵寝的保护，比以前各朝更加严密和制度化。甚至在规划设计时就充分考虑了防卫，如十三陵的陵园周围修筑有敌台、拦马墙等军事设施。在陵园南侧又修筑了可以屯驻重兵的昌平和巩华两城，作为陵园的屏障。防卫机构有：孝陵内设神宫监（太监住所），外设孝陵卫，严密护卫着陵寝。十三陵亦设有神宫监、园和卫。神宫监专门管理陵寝祭祀等事宜；园（园丁住所）专门掌管瓜果蔬菜，以供祭陵之用；卫是驻军所在，是用以保护陵寝的。同时，严格立法，如图谋毁坏山陵者，以“大逆”罪论，不分主谋从谋一律凌迟处死；偷盗大祀神祇中御用的祭器、帷帐等东西一律斩首；在山陵内盗砍树木者斩首，家属发配充军。总之，明代陵寝“迥异古制，遂开明清两代帝陵之型范”[②]。

第二节　清代陵寝制度

清代陵寝制度承袭明代，只是在一些小的方面有所改进。从建筑布局到管理防护等诸多方面，都基本上仿照明陵制度。如陵寝的选址大都是背山临水，坐北朝南；整个陵园建筑以神道为其中轴线，且神道规模宏大。神道前后以及两旁的建筑亦是仿照明十三陵，如石牌坊、大红门、华表、大碑楼等，几乎与明十三陵

① 黄景略、叶学明：《中国历代帝王陵墓》，北京：商务印书馆 1998 年版。

② 梁思成：《中国古代建筑史》，北京：中国建筑工业出版社 2005 年版。

如出一辙。

当然，清东陵在继承明陵规制的基础上，也有很多独特的创新。在规划布局上，每座帝陵附近一般都另建皇后陵寝和妃嫔园寝，形制与帝陵基本相同，但规格不同；陵冢上增设了月牙城；明十三陵中只有长陵有“神功圣德碑”，而清东陵包括西陵在内则有多通；明陵宝顶多圆形或椭圆形，而清陵宝顶则前方后圆。在地宫方面，以裕陵为例，简化了明陵前、后、中、左配和右配五殿为明堂券、穿堂券和金券三重，并设置四道石门，并且石门和地宫壁顶遍雕佛像及经咒文。① 仅镌刻经文佛像，就用了黄册六本②，可见裕陵地宫雕刻之富。在礼制方面，帝后陵以黄色琉璃瓦盖顶，而妃、王园寝则用绿色琉璃瓦盖顶，规模小于帝后陵；后妃陵园神道均与所属皇帝神道相接。总之，清代皇陵主要是清东陵和清西陵，无论在建筑布局上，还是在具体的防护和管理上，都与明陵一脉相承。从这一点上也反映了作为关外少数民族的满族统治者入关后，对汉族文化的吸收。

一、关外四陵和清西陵

努尔哈赤的福陵、皇太极的昭陵、清远祖的永陵以及京东陵，统称为关外四陵。关外四陵与入关后的清陵不同，清入关前的陵寝建筑既发扬了中国古代建筑的传统，直接仿效明陵而来，同时又独具地方特色。陵园城墙高大，城墙四角设有角楼，气势森严雄伟，石刻技术精湛。它突出地将陵区的自然风光和城堡式的建筑布局相结合，陵区充溢着古朴、肃穆、神秘的气氛。在规模上虽不及明十三陵和清东西陵，但在建筑艺术上却有很高的价值。

永陵：

原名兴京陵，顺治十六年（1659）命名为“永陵”③。是努尔哈赤的远祖盖特穆、曾祖福满、祖父觉昌安、父塔克世、伯父礼敦、叔父塔察等及妻子的墓地。位于辽宁新宾县永陵镇西北，背依启运山，前临苏子河与烟囱山相望。建于明万历二十六年（1598）④，康熙、乾隆年间曾多次重修。永陵所葬人物因为生

---

① 据清东陵文物管理处学者李寅统计，裕陵地宫共雕刻佛像 46 尊，菩萨 8 尊，天王 4 位，佛塔 2 座，八宝 3 组，五欲供 2 组，经咒文字 30 111 个。此外，还有 3 座木结构门楼上石刻的 3 组跑兽（即狮子、天王和海马）9 个雕刻。见《论乾隆皇帝建陵的奢侈之风》，见清宫史研究会编《清代宫史论丛》，北京：紫禁城出版社 2001 年版。

② 《内务府来文》，第 2924 包，原件藏中国第一历史档案馆。

③ 顺治十六年九月二十三日，世祖上谕曰：“兴京祖陵乃发祥重地，宜隆显号，以展孝思，今尊称为永陵。”

④ 这个说法源于日本学者前田升的《永陵及其附近遗迹调查报告》，很多人沿用此说。近年来，沈阳故宫博物院李凤民对永陵建于明万历二十六年提出了质疑，认为永陵建于明代晚期或清初，至于具体日期仍未清楚。参见徐广源《清朝皇陵探奇》（北京：新世界出版社 1998 年版）。

前均没有当过皇帝，也没有称汗，所以陵园规模较小，占地面积 11 000 多平方米。陵园四周绕以红墙，南门内横排四座碑亭，碑文内容均是歌颂祖先的功德。因为永陵修建最早，有人把它称为“清朝第一陵”。没有牌坊、石像生、龙凤门和神路桥等引导性建筑，无中原汉族陵墓“前朝后寝”的区分，亦无石五供，体现了满族早期敦厚朴实的民族风格。

福陵：

福陵是清太祖努尔哈赤和高皇后的陵墓，建于后金天聪三年（1629），顺治、康熙、雍正和乾隆四朝增修，面积 194 800 平方米，因位于沈阳城东，在当地又称“东陵”。最初，福陵规模很小，仅有享殿、陵门和围墙等简单的建筑。顺治时期，为福陵增修了石像生、华表和四个角楼。康熙朝又修建了明楼、宝城和神功圣德碑亭，并对地宫进行了改建。雍正朝又修建了宝顶、配房和围墙。到乾隆时期，对福陵进行了全面的重修。福陵经过后世这四朝经营，已具备了一定的规模，最初的福陵和长达一个多世纪的重修过程，仅在修陵的问题上，可以说体现了清朝入关前后接受汉族文化的程度，从某种角度上来说，清朝历史发展的轨迹由此得以窥见。

昭陵：

昭陵是清太宗皇太极和孝端文皇后博尔济吉特氏的陵墓，位于沈阳城郊北，故又名“北陵”。陵园始建于崇德八年（1643），历时 9 年建成。康熙、嘉庆年间有所增建。昭陵是清初关外四陵中规模最大、保存最完整的一座帝陵，陵山为人工堆造而成，号称“隆业山”。昭陵的建筑布局，与福陵基本相同。四周缭墙围绕，正红门辟于南面正中。整个陵园可分为三个部分，从下马碑到大红门是一个部分，下马碑在陵区的最前面，碑文用满、汉、蒙、藏、回五种文字镌刻着“亲王以下各等官员至此下马”，以显示陵区的神圣和庄严。陵区的第二部分是大红门到方城。大红门上镶有五彩琉璃蟠龙，门里有石雕华表和六对石兽（比福陵多出一对），雕刻非常精致，具有很高的艺术价值。其中石马“大白”和“小白”，据说是仿照皇太极生前心爱的两匹坐骑雕琢而成。北部正中建有碑楼，内树康熙御笔“大清神功圣德碑”，碑通高五米多，重约50 吨。陵区第三部分是庞大的方城和后面的宝城，这是陵园全部建筑的主体。方城内的隆恩殿是供奉神牌和祭祀的地方，庄严肃穆。在明楼上立有“太宗文皇帝之陵”石碑一通。方城的四隅建有角楼，把清初城堡式建筑艺术和中国传统的陵园建筑风格融为一体，相得益彰。宝城的中间有半月形的宝顶，宝顶下就是埋葬皇太极和皇后的地宫。昭陵同福陵一样，亦是经过了后世几代的扩建重修才有了比较大的规模，这里亦体现了清朝入关前后历史发展变化的情况。

京东陵：

位于辽宁辽阳太子河东的阳鲁山上，西南距清代所建的东京城仅一里，故称“京东陵”。清太祖努尔哈赤迁都辽阳后，为了便于谒陵祭祀，于后金天命九年（1624）九月，将其景祖、显祖及妻、努尔哈赤皇后孝慈、努尔哈赤的伯父礼敦、叔父塔察篇古、皇弟舒尔哈赤和穆尔哈齐、堂弟祜尔哈齐、继妃富察氏、长子褚英等迁葬于此。顺治十五年（1658）九月初八日，以鳌拜为首的大臣，借“风水”之说，上书皇帝，请求将景祖、显祖和礼敦、塔察篇古等迁回兴京祖陵。在这之前，即天聪三年（1629），已将孝慈高皇后孟古姐姐以及继妃富察氏迁往福陵。因此京东陵仅存努尔哈赤的胞弟舒尔哈赤、穆尔哈赤、堂弟祜尔哈赤、长子褚英及穆尔哈赤之子大尔差等人的墓葬。京东陵只有缭墙、山门、碑亭等建筑，在关外四陵中规模最小。其中庄亲王舒尔哈赤因于1611年战死沙场，是后金的开国元勋，赐号达尔汉巴图鲁，所以他的陵墓成为整个京东陵的主体，立有大理石“庄达尔汉巴图鲁亲王碑”，用满汉两种文字刊刻。其他几座墓前，也都立有高大的追封碑，但只有努尔哈赤的长子褚英的墓前无碑。传说褚英在攻打辽阳一仗时，因贪酒大醉而贻误了战机，使清军伤亡惨重。所以，后继皇帝均不屑于给他树碑立传。

清西陵：

清西陵是清王朝入关后所建的第二处皇陵，位于今天河北省易县梁各庄以西，陵寝始建于雍正八年（1730）。共建有帝陵4座，即雍正的泰陵、嘉庆的昌陵、道光的慕陵、光绪的崇陵。皇后陵3座，即泰东陵、昌西陵、慕东陵。另外还有妃园寝3座、王爷园寝2座、皇子园寝1座、公主园寝1座等14座园寝。本来，按照古代宗庙昭、穆之制，雍正皇帝已在昌瑞山附近的九凤朝阳山选定了自己的陵址，但工程还没有开始，雍正帝就传下手谕：“此地近依孝陵、景陵，与朕初意相合，及精通堪舆之人再加相度，以为规模虽大而形局未全，穴中之土又带砂石，实不可用。今据怡亲王、总督高其倬奏称，相度得易州境内永宁山太平峪万年吉地，实乾坤聚秀之区，阴阳合会之所，龙穴砂水，无美不收，形势理气，诸吉咸备等语。朕览此奏，其言山脉水法，条例详明，询为上吉之壤，但与孝陵相去数百里，且与古帝制典礼有无未合之处，著大学士九卿详悉会议具奏。”① 大臣们引证了历代帝王营建陵墓之例，回奏皇帝说：永宁山太平峪万年吉地虽与孝、景二陵相去百里，但易州及遵化州地界，与京师密迩，同居畿辅，并列神州，其地实未为远。最后君臣意见一致，决定放弃东陵，在易县永宁山的

① 中国第一历史档案馆编：《雍正朝汉文谕旨汇编》第八册，桂林：广西师范大学出版社1999年版，第27页。

太平峪另辟陵址。这样也就打破了“子随父葬，祖辈衍继”的制度。上述文献记载，是否就是雍正帝不在东陵修建自己寿宫的真正原因，还有待进一步考证。另有一种普遍流行的说法，即雍正的皇位是篡改了先皇遗诏而得到的，若死后葬在东陵，则无颜面见父皇及祖先，同时又担心遭到父皇及祖先的谴责和报复，使他的灵魂不得安宁，所以另辟葬地。这种说法，由于未见于任何文献资料，所以也只能算是一种猜测和传说而已，无法使人们认可信服。

雍正在位13年，虽然相对于他父皇康熙和儿子乾隆的执政时间短暂，但创新之事多于历朝，其开拓进取精神在整个中国历史上的皇帝中也是十分突出的。陵寝制度，是否又是他不因循守旧思想的一个展现呢？当然这又仅仅是一种推测而已。而雍正帝另辟西陵真正的原因，恐怕只能等待新的史料的发现以及研究的深入去揭示了。

西陵开辟以后，便出现了清王朝入关后的以北京为中心、遵化和易县东西对称的皇家陵寝。

二、乾隆以后的兆葬之制

由于雍正另辟陵址，给后世子孙出了个难题。其子弘历继位后，在陵址选择上，曾一度犹豫不决，是建在东陵还是建在西陵？大费了一番脑筋。乾隆本想按照子随父葬之制，在西陵选择陵址，但又担心其子孙仿效他的做法，都相继随父葬在西陵，这样就使东陵变得凄凉。为了照顾到东西两陵的香火，乾隆皇帝最后还是决定将陵墓建在东陵，随即派议政王大臣纳亲、户部尚书海望、大学士三泰等率领精通风水的郎中董启祚、洪文澜、钦天监博士齐克昌、风水官付梃、天文生熊振鹏等到东陵勘察，选得位于孝陵西侧的胜水峪，并绘制地势图进呈皇上，乾隆七年（1742）三月十七日，正式决定以胜水峪为万年吉地，同时任命纳亲、兵部尚书哈达哈、户部尚书海望、户部左侍郎三和、右侍郎阿里衮、都察院左副都御史德尔敏为承修大臣。这一年的九月十四日，乾隆借到东陵谒陵之机，亲自视察了胜水峪，感到非常满意，重赏相度大臣和风水官。按钦天监所选吉期，于乾隆八年（1743）二月初十日丑时破土动工。

后世子孙该如何在东西两陵选址，乾隆皇帝一直在考虑这个问题。嘉庆元年（1796）十二月二十二日，即在他当上太上皇之后，专门发下一道谕旨，内容如下：

向例皇帝登基后即应选择万年吉地。乾隆元年，朕绍登大宝，本欲于泰陵附近地方相建万年吉地。因思皇考陵寝在西，朕万年吉地设又近依皇考，万万年后，我子孙亦思近依祖父，俱选吉京西，则与东路孝陵、景陵日远日疏，不足以展孝思而申爱慕。是以朕万年吉地即建在东陵界内之胜水峪。若嗣皇帝及孙曾辈因朕吉地在东择建，则又与泰陵疏隔，亦非似续相继之义。嗣皇帝万年吉地自应在西陵界内卜择。着各衙门即遵照此旨，在泰陵附近地方敬谨选建。至朕孙缵承统续时，其吉地又当建在东陵界内。我朝景运庞鸿，庆延瓜瓞，承承继继，各依昭穆次序，迭分东西，一脉相承，不致递推递远。且遵化、易州两处山川深邃，灵秀所钟，其中吉地甚多，亦可不必于处另为选择，有防小民田产，实为万世良法。我子孙惟当恪遵朕旨，渊源笃本，衍庆延喜，亿万斯年相承勿替，此则我大清无疆之福也。①

这道谕旨发出后，乾隆还是不放心此事，担心子孙们不能完全理解他照顾东、西两陵香火的用心，在陵址选择上违背他的意愿，于是在嘉庆二年（1797）三月十五日，即与上一道谕旨发出相隔仅三个月，又再次发出谕旨，反复强调后世选择陵址的事。谕旨内容如下：

前经降旨以嗣后万年吉地当各依昭穆次序，在东西陵界内分建，不必另卜他处。但堪舆术士，每多立异邀功之习，所言最不可信，即如朕选择万年吉地时，定于东陵界内之圣水峪，而进爱又欲改卜，经朕察其虚妄，即降进爱治罪，示惩万世子孙，皆当以此为法，庶不为行家之言所惑。且遵化、易州两处山川灵秀宽广，其中吉地甚多，我子孙务须恪遵前训，永垂法守，断不可另择他处，有妨民业。②

此后，清朝皇帝就形成了东西陵分葬的“兆葬之制”。如乾隆的儿子嘉庆的陵墓就建在了西陵太平峪雍正“泰陵”的西侧，曰“昌陵”。而且嘉庆的昌陵是乾隆亲自为他选定的。这说明作为太上皇的乾隆是想在他还在世的时候，亲眼看到他制定的兆葬之制的实现，用事实再次警示后世子孙。

按照乾隆所定的昭穆之制，嘉庆的儿子道光皇帝的陵墓应建在东陵，这在乾隆的谕旨中已讲得很明白了，他孙子的吉地当建在东陵界内。道光帝正是乾隆的孙子，所以他的陵址自然应该选在东陵。但事情的进展并不像想象的那么顺利。道光继位后，听从众大臣们的意见，按照乾隆的谕旨，在东陵相度吉地，并强调说：“皇祖高宗纯皇帝垂训，我朝景运庞鸿，继继承承，吉地依昭穆次序，东西递建，洵为万世良法，朕自应恪遵成宪，于东陵界内选择绕斗峪建立吉地。着派

① 《清高宗实录》卷一四九五，北京：中华书局1986年版，第1023～1024页。

② 《内务府来文》，第2942包，原件藏中国第一历史档案馆。

庄亲王绵课、大学士戴均元、尚书英和、侍郎阿克当阿，敬谨办理，择吉于十月十八日卯时开工。”① 他于道光元年（1821）四月派文渊阁大学士戴均元、工部尚书穆克登额、兵部左侍郎阿克当阿为相度大臣，带领风水官前往东陵相度万年吉地。经过一个多月的勘察，选得绕斗峪，并绘制地形图交给道光阅览。道光帝仍不放心，又再次派人到东陵复勘，最终确定绕斗峪为万年吉地。道光元年（1821）九月二日，正式任命庄亲王绵课、大学士戴均元、户部尚书英和、侍郎阿克当阿为承修大臣，由钦天监择选吉期，于本年十月十八日卯时正式破土动工。关于这一过程，中国第一历史档案馆所藏档案《内务府来文》亦有记载。

道光元年九月初四日内阁钞出初二日奉上谕，国家定制：登基后即应选择万年吉地。嘉庆元年钦奉皇祖高宗纯皇帝敕谕，嗣后吉地各依昭穆次序，在东陵、西陵内分建，今朕绍登大宝，恪遵成宪，于东陵界内选择绕斗峪建立吉地。差派庄亲王绵课、大学士戴均元、尚书英和、侍郎阿克当阿，敬谨办理。诹吉于十月十八日卯时开工。钦此。臣等恭查兴工吉期，应遣官前往祭告后土、司工之神。所有遣官祭告各事，宜由太常寺办理。祝文由翰林院撰拟……②

动工的第二年三月初五日，道光因绕斗峪这个名字不好，故改其名为宝华峪。在兴建宝华峪陵寝的同时，妃园寝、公主园寝和礼部衙门、工部营房、八旗营房、内务府营房等也同时兴建。全部工程历时 7 年即于道光七年（1827）完成。同年九月，道光帝亲自护送孝穆皇后梓宫到东陵，于九月二十二日正式葬入宝华峪地宫。道光的两个皇女和一个皇子以及平贵人也从北京奉移到东陵，分别葬入公主园寝和妃园寝。道光帝当时看到宝华峪陵寝恢宏壮丽，心情非常喜悦，对相关大臣官员进行了奖赏。可是意想不到的是，道光八年（1828）九月，在皇帝展谒东陵之前，内务府员役发现宝华峪地宫渗水，孝穆皇后的棺椁被浸湿。道光皇帝听说后极为震怒，立即派宗室、户部侍郎敬征，会同马兰镇总兵宝兴进入地宫查看并亲自到宝华峪察看，渗水状况比大臣所奏还要严重，道光非常生气，大骂办理工程的官员“丧尽天良”，马上将有关人员予以革职抄家或降职处分，并下令承办官员限期赔缴银两。

此次事件后，道光果断决定废弃宝华峪，到东陵之外的地方去寻找陵址。先后派遣诸多官员和风水师到京城周边相度勘察，最后于道光十一年（1831）二月，在西陵卜得一处吉壤，大臣和风水官员们将绘图上奏皇帝阅视。道光帝吸取

① 《清宣宗实录》卷二三，北京：中华书局 1986 年版，第 411 页。

② 《内务府来文》，第 2942 包，原件藏中国第一历史档案馆。

上次教训，于二月二十二日，借谒陵之机，亲往察看。看后非常满意，当天即下发谕旨，确定这个地方为万年吉地，赐名“龙泉峪”。

宝华峪陵寝废弃后，拆除事宜由被革职的前任内务府郎中庆玉自愿出资负责，从道光十二年（1832）九月到道光十五年（1835）十二月，用了3年时间，除36间内务府营房留用外，其余全部拆除完毕。拆下来的木、石、砖等料，分别用于西陵龙泉峪道光的新陵墓——慕陵和东陵平安峪咸丰的定陵及其妃园寝内务府营房修建等。

龙泉峪陵寝工程于道光十一年（1831）十一月初八正式动工。这样乾隆定下的兆葬之制仅施行了一代就被他的孙子破坏。到了道光的儿子咸丰的时候，陵址的选定又遇到了难题，由于道光对东西两陵分建次序的打乱，使咸丰皇帝无所适从，曾先后派遣大臣和风水官分别去东、西两陵相度，并且调精通地学风水的江西巡抚陆应谷前来协助，咸丰帝甚至对风水官员卜选的几处地点亲自察看，最后将东陵境内的平安峪定为万年吉地。

按照昭穆次序，到了咸丰的儿子同治皇帝时，其陵寝应该建在西陵，但大权在握的慈禧不知为什么却下令在东陵双山峪为其儿子建陵。慈禧的命令无人敢违抗，所以同治皇帝的陵寝就只能随其父建在了东陵。这样一来，又再次破坏了乾隆皇帝亲自制定的兆葬之制。同治之后的光绪皇帝葬在了西陵的金龙峪，称为崇陵。

总之，雍正新辟西陵，使清朝入关后皇家陵寝子随父葬之制遭到了破坏。乾隆继位后面临这种局面，经过周全考虑，决定将自己的陵寝建在东陵，并在晚年时颁发谕旨，令后世子孙各依昭穆次序，在东西两陵分建吉地。乾隆亲自为儿子嘉庆皇帝选陵址于西陵，实现了他的心愿，但仅仅一代，到了他的孙子道光时，就没有遵循他的谕旨，将已经在东陵建成的宝华峪拆除，重新在西陵建造陵寝。到了咸丰的儿子同治时，由于慈禧的指令，乾隆所制定的“兆葬之制”再次遭到破坏。从雍正到道光再到同治，先后违背祖制，别出心裁，致使清代入关后的陵寝制度变化无常，随意性很大。这背后反映了什么？我们该如何认识这个问题？值得探讨。

三、“偶然”与“必然”：对道光宝华峪陵拆迁原因的分析

今天的历史学家及研究历史的学者们，大概已经认识到了或正在认识到这样一个问题：历史的发展往往带有很多偶然性。这就对曾经一个时期人们在研究历史事件的时候过于强调“必然性”予以了修正。一个偶然的事件，会打破原有的计划和决定，甚至有可能会改变历史发展的方向和进程。从这个意义上说，在分析历史的时候，偶然性因素不可忽视。“我们的历史观是由很多必然性组合而

成的，包括那些挺严重的事件是否具有那么多必然性呢？实在深可怀疑，许多完全出乎意料的偶然性因素，很可能是一系列重大历史关节的起点，无视这种情况，只选那些合乎主观心意的材料来装配历史，装配出来的只能是假历史。"①当然，我们在认识到历史的偶然性因素的同时，也同样应重视它的必然性。因为历史本身的发展是复杂的，一个历史事件是由多种因素构成的，主观和客观、偶然和必然往往综合到一起，最终促成了事件的发生。以道光陵拆迁为例，若分析这个事件为什么发生的话，这里就存在着偶然和必然的因素。

（一）道光陵拆迁的偶然因素

按旧例，道光在即位的当年（1821），即开始为自己选择陵址，修建陵寝。由于道光帝的原配福晋钮祜禄氏（即后来的孝穆皇后）早在嘉庆十三年（1808）就病逝了，那时道光还没有即位，自然按皇子福晋的礼仪规格将钮祜禄氏安葬在王佐村（位于今北京市丰台区西南）。其实，道光帝即位后，在最初选陵址的时候，曾有把钮祜禄氏的园寝进行扩建，然后作为自己的陵寝的想法。他曾经派文渊阁大学士戴均元、户部尚书英和带领风水官员前往王佐村进行察看。戴均元等大臣们经过几天的察看后，认为王佐村的风水有欠缺、地势有限，不能添建宝顶，而且附近原有村庄较多。基于这些原因，他们建议道光皇帝遵照乾隆早年的谕旨，依昭穆分建的原则，在东陵选择陵址。道光帝看到上奏后，又让军机大臣们会同六部具奏，其结果与戴均元等相同。这样道光皇帝也就采纳了众大臣的意见，放弃了选址王佐村的想法，在东陵卜选吉地。之后便派戴均元、工部尚书穆克登额、工部侍郎阿克当阿率风水师到东陵勘察。

经过反复相度，最后在双妃园寝（即康熙两位皇贵妃悫惠和惇怡的园寝，位于景陵妃园寝东南，建于乾隆初年，在清代妃园寝中规制最高）东侧选得绕斗峪。上奏后，道光皇帝又派礼部侍郎吴烜、工部侍郎穆彰阿率风水官前往东陵验看。吴烜等人验看的结果与前次相同，于是道光皇帝最后决定在东陵绕斗峪修建自己的陵寝。

道光皇帝任命庄亲王绵课、文渊阁大学士戴均元、户部尚书英和、工部侍郎阿克当阿为承修大臣，择吉于道光元年（1821）十月十八日卯时破土动工。后来又先后增派工部左侍郎阿尔邦阿、户部左侍郎敬征、理藩院尚书穆彰阿、马兰镇总兵恩铭等为承修官。工程历时6年，于道光七年（1827）完竣。当年九月又将孝穆皇后迁葬于此。但仅仅过了一年，即在道光八年（1828）九月，守陵官员便发现了地宫渗水，而且情况较为严重。道光帝非常气愤，曾连发十几道谕旨，严

① 余秋雨：《霜冷长河》，北京：作家出版社 1999 年版。

令查办。并派敬征、宝兴，前往东陵宝华峪地宫，逐处查看地宫积水“是否因渗漏所致，亦由地气蒸溽”。很快，敬征等将查看的结果上奏：“木门内罩门券两边马蹄柱门枕石下，往外渗水。明堂券、穿堂券、地平石缝、金刚墙根，俱有渗水处。三层门洞券枕石后及金券宝床下三面石缝，俱有渗水一二分不等。覆履勘各券墙根，似有消水泾气数寸，木门后阴泾微溽尺余。究其券内存水之由，竟系空山水由地平浸泾泛滥所致。”道光帝看完奏文，非常生气，认为“宝华峪地宫新建，甫经夏令，即有由内渗水之处，迨经擦拭，隔宿又复普行渗水二分”①。大骂承修大臣“办理不善，丧尽天良”，并立即对相关人员作出了处罚：致仕大学士戴均元，前因工程加恩赏加太子太师衔。其子户部员外郎戴诗亨，以郎中补用。“今查明办理不善，岂能复邀恩赉。戴均元着革去宫衔，降为三品顶带，伊子戴诗亨，仍降为员外郎候补。”总监督内阁侍读学士牛坤，因始终承办后段监督，内务府郎中百寿，员外郎延凤，并接办后段监督郎中庆玉，监修主事定善，候补笔帖式长淳，副司库玛彦布，俱着革职，交留京办事王大臣会同刑部严审。牛坤，现在随扈，着行在刑部派员押令回京，听候审办。英和承办万年吉地之工，始终其事，其罪尤重，着先行革去顶戴，拔去花翎。②

道光皇帝又借谒陵之机，亲自到宝华峪地宫察看，发现地宫积水竟逾宝床而上，孝穆皇后梓宫浸湿约有二寸，计存水有一尺六七寸之多（宝床仅高一尺五寸）。非常气愤，又大骂绵课等在堪舆相度时，“漫不经心，昧良负恩”。随即令派敬征、阿尔邦阿、宝兴，带同精于堪舆谙习工程之人，详加履勘，奏明办理。并觉得前次对绵课的处罚过轻，“不足示惩”。于是对绵课的五个儿子分别由亲王降为郡王、革去不入八分辅国公、镇国将军委散秩大臣、辅国将军和头品顶戴（因绵课此时已身故）。并对其他人员也作了重新处理：戴均元，予以革职。英和的儿子兵部侍郎奎照、通政使奎耀，均予以革职，降为拜唐阿，到宝华峪工地效力赎罪。戴均元、英和、牛坤、百寿、延凤、定善、长淳和玛彦布的家产，俱查抄入官。

在此期间，道光帝又令奕绍等传讯当年相度宝华峪陵址的堪舆家宋泗、赵佩琳、蔡鸿升、姚绍基、毓庆等五人，查问五人中是谁首先看定的这个陵址，其余人是否有相同的见解，以及是否指出此地当有石母（似石非石，似土非土，当地人称为石母）和山泉。同时让五人与监生吴灏、刑部主事余毓祥、兵部主事周彦（曾随吴烜对宝华峪进行核勘）三人证明吴烜核勘时是否指出此地土色泉石不纯问题。据这些人讲，吴烜核勘后已向绵课、戴均元、英和等三人告知。至于是否

① 《清宣宗实录》卷一四三，“道光八年九月下”，北京：中华书局 1986 年版。

② 《清宣宗实录》卷一四三，“道光八年九月下”，北京：中华书局 1986 年版。

向后来接办工程的穆彰阿、阿尔邦阿、敬征及兼办工程之马兰镇总兵恩铭等告知，以及当时在看出石泉后，与上述大臣商量如何挡护，是用土抵御，抑或用石填塞，再必须向百寿等一一查明。道光帝认为，如果在工程刚一开工见到泉石时，监督大臣们能认真修筑，渗水情况不致如此迅速，实属草率所致。另外其中是否有侵蚀偷减情形，令奕绍向百寿严讯。在传讯宋泗等堪舆相度人时，道光帝叮嘱奕绍等要反复加以开导，“务令畏惧，务从实供，当时系何人首先看定，后至之人，或不肯直斥其非，或因业经奏明，不复指摘戴均元等”。道光帝还亲自讯问，特别强调地宫滴水，“皆由土石工程未能坚固如式，致有浸溢，其罪在于承办工程各员，与相度官本无干涉”[①]，以免他们因畏惧而不说实情。

为了搞清事实，在传讯堪舆人的同时，又提讯承办工头匠役，单独进行讯问，亦对其详加开导。

通过奕绍的严讯，百寿等供称，“宝华峪开通地宫土工时，土系黄色，惟北面圹帮，间有石母，石内滴水，该革员等曾告知英和，用土拦挡，令水旁流，不使流于圹内。自兴工及完工时，均未见圹内有水。……伊等开工时，恐日久圹内微泾，原议两旁安置龙须沟出水，因英和告以不用安置，是以停止。”宋泗等堪舆之人亦道出实情：“地宫土盘开至距金井四丈余，圹边显露石母，浸出水珠，每逢阴雨，涓滴不止。且圹底土性潮湿，间杂细碎腐石，应手即破，经该监督等向绵课、戴均元、英和告知，不即改图，仍商同用土拦护。其修砌石工，取材即粗，又未坚固如式，遇有不能合缝之处，辄用松香白蜡，调和粘补。”[②] 再加之英和屡次饬令牛坤，在督催紧急的情况下，工程如期报竣。其实，早在开通地宫之初，道光皇帝曾多次向英和询问土性如何，但英和不但未将滴水拦护情形奏及，而且一直称地宫土质全干，等于欺骗皇上。另外，道光皇帝也从未向英和催促工程进度，而英和为什么屡次给牛坤规定工程期限，任听该监督草率弥补石缝？

通过严讯又得知地宫渗水最重要的原因，即当年戴均元带同各堪舆相度吉壤时，宋泗曾以点穴太后，恐穴中有石为由提出了应往前移十丈的意见。但戴均元辄拘泥规制，仅只前移五丈，以至于开圹时靠北面则出现山石。道光皇帝在谕旨称：“朕前令戴均元勘定福基，曾经降旨，只期地臻全美，不必拘四至之广狭。即照从前规制，稍从简约，亦无不宜。乃师心自用，并不据实陈奏，迨至目击渗水之处，仍复商同拦护，曾无一言奏及。开工未几，旋即乞休。伊年虽届八旬，

① 《清宣宗实录》卷一四三，“道光八年九月下”，北京：中华书局1986年版。

② 《清宣宗实录》卷一四三，“道光八年九月下”，北京：中华书局1986年版。

精力尚健，何至遽思归田。明系洁身远引。其居心尤为可恶。”① 故令韩文绮传旨，立即将戴均元拿交刑部治罪，派委妥员，迅速解京。

经过层层追查，地宫渗水的原因已经十分明了。首先，是在“点穴”时出现了问题。按照风水理论的要求，东陵内各座陵寝均背山而建，道光的宝华峪也不例外。当年“点龙穴”（确定地宫金井的位置）时，位置过于靠后，盛夏雨季，山水顺岩石缝隙渗入地宫。其次，缺少龙须沟设置。向例，陵寝地宫均应设置“龙须沟”（地宫下面修筑的两条排水暗沟，因似龙须，故称“龙须沟”），但承修大臣英和却以“恐漏地气”为由，放弃了原来设置龙须沟的计划，结果渗入地宫的水排不出去而形成积水。至此，渗水原因已彻底查清，责任也就自然分明。道光皇帝对相关人员作出了最终处罚：

戴均元，因始终经手工程，当年已年过八旬，免其死罪和发遣，逐回原籍。其子戴诗亨革去员外郎，其孙戴嘉秀革去知县，戴嘉会革去盐大使，戴嘉德革去举人。

英和，本应处斩，但因在此案中无贪赃情形，可宽免一死。固加恩发往黑龙江充当苦差，并二子随同前往，其孙革职。

牛坤，发往伊犁效力赎罪。

百寿、延风，发往乌鲁木齐效力赎罪。

定善、长淳、玛彦布，发往军台效力赎罪。

庆玉，在宝华峪效力赎罪。

继昌、广泰降三级调用。

绵课，办工最久，罚赔银 100 000 两。

阿克当阿，系相度之员，兼派办工，罚银 40 000 两。

穆克登额，为相度之员，罚银 30 000 两。

穆彰阿，因其接办未久，罚银 8 000 两。

阿尔邦阿，罚银 2 000 两。

嵩年、继昌，前任马兰镇总兵、兼办工程，罚银各 30 000 两。

广泰，罚银 6 000 两。

庆惠，罚银 8 000 两。

宝兴，罚银 2 000 两。

上述所有人的罚赔银两，要求必须限期完缴，毋许稍有迟延。至此，宝华峪地宫渗水事件最终画上了句号。但事情还远没有结束，由此而引发的事情就更为

① 《清宣宗实录》卷一四三，“道光八年九月下”，北京：中华书局 1986 年版。

严重。

迨一切查清后，有人曾向道光提议补修地宫的方案，但被道光帝拒绝。不仅如此，道光皇帝竟最终决定废弃宝华峪，且不在东陵，而是到西陵重新修建一座新陵寝。将拆下的宝华峪上等木料运往西陵。经户部尚书穆禧恩、礼部尚书耆英、直隶总督那彦成、容照和奕经等人的认真相度，在西陵找到一块吉壤，道光皇帝亲自察看，相中后赐名为"龙泉峪"，任命工部尚书穆彰阿、户部左侍郎敬征和宝兴、工部右侍郎阿尔邦阿为承修大臣，诹吉于道光十一年（1831）十一月初八酉时正式破土动工。道光的这一决定，不但玷污了他"节俭"和"崇实"的美名，而且成了被后世批评违背祖制的罪人。

道光为什么会作出这个决定？这不是一个简简单单就可以回答的问题，还应综合内外各方面的因素以及整个事件的前后过程，客观地予以分析。

不论对于皇帝，还是对于承修大臣们来说，宝华峪地宫渗水，都是意料之外的事件。道光皇帝开始也是遵循祖制，按昭穆分建，在东陵卜选陵址。在工程的进行当中，道光皇帝也曾借谒陵之机亲自察看，对工程十分满意，高兴之下，还对承修官员等给予奖赏。当工程告竣后，在道光帝护送孝穆皇后迁葬宝华峪陵寝时，看到新建成的陵寝威严壮丽，极为高兴，于是，对有关人员又进行了赏封。如免去已故庄亲王绵课应缴从前所借俸银40 000两；晋封致仕大学士戴均元为太子太师，其子员外郎戴诗亨以郎中用；赏还热河督统英和一品顶戴花翎（七月英和因罪被拔去花翎，降为二品热河督统）。对其他相关人员也分别给予了奖赏。即使发现地宫渗水后，在几次下发的谕旨中，仍令查看官员和守护太监仔细查找原因，以便日后修理。如在得知宝华峪地宫渗水达五六分之多后，令敬征等督同守护太监"迅速收拾干净。俟朕于十二日到彼看视。其地面墙根应查之处，着于擦拭后，再行详细查勘，总须查出存水之由，方好修理"①。从这个记载看，在渗水事件发生后，道光帝并没有迁陵的想法。但后来究竟是什么原因使道光皇帝作出了废弃宝华峪、离开东陵到西陵建陵的决定？是否随着勘察的深入，在清楚了地宫渗水的原因后，认为难以维修？或者面对深达一尺六七寸积水的严重状况而难平心中的愤怒？还是他早就另有想法？目前所见到的史料还无法明朗地回答这些问题。所论也仅仅是根据蛛丝马迹作出的推测而已。但无论如何，新建的道光宝华峪陵地宫严重渗水是一个活生生的事实，而且渗水的原因是致命的。可以说，地宫严重渗水是出乎所有人意料之外的偶然事件，这个偶然事件的发生，直接导致了道光的迁陵，而道光的迁陵又首先破坏了祖父乾隆立下的昭穆分建

① 《清宣宗实录》卷一四三，"道光八年九月下"，北京：中华书局1986年版。

之制。

然而，事情也并非如此简单，历史的发展是复杂的。很多事件的发生，有偶然的因素，同时也存在着一定的必然性。那么，在道光陵拆迁这件大事上，除了地宫严重渗水这个偶然的因素外，还有哪些必然性呢?

（二）道光陵拆迁的必然性

上文讲到的偶然因素，其实只是一种表象，或者说只是迁陵事件的起因、导火线。如果我们细加分析的话，会看到偶然因素之外的更为深层的问题。

在道光以前，陵寝地宫渗水也曾发生过，如乾隆的裕陵。在乾隆十七年(1752)，孝贤皇后奉安裕陵时，曾发现地宫里有渗水，后来经过维修，渗水排除。当然两陵的渗水轻重是不一样的，裕陵虽然也未有龙须沟的排水设置，但因它并不存在如宝华峪点穴靠后的重大失误，所以即便有渗水，也绝不会像宝华峪那么严重。地宫积水没过棺床甚至浸泡至梓宫，这在清东陵的历史上从未有过，因此，道光帝的愤怒是完全可以理解的。当时有人曾提出维修地宫的建议，但道光帝没有采纳。其中原因除了我们在上述推测的几点之外，是否与他内心原有的想法有关？这是我们重点要讨论的。

在盛怒之下决定废弃新建成的宝华峪陵，重新修建，在某种程度上可以理解，但违背祖制，离开东陵到西陵去建，这就让人们产生了很大的疑惑：难道在最初卜选东陵陵址的时候，道光皇帝是不情愿的吗？难道他当年所发出的上谕“嘉庆元年钦奉皇祖高宗纯皇帝敕谕，嗣后吉地各依昭穆次序，在东陵、西陵内分建。今朕绍登大宝，恪遵成宪，于东陵界内选择绕斗峪建立吉地。”是迫于祖制的无奈决定吗？若是如此，道光帝为什么非要违背祖父乾隆定下的昭穆分建制度，到西陵去重新修建陵寝？这么一个重大的决定不可能是一时冲动所为。道光的慕陵[①]隆恩殿前左侧的一通石幢上，刻有道光皇帝在道光十五年（1835）作的两首诗及其注释，从其中的文字内容似乎可以找到迁陵至西陵的蛛丝马迹。两首诗作及注释如下：

毋谓重劳宜改卜，龙泉想是待于吾。
人情可叹流虚伪，天命难谌懔典谟。

① 道光在清西陵修建的陵寝称为“慕陵”。清朝惯例，帝后陵寝的名称都是由嗣皇帝来确定，但慕陵之名准确地说应该是道光帝生前自己确定的。道光十五年（1835），当道光护送孝穆和孝慎皇后的梓宫入葬龙泉峪地宫时，曾挥笔写下“奉朱笔，敬瞻东北，永慕无穷，云山密迩，呜呼！其慕与慕也”几句话，并叫来皇子奕詝听朱谕，听后将所书之字藏入殿内。奕詝即位后，反复琢磨这几句话，幡然醒悟，遂定龙泉峪为“慕陵”。（见王德恒：《北京的皇陵与王爷坟》，北京：中国城市出版社 1997 年版）

郁郁山川通王气，哀哀考妣近陵区。
因时损益无非教，驭世污隆漫道迂。
岂敢上沿诸制度，或能后有一规模。
心忱自慊增惭惧，慎俭平生其庶乎。

吉卜龙泉工始成，永安二后合佳城。
山川惬意时光遇，新故堪伤岁月更。
世事看花悲既往，人情寄梦叹平生。
东望珠阜瞻依近，罔极恩慈恋慕萦。

注释曰："予因宝华峪办理不善，规制又拂朕意，不能不改图吉壤。特命禧恩等遍行相度，再励春秋，始得兹地。予亲临阅定，诹吉鸠工。""朕亲临审视，眺岗峦之环拱，察川溆之萦回，规模俱惬意于素志。""皇考仁宗睿皇帝、皇妣孝淑睿皇后安奉昌陵，山川王气，毓瑞钟祥。兹龙泉峪在昌陵之西，相去八里许，五云在望，一脉相承，子臣依恋之忱，庶符夙愿也。"

清东陵文物管理处的徐广源学者根据以上诗及注得出结论，其一，迁陵的根本原因是找到了比东陵宝华峪更为理想的吉壤——龙泉峪；其二，认为道光皇帝的夙愿是和父母葬在一起，而最初选在东陵是迫于无奈，暴露了他的虚伪性；其三，宝华峪陵的规制是道光亲自制定和批准的，但他却说"规制又拂朕意"，反映了道光性格的反复无常和蛮不讲理；其四，道光一生标榜自己节俭，黜华崇实，但当找到了遂心的陵址后，便不惜一切代价。说明他的节俭也是假的。①

上述分析确实有一定的道理，但若仅仅以这两首诗作及注释来判断道光迁陵的真实原因的话，其根据未免不够充分。如子随父葬，他可能确实有这个夙愿（当然也仅仅是从诗中的字面理解），但他一开始还是遵守了祖训，按昭穆次序在东陵修建了自己的陵寝。如果没有地宫渗水这个突发事件，就不会有后面迁陵事件的发生了。也可以这样理解，道光皇帝尽管依恋父母（人之常情），想和父母葬在一起，但他最后还是作出了顾全大局的选择。由此给他戴上个"虚伪"的帽子，似乎欠妥。再如对道光一生节俭的评价，不能因建陵银两的巨大耗费就将所有的节俭表现全部否定。在龙泉峪开工后，道光曾下谕旨："凡一切规模务从俭约，不许纷繁。"从规制上讲，道光的龙泉峪相对于其他帝陵，确实缩减了不少。如龙泉峪没有大碑楼、石像生、二柱门、方城和明楼。隆恩殿由向例的重

① 徐广源：《道光陵搬迁始末》，见唐山市政协文史资料委员会编《清东陵》，北京：社会科学文献出版社1995年版。

檐五间减为单檐三间等。当然，在缩减的同时也有某些增加，因为在工艺和用料上的求精，最后使工程耗银居清陵之首，确实是不节俭了。但任何事情往往最初的意愿和最后的结果是不一致的，这个结果也可能是道光帝最初没有想到的，更何况一些大臣（包括那些承修工程的大臣）在新陵寝的修建中，不断地讨好皇帝，致使工程越来越精，耗银自然也就越来越多。这仅仅还是个推测。不管怎么说，我们不能因为修陵这一件事，就把他所有的节俭都说成是假的。作为一国之君，虽然握有至高无上的权力，但有些具体的事情，却往往不在他的掌控之内。

笔者认为，道光"子随父葬"的夙愿，应该是迁陵的深层原因，当宝华峪地宫严重渗水这个偶然事件发生后，其埋藏在道光皇帝心里的夙愿便被引发，可以说，地宫渗水的偶然事件为道光皇帝实现夙愿提供了机会，或者说找到了借口。

作为爱新觉罗的子孙，作为一国之君，迁陵之事也反映了道光的自私。另外他也为后来的子孙开了个坏头，带来了不好的影响。同治帝的再度违制，不能说与道光毫无关系。

总之，在道光陵拆迁这件事上，既有偶然的因素，又有其必然性。"偶然"在先，"必然"在后，二者相互作用，最终促成了这个在清朝陵寝制度史上重大事件的发生。

四、清东陵的规制和布局

清东陵的整体布局和建筑规制，在继承明陵的基础上，又有一些独特的创新。

占地 2 500 平方公里的清东陵陵园，以昌瑞山山顶的明代长城为界，划分为"前圈"和"后龙"两个部分，长城以南为前圈，是陵园的建筑区，即陵寝区，占地 48 平方公里，周围砌筑了 40 华里的风水墙，以示禁界。后龙是衬托陵寝设置的绿化区，即风水禁地，占地 2 452 平方公里，地跨遵化、蓟州和密云等县。

风水墙自东北马兰镇西城根起，往南至马兰峪西为东口门，这个口门是内旗官役出入之所。后因有碍龙脉，将口门改筑小门，禁止车马践轧。再往南一里多为旧吉祥口，护陵官员一旦得有重病，为了避免死在陵区内，在生命垂危时，必须赶紧抬出陵区之外，到马兰峪城南的两个会馆救治，所以此门又称"鬼门关"。后来堵塞不用。又由东转南四里余，为新东口门，稍南为新吉祥口，再稍南转折而西三里余为东便门。东便门再西二里许，正面建大门三座，为红门正门，这就是清东陵的总门户——大红门。大红门东侧有墙门一座，为帝后谒陵乘舆进入陵区的所经之处。正门迤西二里余为新开口，再往西六里余为西便门，迤西转北，由杏花山抵黄花山口，为苇子峪口门。风水墙总长 40 余里，高 9 尺 4

寸，厚2尺8寸，左有12个水关，右有10个水关。所有各处口门均设汛拨官兵驻守。风水围墙以内的布局是：孝陵以东为东沟圈，以南为西沟圈，系孝陵包衣人驻。迤西为裕陵大圈和小圈，定陵大圈和小圈，定东陵圈，这些大小圈均为包衣人驻所。新东口门内亦有大圈和小圈①，为惠陵包衣人驻所。② 清东陵共有帝、后、妃陵寝15座，从1663年葬入第一帝顺治起，至1935年葬入同治皇帝的最后一位皇贵妃止，前后陆续建陵、安葬，共历时272年，总计葬入157人。

清东陵的整体布局是以昌瑞山主峰下顺治的孝陵为中心，两侧层层走低的群峰下则是顺治后的康熙、乾隆、咸丰和同治皇帝陵。皇后陵和妃嫔园寝均附在各自帝陵一侧。之前各个朝代的皇家陵园，不单独建皇后陵和妃园寝，或只建帝后陵而不建妃园寝，而清东陵则突破旧制，帝、后、妃三类陵寝均建在同一陵区内，而且尊卑有别，等级有序，体系非常完备。

三类陵寝从总体布局上虽然均遵循中轴对称、前朝后寝的原则，但在建筑规格上，三类陵寝是有严格区别的。皇帝陵的规格最高，主体建筑富丽堂皇、附属建筑同样威风气派和完备。孝陵是清东陵的主体，位于中轴线上，整个陵园以它为中心，形成一个错落有序的建筑群。其布局如下：

主体建筑：包括“前朝”和“后寝”两个部分。前朝部分包括隆恩殿、东西配殿、东西燎炉、隆恩门，前朝的这些地方是举行谒陵和祭祀活动的主要场所。后寝部分包括二柱门、石五供、方城、明楼、宝城、宝顶、地宫等，后寝设置的这些地方是皇帝死后的安葬处，祭礼中的展谒礼和清明敷土礼均在这里举行。

附属建筑：是陵门前的一系列建筑，分布在神道之上和两侧。主要有大碑楼、神路桥、石像生、龙凤门（亦称牌楼门）、神道碑亭、下马牌、神厨库、东西朝房、东西值班房等。

不论主体建筑还是附属建筑，均有各自不同的功能。

隆恩殿：是“前朝”部分中的主体建筑，也是整个陵寝地面建筑的主体。

---

① 清东陵各座陵寝附近均建有内务府人员居住的“圈”（音 quān，因建在风水围墙以内，取圈围之意，故曰“圈”；又因每圈周围都修建有砖墙，故又称营房），一般有大小之分，大圈为守护帝、后陵者居住，小圈为守护妃园寝者居住，两圈建在一处，中间仅一条街道相隔。各圈由一条纵向大街和数条小街组成，因形似蜈蚣，故称“蜈蚣街”，房屋均为厢房或倒座，即朝向各自服务的陵寝。管理陵寝和内务府事务的各陵“内关防衙门”即设在大圈内。大圈的建筑规格亦高于小圈。各圈均由朝廷统一出资，几乎与陵寝同时修建。圈内各房屋有严格的等级区别，因昭西陵没有设圈，该陵内务府人员居住在其礼部营房内，这样在清东陵就建有八座大圈：即孝陵圈（顺治皇帝）、孝东陵圈（顺治皇后，亦称东圈）、景陵圈（康熙皇帝）、裕陵圈（乾隆皇帝）、定陵圈（咸丰皇帝）、旧太后陵圈（慈安）新太后陵圈（慈禧）、惠陵圈（同治皇帝）。其中除了孝东陵圈设在风水墙外的马兰峪镇东外，其余均设在风水围墙以内。

② （清）布兰泰：《昌瑞山万年统志》下函，卷五《志图考》，光绪年间写本。

其建筑形式为重檐歇山顶，面阔五间，内设三盖暖阁，殿外设月台，以白石栏杆圈围，左右两侧各分列一铜鼎、一对铜鹤和一对铜鹿。殿内供放帝、后的神牌。

东西配殿：位于隆恩殿两侧，为单檐歇山顶，面阔五间。每逢大祭日，要提前把祝版和制帛存放到东配殿内，届时取出。若遇到维修隆恩殿时，帝后的神牌临时移放到东配殿内。西配殿是喇嘛念经的地方，每当大祭日，隆福寺的喇嘛在西配殿内诵经，以超度亡灵。

东西燎炉：位于东西配殿的南侧，即一进隆恩门里的左右两角，燎炉外部均以琉璃装饰，内部均为铁板构成，亦为单檐歇山顶，专为祭日焚烧纸锞之用。

隆恩门：是进入陵寝主体建筑的大门，单檐歇山顶，面阔五间，两边是高大的红色宫墙。隆恩门共有三门，左门是“君门”，只能皇帝进出；右门是“臣门”，是王公大臣们出入的门户；中门叫“神门”，帝后妃入葬时，棺椁由此门进入。另外，帝后的神牌和祝版也由神门通过。

二柱门：礼制性的建筑，由两根石柱和一个夹楼组成。

石五供：位于二柱门北，祭台的底座为须弥座，祭台上陈放着香炉一个、烛台两个、花瓶两个。祭台和五供均为石制，上面雕刻吉祥等图案。完全是一种象征性的设置。

方城：位于明楼下，是用砖石垒筑的呈正方形的方台，城台下面有一条贯通南北的隧道。

明楼：建于方城台上，内竖墓碑一通，碑阳镌刻皇帝的庙号、谥号或皇后的谥号。明楼是整个陵园的最高建筑。

宝城：位于方城上面高大的城墙之内，其前部与琉璃影壁相接，形状类似月牙，故又称“月牙城”，两侧设有蹬道，供上明楼之用。

宝顶：即坟头，又名“独龙阜”，位于方城后面，用三合土夯筑而成。宝顶南侧是琉璃影壁，影壁下为通往地宫的隧道。

地宫：亦叫“玄宫”，是安放帝后棺椁的地方，位于宝顶之下。

大碑楼：其全称为“神功圣德碑亭”，位于帝陵的最前面，重檐歇山顶，四面各开一个券门，整座碑楼高达 30 米，碑亭内矗立高近 7 米的石碑，碑身下为一巨大的石雕赑屃，碑身重 40 000 斤，石碑顶端雕刻蟠龙，正中刻有“大清孝陵神功圣德碑”，碑阳用满汉两种文字镌刻，歌颂顺治帝一生的业绩。碑亭外四角各树立一根高 12 米、柱身周长 4 米多的华表。清东陵内，除了顺治的孝陵有华表外，康熙的景陵和乾隆的裕陵也各有一组华表。

石像生：亦叫“翁仲”。孝陵石像生由大碑楼向北，沿着神路绕过影壁山，在神路两侧，模仿明长陵，井然有序地排列着十八对石人石兽，统称石像生。最南端是一对望柱，向北依次为卧狮、立狮、卧狻猊、立狻猊、卧骆驼、立骆驼、卧象、立象、卧麒麟、立麒麟、卧马、立马各一对，武将三对、文臣三对，列队长达800多米。孝陵石像生反映了清朝早期的雕刻技术，形体高大，粗犷豪放，不刻意追求形似。孝陵石像生为清陵中数量最多、规模最大。清东陵内五座帝陵除了同治的惠陵没有石像生外，其余都有石像生，只不过数量不同而已。如乾隆的裕陵共有石像生八对，种类与孝陵同。康熙的景陵和咸丰的定陵石像生均为文臣、武士、马、象、狮五对。

神路桥：孝陵共建有大小石桥八座，其中一孔、七孔和五孔拱桥各一座，三孔拱桥三座，五孔平桥一座，另有神厨库西南小平桥一座。其中最有名的是七孔拱桥，拱桥全长110米，宽9.08米，在东陵所有神路桥中是最长的。而且，这座桥的选材很有特色，桥两侧132块栏板，全部用含有50%的铁质方解石，当地人把这种石叫响音石，敲击桥板能发出宫、商、角、徵、羽五音。因此，此桥又叫“五音桥”。东陵其他帝陵均不建七孔拱桥。五孔拱桥位置也与孝陵不同，都建在石像生以南，三孔三路神路桥则建于神道碑亭之北，并且景陵、定陵、惠陵不设一孔神路桥。

龙凤门：位于石像生北面，由六柱三门四壁组成。是横向建筑，与纵向建筑的石像生形成纵横交错之势。而且，龙凤门红墙黄瓦，又与白色的石像生形成鲜明的色彩对照。清东陵的五座皇帝陵，只有孝陵是龙凤门，其余四座均为牌楼门。①

神道碑亭：又称“小碑楼”，位于神路桥北面碑亭四面各设一门，亭内一青花石碑立于石雕赑屃背上，碑高5.41米，宽1.77米，厚0.71米，其建筑形式与大碑楼相似。碑身刻有满、蒙、汉三种文字，后继子孙陆续追加谥号，直至乾隆元年（1736）才谥封完毕，谥号长达27个字，为：“世祖体天隆运定统封极英睿钦文显武大德弘功至仁纯孝章皇帝”。

下马牌：位于帝后陵前，是下马的标志，来此谒陵的王公大臣到此必须下马，以示对列祖列宗的的恭敬之心，同时也是为了营造陵寝的庄重肃穆气氛。下马牌只是对王公大臣而言。皇帝、皇太后、皇后、妃嫔和公主等，可以一直到朝房、明楼、宫门外等处降舆。下马牌由青白石雕琢而成，碑牌身两面均用满、蒙、汉三种文字镌刻“官员人等至此下马”字样。牌身下部四角各用一块抱鼓石倚戗，底部是方形的青白石基座。在清东陵内，只有皇帝、皇后陵前设有下马牌，妃园寝前仅有下马桩。

---

① 牌楼门与龙凤门均属于牌坊式建筑。牌楼门由五间六柱五楼组成，斗拱、檐飞、额枋等均为木制，而龙凤门则无木料，完全由石、砖、琉璃件构成。尽管二者建筑形式和用料不同，但其功用是没有差异的。道光十三年（1833），道光皇帝下令将牌楼门一律改称龙凤门，“以昭划一”。

神厨库：位于神路桥北东侧，黄瓦朱墙，坐东向西，是祭陵时置办牺牲品的地方。进门迎面便是神厨，单檐悬山顶，面阔五间，房后矗立两座烟囱。屋内有锅灶。每逢大祭之前，礼部差役们在这里制作各种肉食供品。南北各三间为神库，是储存神厨祭品及原料的仓库。东南角有一座重檐歇山式方亭，叫“省牲亭”，亦叫“宰牲亭”。亭内地面中央有一个方池，用青白条石砌成，池底有孔洞，下通水道，用以排出池水。靠东墙安放三个大铜锅，用以煮熟牲品，在清东陵各陵寝中，孝陵首建神厨库，以后成为定制。所以，清东陵内各皇帝和皇后陵均设有此建筑。

东西朝房：位于神道碑亭北面东西两侧，隔神道相向而建，单檐硬山顶，面阔五间，设有前廊。两座朝房都是制作祭品的地方，东朝房是茶膳房，专为祭祀时烧制奶茶和各种膳品等。西朝房是饽饽房，专为祭祀时制作各种面食。

东西值班房：亦叫“守护班房”。位于陵寝宫门前两侧、朝房之北。布瓦卷棚，面阔三间，进深一间，东西对称而建，供护陵八旗官兵值班歇息之用。

其他皇帝陵建筑规制大致与孝陵相同。清东陵陵区内共有大小不等的200多座单体建筑，其中皇帝、皇后的陵寝均为黄色琉璃瓦盖顶，皇帝陵的地宫一般为9券4门，皇后陵为5券2门。

上述清东陵的各布局名称较为繁多，仅靠文字表述，难以形成完整的印象。为了增强感性认识，特以图示意：

图1－1　清东陵主陵神路石像生

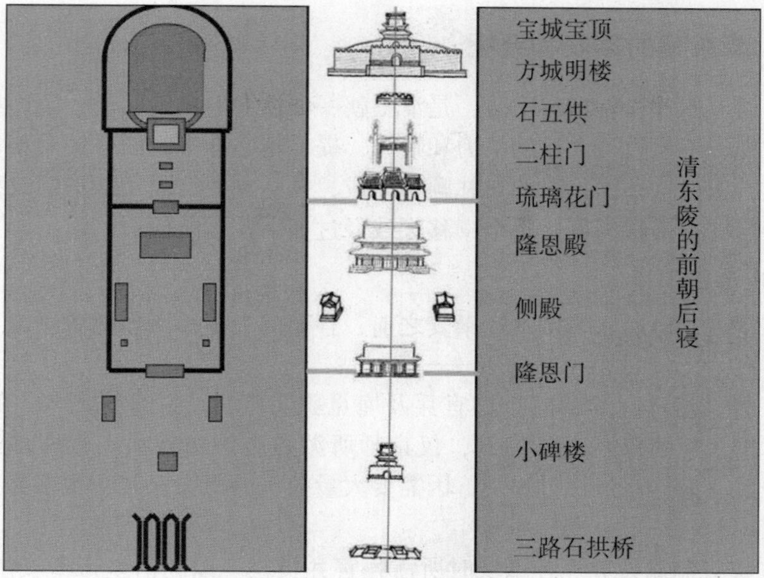

图 1－2　清东陵前朝后寝之规制示意

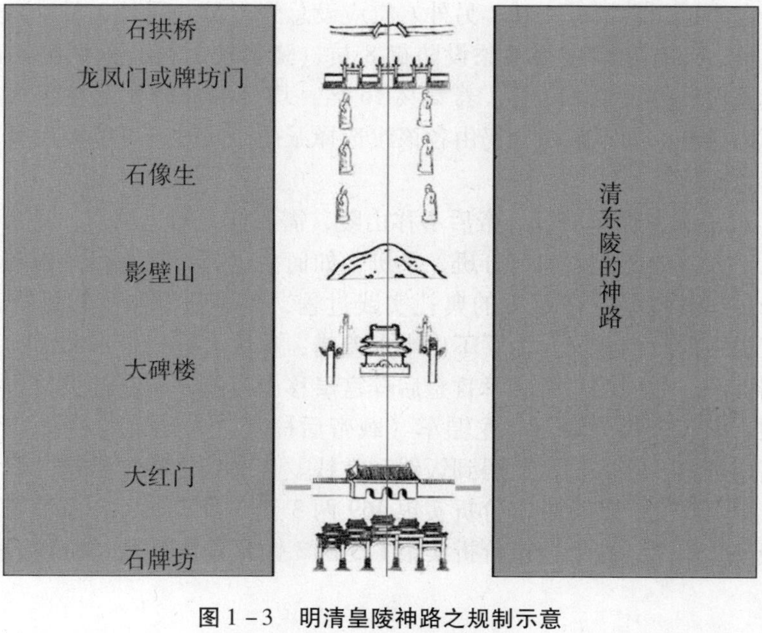

图 1－3　明清皇陵神路之规制示意

五、清东陵的奉安和祭祀

帝、后、妃等梓宫奉移山陵，是清王朝一项重大的典礼活动，清朝统治者对此极为重视，不但投入大量的精力和财力，提早精心准备，而且还严格制定各项规章制度，以使这种国家级的典礼顺利完成，并达到庄严而又隆重的效果。

以帝后梓宫奉移为例，整个奉移大致经过如下几个阶段：

（一）准备工作

在各皇帝、皇后、妃嫔永远奉安之前，各衙门为奉移所作的各项准备工作繁多，主要有：

（1）帝、后梓宫奉移时京派官兵及雇觅骡头数目。以宣统元年（1909）十月十二日护送慈禧梓宫奉安为例，仅京师所派各类护送官兵人数即多达 27 078 名。帝、后、妃梓宫奉移过程中，因需要大量拉车的骡头，其中很多必须到民间雇用。

（2）按规制添设和充补奉安时所需各官弁员役。以同治皇帝奉安惠陵为例，奉祀礼部应设郎中 1 员，员外郎 2 员，由内务府大臣拣选，调补遗缺交与吏部补放。读祝官、赞礼郎等缺，由太常寺拣调。内务府大臣等详加拣选。奉祀礼部应设各行人役 135 名，其中有牛吏 2 名，亦由吏部照案挑选充补，其余人役 133 名，加上石门工部匠役 40 名。均由内务府大臣于各行人丁内分析挑充，如不敷用，则行令附近州县招募充补。另外八旗应设总管 1 员，翼长 2 员，防御 16 员，骁骑校 2 员，还有妃园寝福地添设防御 8 员，骁骑校 1 员，分别由兵部照例补放。八旗共设领催披甲 120 名，养育兵 16 名，均交内务府大臣在于八旗披甲人子弟幼丁内挑补，如不敷用，仍由各该旗选择派往。同时还可以调用其他陵寝官员，以应急需。

（3）杠夫和龙輴车演练。帝后奉移山陵，需要杠夫抬运梓宫，皇帝的杠夫最多达七八千人。如此众人如何分班、换班，如何抬运等，都有很严格的要求。奉移的整个过程其实是一个重大的典礼实践过程，是彰显专制皇权威严的一次展示，具有很强的政治含义。为了不出半点差错，每次大行皇帝奉移前，要对杠夫进行专门训练。如同治皇帝和孝哲皇后梓宫奉移山陵前，所有杠夫，包括大杠夹杠分别在京城和隆福寺演习。龙輴车（载帝后梓宫进入地宫的柩车）夫役的演练在陵寝内进行，杠夫们由此得到饭钱和赏钱。直隶总督咨领沿途大杠夫役饭钱制钱 633 串 600 文，按京外市价折实银 469 两 3 钱 3 分 3 厘，在京演习大杠夫役饭钱制钱 792 串文，按京内市价折实银 113 两 3 钱 8 分 5 厘 2，共折实银 582 两 7

钱1分8厘。给隆福寺演练的杠夫以及在陵寝演练龙輴车的役夫赏银9 600两。[①] 帝后奉移，需用浩繁，加之此时清朝政治经济的危机，杠夫的饭钱和赏钱经工部几次催请才得以落实。

（4）修垫道路和雇备车辆。在帝后陵奉移前期，从京城到东陵要修垫两条道路，一条专供梓宫及送葬队伍通行，另一条专供恭送梓宫的帝、后、妃嫔们通行。如嘉庆四年（1799）二月十六日内阁奉上谕："热河……陵寝一路，将来奉移时，先期修垫道路，该处百姓亦宜轸恤。着将大兴、三河、通州、蓟州、遵化等州县本年应征钱粮一并普行蠲免，并着直隶总督于接奉部文行知后，速即刊刻滕黄，遍行粘贴晓谕，毋得仍前压搁，任听不肖官吏私征弊混，庶思膏下，逮小民得沾实惠。"[②] 修垫128人大杠梓宫和恭送梓宫的帝、后、妃嫔及随从御营之王公文武大小官员、侍卫、章京等通行的两条专用大道，沿途必然要平毁民人的农田庄稼，对于这些地方，清政府往往给予一定的补偿。如同治元年（1862），因咸丰皇帝和孝德皇后的梓宫奉移山陵，曾降旨将沿途所经过的大兴、通州、三河、蓟州、遵化州等州县当年的地丁钱粮加恩分别蠲免，并将由京城至遵化一带，凡有平毁麦苗的地方，均加恩每亩给赏银一钱，以资补助。又因梓宫奉移山陵时，自宛平县境内之田村起至隆福寺止，所有经过的宛平县地界，当年的地丁钱粮，均蠲免十分之五，并赏予农民一定的籽种银两，后来同治皇帝根据刘长佑奏请，将此次未经之地遵化州，因与民田无碍，即令毋应蠲免，以示区别。[③]

帝、后梓宫奉移山陵，一路需要若干大小车辆，用来拉运随带物品。我们从宣统元年（1909）八月二十六日顺天府的一件咨文中，可以了解清朝晚期慈禧奉安前雇备车辆的艰难状况。

"据大、宛两县禀称，本年九月二十七日，孝钦显皇后梓宫奉移东陵永远奉安，所有应用大小车辆，向由卑两县雇备。但自火车畅行以来，近京一带各车户，以无货可揽，大车日见稀少，洋车盛行，而后轿车亦复短绌。若不预先分赴四乡及邻封州县，设法雇定，诚恐临时难以周转，势必贻误要差，关系非浅。惟是预雇车辆，该车户等远道来京，听候拨用，逐日购买草料、住宿客店，当此百物昂贵之时，所费较往昔倍增，车价因而腾贵，且须先付定银，方肯在店守候，

① 《穆宗升遐祭祀等事项抄》，国家图书馆藏，清抄本。

② 中国第一历史档案馆编：《嘉庆、道光两朝上谕档》第四册，桂林：广西师范大学出版社1996年版，第56页。

③ 中国第一历史档案馆编：《咸丰、同治两朝上谕档》第十三册，桂林：广西师范大学出版社1996年版，第255页。

不误差事。否则为日稍多，候者以无钱开销为词，遇可载货物坐客，往往见利思迁，改而他往，一唱百和，禁无可禁。临时再雇，万难集事，自应查照向案，请款备办，以免贻误。溯查光绪二十八年，恭办只谒东陵大差用车近二千辆，本年三月间恭办西陵大差用车数目，亦复相者。皆蒙内务府先后预发银两，领回备办。此次承办应差车辆，虽目前尚无确数可稽，而皇白二差相兼，窃计车数，定必倍增。况本年三月间，差事半由火车。此次则尽系陆路，且长车居多，再加在差守候，为日又增往返，计在半月以外，车价必须加倍。如各衙门行取先行之车，则又为日尤多，车价更增倍蓰。是以此次差事较上数次车，既倍增价。既倍长，则用款势必倍巨。禀请迅咨先行筹拨车价库平足银十五万两，示期饬县赴领，以便备办，免误要差。所领之款，樽节动用。如果不敷，续行请领。倘有大余，即当申缴，以昭核实等情到府。据此查此项车价银两，历次办理，既经贵府预发领回备办。此次皇白二差相兼，既倍增价，亦倍长，用款势必倍巨，若不预为拨发银两筹备，委实为难。自应咨请贵府查照，希即作速定期开放，见覆饬领，望速施行。”①

宣统年间，清朝统治即将结束，中国的近代化已经开始，火车和轿车等新的交通工具开始出现，京畿周围大车日渐稀少。加之陵寝用车数量又如此之多，因而导致帝、后奉移山陵雇备车辆艰难。有时必须预雇车辆，先付定银，车价加倍，方能满足雇用车辆数额。尽管是皇陵大差，但已今非昔比，帝国的政令在此时已经失灵，过去靠强制命令分派任务的手段再也行不通了。

（5）雇备水缸和水夫、备办冰块、柴炭和豆草等项物资。同治皇帝梓宫奉移隆福寺暂安后，需用水缸、水夫等，从前均由蓟州承办，所需冰块、柴炭、豆草等项，系归丰润县供应。后来缸夫亦归丰润县备办。所需缸夫赁工各价，通常为事竣后核实，造册报销。规定每一缸夫赁工各价东钱 22 982 吊，按照例价，每东钱 6 吊，易银 1 两，共合银 3 830 两 3 钱 3 厘。此项银两往往先行垫付，俟奉部复核后，于司库地粮银内拨给。② 宣统二年（1910）九月，淑慎皇贵妃金棺奉移园寝暂安大殿，四隅水缸水夫均由遵化州承办，折归丰润县供应。根据内务府的一件来文得知，这次淑慎皇贵妃金棺奉移至园寝暂安，大殿四隅共设太平缸 40 口，水夫 20 名，水具 20 副。自光绪三十一年（1905）十一月二十日起，至三十三年（1907）九月初六奉安日止，共需银 1 145 两 6 钱，由丰润县照数

① 《内务府来文》，第 3013 包，原件藏中国第一历史档案馆。

② 《内务府来文》，第 3015 包，原件藏中国第一历史档案馆。

筹解。[①]

（6）预备祭器、祭品及其他应需物品。因祭祀典礼，关系重大，所以祭祀之前的准备工作非常周详。朝廷礼部以及东陵内务府大臣兼马兰镇总兵等各衙门官员，往往会参与办理此事。如有未尽事宜，则由陵寝大臣按照从前成案酌量办理。祭祀应用金银供器、茶酒壶杯等件，若有缺少不敷应用，则要提前补造。香烛、帛版、果品、牛羊、化鱼、松子、蜂蜜等，按照规定或从前成案办理。供送米麦瓜蔬，添设地亩，由原设庄头承办。殿上供案陈设软片、宫门陈设枪架激桶（灭火水桶）戳蹬，神厨库应用牲匣盒案，各项什物绸布软片等件由工部备办。[②]如光绪三十三年（1907）各陵岁暮祭祀共用金银锞 307 500 锭，合用运送夫 21 名，五色纸 9 万张，三色纸 87 500 张，白纸 46 000 张。总计用纸 223 500 张。[③]

（7）预先办妥沿途一切事务，确保梓宫经过时不出丝毫差错。每当帝、后奉安时，要提前将沿途所经之地，全面清查，务求妥帖。如嘉庆四年（1799）七月九日，乾隆梓宫奉移裕陵永远奉安。之前，因山陵大差，不能兼顾，恐致有贻误。直隶总督护季堂巡查蓟州等处虫灾，将视察情形具折上奏，军机处根据护季堂所奏，经与嘉庆皇帝商讨后，由军机大臣和军机章京撰写上谕，然后由军机处封发。谕旨大概内容如下："现当禾稼长发之际，飞蝗最为民田之害。此次蓟州、玉田、丰润、迁安四处，虽据奏称札饬该州县率领民人自行扑捕，零星遗孽，遗二日内可净尽。但禾稼究被虫伤，除酌借籽种外，如有成灾地方，应需蠲缓之处，即行据实具奏，候降恩旨，不可稍存讳饰之见。现距奉移之期不远，彼时跸路所临，经朕看出成灾情形，或派大员前往询问村农，或被民人呈诉，则该督讳灾之咎，恐不能解免也。将此谕令知之。"[④] 这道谕旨，在让我们看到嘉庆皇帝务实风格的同时，也看到了帝、后奉安这项大典，对于梓宫经过之地的最高地方要员的直隶总督来说，责任有多么重大。当然，从这道谕旨中还能反映出在陵寝事务上，地方各级官员可能常有报喜不报忧的现象，否则，嘉庆帝也不会说出"不可稍存讳饰"和"派大员前往讯问村农"之语。地方官欺上瞒下，大概也是很多历史时期所共有的顽疾。

（8）梓宫奉移山陵的前三日，要派遣官员分别祭告天坛、地坛、太庙、社稷坛、后土神、昌瑞山神。奉移的前一天，嗣皇帝亲自到殡宫行祖奠礼。

---

① 《内务府来文》，第 3016 包，原件藏中国第一历史档案馆。

② 中国第一历史档案馆编：《光绪朝朱批奏折》第二十七辑，"光绪四年十二月"，第 100 页。

③ 《光绪三十三年分陵寝岁暮祭祀料估清册》，国家图书馆藏，清抄本。

④ 中国第一历史档案馆编：《嘉庆、道光两朝上谕档》第四册，桂林：广西师范大学出版社 1996 年版，第 267 页。

皇帝或皇后、妃嫔，其梓宫奉移山陵之前的准备工作因所处的时代不同，自然规模也有很大的差异。处于清朝盛世时期的皇帝或皇后、妃嫔，其奉移山陵的花费惊人，场面更为气派，所做的准备工作也就更多和更精细。如嘉庆四年（1799）九月恭送乾隆皇帝梓宫奉移裕陵，在之前的七月初，嘉庆皇帝考虑每日由隆福寺行宫前往致奠，道途较远，不足以申依慕恭，所以决定仿照从前世宗皇帝恭送孝恭仁皇后安奉景陵时，曾于马兰峪城东设立御营驻跸之例，令绵课等于景陵之西，裕陵之东，相度地势，不得树木之所，即行绘图进呈，以备将来安设御营，即可不必在隆福寺行宫驻跸，庶稍瞻依追慕之忱。[①] 帝、后奉安，包括谒陵在内，通常都是在距陵寝最近的隆福寺行宫（距陵寝 30 里）驻跸，嘉庆帝为了尽展孝思，即仿照前例，在马兰峪设立御营，以避免帝、后于奉安期间往返隆福寺的劳顿。

（二）奉移过程

奉移当天，卤簿全设，王以下大臣、侍卫、满汉大学士以及内务府官员在寿皇殿大门外齐集，二品、三品满汉大臣在景山东门外齐集。四品以下有顶戴官员在城外关厢内齐集。在内公主、王妃等在寿皇殿内齐集，在外王妃以下精奇尼哈番命妇以上，在寿皇殿大门内西墙齐集。内务府妇女在寿皇殿大门外西墙齐集。先用 32 人小杠将梓宫抬出殡宫大门外，再用 80 人大杠抬出京城。出城后用最高标准的 128 人大杠。杠夫共有 60 班，每班多备 4 人。第一班和最后一班都用校尉，其余各班杠夫均在京城附近州县雇用，总计杠夫 7 920 人。送葬队伍从京城到达东陵需要 5 ~ 6 天时间，沿途要塔盖停放梓宫用的芦殿和帝后住宿的地方。梓宫升龙舆，帝、后、妃嫔先至殡宫大门东侧站立，梓宫出大门时，皇帝等跪送梓宫，步行送出京城，然后赶赴第一站恭候梓宫。皇太后、皇考妃嫔、皇后、妃嫔以下俱出景山西门，由别道先至宿次敬候。留京王以下大臣官员等随行出城外关厢，在齐集处按翼排班跪送举哀，恭候梓宫走过。应随王以下大臣官员等，于过关厢后乘马随行。太监每班 10 人，侍卫每班 20 人，俱轮班在梓宫两旁步行。亲近王大臣、侍卫太监等，俱挨近梓宫随行。总理内务府、工部、銮仪卫等官，在梓宫两旁巡察随行。每当校尉更班时，随行王大臣、侍卫、太监等，俱下马跪地，俟更班完毕，仍在远处随行。沿途所过门、桥时，均派大臣二员轮班奠酒三爵，每奠一叩头，并焚烧纸钱。梓宫将到芦殿（黄布城），皇帝在芦殿北门外恭迎。王以下大臣官员等俱于芦殿北门外排班恭迎。梓宫至，皇帝跪举哀，众俱跪

① 中国第一历史档案馆编：《嘉庆、道光两朝上谕档》第四册，桂林：广西师范大学出版社 1996 年版，第 232 页。

举哀。梓宫进享殿，众至大门外分翼排立，陈设卤簿，安奉册宝于左右，行夕奠礼。皇帝奠酒举哀，众随行礼举哀。第二天梓宫启行前，皇帝率群臣在梓宫前行朝奠礼，祭酒三爵，每祭行一拜礼。然后，皇帝、皇后、妃嫔及部分王公大臣等赶赴第二站芦殿恭候。沿途百里内地方文武官员，在道路右侧百步外跪迎梓宫，举哀候过，随至宿次，在黄布城外行三跪九叩头礼。献食时，文官在正蓝旗末，武官在镶蓝旗末排立，随班行礼举哀。梓宫到达陵寝的前一天，皇帝赶赴东陵，按顺序展谒各陵，由钦派王公代行朝奠礼。谒完各陵后，回最后一站芦殿，到梓宫前行夕奠礼。第二天，皇帝行完朝奠礼后，提前到东陵大红门内幄次恭候梓宫。这一天，除在陵上值班人员外，陵寝守护大臣等各级官弁员役俱到兴隆口外跪迎举哀。梓宫经过，这些人等随行其后。梓宫到石牌坊海墁处，皇帝出大红门跪迎。梓宫暂停，嗣皇帝代已逝皇帝向各祖陵行三跪九拜礼[①]。由于 128 人大杠过不去大红门门洞，特此专门在大红门旁边的墙垣扒开一个大豁口，以使梓宫通过。待梓宫通过后，再修复如初。嗣皇帝亲自恭引梓宫进入陵区，在神路上行。到宫门前三孔桥，改用 32 人小杠，嗣皇帝在宫门外跪迎，并恭导梓宫由宫门中门（即神门）进入，安奉于隆恩殿正中。嗣皇帝避立于东配殿之南，待几筵、册、宝、桌张安设好之后，嗣皇帝到梓宫前祭酒三爵，每祭行一拜礼，文武众官员随行礼，接着皇后率妃嫔奠酒行礼。当天还要派遣官员告祭东陵各祖陵、新陵的后土之神以及昌瑞山神。

梓宫停放隆恩殿期间，皇帝每日到梓宫前奠酒行礼，王公百官随行礼。梓宫停放时间的长短要根据钦天监择吉期而定。清东陵皇帝梓宫停放隆恩殿的时间有的长达数月，有的短到两三天。

大行皇帝、皇太后梓宫奉移山陵，基本上嗣皇帝都要亲自送行到陵寝，但也有例外。如咸丰五年（1855）十月二十五日，咸丰帝准备亲送皇太后梓宫奉移山陵，但大臣们合词具奏，以直隶地方连年兵差络绎、民力维艰为由，恳请咸丰停止亲送。结果，咸丰采纳了众臣的建议，下发谕旨说："朕追念慈恩，方以执绋相随，借申哀慕，况事关典礼，何敢简略仪文。维念现在直隶地方撤兵未久，民困未苏，若再以跸路经行重烦供亿，于心实有不安。朕仰承皇考付托之重，宵日于忧劳，无日不以爱民为念，今必拘循常典，转非所以上慰在天之灵，不得不兼权时势，强抑哀思，勉从诸王大臣等所请，停止亲送。所有一切礼仪，着恭亲王奕訢前往恭代。届期，朕于绮春园大宫门跪送后，仍步行恭送至红桥，所有应行

① （清）布兰泰：《昌瑞山万年统志》卷三《皇帝谒陵仪》，光绪年间写本。

典礼，各该衙门敬谨详查，酌核具奏。”[①] 这次咸丰皇帝只是亲送皇太后至红桥，原因在于此时的清王朝正值内忧外患，咸丰没有心情和精力、朝廷也没有雄厚的财力，如从前那样置办皇太后的奉安事宜了。

（三）奉安地宫

根据钦天监选择的吉期，皇帝的梓宫包括皇后和妃嫔在内，最终奉安地宫。在移入地宫的过程中，仍然有一套繁文缛节。在入葬的前三天，分别派官员告祭天、地、太庙后殿、社稷。入葬的前一天，行迁奠礼。第二天梓宫正式入葬地宫。这一天文武百官齐集，皇帝在梓宫前举哀，祭酒三爵，每祭行一拜礼，众官员随同举哀行礼。钦天监官员报告吉时到，皇帝恭引载着梓宫的辅车，缓缓进入地宫。太监在前面持灯引导，众王公大臣在龙辅后随行。皇帝敬视梓宫安放于宝床之上后退出地宫，众大臣也随着退出。执事人员及工匠掩闭石门。皇帝到石五供前举哀，祭酒三爵，每祭行一拜礼。众大臣随同举哀行礼。再次派遣官员告祭各陵及后土之神、昌瑞山神。至此，皇帝奉移、永安大典全部结束。

儒家有关“孝”的学说中的“生，事之以礼；死，葬之以礼，祭之以礼”[②]更强化了人们头脑中的“灵魂崇拜”、“祖先崇拜”观念。清朝入关后，由于接受了汉族文化习俗，主张“圣天子孝先天下，首重山陵”[③]。不仅在陵寝制度上承袭明代，而且在祭祀礼仪上也积极吸收效仿，同时也保留了本民族的特点，形成了一套系统而完备的制度。

清东陵的祭祀名目繁多，总体上分有大祭和小祭。大祭包括清明、中元、冬至、岁暮、帝后忌辰。小祭包括每月的初一（朔）、十五（望）。另外还有圣诞祭（万寿祭）、展谒礼、告祭礼和敷土礼等。在各种祭礼中，展谒礼举行的次数最多。它在两种情况下举行，一是在皇帝政务闲暇或巡幸路过时，临时决定举行，不受任何时间限制。二是在每次大祭前都要举行展谒礼。有时皇帝亲临进行，有时也派遣王公大臣代为进行。每次谒陵都要从最高辈分的陵寝开始。从嘉庆九年（1804）《内务府来文》礼部恭奏谒陵仪注中，我们可以了解到展谒礼和大祭礼的大概情况。而谒陵之前的准备程序更为烦琐。

谒陵前的准备工作涉及众多部门，以康熙九年（1670）八月帝奉祖母孝庄文皇后、母孝惠章皇后及孝诚仁皇后诣孝陵为例。此前，钦天监选择吉日，礼部具题，内阁撰告祭文及祭陵文，太常寺办告祭应用等物，宗人府题请扈从王以下宗

① 中国第一历史档案馆编：《咸丰、同治两朝上谕档》第四册，桂林：广西师范大学出版社 1998 年版，第 281 页。

② 《论语·阳货》，《十三经注疏》之十《论语正义》，北京：中华书局 1980 年版。

③ （清）何松泰纂修：《光绪遵化通志》卷五七《艺文志·史部》，光绪十二年刊本。

室觉罗等官，各部院题请扈从堂官科道各派官一员，各部院酌派司属官员，兵部题请扈从官兵额数，銮仪卫备应用随行仪仗，户部给扈从官军行粮，工部修理桥路，光禄寺预办御膳供具，教坊司设大乐。大驾启行的这一天，设行幸仪仗，午门鸣钟，其在京不随驾的王以下文武各官，都穿便服在午门外分两排跪送。帝、后御辇经过通州、三河、蓟州等地方州县时，当地的地方文武官员俱于道路右侧百步外跪接。当大驾到达孝陵时，不值班次守陵官员，俱至兴龙口（俗称龙门口，位于清东陵陵区之南，为万福山和象山两山之间形成的天然山口，前圈各水在此汇合后流出陵区）外道路右侧跪接。孝庄文皇后等率公主等于驾前先行，进入陵区大红门。孝庄文皇后驾入隆恩门，直至明楼台阶降辇；孝惠章皇后由隆恩门至隆恩殿台基东南降辇；孝诚仁皇后驾至隆恩门台阶下燎炉处降辇；公主等至隆恩门台阶下下马；扈从妇女至三洞桥迤南下马；王以下各官在五洞桥迤北下马。恭谒行礼举哀结束后退还。次日隆恩殿大祭。第三天，在宝城前致祭。① 谒陵队伍中的各类人等在何处下马，均有严格的规定，从这里也体现了尊卑等级的观念。

不光是谒陵礼仪如此烦琐复杂，即便是帝陵神牌移出移入过程亦不简单，而且亦体现了严格的尊卑等级秩序观念。

皇帝谒陵的第二天，隆恩殿大祭，守陵官预备祭物，恭请神位奉安各宝座，王以下各官俱素服，至殿下两旁分翼排立，礼部奏请皇帝御素服，内大臣二等侍卫以上，亦素服随后。皇帝至下马牌降辇，两名礼部堂官前引至隆恩门。② 之后的祭祀行礼过程主要是“初献礼”、“亚献礼”和“终献礼”三个环节。

敷土礼：是大祭礼中最为重要的一项，在每年清明时举行。皇陵敷土礼所用的土称为“洁土”，因取自陵区之外，故又称“客土”。这种用土要求极严格，土质必须洁净，而且颜色要纯正。次土由陵寝工部事先预备，在清明节的前一天送到各陵。清明这一天清晨，皇帝及随行的王公大臣“皆夙沐浴”，穿素服，被准许进陵寝门的王公大臣在方城前排立，其他大臣官员、侍卫等在陵寝门外按翼排立。皇帝亲着黄布护履（及黄袜套，登方城上宝顶时套在鞋外，走起路来轻便无声，以示对长眠地下祖先的敬意）躬荷土担入明楼，由礓道升天桥，膝行至宝顶中间跪。上土毕，匍匐退行，尽诚致敬。之后大臣 12 人俱着黄布护履荷土担，跪上土。上土礼毕，由礼部太常寺官恭导皇帝，由原路出隆恩门，入幄次休息。准备再入隆恩殿行大飨礼。

祭祀的礼仪如此烦琐，而祭品的配备同样多而繁，这项事宜要牵涉到地方社

① （清）布兰泰：《昌瑞山万年统志》卷三《志礼仪》，光绪年间写本。

② （清）布兰泰：《昌瑞山万年统志》卷二《志祀典》，光绪年间写本。

会，很多东西要依靠它们提供。清东陵各陵每年为大小祭祀要预备很多牛羊、柴炭、冰块等各类物品。马兰镇总兵布兰泰在《昌瑞山万年统志》中记载了清东陵前四陵的具体祭祀备物情况，见表1－1。

表1－1　清东陵各陵祭祀备物①

<table>
<tr><th>备物
陵寝</th><th>黑牛（只）</th><th>羊（只）</th><th>乳牛（只）</th><th>牛犊（只）</th><th>柴（斛）</th><th>炭（斛）</th><th>帛柴（斛）</th><th>苇柴（斛）</th><th>冰块（块）</th></tr>
<tr><td>昭西陵</td><td>19</td><td>74</td><td>22</td><td>22</td><td>47 190</td><td>2 790</td><td>150</td><td>50</td><td>63</td></tr>
<tr><td>孝陵</td><td>23</td><td>64</td><td>22</td><td>22</td><td>56 425</td><td>439</td><td>180</td><td>60</td><td>54. 5</td></tr>
<tr><td>孝东陵</td><td>19</td><td>168</td><td>26</td><td>26</td><td>80 860</td><td>630</td><td>250</td><td>75</td><td>55. 5</td></tr>
<tr><td>景陵</td><td rowspan="2">35</td><td rowspan="2">271</td><td rowspan="2">40</td><td rowspan="2">40</td><td>131 842</td><td>2 790</td><td>270</td><td>90</td><td rowspan="2">139</td></tr>
<tr><td>妃园寝</td><td>18 780</td><td>3 096</td><td>120</td><td>40</td></tr>
</table>

其中柴用于各陵以及堆拨披甲人等上宿烧炕。炭用于校尉烤砚和制备菜饭饽饽等。帛柴和苇柴用于礼部焚帛。冰块用于湃果肉奶子等。

除此之外，还有土的备用和陵寝附近州县的进贡。每年清明节大祭的时候，各陵需用敷土，由承祭官于祭祀前在陵区界外选择纯净土，储存于红墙外洁净处，恭候听用。州县所贡的祭品主要有桃花稻和苹果等。怡亲王在玉田、丰润两县所开垦的营田，皆产水稻，有一种极佳的品种名为红莲稻，其中产于丰润王兰庄的红莲稻，又名桃花稻，此稻“米色红润，味香而性坚，炊饭至三熟，犹如新者”。由于王兰庄独特的水土，唯有这里所产的稻米才呈红色，而将其稻种植到其他地方，稻米就变成白色。这种特产的桃花稻成为岁贡的陵寝祭品。② 另外，在每年的陵寝祭祀中，还有一种产于遵化州鲁家峪的苹果。这种苹果远近闻名，清明后开花，极为清香，嫩芽采摘下来可作茗饮用。每当结果时节，“津客已集，相树论价。处暑摘实，不待周熟纳水窖中，留朝经年，陵寝采为供品，冠于诸果”③。总之，在陵寝附近地方州县若有独特产品，都要给陵寝祭祀进贡。

① （清）布兰泰：《昌瑞山万年统志》卷二《志祀礼·备物》，光绪年间写本。
② （清）何松泰纂修：《光绪遵化通志》卷一五《舆地志·物产》，光绪十二年刊本。
③ （清）何松泰纂修：《光绪遵化通志》卷一五《舆地志·物产》，光绪十二年刊本。

六、清东陵的机构设置及其职责

（一）管理机构

清东陵的最高管理机构为“守护东陵承办事务衙门”，最高长官为东陵守护大臣，人选在近支宗室、王公大臣中挑选，由宗人府提出，经皇帝批准。圣祖康熙皇帝入葬后，雍正二年（1724）七月初十日，世宗雍正帝对总理事务王大臣说：“皇考陵寝关系重大，若按定例，只派总管等守护，朕衷实切不安。朕意于朕兄弟内酌令一人，封以王爵，子侄内二人，封以公爵，用代朕躬居守山陵。从前已经降旨，该部现在营造房屋。”① 第一任守护大臣是世宗的同母弟恂郡王允禵。随同派往者还有大学士 1 员、尚书 2 员、侍郎 2 员、领侍卫内大臣 1 员、内务府总管 1 员、副都统 2 员、散秩大臣 2 员、乾清门侍卫 4 员、御前侍卫 4 员、头等侍卫 3 员、二等侍卫 7 员、三等侍卫 18 员、篮翎侍卫 12 员。② 上述王公侍卫是专门为守护康熙的景陵而设，后来逐渐演变为整个陵区的最高行政长官。初期的守护大臣无固定任期，随派王公官员亦无定数，即“遇有缺出，俱未另补”。直到嘉庆朝，陵寝守护大臣之设才形成定制。嘉庆六年（1801）二月规定：“嗣后守护陵寝之贝勒、贝子、公，着宗人府每届三年具奏一次，呈递在京之贝勒、贝子、公等名签，候朕酌量更换，其在京之王等，毋庸具奏，有应更换者，朕随时酌换。”③

守护东陵承办事务衙门设在马兰峪，于雍正二年（1724）营建。雍正元年（1723），康熙皇帝梓宫升送景陵奉安时，雍正帝以“朕念皇考陵寝，如照定例，止令总管关防守护，朕心实属不忍”为由，派其兄弟子侄前往东陵守护陵寝。随后修建王公府 3 处、王府 1 处，大小房计 40 间，外围房 90 间，共计房 130 间。王府后公府 2 处，每处大小房 20 间，二处共计房 40 间。由第一任马兰镇总兵范时绎、总管郎泰支领帑银监造。于雍正三年（1725）盖造完竣，分给所派人员居住，令其“永护山陵，以彰孝思”。后因年久失修，基本倾圮，无法居住，便又在马兰峪西关路北和东关外南横街二处重建了两座府第，称为“东府”和“西府”，守护大臣在此居住。④

东陵承办事务衙门由东西两府的陵寝守护大臣和马兰关总兵共同主持。下设主事 2 员、笔帖式 2 员。守护大臣和马兰关总兵总揽清东陵一切事务，主事和笔

① 《清世宗实录》卷二二，北京：中华书局 1986 年版，第 354 页。

② （清）布兰泰：《昌瑞山万年统志》卷六《志建设》，光绪年间写本。

③ 《清仁宗实录》卷七三“嘉庆六年”，北京：中华书局 1986 年版，第 27 页。

④ （清）布兰泰：《昌瑞山万年统志》下函，卷五《志图考·王公府考辨》，光绪年间写本。

帖式主要负责陵寝与朝廷之间的书文往来。

守护东陵承办事务衙门下设三个管理系统：即内务府、礼部、工部。三个部门地位平等，互不隶属，各司其职，相互配合。

内务府衙门：

内务府是清代掌管宫廷皇室事务的机构，“凡皇帝家的衣、食、住、行各种事务，都由内务府承办”①。陵寝设置内务府机构，是为死后的皇室成员服务的。清东陵每座皇帝和皇后陵各设置内务府。最高长官是郎中，副长官是员外郎，之下为主事。各级官员均由内务府奏派。

此外，皇贵妃、贵妃、妃园寝和端惠皇太子园寝、理密亲王园寝、公主园寝、保圣夫人坟墓等，亦设置有数量不等的员役，不过从职位和数量上来说，比起帝后陵大为减少，反映出严格的等级制度。即便同样是帝后陵，职位的设置及数量也不完全一样，由此反映出陵主生前身后的地位和影响，当然这里边也有时代盛衰的因素。

内务府的主要职掌是：到礼部库支领以及送还祭祀所用金银器皿、制作膳品桌和饽饽桌上的各种祭品、管理树木、启闭宫门和隆恩殿殿门、打扫地面、支放雨搭、燃熄灯火、请送神牌、摆放桌张、陈列祭品、递送奶茶、摆晾陈设等。

内务府员役们的上述工作虽然琐碎，但责任重大，比如说金银器皿丢失或无意中损坏，即要受到处罚。如咸丰六年（1856）六月，内务府员役在摆晾裕陵殿内陈设时，不小心将“孤山图”弄裂。结果员外郎铁朴、主事德荣、内管领庆恒、内副管领兆瑞，均交部议处。永康、继善、绵森，因未能事先谆饬，一并交各该衙门议处。开裂“孤山图”即派员送交内务府修整。②

内务府的最高长官是东陵总管内务府大臣，从雍正元年（1723）起，由朝廷特派。乾隆四十年（1775）以后，此职由马兰关总兵兼任，直至清朝灭亡。到光绪九年（1883），清东陵内务府总人数达 1 700 人左右。内务府人员均住在风水墙内各陵寝修建的大、小圈里。

礼部：

陵寝礼部与中央所设礼部不同，陵寝礼部的主要职掌是为祭祀服务的，所以又叫奉祀礼部。如：供应制作祭品所需的面、油、糖、果、酒等，主持祭祀仪式，宰杀牛羊，制作太牢和少牢，打扫地面，清除杂草，管理金银器皿库等。以孝陵为例，具体所设如下：

郎中 1 员（掌关防），员外郎 2 员，赞礼郎 2 员，读祝官 2 员，笔帖式 2 员，

---

① 张德泽：《清代国家机关考略》，北京：中国人民大学出版社 1981 年版，第 172 页。

② 《内务府来文》，第 2961 包，原件藏中国第一历史档案馆。

牛吏2名，挤奶人2名，打果人4名（每逢大小祭祀，领送金银器库钥匙，并启闭库门，查点金银器皿），校尉20名，屠户12名（省牲），网户4名（交鲤鱼），果户4名（交干鲜果品），鹰手4名（交野雉），面匠2名（交白面），粉匠2名（交团粉芝麻），油匠2名（交苏油），酱匠2名（交盐酱瓜子），酒酱2名（交江米酒），糖匠2名（交江米糖），割草人40名，扫院人17（16）名，喂牛羊人15名，共计差役136名。

其他帝后各陵所设，大致与孝陵相同。只是妃园寝的差役数额基本少于帝后陵的二三倍，甚至更多。孝东陵共设差役136名，景陵136名，皇贵妃园寝36名，景陵妃园寝44名，裕陵136名，皇贵妃园寝40名，定陵136名，定陵妃园寝40名，普祥峪定东陵136名，普陀峪135名，惠陵136名。①

上述礼部官员由吏部选任。

祭祀祝文由翰林院撰拟奏请钦定。陵寝读祝官、赞礼郎，由太常寺行取八旗人员内选拟。帝后陵每陵的礼部人数大约120人左右，清东陵礼部差役总额在1 392人左右。

光绪初年，东陵礼部总人数多达1 600人左右，各陵的礼部营房均建在陵区之外，与本陵的八旗兵部营房毗邻，各陵的金银器皿库均建在礼部营房内。②

工部：

因机构设在陵区南面的石门镇（属蓟州，在州东60里，《读史方舆纪要》云："山峡崭绝壁立，其中洞开，俗呼为石门口"），故又称石门工部。但最初陵寝工部的名称是"陵工管理修建事务工部"，康熙二十五年（1686）铸给关防。乾隆十二年（1747）五月十六日，经保和殿大学士张廷玉等议奏，照西陵之例，废掉其原关防，重新铸造"东陵工部办理事务关防"。其人员设置为：郎中1员（宗室），员外郎4员，匠役140名，计13行，其中锡匠6名，搭材匠8名，锞子匠6名，桶匠7名，木匠26名，裁缝匠7名，瓦匠32名，打纸匠6名，石匠7名，铁匠7名，油匠13名，锯匠7名，裱匠8名。③ 郎中和员外郎均由吏部选任。

陵寝工部的具体职责是：负责各陵寝的一般性维修，另外还负责制作部分祭陵用的金银器皿、制作清明节祭祀所用供放的大小佛花、预备敷土所用的净土、预备祭祀时焚烧的金银锞等。

---

① （清）何松泰纂修：《光绪遵化通志》卷八《陵寝志·守护》，光绪十二年刊本。

② （清）徐广源：《清东陵史话》，北京：新世界出版社2001年版，第26页。

③ （清）何松泰纂修：《光绪遵化通志》卷八《陵寝志·守护》，光绪十二年刊本。

（二）防卫机构

兵部（八旗兵）：

陵寝兵部即指陵寝八旗兵。清朝统治者对祖先陵寝极为重视，每座陵寝均派驻八旗兵，昼夜值班巡逻，以保护陵寝。每陵总人数约109名。到光绪年间，清东陵兵部总人数达1 200余人。

八旗兵除了护卫陵寝外，在值班之时遇有陵寝祭祀则配合内务府和礼部做一些与祭祀相关的事情。

兵部营房建在风水墙外，每陵自成一个系统，与礼部合建在一起，分别居住，之间有一道街相隔。不值班的八旗官兵平时就住在陵区外的营房里。清东陵内九座帝后陵共有兵、礼一体的营房九座，即昭西陵营房、孝陵营房、孝东陵营房、景陵营房、裕陵营房、定陵营房、旧太后陵（慈安陵）营房、新太后陵（慈禧陵）营房、惠陵营房，通常称"九营"。各陵兵部营房内均建"兵部衙门"，作为处理本陵及所属皇后陵和妃园寝事务的负责机关。同时，各兵部营房内还都建有关帝庙一座，作为兵、礼二部人员顶礼膜拜和集体活动场所。各陵礼部营房内均建有"奉祀礼部衙门"，作为处理本陵奉祀事务的负责机关。礼部营房还建有金银器皿库、祝版房、果楼、暖果窖和冰窖各一座；加工祭祀供品的油面房、糖酱房、磨房各一座；酒房二座；饲养祭祀牲畜的铡草房、牛圈、羊圈、黑牛（供太牢用）、乳牛房各一座。①

绿营兵：

八旗兵只负责各陵寝的安全，而陵区风水墙外之地尤其是后龙禁山一带辽阔的地方则专由绿营兵防护。也就是说，八旗管内，绿营管外，"营制有旗绿之分，职守有内外之别"②。同时马兰镇营还有采捕小鹿之差，历年进贡，以备祭祀之用。乾隆初年，每岁恭进小鹿10只，至乾隆四十三年（1778），总兵保宁在燕郊行宫召见时面奏，围墙内鹿只近年滋生蕃多，伤损树株，请自乾隆四十四年（1779）起，除每年应交小鹿20只外，另尽力多捕，秋间送交南苑牧养。皇帝允准，而且强调不必拘定数目，随即饬令左右两营多捕鹿只。因此自乾隆四十四年起，每岁恭进小鹿增至60只。咸丰二年（1852）又饬令马兰镇总兵于每年照例贡进外，每岁添交小鹿30只，以备祭祀之用。③

皇陵绿营的最高指挥机关设在马兰关。"设总兵一员，初设副将，雍正元年

---

① 陈景山：《清东陵的三镇、九营、八圈》，见唐山市政协文史资料委员会编《清东陵》，北京：社会科学文献出版社1995年版，第246～247页。

② （清）布兰泰：《昌瑞山万年统志》卷首，《重修昌瑞山万年统志序》，光绪年间写本。

③ （清）布兰泰：《昌瑞山万年统志》下函，卷八《志贡鹿》，光绪年间写本。

（1723）改设总兵，以守护陵寝，兼内务府大臣，并由特旨简授，驻遵化州马兰关。辖本标左右两营并余丁营，兼辖遵化、蓟州、曹家路、墙子路、黄花山等营。”① 其中遵化和蓟州二营原属三屯协管辖。乾隆二十二年（1757），经前任总镇兵图尔禅奏请，“陵寝前面，关系最严，而围墙外即属提标三屯协之遵化、蓟州所管。惟附近风水，仅一墙之隔，难于越界巡查，请将遵蓟二营归马兰镇节制，俾于地方有益”②。至嘉庆五年（1800），复经直隶提督奏请，“马兰镇之设，首重山陵风水，遵蓟二营，虽有兼辖之例，实无专制之责。且二营于陵寝，即为东西二面之门户，应将遵化营游击一员，城守营千总 1 员、两哨及罗石把总 4 员、经制外委 1 员、额外外委 1 名，蓟州营都司 1 员、城守营千总 1 员，盘山汛千总 1 员、两哨把总 2 员，看守行宫经制外委 5 员、额外外委 1 名，均归并马兰镇专管”③。

总兵下设中军游击 1 员，标下游击 2 员，都司 3 员，守备 3 员，千总 13 员，把总 29 员，马兵 492 名，守兵 2 179 名，余丁 169 名，营马 506 匹。

左营驻本标，故亦叫镇标左营。守护风水围墙迤东。设守备 1 员，辖本营并鲇鱼关、大洼、老厂沟等三汛。千总 3 员（左哨 2，右哨 1），存营把总 4 员，存营外委 7 员，额外外委 33 名，马兵 167 名，守兵 199 名，马 170 匹。此三汛专司守护左侧一带风水禁地。

右营亦驻本标，故亦叫镇标右营。守护风水围墙迤西，设守备 1 员，辖余丁营和黄崖关、青山岭、将军关等三汛。存营千总 3 员，存营把总 6 员，存营外委 9 员，额外外委 32 名，马兵 314 名，守兵 930 名，马 169 匹。其中后三汛专司守护右侧风水地方。余丁营专司巡缉村庄、协防割伐火道。余丁营亦驻本标，设把总 1 员，存营外委 1 员。

乾隆三十五年（1770），马兰镇总兵旺保禄创定“分段防守法”，以两营所管地面自内火道迤南、天台山迤北，分为八段限定界址，以两营千把总 15 员、经制外委 15 员，按年轮流驻守。每段派千把总 1 员、经制外委 1 员，督率各汛弁兵，昼夜巡防。分段防守“既无积弊之虞，更免偏废之失”，循环联络，声息相通，于地方大有裨益。

道光十五年（1835），马兰镇总兵容照奏巡防“分段稽查之法”，将后龙全局地面分为四大段，所有各处拨汛亦按地势之远近要易，分归各段专辖。同时为防止旷误偷惰，复设“传牌周查”之法，严定章程，永期遵守。道光十六年

① （清）何松泰纂修：《光绪遵化通志》卷九《陵寝志・营汛》，光绪十二年刊本。
② （清）布兰泰：《昌瑞山万年统志》下函，卷二《志建设》，光绪年间写本。
③ （清）布兰泰：《昌瑞山万年统志》下函，卷二《志建设》，光绪年间写本。

(1836)，容照奏请后龙地面业经分段驻守，设立传牌。以千把总20名分为20段专汛管理。

光绪六年（1880），经中军游击等禀称，恭查陵寝风水，极宜严密看守，然自分段以来，专管千把时有别差，未能兼顾，其大小汛所，仍系经制额外防守，且兵丁每遇要差，互相抽撤，亦有缓不济急，究系名实相悖，故将两营所分段落仍归旧制。①

遵化营为嘉庆五年（1800）由提标归并，专司巡缉地面，护送各项差使。额兵102名。下属罗文峪专司稽查边关要口，额兵34名；石门汛专司巡缉地面，护送各项差使，额兵42名。

蓟州营为嘉庆五年由提标归并，专司巡缉地面，护送各项差使，额兵148名。下属盘山汛额兵16名，隆福寺额兵16名，桃花寺额兵10名，白涧汛额兵7名。以上四汛专司守护行宫。帮沟汛专司弹压街市，额兵5名。

曹家路营专司守护后龙风水。额兵83名。下属黑峪关额兵52名，吉家营额兵36名，板谷岭额兵17名，窄道子额兵37名。

墙子路营专司守护后龙风水，额兵共140名。下属杨家堡为嘉庆十二年（1807）添设，额兵52名，镇罗关额兵103名。

黄花山营专司守护园寝，额兵44名。下属朱华山专司守护园寝，额兵49名。

左右镇标两营由马兰镇总兵直接统率，是绿营的主力，共有兵丁1 420名，其中马兵376名，守兵1 044名，专司守护风水禁地。其他六营分驻后龙各地。

马兰镇共有大小官弁185员，兵丁2 971名。②

从上述绿营兵的设置和分工看，清东陵不但防卫极为严密，而且也体现了皇陵绿营防护的特点。正如在乾隆初年担任马兰镇总兵的布兰泰所说："马兰镇之设，原以敬卫山陵，防维风水。其所以资兵力者，与操防同，而所以驿兵心者，与操防异。操防之兵整整，则事易集，风水之兵散散，则弊易生。地面之辽阔也，山川之间隔也，拨汛斥堠之疏密也，疆域界限之出入也，况一草一木皆关地脉菁英，一块一砖，并干皇图之例禁。地大物博，任重责深，非具精心果力而兼经济裕如者，不能因地制宜、因时制宜也。于是奚补自改协为镇，其次，游都守备以及千把经额，下至马步余丁，迭经增益。职益重，事益繁，而巡放亦倍昭慎密矣。"③

---

① （清）布兰泰：《昌瑞山万年统志》下函，卷三《志防护》，光绪年间写本。
② （清）布兰泰：《昌瑞山万年统志》下函，卷二《志建设·兵丁》，光绪年间写本。
③ （清）布兰泰：《昌瑞山万年统志》下函，卷一《志建设》，光绪年间写本。

（三）附属机构及庄园头的设置

在清东陵，除了设置上述管理防护机构外，还设有永济库、永济仓、永济当、筹备库、蓟仓等附属性机构及庄园头，这些机构及庄园头完全服务于清东陵的管理和防护。

永济库：

永济库即景陵礼部衙门，建于雍正七年（1729），位于风水围墙南面东侧的南新城，专储陵寝工程及官役俸饷等帑款，由守护大臣派员司其出纳，核实报销，岁为更代。雍正七年“世宗宪皇帝谒陵毕，召王大臣入内面谕，赏尔银三万两，善为筹划，或置买地亩，或开设当铺，滋生利息银至五千两，兵丁遇有红白事件，酌量赏给。再官学有应用之处，亦给予”①。雍正七年（1729）二月，请领内库银20 000两。嘉庆十年（1805），奏准由广储司请借银15 000两。嘉庆二十五年（1820），奏准由造办处请借银30 000两。道光八年（1828），奏准由造办处请借银30 000两。三次共借银75 000两。陆续归还完竣。永济库房地租款发帑，置遵化州属旗民地457顷42亩7分7厘2毫，草房1 474间，场园房基101块，又房基4分，房3所，井4眼。各征租不等。共征租银6 006两5钱3分7厘2毫。由遵化州派书征租解库，遇有陵寝官役红白等事，分别给赏。

但遵化州等各州县对永济库地租经常拖欠，而且是一欠再欠，年复一年，甚至积欠银至成千上万。如乾隆五年（1740）至十五年（1750），遵化州和丰润县因拖欠永济库银两被东陵承办事务贝勒允祁参奏，最后朝廷下令州县将所欠银款“于乾隆十八年（1753）开始分作两年带征全完。如有拖欠，之着前该州赔补，至征收新租，请得乾隆七年为始，春后征收一半，秋后全完。如有零星尾欠，统于次年春内奏诣。以前全行完结。倘奏诣案内仅有未完租银，并着兹该州县赔补。”② 在催缴后若再行拖欠，则将遵化州知州刘培、丰润县知县吴慎等交部议处，使其“稍知畏惧”。

尽管朝廷给了地方州县还欠的宽限，但是这些地方还是不能按时交纳租银，乾隆以后的各朝，拖欠租银之事屡见不鲜。如咸丰四年（1854）至五年（1855），遵化州拖欠永济库银5 100余两；蓟州欠交永济库银700余两③，经陵寝大臣屡催，但地方州县“竟置若罔闻，并未解交分毫”。由此，陵寝大臣怀疑

---

① （清）布兰泰：《昌瑞山万年统志》卷七《志承恩》，光绪年间写本。

② 《乾隆朝录副奏折》，档号：0642－039，缩微号：044－1485，《东陵承办事务允祈奏呈参奏拖欠永济库地租之县令请议处事》，藏中国第一历史档案馆。

③ 道光十八年（1838）永济库租银分赏借与八旗兵丁，按一分行息，饬交各州县按季于藩库请领兵丁钱粮内本利抽扣，随兵饷一并解库归款，至四季扣完，于十月底由库按旗找借。

有挪移侵蚀之弊，于是“奏请交直隶总督转饬藩司勒限严追，务令扫数交清，以重库项。如限满仍欠，即由直隶总督查明，严参惩办”①。

再如遵化州欠道光二十四年（1844）至咸丰五年（1855）租银24 200余两，蓟州欠道光二十四年（1844）至三十年（1850）、咸丰元年（1851）至五年（1855）租银6 440余两；三河县欠道光二十一年（1841）至咸丰五年（1855）租银3 330两；丰润县欠咸丰二年（1852）至五年（1855）租银4 560余两；玉田县欠咸丰三年（1853）至五年（1855）租银280余两。以上五州县共拖欠永济库租银37 800余两。经马兰镇总兵兼内务府大臣绵森屡次催缴，但各州县“玩延已极，并不以库款为重”，迟迟不予完纳。另外，遵化州欠道光二十六年（1846）至咸丰五年（1855）租银5 490余两；保安州欠咸丰四、五两年租银1 960余两；丰润县欠咸丰三、四、五等年租银870余两，欠租东钱3 570余吊。这些欠银钱数额，虽经绵森等陵寝大臣的再三催缴，但这些州县仍不解交。“筹备库地亩，系于乾隆年间陆续拨帑置买，非别项可比。所有各州县应交库租银钱，系恭备皇差，并粘修行宫暨各项办公支发使用，尤为紧要，自应年清年款，不准拖欠。”② 但地方州县不但不按规定年清年款，反而累年积压，且在守护陵寝大臣的屡次督催下，仍不解交，难怪被斥之为“甚属顽疲”，令直隶总督转饬藩司查明，将遵化等各州县所欠永济、筹备二库租银钱，“勒限严追，务令全数追缴，以重库款。如再稍延，即由督臣严参惩办。”③

至清朝末期，拖欠现象更为严重。同治二年（1863），据奕劻所奏得知，各州县共欠永济库历年租银25 600余两。又欠解咸丰四年（1854）永济库本利银3 500余两，拖欠筹备库历年租银5 560余两。蓟州拖欠永济库历年租银12 200余两和欠解咸丰三年（1853）永济库本利银700余两。丰润县拖欠永济库历年租银9 840余两和筹备库历年租银1 300余两，租东钱5 700余吊。三河县拖欠永济库历年租银4 600余两。保安州应征筹备库本年租银分毫未交，并拖欠历年租银3 460余两。上述所欠租银为东陵办公要需，例应年清年款，但经屡次严催，“仍复如前拖欠，以致新旧款愈积愈多，殊属不成事体。着直隶总督讯饬各该州县赶紧征解，毋许延玩。并着查明经征各官，如有已征未解及挪移情弊，即行指名严参，勒限赔补，以重库项”④。

---

① 《内务府来文》，第2960包，原件藏中国第一历史档案馆。

② 《内务府来文》，第2960包，原件藏中国第一历史档案馆。

③ 《内务府来文》，第2960包，原件藏中国第一历史档案馆。

④ 第一历史档案馆编：《咸丰、同治两朝上谕档》第十三册，桂林：广西师范大学出版社1998年版，第1286页。

筹备库：

筹备库在景寝大圈。行宫衙门管理库务。由总管内务府大臣遵照奏定章程，捡派司官笔帖式等四员负责出纳。乾隆十四年（1749）奏准由永济库盈余项下，领银10 000两。十七年（1752）奏准领广储司银7 000两，并交管库官员经理生息，以备粘修。

如行宫维修所需款项，除动用所得息银外，而必须积至5 000两以上提出，三四千两不等解交广储司归款。乾隆二十八年（1763）奏准，按季将利作本归款。此项银两，交内务府大臣置地征租。乾隆三十六年（1771），准掌仪司奏文，将各省滋生库改为筹备公用银库。嘉庆八年（1803），筹备库所纳租项，陆续归款。因历年粘修行宫各工经费浩繁，每不敷用，又经马兰镇总兵兼内务府大臣长兴奏请，领得广储司银15 000两，置地征租。所得租银添备粘修行宫经费，其盈余银两，积至7 000两以上，仍提3 000两交广储司归款。

同治三年（1864）二月，定陵因急需栽种仪树，皇帝降旨直隶刘长佑，令遵化等州县将欠解永济、筹备两库租银按数完结。但至八月，各州县应解租银仍未报解，关于如何筹措，如何饬催等，刘长佑竟无只字片语向上汇报，这使同治极为生气，所以下令："永济、筹备库款支应各项，着刘长佑在直隶藩库，无论何款，先照原拨银一万三千三百两零，如数发给，俾得赶紧及时栽种，一面严催遵化等州县，将积欠租银六万六千余两，先提一万三千三百两零，经解藩库，以清垫款。其余银两，仍尽解永济、筹备两库，毋许再有拖延，以完欠项而备要款。"①

筹备库租银主要用于皇帝谒陵时粘修行宫各项工程以及各陵素服祭日喇嘛念经香供等项支用，另外，历年发给马兰镇养鹿经费银100两，岁底将一年出纳数目，管库司员本府大臣专折奏销，由总管内务府核覆。另款存储兰阳书院，每遇支发，由管库司员将出纳数目呈明本府大臣，具稿存案，以备稽核。②

蓟仓：

在蓟州城内西北隅。康熙三十八年（1699）建，专储守护陵寝王公大臣员役俸米，共有仓廒12座，每座仓廒各5间，由遵化、蓟州、丰润三州县掌管。

永济仓：

在马兰峪东南，嘉庆十三年（1808）奏建，专储兵役应领粟米。没有专员管理仓库，每年派八旗内务府等官俾司出纳，兵役按册预先散发票据，到期开仓验

① 中国第一历史档案馆编：《咸丰、同治两朝上谕档》第十四册，桂林：广西师范大学出版社1998年版，第304页。

② （清）布兰泰：《昌瑞山万年统志》卷七《志筹备库》，光绪年间写本。

票，按数额支付。每当漕粮运抵通州时，清东陵即派人员赴仓场衙门听候咨拨，就近接收，设厂存储。待到入冬封冻，车路畅行时，则雇工花脚价运到永济仓。每一石粟米运价银4钱。光绪十六年（1890），计收粟米59 782石零，包括各种席袋在内的运价费共计用银26 472两零，由藩库预领备支，次年奏销。

永济当：

永济当开设于雍正七年（1729），雍正谒陵礼成后，召见王公大臣赏拨银20 000两，令其善为筹划，或置买地亩，或开设当铺滋生利息，兵丁红白事件，酌量赏给。另有官学应用之处，亦给与。共领本银7 000两。雍正十年（1732）又领本银3 000两。乾隆三十七年（1772），又领本银1 000两。乾隆五十一年（1786）筹备库应交广储司银4 000两，经本处总理奏明归入永济当为本。四次共领本银15 000两，合东钱90 000吊。又在道光二十三年（1843），将五礼部每年所交麦渣变价二两平银940两，陆续饬归永济当添益当本，共领二两平银6 280两7钱5分，合东钱60 000吊，前后共领本银21 280两7钱5分，合得东钱150 000吊。按6厘交利，每年交东钱9 000吊。

永济当之设，“无非仰承庙谟，特以陵寝根木为重”。所得当利主要用于陵寝公共福利，如用于兵丁红白喜事和官学之用。按规定，凡各陵员役遇有婚丧等事，由该管衙门查报，各给赏恤。并给予孤寡每名月支银1两，岁支减半。米折银养寡6两6钱，赡孤6两2钱4分。

历次陵寝奉安大典，往往赏给兵役一个月的钱粮，或值皇太后、皇上谒陵，颁赏员弁兵役银两不等。[①] 这也是笼络人心之举。

庄园头：

所谓庄园头是专门为陵寝祭祀所设的庄户和园户，始设于康熙三年（1664）。清东陵每年大小祭祀几十次，“需用蔬稷果菜，是以设立园头庄头，给以地亩，俾其种植灌溉，按时供办”[②]。康熙二年（1663），顺治皇帝与孝康、孝献皇后同时奉安孝陵，为供应孝陵祭祀所需物品，经礼部题请：“设庄头二人，各给地七顷二十亩，园头一人，给地一顷五十亩，以供米面菜蔬。”[③] 随着康熙皇帝的孝诚、孝昭、孝懿三位皇后奉安于景陵，康熙三十九年（1700），敬敏皇贵妃神牌奉安，庄头添给地720亩，园头添给地150亩。至雍正七年（1729），东陵又陆续安奉了孝东陵皇后及诸妃、昭西陵的孝庄文皇后、景陵的康熙帝及孝恭皇后和敬敏皇贵妃以及景妃园寝诸妃。此时已有四陵一园寝，葬入帝后十人。原拨给

① （清）何松泰纂修：《光绪遵化通志》卷七《陵寝志·赏恤》，光绪十二年刊本。

② 《内务府来文》，第2932包，原件藏中国第一历史档案馆。

③ （清）绵忻：《大清会典事例》卷四二八，光绪三十四年石印本。

庄园头之地基本还够供应祭祀，但雍正帝在给工部的谕旨中指出："朕伏念陵寝祀礼，关系重大，所需时献品物，必承办之人充实丰裕，然后嘉谷珍蔬繁茂鲜洁，庶可展孝思而达诚敬。今欲加给地亩若干，使之供应饶裕。着三陵总理大臣详细查议，到日交该部议奏。"① 经工部会同大学士议准，增给庄头地 240 垧（每垧 15 亩），园头地 35 垧，令其承办各陵四时大小祭桌，这些地亩均在附近膏腴之地拨给。

乾隆十七年（1752），孝贤皇后陵寝、慧贤皇贵妃、哲悯皇贵妃神牌奉安，每位庄头拨给地 170 亩，园头拨给地 65 亩。乾隆二十二年（1757），淑嘉皇贵妃神牌奉安，庄头添给地 170 亩，园头添给地 65 亩。乾隆二十七年（1762），纯惠皇贵妃神牌奉安，庄头杨朝玉、周振基添给地 170 亩，园头任润泽添给地 65 亩。乾隆三十年（1765），怡贵妃神牌奉安时，未添给地亩。乾隆四十年（1775），玛常在入园，请添谦妃李贵人等六位地亩，总管内务府议奏：皇贵妃以下，永远奉安后，所有一切祭品等项，请交陵寝大臣详细核计，知照本府，量加拨给庄园头地亩，以备供用。②

有时对妃嫔追封后，再追加庄园头地亩。如嘉庆皇帝生母孝仪皇后，于乾隆四十年（1775）以皇贵妃身份奉安，到乾隆六十年（1795）追封为皇后，嘉庆元年（1796）经礼部议准，为她补加祭祀地亩，并以此为成例写进了《钦定大清会典事例》。其中提到追封前后："孝仪皇后前于皇贵妃分内给过庄头地一顷七十亩，园头地六十亩。""嗣后每年大小祭祀，再加给庄头地四顷三十亩，园头地八十五亩，以符成例。"③

嘉庆五年（1800），户部备办乾隆皇帝四时大祭之庄园头应拨给地 6 顷，园头应拨给地 1 顷 50 亩，由内务府派员外郎广泰、笔帖示昆笃等赴部领札，前赴蓟州、遵化、丰润、玉田等四州县，在于各项官地内，会同地方官拣选膏腴之地，照数拨给。事竣之后，即将拨给地亩段落四至以及应除租银数目，详造清册，并印甘各结送交户部。由此可见，清东陵帝后拨给庄园头祭祀地亩数额是相同的。

按拨给地亩标准，有时不能及时拨足，庄园头只能先自己垫办。如上文提到的孝仪皇后升祔神牌供奉，自乾隆六十年（1795）十一月十二日冬至起，供用糯米、苏麦、甜瓜、菜蔬等项，俱系庄园头照例备办。嗣后由内务府委派主事德新、笔帖式德庆，自户部领札，会同地方官，拨给庄园头地亩，以便当差。于玉

① 《内务府来文》，第 2932 包，原件藏中国第一历史档案馆。
② 《内务府来文》，第 2927 包，原件藏中国第一历史档案馆。
③ （清）绵忻：《大清会典事例》卷四二八，光绪三十四年石印本。

田县境内拨给地4顷30亩，令庄头杨九、宁长春收领，取租当差。又于遵化州境内拨给地85亩，令园头任合收领，取租当差。地亩既经拨给，其以往租银，业已解交户部。但庄园头等，自乾隆六十年（1795）十一月十二日冬至起，备办祭品垫款，无项归还，后经过请求，照例由部请领除租银两，以清垫项。除租银两的标准，即按照乾隆四十年（1775）令懿皇贵妃奉安后拨给地亩找给垫办除租银两之例办理。即令庄头杨九、宁长春，园头任合，持文前往户部投递，守候印领，赴部将应得乾隆六十年（1795）起地租银两照数领取。遵化、玉田二州县拨给承办孝仪皇后祭祀庄园头等地亩数目以及应除租银细数，报部核办，内务府所派委员德新等原领部札，亦送部查销。[1] 另据东陵承办事务衙门咨报，嘉庆四年（1799）冬至起，祭祀需用糯米、麦面等项银两，俱系园头垫办。此项地亩应除租数，前据遵化州拨给园头地亩造报，经户部移咨内务府出具印领，咨部发给。如于入官地内拨给庄头杨长春等地2顷20亩，每亩除租银不等，共除租银46两6钱6分7厘3毫。又在公产入官地内拨给庄头杨长春等地2顷80亩，每亩租银不等，共除租银74两2钱7分。上述地亩应于嘉庆五年除租为始。玉田县拨给庄头地6顷，每亩除租银不等，共除租银120两9钱3分7厘3毫，亦于嘉庆五年（1800）除租为始。[2]

拨给庄园头的祭祀地亩，有时因修建新的陵寝等原因被占用，只好在另外的地方拨补。如孝陵庄头杨常春承领的供应祭祀差地，因道光皇帝的宝华峪陵寝工程在此地起土使用，所以，朝廷便饬令遵化州，于附近入官地内照数查丈，按亩拨补，并造具除租册结送部核办。后于东陵附近入官地内八旗公产下原撤马兰镇总兵满斗家人韩来成、姜得禄等入官地3顷70亩内拨出98亩，补给庄头杨常春，作为差地。[3]

到清末宣统时期，在东陵发生了一桩与陵寝祭祀用地有关的事件。定陵等处妃嫔、常在等位奉安后，每年大小祭祀供用米麦瓜蔬等项品物，应添拨庄园头祭田差地，准由遵、蓟、丰、玉四州县于八旗租项下拨给。蓟州应拨给庄头地6顷90亩5分，园头地1顷32亩7分5厘。孝钦显皇后（慈禧）奉安时，普陀峪定东陵每年大小祭祀所需米麦瓜蔬等项祭品，应拨给庄园头并新设员役地亩，核计蓟州应分拨地2顷38亩5分，共应分拨给差地1顷零67亩7分5厘。奉东陵承办事务衙门牌饬牌委花翎二品衔郎中麟祥，花翎四品郎中熙麟，带领庄头杨俊隆、杨连生，园头任海山，将前项应拨地亩牌文到州，按照征簿，在于存退公产

① 《内务府来文》，第2930包，原件藏中国第一历史档案馆。

② 《内务府来文》，第2932包，原件藏中国第一历史档案馆。

③ 《内务府来文》，第2943包，原件藏中国第一历史档案馆。

三次四次奴典项下入官地内拣选膏腴高厚之地，丈拨给领。蓟州当即遵照造具印册饬令差役丈拨指兑。但是，宣统三年（1911）七月二十二日，文生马德良、魏瑞堂、仇宜春，民人刘锐、刘永顺、萧玉峰、林守诚、马德纯等联名禀报：七月十三日，庄头杨俊隆、杨连生，园头任望山等，协同差役乘轿车两辆，飞历各村，挨户对佃，持票饬令拨七项官地，以备陵寝祭祀之用，每亩索要押租钱3吊600文，小费钱1吊200至300文，历年租钱2吊800文，约定期限，在马伸桥（蓟县马伸桥镇，距蓟县城15公里，临近东陵石门镇）候收，倘敢逾限不缴，送官夺佃。富裕人家应付自如，但那些穷困人家，连糊口尚不能保证，怎有能力顾及于此。但贫弱小民，不敢抗命，或典质良物，或借贷亲朋好友，以了此项，只图无事为幸。按照旗租定制，原本每亩只租银1钱有余，折合钱不到1吊300或400文，杨俊隆等竟增至2吊800文，而且多索小费压租等项。负担层层，小民无以为堪。

这些文生认为，国家取民有制，子爱黎元，断不致故纵这些人苛敛钱文，以饱私囊，置子民于不顾。查七项旗租地亩改拨陵寝祭祀，作为内务府官佃一事，系由内务府大臣奏明奉旨允准钦遵，由内务府派人来州办理，其中如有为难情形，民人尽可自赴所派办理此事人员处所，呈恳酌办。可杨俊隆等庄园头直接分赴各乡，巧朘小民脂膏，实与国家制度相违背。作为旗地最多的蓟州，在宣统二年（1910）因旗租问题，横生枝节，不但为人民之累，而且地方词讼不断。后经知州详请顺天府尹宪转咨户部规定，不准增租夺佃明文后，此弊始行消灭。现值施行立宪时代，不致又颁此新法令。而且饬拨官地，按理只是支配租项、核实地佃而已。至于增长租项，夺佃以归国有，应该无此办法。咨议、巡警两局，有保护治安、调查利弊之职责，对此现状不应缄默。①

清东陵为陵寝祭祀所设的庄园头，经历了清王朝前期盛世和末期衰亡的过程，期间所呈现的管理状况，从一个侧面反映了清朝国家政治力量的演变轨迹。在设立之始及至乾隆、嘉庆朝，一切都能按照定制运行，并不断得到完善。但到清朝后期尤其是大清接近尾声的宣统朝，与庄园头祭地有关的词讼屡有发生。作为冰山一角的庄园头制度的混乱，说明清代的陵寝制度，随着清王朝的行将覆灭而走向瓦解。尽管祖先的陵寝是大清的象征，但此时的清朝统治者已是无力回天了。

（四）清东陵官兵员役的俸饷

众多机构的设置，自然要有很多人来此任职当差服役，这些官员兵弁夫役大

---

① 《内务府来文》，第3016包，原件藏中国第一历史档案馆。

多携带家眷居住在各自所属营房内，可以说组成了清东陵庞大的人群，形成了一个独特的陵区社会。他们各领多少俸饷？其生活待遇如何？这也是值得我们关注的问题。

东陵承办事务衙门：

固山贝子岁额俸：江米21石6斗，白米65石1斗，老米292石3斗，稜米108石4斗，粟米184斗。

俸恩辅国公岁俸：粳米8石4斗，白米24石8斗，寻常白米8石4斗，老米112石6斗，稜米41石6斗，粟米41石7斗。

以上俸米向由京仓关支。乾隆五十八年（1793），改归蓟仓支给。

主事2员，每员岁支：文职六品获俸银120两，减半三色俸米4石4斗，俸粟米折银23两6钱。

笔帖式2员，每员岁支：减半三色俸米2石5斗2升零，俸粟米折银11两2钱零。

以上俸银一并由东陵承办事务衙门派员赴部请领，遵照新章按八成支放，米由蓟仓接拨，米折由州县领取，礼部工部并同。

表1－2　内务府衙门各官役岁、月俸额①

岁、月俸 / 官役	俸银	减半三色俸米	俸粟米折银	备注
总管大臣	岁支155两	12石9斗	80两3钱2分	
郎中	岁支160两	6石6斗	42两1钱3分	为文职五品
主事	岁支120两	5石	31两5钱5分	为文职六品
副总领				岁支银并同各给官地六垧
笔帖式	岁支56两	3石3斗	13两8钱5分	随缺官地四垧
茶膳、香灯拜唐阿领催	月支2两		岁支13两2钱	
闲散拜唐阿	月支1两5钱		岁支9两9钱	
园丁	月支1两		岁支6两6钱	
树户	月支工食银1两4钱		随减半粟米3钱	

① （清）何松泰纂修：《光绪遵化通志》卷十《陵寝志·俸饷》，光绪十二年刊本。

（续上表）

岁、月俸 / 官役	俸银	减半三色俸米	俸粟米折银	备注
扫院人	月支钱粮银1两		随减半粟米折银6钱	
总管大臣随甲	月支钱粮银5钱		随减半粟米折银3钱	

以上内务府俸饷米折，并由遵化、蓟州、玉田、丰润四州县赴直隶藩库领解，米由永济仓领放，官地由四州县拨给。①

表1-3　礼部衙门各官役岁、月俸额②

岁、月俸 / 官役	俸银	减半三色俸米	俸粟米折银	备注
郎中	岁支160两	6石6斗	31两6钱	官职五品
读祝官	岁支90两	3石3斗	18两5钱6分	官职七品
赞礼郎	岁支90两	3石3斗	18两5钱6分	
各色差役	月支1两	月支粟米1斛		

表1-4　工部衙门各官役岁、月俸额③

岁、月俸 / 官役	俸银	减半三色俸米	俸粟米折银	备注
郎中	岁支160两	6石6斗	31两6钱	
员外郎				
各色匠役	月支1两	月支粟米1斛	31两6钱	

① （清）何松泰纂修：《光绪遵化通志》卷十《陵寝志·俸饷》，光绪十二年刊本。
② （清）何松泰纂修：《光绪遵化通志》卷十《陵寝志·俸饷》，光绪十二年刊本。
③ （清）何松泰纂修：《光绪遵化通志》卷十《陵寝志·俸饷》，光绪十二年刊本。

表 1－5　兵部衙门各官弁岁、月俸饷①

官弁＼俸饷	俸银	养廉银	减半三色俸米	俸粟米折银	备注
总管	岁支 150 两	200 两	3 石 2 斗	90 两	为三品
翼长	岁支 120 两	100 两		52 两 2 钱	为四品
世职轻车都尉	岁支 150 两				
世职佐领	岁支 120 两				
防御	岁支 100 两			39 两	为五品
骁骑校	岁支 60 两		4 石 8 斗 2 升 5 合	22 两 4 钱	
领催	岁支 48 两		12 石（遇闰按每月二斛加增）	4 两 9 钱 6 分	
披甲	岁支 36 两		14 石 9 斗		
养育兵	月支 2 两 5 钱				

以上俸饷银款，并由本衙门派员赴直隶布政司库咨领，遵照新章，俸饷按八成养廉，按六成支发。光绪十五年（1889）分奏销册，共支俸饷银 71 000 两零。

表 1－6　行宫衙门各官兵岁支俸银②

官兵＼岁、月俸	俸银	月支地折银	备注
总管	160 两		
苑丞	80 两		
千总	60 两	1 两 5 钱	
委署千总	月支钱粮银 1 两	1 两	盘山委署千总二员月支银各加 1 两
兵	月支钱粮银 1 两	1 两	盘山进殿兵月支银各加 5 钱

以上俸折银两，年终由衙门预委员弁赴部支领，按季散放。

另外各行宫所设 4 员笔帖式、3 员苑副、40 名苑户、10 名匠役的俸饷，则由京旗支领。

① （清）何松泰纂修：《光绪遵化通志》卷十《陵寝志·俸饷》，光绪十二年刊本。
② （清）何松泰纂修：《光绪遵化通志》卷十《陵寝志·俸饷》，光绪十二年刊本。

隆福寺行宫是距离东陵最近的一处行宫，不但帝后谒陵时必驻跸于此，而且还是陵寝附近唯一一处礼佛之所，在各行宫中占有重要的地位。其职司设置及钱粮银支给如下：

达喇嘛1员，月支钱粮银11两2钱2厘零，糙粳米3石3斗7升5合，米折银4两7钱2分5厘，春夏月支（牛羊）豆草银4两5钱6分5厘。冬季支烤炭银9两7钱2分。

得木齐1名，月支钱粮银2两8钱6分零，糙粳米7斗5升，米折银1两5钱。冬季烤炭银2两1钱6分。格司贵1名，月支银米款目并同。

教习3名、小喇嘛20名，每名月支钱粮银2两，糙粳米3斗7升5合，米折银5钱2分5厘，冬季烤炭银1两8分。

以上钱粮银款，由蓟州按季解内务府散放，米石由永济仓支领。

表1-7　马兰镇标各官兵岁支银两①

官兵＼银两	俸银	薪银	心红银	蔬炭银	养廉银	米	岁共支银米
总兵官(1员)	67两5钱7分6厘	144两	160两	140两	1 500两		2 011两5钱7分6厘
中军游击(1员)	39两3钱3分6厘	120两	36两	36两	400两		631两3钱3分6厘
守备(2员)	18两7钱6厘	48两	12两	12两	200两		581两4钱1分2厘
千总(6员)	14两9钱6分4厘	33两			120两		1 008两
把总(12员)	12两4钱6分8厘	23两5钱3分2厘			90两		1 512两
经制外委(21员)	马饷银36两				18两	4石8斗	1 134两、100石8斗
额外外委(65员)	马饷银36两					4石8斗	2 340两、312石

① （清）何松泰纂修：《光绪遵化通志》卷十《陵寝志·俸饷》，光绪十二年刊本。

(续上表)

官兵 \ 银两	俸银	薪银	心红银	蔬炭银	养廉银	米	岁共支银米
马兵(342名)	36两					4石8斗	12 312两、1 641石6斗
守兵(958名)	24两					4石8斗	22 992两、4 598石8斗

从上述所列各官弁俸饷数额中，我们可以很明显地看到，清东陵官弁员役的俸饷薪银等级相差比较悬殊，武职明显高于文职，并且设有养廉银，反映出对陵寝圣地防护的重视。另外，值得注意的是，防护系统官员的养廉银高得惊人，马兰镇标总兵官的养廉银高达1 500两，这同样是清朝统治者出于严密防护陵寝这一目的考虑的：用高薪养廉的手段使各级官员忠于职守，以保证陵寝的安全。

第三节　清东陵的自然环境与人文环境

清东陵作为皇陵所在地，它的自然环境应该是最好的，因为帝王陵寝的选址，向来是由堪舆家按照严格的风水理论进行的。相比之下，人文环境则往往不在考虑之列，换句话说，皇家陵寝的选址完全是以风水，即自然条件为标准的。所以，清东陵的自然环境一流是毫无疑问的。但它具体怎样？这里的人文环境即历史文化又是怎样的？了解这些问题，对于我们更好地理解清东陵的历史发展以及国家政治在这里的演变是有益的。

一、清东陵的自然环境及其地理位置

清东陵位于直隶遵化州（即今河北省遵化市）境内马兰峪以西，遵化州位于古长城脚下，东经117°34′至118°14′，北纬39°55′至40°22′。遵化州全境东西广110里，南北袤85里，总面积1 521平方公里。周边与蓟州、迁安、玉田、丰润、滦州、平谷、密云和兴隆为邻。至蓟州界70里，至州治120里，东至迁安县界50里，至县治170里。西南至玉田县界70里，至县治90里。东南至丰润县界50里，至县治95里。东南125里至永平府滦州界，东北至喜峰口120里。西北至马兰峪60里。西与平谷、西北与密云、北190里与承德的兴隆县接壤。

"诸县内则通天盖地，外则斗拱星环。其间云蒸霞蔚之奇，虎踞龙盘之势。"① 长城自马兰关东至洪山口，穿州境136里，皆依山凑筑，大道为关，小道为口，屯军为营，列守为砦。② 州北喜峰口，在明朝时为边疆要害。州境北多关隘。

遵化州是燕山南麓的一块山间盆地。四周为燕山余脉所环绕。盆地内部是蓟运河水系的沙河、黎河冲积洪积而成的平原，平原中部自西向东有一2~3公里的狭长低山丘陵。大自然的神工，造就了州境"三山加两川"的地貌特点。全境山地丘陵980平方公里，占土地总面积的64.4%，山地海拔大部分在500米以下，海拔不足300米的山地占90%，海拔大于500米高度的山地面积不足10平方公里。全境平原有541平方公里，占总面积的35.6%，3/4的平原面积海拔不足50米，是一个以低山丘陵为主兼有平原的半山区。

遵化州全境共有淋河、沙河、黎河、小流河、洪山口河等大小河流及其支流37条。其中主要是淋河、沙河、黎河，它们自北向南流至南部折转向西汇入蓟运河，小部分河流汇入滦河。

遵化州地处暖温带北缘，属于季风半湿润区，大陆性气候显著，四季分明，具有春季干燥多风、夏季炎热多雨、秋季昼暖夜寒、冬季寒冷少雪的特点。光照充足，年平均气温在10.4°C，无霜期181天。州境年降水量为804毫米，主要集中在七、八月份。

遵化州土壤类型主要有褐土、棕壤和潮土。境内有丰富的自然资源。植被多以油松、栎树、山杨为主。林地和草地以温带植物为主体，群生和散生的乔、灌、草有50科160余种。灌丛主要包括荆条、酸枣、花椒、山丁子、山榆等。草种主要有狗尾草、狼尾草、胡枝子、臭草、玉竹子、苜蓿、蟋蟀草等。野生植物多达531种，其中药用植物有341种。野生动物75种。③ 这里的山区矿产丰蕴，已查明的矿种有30余种。北部山区有铁、锰、铬、金等；南部山区有白云石、石灰岩、铝、锌等。

遵化州共有大小山67座：昌瑞山、景忠山、太行山、铁山、龙山、鼓山、钓台山、笔架山、片石峪、华山、三尖山、雪花山、宝珠山、清风山、贵人峰、明月山、金山、岈髻山、柏山、石镜山、五峰口、瑞云山、尖山、凤山、瑶峰山、桃花山、舍身台山、五华山、文明山、关山等。④

---

① （清）何松泰纂修：《光绪遵化通志》卷五七《艺文志·史部》，光绪十二年刊本。

② （清）顾祖禹撰，贺次君、施和金点校：《读史方舆纪要》卷一一《顺天府·蓟州》第一册，北京：中华书局2005年版，第492页。

③ 李铁胜：《冀东太平寨—遵化新太古代古岛弧地体及其大陆生长》，国家图书馆博士学位论文文库，1999年。

④ （清）边中宝纂：《乾隆直隶遵化州志》卷四《方舆》，乾隆二十一年刻本。

其中景忠山为州境诸山之冠。海拔 610 米，宋、明时期山上即建有庙宇。清初顺治和康熙皇帝曾多次登临此山礼佛。

昌瑞山为燕山支脉，原名丰台岭，后改凤台山。康熙二年（1663）奉安顺治帝于孝陵改封昌瑞山。昌瑞山是陵区的主峰，周围山势依次降低，顺治帝的孝陵就建在昌瑞山的主峰南麓，其他各帝后陵依山势分两侧次第而建。前圈东临丘陵起伏的鹰飞倒仰山，西接耸入云霄的黄花山，南据天然翠屏——宛若倒扣金钟的金星山。更南为象山、烟墩两山对峙，形成一个险峻的山口，整个陵区之水汇集于此，为谒陵所必经，名为兴隆口（旧名龙门口）。马兰河、西大河二水像两只臂膀，环绕夹流，遥相呼应。昌瑞山以北的少祖山、雾灵山，蜿蜒起伏，延伸到承德附近，西端与密云县接壤，东面则直达遵化市。整个后龙奇峰秀岭，群山叠翠，气势磅礴，绵延不绝，青山绿水，人迹罕至。独特的自然条件，加上皇陵修建后成为禁山，故使东陵逐渐形成了一个良性循环的局部小气候区。

清东陵西南距北京 125 公里，东南至遵化县城 30 公里。

清东陵所在的遵化，在唐宋元明时本为县，历来为边陲之地。但自顺治十八年（1661）被选中为“万年吉地”后，其地位不断递升。康熙十五年（1676），以陵寝所在升遵化县为州，辖丰润与玉田二县。乾隆八年（1743），升遵化州为直隶州，以附近之西南玉田、东南丰润隶之，始领玉、丰二县。随着“县而州，州而直隶”地位的提高，“官秩之裁设崇替，与一切应改应绪之条，更不一而足。”①

二、清东陵地方社会的历史沿革及其风俗文化

清东陵所在的遵化州，在上古唐虞之世，属幽州，夏商时期省幽入冀。周为燕地。春秋为无终子国，燕昭王置渔阳郡。秦始皇并燕为右北平。西汉隶属幽州，为右北平郡，属无终、后靡、徐无、土垠四县。② 东汉时徙郡治于土垠，开始专领四县。晋为北平郡，仍属幽州，领四县，治徐无。后为北燕所据。魏时为北平郡，领无终、土垠、徐无三县。不久并属渔阳郡，隶幽州。隋朝时为无终县地，属冀州渔阳郡。唐朝因之，由无终县地改为玉田县地，仍属蓟州渔阳郡，隶安东都护府。③ 唐朝曾在此设置马监铁冶，属平州。唐天宝元年（742），改蓟州为渔阳，设置遵化县。至辽朝时升为景州清安军。宋宣和四年（1122），改为滦州郡。金、元、明时期，并为蓟州遵化、玉田、丰润三县地。金代隶属中都路。

---

① （清）边中宝纂：《乾隆直隶遵化州志》序，乾隆二十一年刻本。

② 考之通志，徐无、土垠为丰润，无终为玉田，后糜即遵化州地。

③ （清）何松泰纂修：《光绪遵化通志》卷一二《舆地志·沿革》，光绪十二年刊本。

元代隶属大都路总管府，同时改丰润为闰州。[①] 明朝因之，并设三卫一所，即：遵化卫、东胜右卫、忠义中卫，宽河守御千户所。明政府在州境共设有三处铁冶厂：一在波坡谷，位于州西北 30 里，设于永乐年间；一在松棚谷，位于州东北 40 里，明宣德中迁此；一在白冶庄，位于州东南 50 里，明正统三年（1438）复在此地设置冶铁厂，至万历年间裁撤（一说此厂建于明朝前）。[②] 清初，卫所并裁属县。康熙二年（1663），顺治皇帝梓宫安奉于县西凤台山（即昌瑞山），号曰孝陵。康熙十五年（1676），御史程文彝奏称，遵化县为陵寝重地，理宜加隆，请仿前明升昌平县为州例，以培根本，以崇孝治。经部议上报允准，遂升为遵化州，辖丰润一县，仍属顺天府，以通永道分辖之，而隶于东路同知。雍正五年（1727），丰润县改入永平。迨乾隆八年（1743），直隶总督高公斌上奏请求："恭照遵化州地，方萃山川灵秀，纪形胜于神皋，肃卫祖陵，久称重地，近复于胜水峪选建万年吉地，天开宝域，庆龙脉之长绵，星拱皇图，宜鸿模之式廓。伏查雍正十一年（1733）因易州泰宁山恭建泰陵，将易州升为直隶州，割涞水、广昌隶之。今遵化州拱卫三陵，复建万年吉地，应请照易州之例，升为直隶州。其附近西南之玉田，东南之丰润，请改归遵化直隶州统辖。揆之规制，实属相宜。"[③] 乾隆皇帝俞允，升遵化州为直隶州，辖丰、玉二县。[④]

遵化因地处边陲，历来人烟稀少，加之多战乱，这里更显得地广人稀。州原额 15 里。明嘉靖元年（1522），并大安、庆安、普安三县为 12 里。清顺治十六年（1659），并遵化卫、东胜右卫、宽河守御所入县属，更名归安屯。康熙六年（1667），又并忠义中卫归县，共 14 里。[⑤] 根据历代史书记载，将遵化地区的户口及人丁大概数额制表简示如下：

表 1-8　遵化历代户口人丁概数[⑥]

朝代	户数	口数	丁数	说明	资料来源
西汉（右北平郡）	6 689	337 800		右北平郡领县十六，内四县属遵化	《汉书·地理志》

① （清）何松泰纂修：《光绪遵化通志》卷一二《舆地志·沿革》，光绪十二年刊本。
② （清）何松泰纂修：《光绪遵化通志》卷四三《古迹考》，光绪十二年刊本。
③ （清）何松泰纂修：《光绪遵化通志》卷五七《纪事》，光绪十二年刊本。
④ （清）边中宝纂：《乾隆直隶遵化州志》卷四《方舆志·沿革》，乾隆二十一年刻本。
⑤ （清）边中宝纂：《乾隆直隶遵化州志》卷五《方舆志·里甲》，乾隆二十一年刻本。
⑥ （清）何松泰纂修：《光绪遵化通志》卷二二《建置志·户口》，光绪十二年刊本。

（续上表）

朝代	户数	口数	丁数	说明	资料来源
东汉（右北平郡）	9 170	53 475			《后汉书·郡国志》
晋（北平郡）	5 000				《晋书·地理志》
北魏（渔阳郡）	6 984	29 670		渔阳郡领县六，内三县属遵化州	《魏书·地理志》
隋（渔阳郡）	3 925				《隋书·地理志》
唐（蓟州渔阳郡）	5 317	18 521		蓟州领县三，内一县属遵化州	《新唐书·地理志》
辽（蓟州玉田县、景州遵化县）	6 000		6 000	丰润时属泽州，户丁无考	《辽史·地理志》
宋				宣和四年（1122）始属宋，后入于金，故《宋史·地理志》有地名而无户口	
金（蓟州）	69 015			蓟州领县五，内三县今属遵化州	
元（大都路）	141 590	401 350		大都路领十州，州领十六县，蓟州领五县，内三县属遵化州	
明	3 531	11 740	28 165	口不包括遵化县和丰润县，丁不包括丰润县。另玉田陵户五、海户七，京厂匠七十一	天顺统志、遵化张志、玉田谢志
清	26 865（乾隆五十七年底）23 376（同治十一年底）	132 295（乾隆五十七年底）132 887（同治十一年底）	17 948（实在人丁）	丁中生员供丁442丁，吏承丁21，匠价丁29，新更人丁450，行差人丁13 904	《光绪遵化通志》卷22《置建志·户口》

明朝时遵化县编户20里。旧志万历四十五年（1617），实在人丁25 060丁。崇祯以后，屡年逃亡，丁数递减。至清朝初年，原额上、中、下三等九则共19 813丁内，节年编审去老故及招募投充、奉文除免，共开出12 644丁，自顺治十年（1653）起，至康熙五十年（1711）止，节年编审清查复业共新收2 425丁，实在行差人丁9 594丁。①

如上表所列清代丁数是实在人丁数，而实在人丁之外还有盛世滋生补剩和优免9 912丁被排除在外。这样算来，比表中所列丁数少了近一半。

顺治十一年（1654），覆准直隶省编审户口，以顺治十二年（1655）为始。康熙五十二年（1713）钦奉恩诏，嗣后编审增益人丁册定为常额，续生人丁，永不加赋。雍正二年（1724），总督李维钧提请援照江浙等省之例，将丁匠银两摊入地粮之内征收，奉旨俞允，直隶丁银420 000余两，均摊2 050 000有奇，地粮之内每两计摊丁匠银2钱7厘，州属原额并各卫所丁银俱一例摊入地粮，从此力役不征，穷黎无追呼之扰。②

总之，从历年户口以及丁额数看，清东陵所在地遵化一带，在清以前，更确切地说在陵寝修建之前，都是不多的，其中主要还是因为这里本身是边疆和战乱频仍所在之故。《乾隆直隶遵化州志》曰，州境“幅员几三百里，编户仅二千余。盖兵燹离散归并甲籍，故户口耗焉”③。

由于这里一直是边塞之地，历代均有守边驻军在此分布，所以此区域的一个最大特点就是“军民杂处，而宰理倍难”④。尤其是清王朝在这里修建皇陵之后，众多官员兵弁差役携家带眷长期居住于此，不但使这里的人口迅速增加，而且也使这里的居民成分更为复杂。本来清东陵一带山地居多，耕地有限，清入关后进行圈占土地归旗，“所剩率多山坡瘠土，故民地多下，则旗租因重于民粮倍徙，地多之户率皆旗佃，纳租之外，余润无几，偶遇灾欠，辄不易支”⑤。皇陵占地达2 500平方公里之广，使得很多原有的土著居民失去土地，加之陵寝差役科派，民人生活更为艰难。“州境民多旗佃地，半山田，或数亩之收，不敌一亩之腴，数年之丰，无济一年之欠。”⑥ 如因陵寝所在，先升县为州，继而升州为直隶州，随着地位的上升，州城的修葺也较勤。据史料记载：“顺治中没于河决，

① （清）边中宝纂：《乾隆直隶遵化州志》卷七《赋役志·户口》，乾隆二十一年刻本。

② （清）何松泰纂修：《光绪遵化通志》卷二二《建置志·户口》，光绪十二年刊本。

③ （清）边中宝纂：《乾隆直隶遵化州志》卷一八《艺文志·撰述·遵化现任官题名记略》，乾隆二十一年刻本。

④ （清）边中宝纂：《乾隆直隶遵化州志》卷一一《风土志·风俗》，乾隆二十一年刻本。

⑤ （清）何松泰纂修：《光绪遵化通志》卷一四《舆地志·风俗》，光绪十二年刊本。

⑥ （清）何松泰纂修：《光绪遵化通志》卷五九《纪事》，光绪十二年刊本。

而一修；康熙中颓于地震，而一修；乾隆中圮于霖雨，且一修而再修。此四役者动帑率以四万计。遵化地近陵寝，民多佃户，家鲜素封，兼之水旱，连年疮痍，未复应休息。”①

基于这样一种自然和人文环境，也就形成了本区域的历史文化和风俗习惯。历代史书对这里的民风多有概括，如云遵化自古士风慷慨，“土厚水甘，俗尚义勇，人多豪侠，习于戎马”（元地理志），“风俗淳朴，人尚节俭”（蓟州志）。“朴而野，谨约而不浮，士敦信农弃末，工贾罔尚淫巧”（滦州志）②；“士厉廉隅，重气节，尚少奔走公庭者，惟科名逊于他邑”，“人多尚果敢自力，遇忿辄相殴，至有命而不顾者，盖习于边塞之风也”③；“风气沿流，燕赵多悲歌慷慨之习，击筑鼓琴，沾沾自喜，借交报仇，倾产不恤，善用之即贤豪，不善用之即狂狡耳”④ 等。诸多评价基本相同，大致勾勒出了遵化一带的民风。

光绪二十四年（1898），发生在遵化州的一起刑事案件很能说明这一问题。遵化州民卢奎为争办村中礼神拜会，将赵庆沣杀死。卢奎与赵庆沣同村居住，二人并无前嫌。村中风俗，每至年节，乡人俱在公所礼神拜会。赵庆沣欲与卢奎争办会事，将卢奎所贴入会的人名字条揭去。卢奎查知，找到赵庆沣理论，被赵庆沣辱骂，因畏惧赵的凶横，未敢与之计较。光绪二十四年（1898）正月初六日，赵庆沣路过卢奎门口，卢奎想起前事，想殴打赵庆沣出气，遂邀来袁三帮忙。两人分别携带尖口刀、铁尺，一同找至袁五剃头棚内。见赵庆沣正在打辫，卢奎乘其不备，用木棍殴伤其脑后，赵庆沣赶紧还手，与卢奎揪扭在一起，此时卢奎弃棍拔刀，连续划伤赵的颌颏。赵庆沣夺刀，袁三又用铁尺殴伤赵的左眉倒地。赵庆沣辱骂卢奎的祖先，并声言等伤好后一定报复。卢奎想起事情的起因，更加生气，即用刀扎伤赵的咽喉，致使赵殒命。事后，卢奎等恐被问罪，嘱咐袁五及袁三的外甥李套儿顶凶，装点互殴情节，用刀将袁五脑门划破，然后送到州署。经官员审讯，供出实情。卢奎杀死赵庆沣，实属故杀。按清律，将故杀者卢奎斩监候，秋后处决。袁三听从卢奎纠邀，辄用铁尺殴杀赵庆沣左眉，发近边充军。该村年节礼神拜会，事关风俗，饬令遵化州示禁。⑤ 类似这样的案件，不只是在遵化，可能在其他地方也曾经发生过。虽然如此，但这个案件还是从某个侧面反映了遵化一带人们“遇忿则相殴，至有命而不顾者”的性格特点。从事情开始卢

① （清）何松泰纂修：《光绪遵化通志》卷一六《建置志·城池》，光绪十二年刊本。

② （清）何松泰纂修：《光绪遵化通志》卷一一《风土志·风俗》，光绪十二年刊本。

③ （清）边中宝纂：《乾隆直隶遵化州志》卷一一《风土志·风俗》，乾隆二十一年刻本。

④ （清）边中宝纂：《乾隆直隶遵化州志》卷五七《艺文志·史部》，乾隆二十一年刻本。

⑤ 《遵化州民卢奎为争办村中礼神拜会事故杀赵庆沣身死案》，刑部档案，第947号，藏中国第一历史档案馆。

奎被赵庆沣辱骂时不敢与之计较看出，赵庆沣的性情更为凶狠。卢奎也只是乘其不备和倚仗人多，才占了上风。为了争办礼神拜会，要回在村中的面子或叫权威，不惜动武，直至致人死命，不能不说遵化时人粗鲁和野蛮。

一个地域的地理环境和人文环境，造就了一个地域中人的性格和文化风俗。虽然州境科名逊于其他地方，但州学创建最古，修葺亦最多，有碑志可考者，“从金正隆三年（1158）、元大德七年（1303）两修，而后或增、或减、或徙、或复旧、或更新，前后五百年之中，约举工三十次，具见都人士之好义且殷于向学也”①。

历史上的遵化一带，商业不发达，无富商大贾，“贸易不过闾阎，日用之常与吴越铺张炫异者殊矣（刘志）”。州人没有什么专长，唯有玉田人善于制绒和开京师帽店；丰润人多开扇店，善于画工。百货多贩自京津，铁器仰给于获鹿，药材互易于祁州，凡本地土特产，如炭、果、丝、蜜等，经常是天津商客坐收，州人很少自己贩运到外地售卖。至于粮店大多是本乡人秋买春卖，借以获取盈余。粮价的高低，往往取决于承德一带年之丰歉，可见，本州的粮食常常不能自给，要靠外地粮食的输入。

丰、玉两邑虽然是产棉之地，但这一带人不习纺织，布匹往往远从德平或近从饶阳贩运而来。到清朝末年，棉布价廉于洋线，因此产棉之地的纺织户无奈亏损失业。后来，地方政府先在州城设课织官局，招各乡子弟来局学习纺织，生徒免费给以饭食，机师加以花红。学成者领机自织自售。又仿照集股之法，每月设课纺商局，听民间领棉纺线，领线织布，不能自售者，一并由局酌给工值棉布之利，此法的施行，使遵化的纺织业逐渐兴盛起来。

“人各有业，陶人、冶人、瓦工、木工以至代佣而受值者，皆自食其力。故邑鲜游民，技无淫巧。”② 玉田林南仓附近各村以织苇席著称，或编麦秸作斗笠。乡妪村姑多从事此业。

东陵一带百姓日常饮食相率以俭，或粥、或饭、或面，面用麦或荞麦杂豆，粥饭多用小米或用高粱。粳稻之类只有老人和宾客才能享受到。菜脩则主要是瓜瓠菜腐。鱼肉唯岁时宴会时才能吃到。

州境的信仰、祭祀习俗与周边地区大致相同。亦敬鬼神，祀天地、日月、星辰、山川及先贤。农家祀仓神，铺户祀财神，百工多祀鲁班，炉冶多祀老君，而龙神、雹神、火神等，为众多祈祷者祀之，虫王、牛王、马王，树畜者祀之，各因其业，求功名者则祀魁星，求子者则祀张仙，各因其义。

---

① （清）何松泰纂修：《光绪遵化通志》卷一七《建置志·学校》，光绪十二年刊本。

② （清）边中宝纂：《乾隆直隶遵化州志》卷一一《风土志·风俗》，乾隆二十一年刻本。

世家大族多建宗祠，春秋祭祀，均陈列牲醴，阖族按长幼次序祭拜。正月上旬选择吉日祭墓。到清明时则祭扫敷土，用土块把纸钱压在坟上，前后十日。元宵节晚饭吃汤圆，城市架松枝牌坊演戏张灯，银花火树，时近二更。四月初八日，佛诞辰，民人多谒梵刹礼佛。十八日进香碧霞元君庙，路途稍近些则赴笔架山，稍远些则赴景忠山。二十八日进香药王庙。五月十三日，关帝神诞，闾里多牲醴，演剧致敬。农家多醵祭龙神、水火、虫王、苗神。冬至日，家长率子孙谒祖庙，祭祀祖先，曰作羹饮。

第二章　陵寝工程

清东陵自康熙二年（1663）修建首座陵寝——孝陵始，至光绪三十四年（1908）重修慈禧陵止，建陵大工前后持续246年。长达近两个半世纪的陵寝工程，不知动用了多少人力和物力，耗费银两难以计数。由于是皇家陵寝，所以从选址到用料以及建造质量，都有一套严格的标准，致使在整个工程中演绎出了一幕幕的故事，透过这些故事，我们可以从与以往不同的视角去解读清王朝的历史。

第一节　陵工前奏

一、清东陵的选址和风水

清代每一陵寝建筑的设计，都是从陵寝基址的选勘开始的。关于清东陵的选址，历来有两种说法，一为顺治帝亲自选定，这种说法缘于《清史稿》和《啸亭杂录》。《清史稿》卷八十六记载："先是世祖校猎于此，停辔四顾曰：'此山王气葱郁，可为朕寿宫。'因自取佩韘掷之，谕侍臣曰：'韘落处定为穴。'至是陵成，皆惊为吉壤。"清太祖努尔哈赤的七世孙昭梿在其所著《啸亭杂录》中记述了顺治帝亲定陵址的情况："章皇帝尝校猎遵化，至今孝陵处，停辔四顾曰：'此山王气葱郁非常，可以为朕寿宫。'因自取佩韘掷之，谕侍臣曰：'韘落处定为佳穴，即可因以起工。'后有善青鸟者，视丘惊曰：'虽命我辈足遍海内求之，部克得此吉壤也！'"① 在乾隆《恭谒孝陵》五律诗中，提到了世祖亲定陵寝的事：追远钦神烈，非遥展默思。每因羁庶政，又觉隔多时。松柏守宫阙，星辰侍礼仪。鼎湖亲卜吉，昌瑞万年吉。乾隆皇帝并为此诗作注："昌瑞山乃我世祖行围至此亲定者，初未用堪舆家也。"②《清圣祖实录》卷二十三对此亦有记载：康

① （清）昭梿：《啸亭杂录》卷一《亲定陵址》，北京：中华书局1980年版，第4页。

② （清）边中宝纂：《乾隆直隶遵化州志》卷二《陵寝》，"乾隆二十三年三月四日"，乾隆二十一年刻本。

熙六年（1667）七月，圣祖亲政不久，辅政大臣苏克萨哈为躲避鳌拜的欺压，提出要去看护孝陵，圣祖不明其意，遣人询问，苏克萨哈说："世祖皇帝卜地时，蒙谕：'朕万岁后，尔等大臣之墓亦葬陵寝近地为善。'我即叩谢：'若得如此，幸甚！'"二为明末崇祯皇帝到这里巡视戍边将士，极为赞赏这里的山川景色，认为天寿山祖陵已无佳穴可卜，"有别营遵化之议，国家多事，遂寝"[①]。还另有一种说法，即清东陵陵址是由杜如预和杨宏量二人选定的。这一说法是清东陵本地学者于善浦先生根据《九朝东华录》的记载而得出的。[②] 康熙四年（1665）十六日，江南徽州府新安卫官生杨光先呈进两篇"摘谬论"，一篇摘钦天监正汤若望"新法十谬"，另一篇摘汤若望选择荣亲王（顺治第四子，生后不到百天即夭折，因其母董鄂妃备受皇帝宠爱，故逝后被父皇追封和硕荣亲王，葬昌瑞山西侧黄花山下）安葬日期误用"洪范五行"。皇帝令议政王等共理此事，最后以"天佑皇上历祚无疆，而汤若望止进二百年历，俱大不合。其选择荣亲王葬期，汤若望不用正五行，反用洪范五行，山向、年月俱犯忌杀。事犯重大，拟钦天监正汤若望、刻漏科杜如预、五品挈壶正杨宏量、历科李祖白、春官正宋可成、秋官正宋发、冬官正朱光显、中官正刘有泰等皆凌迟处死。已故刘有庆子刘必远、贾良琦子贾文郁、宋可成子宋哲、李祖白子李实、汤若望义子潘尽孝等俱斩"。汤若望本当依照拟定处死，但念其专司天文，选择葬期非其所长，而且为朝廷效力多年，又已是衰老之人，故令免死。杜如预、杨宏量本当依拟处死，但念其堪定关外永陵、福陵、昭陵以及关内孝陵风水有功，曾经效力不小，亦免于处死。

上述三种说法虽然都有文字根据，但似乎第一种说法更容易被认可，因为不但记载此事的资料多于其他各说，而且更为权威的是有乾隆皇帝的御制诗及其注释作证。为什么还有另外两种说法？究竟哪一种法说正确，还有待于进一步考证。

清代陵址选勘人员是由样式房匠师、钦派官员和风水师组成。相度的大致过程是：这些人带着罗盘仪器到京城周边进行实地勘察，"观四面之山峦，望两旁之水势，看山在何处住，水在何处合。"这就是所谓"望势"、"寻龙"、"查穴"，即寻找山势停留的地方。"穴"是放置棺椁的位置，也是整个陵寝建筑布局的核心。堪舆人员拿出各自的分析判断，再经合议，得出是否为吉穴（吉穴又分为上上吉、上吉、中吉、下吉四个等级）的结论，然后绘制风水地势丈尺图、山向定点穴图、志桩图等图样，并在现场约拟陵寝规制。嗣后，要将反映勘测成果的正式画样精工绘制，贴签具说，进呈御览，以待钦定陵址。

① （清）梁份撰：《帝陵图说》，清抄本。

② 于善浦：《清东陵大观》，石家庄：河北人民出版社 2000 年版，第 7～8 页。

这只是一个极简单的概括，其实，卜选陵址的过程是非常复杂和烦琐的，同时也是严格遵循中国传统的风水理论的原则进行的。

我们可以从两个实例看一下具体选堪陵址的大致情况。一是道光年间的一次卜选相度。道光九年（1829）四月初三日，禧耆奉旨到清东陵履堪平安峪及成子峪形势。三月十四日率堪舆之人前往平安峪等处详细履堪。三月二十六日驰抵马兰峪。二十七日，率同谙习堪舆的冠军使陈现瑞、候补主事余毓祥、监生庞仲明，连日进行相度，最后将相度结果向道光皇帝汇报。禧耆在奏案中说：

“看得平安峪来龙，自昌瑞山西抽一枝节，节起伏到头结星，气丰力厚，过峡活泼，横展中抽，俱合格局。外水缠绕本山元武，内水交汇，尚属有请，可谓上吉之格。惟左右护砂中枝土面块石，叠露两旁，试探三尺下即有坚硬石声。奴才等再三向该员等细心讲求，俱云山势个字中抽砂石稍形逼仄，脱化未净，难免有石。奴才等复同该员至成子峪相度，其龙自雾灵山起，至琉璃屏大山西行至黄花山起顶，落脉至苇子峪，过峡结杏花山，一路起伏，处处挺拔入首，峡脉极其细嫩，星体尊严，端正秀丽，中形微晕，土色润洁，山抱水环，左右护砂，包裹完密，堂宽局整，结作精粹，内外水法，咸属有情。复登黄花山顶，望视来龙迤逦而下，气势绵长，允为全美。”①

我们从上述奏文中，大致了解了清代皇陵陵址的堪舆过程。在这个过程中，堪舆家们是完全按照中国传统的风水理论进行操作的。

按照传统的风水理论，清代陵寝的卜选是遵循以下原则的：龙、穴、砂、水、明堂、近案、远朝。

所谓龙是指龙脉，亦即山脉，相对于穴位而言则称来龙，或后龙。来龙“要求山势层叠深远，要‘重峦叠嶂，秀丽森然’，‘烟雾云气，郁郁蔼蔼’。不宜孤峰独秀，最好后龙背后还有少祖山、祖山几层”②。清东陵的昌瑞山正符合这个原则，“佳气团结，郁郁葱葱，巍峨数百仞”，“钟灵毓秀，龙脉绵延。溯源虽发自雾灵，考始实远来于长白，萃数千里之精华，开亿万年之宝域。凡层峦叠嶂，附近于兹者，无不龙翔凤舞，凝结天成，辅弼端严，回环星拱者也。他如四境名胜诸峰，虽远隔数十里，探其气脉，皆为灵山龙脉之分歧。东南如笔架、明月、清风等山，环若锦屏，天然外障。东北如朝阳、贵人各分峦。西如五明、盘山诸

① （清）禧耆等撰：《屡堪皇陵地势奏案》，道光年间抄本。

② 冯建逵：《清代陵寝的选址与风水》，见王其亨主编：《风水理论研究》，天津：天津大学出版社1992年版，第139页。

名胜，俨如辅翼左右班联。至遵境各河，亦皆汇聚于水门口，犹众水朝宗之象，足见天生福地，以巩固皇图者，岂泛泛哉。"①

"穴"，即指龙穴，寻找到好的龙脉后，还要找到生气汇聚、行出的地方，这个地方就是将来陵区的中心所在，是放置帝、后棺椁的地方，往往称之为"点穴"。点穴在风水中是非常重要的一项内容，风水中的穴位，如同人体的穴位，风水先生必须要找到脉络相通的真穴。这个所谓的真穴就是被称为"金井"的地方。金井是整座陵园中最富神秘色彩的地方。引用有关专家的分析，关于金井的神奇传说大概有两个文本："一类是说金井为选堪陵址时所点的'风水'之穴，'直通地中，以交流生气'；另一种则以'井'附会，认为金井内有水，甚至是一股终年不竭不盈的泉脉。"② 由于金井被说得如此神秘，所以清朝历代统治者生前都非常重视这个地方。如慈禧生前就曾亲自到自己的吉地普陀峪察看风水，在观看金井的时候，把一件稀世珍宝"十八颗珍珠手串"从手腕上摘下来，投入金井之中，以图息壤镇墓，求得吉利。③

"砂"，即来龙左右的砂山。"一重或两重，形成对穴区的环抱、拱卫、辅弼的形势，谓之'左辅右弼'，亦称'左右护砂'，或'龙虎砂山'。壮如牛角、蝉翼的，亦称'蝉翼砂山'。来龙和左右护砂形势呈'个'字，'龙无砂随则孤、穴无砂护则寒'，'随'、'护'、'寒'、'孤'几个字阐明了不使风吹，环抱有情的意象。"④ 如果砂山天然不足，则用人工培补。清东陵内有的陵砂山就曾经培补过。

水，水在陵寝的风水理论中也是很重要的。山主静，水主动，二者相互对比和衬托。选址中的"观水"，是非常重要的一环。《葬书》云："风水之法，得水为上。""凡看山，到山场，先问水。"为什么把水看得如此重要？一是因为"水来处是发龙，水尽处龙亦尽"⑤。也就是说山和水是相联系的，有山则有水，知道了水的来处和尽处也就自然知道了山（龙）的来脉和尽脉，进而也就知道了生气的凝聚处。二是着眼于形势景观方面的考虑。因为不仅水是流动的，与静止

① （清）布兰泰：《昌瑞山万年统志》下函，卷一《志山川》，光绪年间写本。

② 王其亨：《清代陵寝地宫金井研究》，见王其亨主编：《风水理论研究》，天津：天津大学出版社1992年版，第182页。

③ 根据徐广源研究，慈禧在陵寝建成后曾先后六次往金井投放宝物，但在光绪十六年（1890）二月十九日投放的极为贵重的手串，又于光绪二十四年（1898）闰三月初五日神秘地取回。为什么要取回手串，原因至今不明。

④ 冯建逵：《清代陵寝的选址与风水》，见王其亨主编：《风水理论研究》，天津：天津大学出版社1992年版，第139页。

⑤ 盛华中主编：《中华传世绝学》，《数术绝学·博山篇》，济南：济南出版社2002年版。

的山形成对照，组成了有动有静的画面，而且水是生命之源。最理想的水是要弯曲环抱。从龙脉发源的太祖山——雾灵山，到龙脉延伸停止的少祖山——昌瑞山之间的一段龙脉叫分水岭，众水东西分流，曲折回绕，最后会合于陵南的龙虎峪，形成了众水朝宗之势，增加了陵园肃穆的氛围。

明堂，即堂局。在龙穴的前面，一定要有一片平坦宽敞之地，用以规划各种地面建筑。清东陵各陵选址时都必须考虑这个原则。如果达不到这个要求的话，只能放弃。

近案，亦称影壁山。不高，似陵前放置的几案。清东陵是以顺治的孝陵为主体，孝陵建在东西走向的昌瑞山主峰下，其他各陵分建于两侧次第低下的山峰前。以孝陵的穴位为中心，向前延伸形成一条中轴线。案山即位于中轴线上，与再前方的朝山——金星山遨遥相对应。昌瑞山、影壁山、金星山同处在中轴线上。整个陵寝背靠昌瑞山、近对影壁山、远朝金星山，完全合乎要求。

远朝，即正对陵寝的远山。对朝山的要求，即“若远朝，但要尖挺秀丽，便为贵征，方圆次之。破碎歪斜则不足也”[①]。清东陵的朝山为金星山，形状极具特色，“特起一峰，丰而不浊，形如覆钟，端峙正南，有执笏朝天之势，形家目如金星”[②]。在历代陵寝中，清东陵的朝山形状为最佳，实属难得。

清东陵包括西陵在内，各座陵寝在选择陵址的时候，堪舆家们都是按照上述这些原则进行的。但有时堪舆人员为了邀功，故弄玄虚，欺蒙皇上之事也时有发生。乾隆裕陵陵址选勘的时候就出现了这样的事。

乾隆在即位后的第三年（1738），派纳亲、海望先后到京城周围相度吉地，乾隆曾想“子随父葬”，在易州西陵修建自己的陵寝，但他又担心后世子孙都学他的做法，把陵寝都建在西陵，从而使东陵香火冷落。所以经过反复考虑，最终决定把陵寝建在东陵，于是在乾隆七年（1742）初，再派纳亲、大学士三泰、海望带领谙习风水的郎中董启祚、洪文澜、钦天监博士齐克昌、风水官付烶、天文生熊振鹏等到东陵踏勘。经过认真勘查，最后选得胜水峪。乾隆七年三月十七日，乾隆正式决定胜水峪为万年吉地，并任命纳亲、兵部尚书哈达哈、户部尚书海望、户部左侍郎三和、右侍郎阿里衮、都察院左副都御史德尔敏为承修大臣。由钦天监择吉于乾隆八年（1743）二月初十日丑时破土兴工。就在这个时候，钦天监监正进爱认为胜水峪这个地方不是尽善尽美，建议皇上再到别处去重新选址，具有洞察力的乾隆非常生气，认为进爱虚妄多事，立即将他革职，并发配到

---

① 叶泰辑：《地理大成五种》，《山法全书》，“前案远朝”，上海：上海九经书局、铸记书局民国五年石印本。

② （清）布兰泰：《昌瑞山万年统志》下函，卷一《志山川》，光绪年间写本。

庄浪去当八旗兵，效力赎罪。后来在嘉庆二年（1797）三月十五日，乾隆以太上皇的身份还就此事下发谕旨："以嗣后万年吉地，当各依昭穆次序在东西陵界内分建，不必另卜他处。但堪舆术士，每多立异邀功之习，所言最不可信。即如朕选择万年吉地时，定于东陵界内之圣水峪，而进爱又欲改卜，经朕察其虚妄，即将进爱治罪，示惩万世子孙，皆当以此为法，庶不为行家之言所惑。且遵化、易州两处山川灵秀宽广，其中吉地甚多，我子孙务须恪遵前训，永垂法守，断不可另择他处，有妨民业。"①这道谕旨既表达了乾隆昭穆分建陵寝的用心，又透露了对风水行家的不信任。其实，在这里，皇上和风水官员都是各有所需，风水官员是为了献媚邀功，皇上是为了实现自己内心的想法愿望，二者均为私利，对风水的信与不信都是以各自的利益为前提的。由此可见风水背后的政治因素。

无论如何，清东陵陵址的自然环境是一流的。真正形成了所谓负阴抱阳、藏风聚气、左辅右弼、金带环抱、远朝近案这样一种格局。清东陵总面积 2 500 平方公里，北起雾灵山，南达天台山和象山，其中以昌瑞山为界，分为前圈和后龙两个部分。前圈占地 48 平方公里，四周群山环绕，中间为一平坦开阔之地，各座陵寝背靠昌瑞山，沿南麓坐北朝南依次修建而成。后龙占地 2 452 平方公里，范围极其广大，界内群峰叠嶂，丛林密布，渺无人烟，是陵园的风水保护区。山脉发自宇宙昆仑，顺太行逶迤而来，重冈叠阜，凤翥龙蟠，一峰柱笏，状如华盖。主山昌瑞山，"钟灵毓秀，龙脉绵延。溯源虽发自雾灵，考始实远来于长白，萃数千里之精华，开亿万年之宝域。凡层峦叠嶂，附近于兹者，无不龙翔凤舞，凝结天成，辅弼端严，回环星拱者也。他如四境名胜诸峰，虽远隔数十里，探其气脉，皆为灵山龙脉之分歧。东南如笔架、明月、清风等山，环若锦屏，天然外障。东北如朝阳、贵人各分峦。西如五明、盘山诸名胜，俨如辅翼左右班联。至遵境各河，亦皆汇聚于水门口，犹众水朝宗之象，足见天生福地，以巩固皇图者，岂泛泛哉。"② 金星山和影壁山形成了"近案似几，远朝如臣，使建筑物前后对景，遥相呼应"③ 的寓意效果。而且朝山南面又对着天台山和象山二峰对峙的天然门阙，名曰"兴隆口"，俗称"龙门口"。陵区内的几条河水均在此汇合，然后流出陵区之外。这样又形成了理想的"金带环抱"的风水格局。昌瑞山、影壁山、金星山处于同一条直线上，顺治皇帝的孝陵就建在昌瑞山主峰下，其他帝、后陵、妃嫔园寝分建左右两侧。在昌瑞山后有分水岭，层峦飞翠，叠嶂腾

① 《内务府来文》，第 2932 包，原件藏中国第一历史档案馆。

② （清）布兰泰：《昌瑞山万年统志》下函，卷一《志山川》，光绪年间写本。

③ 冯建逵：《清代陵寝的选址与风水》，见王其亨主编：《风水理论研究》，天津：天津大学出版社 1992 年版，第 139 页。

辉，诸山耸峙环抱。“左马兰峪、鲇鱼等诸山，千岩错落，文笔插天，峰峦秀丽，势尽西朝，俨然左辅。右宽佃峪、黄花等诸山，万岭奔腾，旗山卓立，昂日赛云，势皆东向，俨然右弼。”① 在陵东北四十里有黑鸽子背，此山前通昌瑞，后连分水岭，紧接龙山来脉。在昌瑞山东北三里，崛起五峰，东曰快目、南曰瑞云、西曰江翠、北曰虎岩、中曰紫盖，嵚崎磊落，互相拥护。亦为昌瑞山接脉之龙山。除此之外，周围还有麒麟山、燕窝山、钻天峰、杏花山、天井山、虎头山和磨盘山等十几座山，形成了对陵区层层环抱之势。

借助优美的自然山川，再配合人工建筑，“天人合一”的传统文化观念，在清东陵这里得到了充分的体现。从陵寝的选址、规划、设计到修建，始终在“刻意追求山川自然形势的完美，细心探究自然景观与人文景观美的有机结合，使整体环境景观予人很强的艺术感染，形成神圣、永恒、崇高、庄严、肃穆而又充满生气的纪念气氛”②。在蓝天白云下，在青山绿水中，覆盖在各座大小殿顶上和宫门围墙上的金黄色琉璃瓦熠熠生辉。可以说，王气葱郁、威严气派的皇陵，更多的是依靠山川形胜烘托出来的。

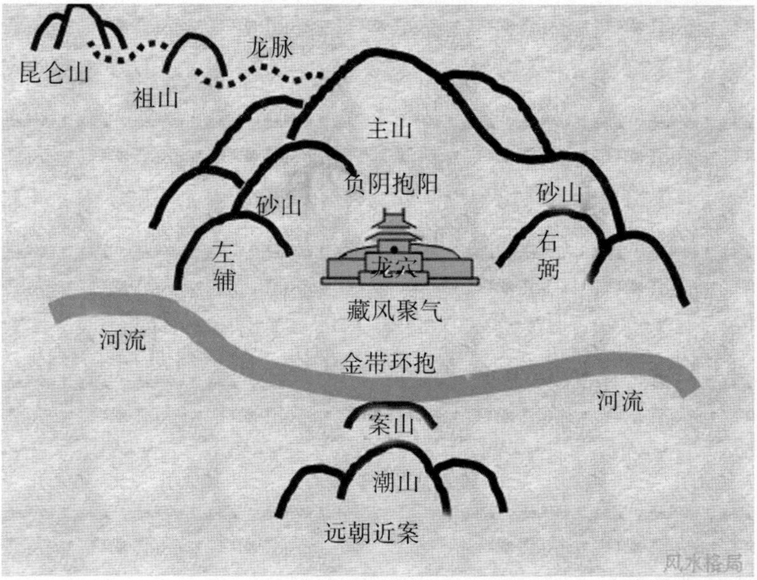

图 2－1　清东陵的格局

① （清）布兰泰：《昌瑞山万年统志》下函，卷一《志山川》，光绪年间写本。

② 王其亨：《清代陵寝风水：陵寝建筑设计原理及艺术成就钩沉》，见王其亨主编：《风水理论研究》，天津：天津大学出版社 1992 年版，第 143 页。

二、动工前的陵区清除

清东陵陵址选定后，由钦天监择得吉期，首座陵寝孝陵工程于顺治十八年（1661）开始筹建，于康熙元年（1662）九月底破土动工，康熙二年（1663）二月十五日正式兴工。在正式开工之前首先要做的最重要的一件事就是陵区的大清除。

（一）拆除有碍风水的长城

清东陵占地 2 500 平方公里，在辽阔的园区内，旧有一切建筑都要拆毁。昌瑞山顶原建有明代戍边的长城，由于陵寝的修建，昌瑞山成为陵寝的主山，各座陵寝均靠山而建，山顶上的长城有碍风水和观瞻，因此，清朝统治者命令将其拆除数十公里，至今在昌瑞山顶仍可见到很多残砖断石。这一史实文本资料和实地考查均可以证明。据雍正和光绪《畿辅通志》记载："康熙二年封风台山为昌瑞山，从祀地坛。礼部、工部题定地界，自分水岭起，左山麓以南至鲇鱼池口，瞭马台以北，河西岸山麓以西，右山麓以南至宽佃峪口以北，河东岸山麓以东，俱属陵寝重地，守卫森严。又陵后马兰关第二台以西，龙洞关第二台以东，不应有城，皆撤焉。"[①] 清东陵专志《昌瑞山万年统志》亦有相关方面的记载。特别是经过学者们的实地勘察，更进一步印证了陵寝修建前在进行陵区大清除时拆毁昌瑞山上长城的事实。2012 年秋，清东陵当地学者晏子友先生等一行考察了昌瑞山上马兰关关口以西的一段长城，证实了清朝为了修建清东陵，拆除了马兰关口第二墩台以西，龙洞关第二墩台以东长城城墙的记载。据他们描述，清初所拆的长城，始于第二个墩台至第四墩台，此段基本上是只拆去墙上顶部垛口上的砖和墙体外所包的石头，墙芯内的三合土所夯筑的墙体则予以保留。从孝东陵的西侧登上昌瑞山主峰俯瞰，此段长城拆除得更为彻底。陵区后昌瑞山主峰上的绝大部分长城，已经了无痕迹。然而在丛生的荆棘和蔓芜的荒草之中，仍可以发现有一段一段的石砌墙基，顽强地证明着历史上曾经有着这样一段城墙存在。（见晏子友考察记）

（二）挪移民人和所有庙宇

清朝统治者把陵区周边 1 940 里划为风水禁地，在孝陵工程开工前，将陵区内所有的民户、坟墓和庙宇全部限期清除出陵区。因此，今天我们在历代遵化方志中可以看到，各类寺观均在风水禁地之外。民间一直流传有所谓风水墙以外

① 光绪《畿辅通志》第二册，《帝制纪》卷一四《陵寝》，石家庄：河北人民出版社 1989 年版。

“七十二庙”之说。如关帝庙，在马兰峪东关；天齐庙，在马兰峪东关东栅里；澄觉寺，在马兰峪城东北角；天仙圣母庙，在马兰峪北山上；观音堂，在马兰峪城北山顶；火神庙，在马兰峪城北山上；雹神庙，在马兰峪城北；府君庙，在马兰峪北山顶；兰若庵，在马兰峪南关；真武庙，在马兰峪城里鼓楼后；药王庙，在马兰峪南塔子山上；涌泉庵，在马兰峪东栅栏外双井胡同；关帝庙，在新城城里等。① 这些庙宇均集中分布在风水禁地以外的马兰峪一带，很显然是与孝陵工程兴工前对陵区所有庙宇的强行迁出有关。与历代一样，清朝的专制集权统治以及君权神授的思想观念，通过陵区清除这一举动表现得淋漓尽致。

清东陵首座陵寝工程开工前的清除是一次大的行动，以后陆续修建的帝后陵，在其兴工前仍然在各自的独立陵区内勘察有无庙宇的情况。如咸丰八年（1858）八月初二日，守护东陵贝子载端、马兰镇总兵兼总管内务府大臣绵森奉上谕，在平安峪吉地（咸丰的定陵）诹吉兴工之前，对后山有无庙宇或者曾经有庙宇业经拆毁，但拆毁后基址还是否残留等再次详细勘察。若有此种情形，则要将这些庙宇或基址距离志椿远近状况，一并覆奏。两位大臣接到命令后，马上于初四、初五两日带领内务府司员、绿营将备，赴平安峪后山志椿一带，详细查看。后龙一带山环水绕，树株畅茂，勘察起来也并非易事。虽然此次勘察并没有发现庙宇以及拆卸庙宇痕迹，但却查出在距志椿处后山大约二十五六丈外，与志椿处东西两山各约十三四丈外间段，俱露有石砌墙根痕迹，此墙根高出地面三四寸，石上俱有石苔，很像墙垣根基。因为有关风水大事，当时勘察人员不敢刨起石块辨认。另外又勘察出正对志椿后山约高一里余的山顶处，露有随山石叠月牙泊岸一段，东西约长十丈，中高五尺，两头燕翅高二尺余，南北连山峰约长五丈余，山峰系属土石，约高七八尺。再详细勘察北面悬崖地势，发现此地势系自昌瑞山西转分脉。随即载华、绵森等堪察人员向久居圈内的内务府员役询问，这些员役称，后山顶这个地方，俗称高庙子。两位大臣继续询问从前有无庙宇？此名始自何年？传自何人？有何确据？这些员役回答：自恭建陵寝二百余年，彼此互相传说，实无确证。勘察人员再经过详细履勘，山峰左右并无拆卸砖瓦形迹，其石砌月牙泊岸是否拆卸长城戍楼地盘，还是拆毁的庙基，因历二百余年之久，均无可稽考。“再风水围墙以内，惟东口门南有二郎庙一处，其余庙宇均自康熙年间随时拆卸，迁移围墙以外。”②

这件内务府来文，为我们提供了非常重要的两条史料依据：一是证实了清东陵确定陵址后，在首座陵寝孝陵开工前，除了陵区内留有唯一一座二郎庙之外，

① （清）布兰泰：《昌瑞山万年统志》卷七《志寺观》，光绪年间写本。
② 《内务府来文》，第 2923 包，原件藏中国第一历史档案馆。

其余庙宇全部迁移到风水围墙以外；二是证实了孝陵工程开工前，昌瑞山顶上的明代戍边长城的确被拆掉，使这一事件在实物推测的基础上又有了新的文字记载依据。陵区内为什么只留下一座二郎庙？这背后隐藏着怎样的故事？很值得研究。

（三）陵区内为什么只剩下一座二郎庙

在东陵正式开工之前，经过一段时间的清理，陵区内的所有庙宇、村庄和坟墓均先后迁移到风水禁外，但陵区内还剩下一座二郎庙，成为当时乃至几百年间唯一一座没有迁走的庙宇。至今，在广阔的东陵前圈，当游人穿梭于各座陵寝之间进行观赏的时候，总会看到一座孤零零的庙宇立于陵区东南角的一条大路侧旁。为什么所有的庙宇都迁到陵区之外，而唯独这座普通的庙宇仍留在禁内？与东陵相关的资料，不论宫中档案还是地方志，均找不到答案，只有一些传说，在民间广泛流传。

二郎庙作为一座普通的庙宇，按理说，在清理陵区的时候，自然应该在清理之列。据说，办理搬迁的官员把陵区内所有的庙宇拆迁完之后，又下令拆掉猴儿山附近的二郎庙。当时一个民工劝说："大人，这座二郎庙可不能拆啊！"官员很诧异地问："为什么不能拆？"民工说："前边的那座山叫猴儿山，当年建二郎庙，就是为了请二郎神来镇猴儿的，若是拆掉这座庙，这一带可就安生不了了。"官员不服地说："当初比不了现在，凡是陵区以内的庙宇都要拆，这是圣上的旨意，谁敢抗命就杀了谁，赶快拆！"民工们一听，便再也不敢作声，马上拿起工具开始拆卸。不久，二郎庙就变成了一堆废墟。

第二天一大早，人们发现二郎庙又好端端地矗立在原来的位置上，急忙禀报那位负责拆迁的官员，官员不信，亲自来此察看，结果让他大吃一惊。二郎庙的确完好如初地立在那里。这位官员非常生气，马上叫来民工，继续拆。没想到，第三天又有人来禀报，说二郎庙又像原来一样立起来了。官员听后甚为惊奇，带着众多民工来到庙宇处，又将二郎庙彻底拆除掉，而且还把拆下来的砖瓦砸得粉碎。连日来，这位负责拆迁的官员心里一直无法平静，觉得二郎庙的事很蹊跷，他趁夜里睡不着觉，悄悄地来到猴儿山附近察看动静，想弄个水落石出。他在一块大石头旁等了一会，不见有什么异常，刚想离开，忽然一阵大风，紧接着又听见一阵搬运砖瓦的声音，他抬头一看，只见被拆毁的二郎庙废墟处飞砖走瓦，转眼之间，二郎庙又恢复了原样。当时他就惊呆了，好一会才缓过神儿来。他赶紧跑回去，找了一匹快马，连夜赶到京城，把他看到的事禀报给顺治皇帝。皇帝闻知此事后，急忙召集文武百官商讨。众大臣个个也是迷惑不解。散朝后，顺治皇帝一直闷闷不乐，躺在龙床上假寐，这时，忽见一员神将，身披盔甲，手持刀刃，面上长着三只眼睛，脚踏祥云来到跟前，对皇帝说："吾乃二郎神也。我的庙前有猴儿山一座，下面压着众多猴精，它们都是孙悟空的后代，为了镇住这些猴精，特将我的庙宇建在猴儿山附近，今昌瑞山被划定为大清皇陵，猴山正在陵区之内，我为了使陵区安宁，才不肯迁走，特此告知。"说完，二郎神一闪就不见了，这时，顺治皇帝也猛然惊醒，发觉是一场梦。虽然是一场梦，但顺治皇帝认为这是神灵的点拨，遂又召集众大臣商议，大臣们也和皇帝的意见一致，认为孙悟空敢大闹天宫，把玉皇大帝搅得不得安宁，何况先祖的亡灵呢？二郎庙拆了又起，这是二郎天神尽职尽责，天意不可违抗。顺治帝觉得有道理，于是下发了一道谕旨：不准拆迁二郎庙。而且又专门拨下银两，扩建二郎庙。从此，二郎庙名声大振，香火越来越旺盛。直到今天，到清东陵游览者中，有很多人都会顺便来此上香祈祷。

我们引用这个传说故事，目的并不是向读者重复叙述它的情节，而是想通过这个故事的重温，试图解读其背后真实的历史。当然这种重新解读，并没有排除传说中的推理，或者准确地说，依然是一种推测。笔者认为，陵区内之所以留下唯一的一座二郎庙，其原因大概有两种可能：一是这个故事的制造者就是清朝统治者，他们的意图，就是想通过祖先的陵寝，来进一步宣扬君权神授，树立清朝统治的合法地位。如故事中通过二郎神为顺治皇帝托梦以及梦中二郎神的话语，来炫耀皇陵的威严，因为天神都来护卫皇陵，更何况区区百姓。这样就为清王朝的统治披上了神圣的外衣。二是这个故事的制造者还有可能是二郎庙的守庙人。他们为了留住庙宇，躲过搬迁，就顺势借助附近的猴儿山，编造了这个故事，然后大加宣扬，终于传到了朝廷和皇帝的耳朵，为了陵区的宁静，为了让祖先们能够安息，清廷不得不信奉，即使不信，也是图个吉利和顺个舆论呼声，遂决定不迁二郎庙。在笔者看来，第一种推测更为合理。因为，联系清东陵内流传的其他故事的分析，对于清朝统治者来说，这种手段利用已不是一两次。入关以后，仅就皇陵的经营而言，他们为了塑造皇陵这个大清江山的象征，可以说费尽心思，以各种手段，成功地维护和巩固了王朝的统治，在臣民中树立了至高无上的权威。

除二郎庙之外，在其他庙宇迁移的过程中，清朝统治者或者当地士绅出于各自的目的，为了各自的利益，借助传说这个舞台又陆续演绎了一个又一个的故事。

（四）"双关庙"传说背后的历史真实

清东陵陵园内有一个地方叫老爷庙沟，这个地名得之于这里的一座老爷庙。老爷庙里供奉的是关羽，因此又称"关帝庙"。自清王朝将陵址确定在这里后，首先圈定1 940里为陵区界限，界限以内称为风水禁地，在兴工修建孝陵之前，清朝统治者下令将风水禁地内所有村庄、庙宇、坟墓限期全部迁到陵区以外，其中老爷庙沟的老爷庙也不例外。这座老爷庙最后迁到了风水墙外的马兰峪孝陵营房（守护顺治皇帝的孝陵兵营），因庙内正殿供奉并列的两尊关公塑像，故又称“双关庙”。这座关帝庙内为什么要供奉两尊关公像？有一个故事在当地广泛流传着。

传说在孝陵修建前夕，陵园庙宇、坟墓等迁出的时候，有一天，在老爷庙沟有一个红脸大汉搭坐一辆马车来到孝陵营房关帝庙，这位大汉对车老板说进庙取车脚费，然后就下车进了庙，车老板随后也跟进庙里，但进庙后忽然不见了大汉，车老板向护庙人打听，描述了大汉的容貌长相，护庙人说没有看见这样一个人，然后带着车老板在庙内四处寻找。找了半天，也未见一个人影。就在这时，护庙人突然发现大殿里多了一尊关帝塑像，原来只有一尊披黄袍的关帝像，现在又多了一尊披红袍的关帝塑像，两尊塑像并列而立，而且在红袍关帝塑像前还放着一个黄布包，上写“还车费银二十两”。由此人们都说：这是关老爷显灵，为了给皇陵让风水，就搬到营房来了。

当时的孝陵营房关帝庙是否供奉两尊关帝塑像？为什么要供奉两尊关帝塑像？这些由于没有资料记载，我们暂时还无法给出答案。其实，这些也并不十分重要，我们所关心的是这个故事的背后所隐含的真正意义是什么。

首先，这个故事的本身是虚构的，这一点确定无疑。因为不可能有什么神灵的存在，完全“是一种想象的创造”①。

其次，虚构这个故事的人应该是办理迁移事宜的官员。因为这个故事的流传是在清东陵陵址确定之后，即孝陵正式修建之前的陵区清除之际，陵区内究竟有多少庙宇、村庄和坟墓，亦因没有史料记载而无法知道。民间曾经流传在马兰峪沿风水围墙外一带就分布“七十二庙”之说，这七十二座庙宇据说都是从陵区内迁出来的。这也仅仅是传说而已。尽管我们目前还无法确切知道当时陵区内迁出的所有庙宇、村庄和坟墓的具体数字，但有一点应该是可以确定的，这些庙宇、村庄等，很多已是年代久远，一定是都不愿意拆毁搬迁的。这些僧尼道士和民人，他们虽然表面上慑于王朝的强权而不得不迁，但内心却是留恋故土，迟迟不肯离开，甚至有的以各种理由拖延迁出时间。面对这样一种情况，那些具体办理迁移的朝廷命官们便绞尽脑汁地想办法：如何才能顺利地完成任务，让居住在陵区内的人们尽快迁走？于是“双关庙”的故事便被制造出来。很明显，这些

① 钟敬文：《传说的历史性》，《民间文艺谈薮》，长沙：湖南人民出版社1981年版，第194页。

官员制造这个故事的目的无非在于：作为众人顶礼膜拜的关老爷都主动迁出陵区，为皇陵让风水，而其他庙宇、村庄、坟墓还有什么可说的呢？以此分析，大致可以断定，这个故事的制造者应该是那些具体办理迁移工作的官员。

最后，这个故事由于是朝廷官员刻意制造出来的，并非“比较纯粹的老百姓的创造”，所以自形成以后，一直沿着初始的要义传播，基本上再未有叠加的复杂成分。故事在民间社会和陵寝社会的流传，所带来的直接结果是：最初，使那些不愿意迁移的人们迅速迁出陵区，朝廷派来的办事官员，在很短的时间内便结束了周围1 940里的风水禁地的清除工作，取得了胜于强制手段的效果；以后，随着故事的流传，通过关老爷为皇陵让风水这一情节，为皇陵象征的塑造，又添加了一层威严，进而在老百姓的心中更深化了皇权的震慑力。

（五）从“药王庙”到“三皇庙”——士绅应对国家权力的智慧

从陵区迁出的庙宇均分布于风水围墙外的马兰峪一带，地方志记载了遵化州及马兰峪、马兰关等陵寝附近的庙宇名称和数量，这些庙宇是否都是从陵区迁来，因见不到文字资料而无法说清。我们能够知道的也只是一个大概的情况。

表2－1　乾隆至光绪年间陵寝附近庙宇分布概况①

庙宇	遵化州	马兰峪	马兰关
关帝庙	35	4	1
龙王庙	10		1
火神庙	5	1（在城北山上）	1
雹神庙		1（在城北）	
天齐庙		1（东关东栅里）	
澄觉寺		1（在城东北角）	
天仙圣母庙		1（在城北山上）	
上帝庙	26	1	1
马神庙	2	1	

① 资料来源于：（清）边中宝纂：《乾隆直隶遵化州志》卷六《建置志·庙寺》，乾隆二十一年刻本。（清）何松泰纂修：《光绪遵化通志》卷四五《古迹考·寺观》，光绪十二年刊本。（清）布兰泰：《昌瑞山万年统志》卷七《志寺观》，光绪年间写本。

（续上表）

庙宇	遵化州	马兰峪	马兰关
真武庙①	21	1	
玉皇庙	9	1	
药王庙	17	1	
涌泉庵		1（在东栅栏外双井胡同）	
三官庙	28	1	
府君庙②		1	
兰若庵		1（在城南关）	
精忠庙			1（在教军场）
碧霞元君庙	7	1	
公输庙	2	1	
观音堂	35	1（在城北山顶）	
老君堂	4	1	

马兰峪的药王庙，位于陵区东侧堂子山（亦叫塔子山）上，现名“三皇庙”。1999年由清东陵文物管理处修缮后对外开放。庙内供奉有三皇五帝和药王、药圣等诸神，并有明代名将戚继光的石像。据说，“药王庙”改成“三皇庙”的时间是在清东陵建陵之初，确切地说是在陵区大清除之际，当朝廷下令将风水区内所有的庙宇、村庄和坟墓全部限期迁出的时候，马兰峪的老百姓担心药

① 根据光绪《遵化通志·古迹考·寺观》记载，马兰峪真武庙，旧在城上，明万历五年（1577）移建城西北隅，并立有移建碑。碑文记载：“真者，纯也，武者，毅也。合而言之元也。太一之道神之所以为德也，元坛崇事，独太和最著，而散处天下者，川流浍盈无往不及，譬地中水掘之斯注洋洋乎，无在不在也。马兰于天下，犹一勺水，而庙之立也，亦充满之势。”但庙建于何时？各志书未有记载。明代的移建碑文中亦未载明。《遵化通志》的作者何松泰认为：“马兰隶右北平，境在京师东北三百里，真武帝居北极元天之位，且列圣陵寝在焉，理宜崇尚真武之神，借以呵护福壤。”

② 据《光绪通志·古迹考·寺观》记载，府君庙在马兰峪城西北府君山上。建年无考。康熙二十年（1681），乡人司友德、史应科等重修，州学生朱邦俊撰碑。道光十二年（1832），奉恩辅国公召麟普喜、马兰镇总兵特登额倡捐重修。丰润举人王秀凝撰碑，记曰：“马峪在众山中，高峰插天，蜿蜒南下，灵淑之气磅礴，郁积盖所以拥卫皇陵，其支流派衍亦将为斯邑造福，而英俊辈出，军若民咸饮和食德于兹也。”陵寝围墙外为马兰峪，城之西北为府君山，因其岭有府君庙，故名其庙，不知刱之何年。考之碑志，则重修于康熙二十年，庙正殿三楹，东南隅钟楼一，北草舍一，戍守者棲止焉。其东南堂子山对峙，有浮屠七级，名永旺塔，相土者谓马兰峪形势如大舟，舟能重载，故受甲士咸奠。凡居此即得以旺气。凡守帅镇此，亦辄赫赫有功名。但舟必有樯，才可通流稳固，否则，则不是完舟。因此，必于堂子山上刱石浮屠以当樯。故南建浮屠如樯，北借府君庙，形成南北呵护。传说康熙四十九年（1710），由于戍守马兰镇者不信，结果盗贼水火变异迭出，甚至马兰镇公相继而殁。识者谓此虽人事之适，然而气与数相感召，休咎征应有不爽者，不得谓星卜家尽涉荒唐也。康熙五十一年（1712）春，守陵诸大臣倡捐修复，以内务府郎中庆玉董成之。

王庙被迁走，而朝廷的命令谁也不敢违抗，当地士绅终于想出了一个好办法，提议改换庙名，即把原来的“药王庙”改为“三皇庙”，[①] 他们认为，供奉中华民族的始祖三皇的庙宇，清朝统治者是应该有所顾忌的，也许因此而能使庙宇保留下来。的确，这座庙宇至今仍在原址。但事实上并不是因为清朝统治者顾及“三皇庙”这个名称未令其拆迁，而是清廷在圈定风水界限的时候，这座庙宇并没有被圈定在风水禁内，它正好处在风水墙外，自然就属于不迁之列。士绅的提议改名可能是在清廷进行陵园清除的开始之际，此时，风水界限的划定还只是一个大概，不十分明确，这样就使得那些临界禁限的区域不好确定是否搬迁。不管怎么说，这一传说反映了当时人的心态，即都不愿意迁动。因为“安土重迁”的观念在中国百姓头脑中可谓由来已久，根深蒂固。在“故土难离”的情感下，不论是动迁庙宇还是村庄，或者坟墓，都是一件非常重大的事情。同时，更为重要的是，这一传说反映了地方精英阶层，在面对国家权力的时候，是怎样为自己所居住的社区的利益，发挥他们的聪明才智，去策划应对的。

清东陵各陵的营建，不仅陵园内的长城、庙宇、民人坟茔要全部拆毁迁移，而且，在陵园之外周边或驻防要地，若有影响皇陵事宜或与守护皇陵相冲突者，绝不含糊，一律迁移。如乾隆十年（1745）二月二十五日，因添设喜峰口汛兵，在喜峰口岭上动土开工，建盖汛房。将居住此地的天台庄、丁家庄两庄居民挪移别处。[②] 两庄所有旗民地 21 顷 21 亩 5 分余，在遵化、蓟州附近入官地亩中，按等次照数拨补。房屋和大小树株等项，共应赏给银 2 770 两 4 钱，挪盖庙宇约需工料银 1 800 余两，由户部照放支领赏给。拨补地亩、安设村庄之事，即交予马兰镇总兵官，会同该地方官，照数拨补。后来乾隆皇帝下发谕旨，令各项赏给银两不必向户部请领，可在胜水峪（乾隆的裕陵）银两项下动用，就近交德尔敏、布兰泰办理。两位大臣谨遵谕旨，将赏给房间树株等项银两，在胜水峪银两项下支领银 2 770 两 4 钱。并传令遵化州知州董承骜照数按名赏给。挪移的两个村庄安设何处，由两位大臣会同风水官、钦天监右监副刘毓圻相度，最后选得附近稍南六盘山作为新庄的基址。随后便令员外郎永和、玉神保，守备荣士杰，会同知州董承熬，按照二处村民房基旧址，会同查丈，分界设立。拆下的旧有木植砖瓦，遵照原基赏给本人，以资盖选房间之用。应拨地亩，即于遵化州收属入官地

① 关于“三皇”所指，大致有五种说法：其一，为燧人、伏羲、神农。其二，为伏羲、女娲、神农。其三，为伏羲、祝融、神农。其四，为伏羲、神农、共工。其五，为黄帝、伏羲、神农。其中，第五种说法较为流行。除此之外，还有所谓天神中的三皇（天皇、地皇、人皇）、道教经典中的三皇（即初、中、后三组）。

② 《乾隆朝录副奏折》档号：0295－026，缩微号：020－0092，《直隶马兰镇总兵布兰泰请于喜峰口添设汛兵事》，藏中国第一历史档案馆。

亩内照数拨给。至于所挪庙宇，令员外郎永和、玉神保支领银1 800两，于六盘营新设村庄委所，随村修盖。原有僧道仍令照常。其修建庙宇所用工料米粮，于工程处照例报销。天台、丁家两庄民人因俱各沾实惠而欢欣鼓舞，所以两庄民人代表张奉文、冯益春，僧人国庆，道士张请平等上呈感谢皇恩。①

此次挪移旗民村庄，应与修建胜水峪乾隆的裕陵有关，虽然不在陵园之内，但两庄大概影响了裕陵的风水或有碍陵寝的驻防和谒陵交通等。尽管朝廷给予了这两个村庄很高的补偿，使民人僧道因仰沐了皇恩而异常喜悦，但这件事毕竟说明了清朝统治者在皇陵修建上的绝对权威，一切唯皇陵是从，不分陵区内外，不管是民宅还是庙宇，只要有碍陵寝，就必须迁移。

第二节　陵工匠役、用料及其银两耗费

清东陵园寝从康熙二年（1663）修建首座陵寝孝陵开始，一直到光绪三十四年（1908）慈禧陵重修工程竣工为止，营建时间长达近两个半世纪之久。在陵园48平方公里的前圈内，依昌瑞山南麓，先后建起了五座皇帝陵，即顺治皇帝的孝陵、康熙皇帝的景陵、乾隆皇帝的裕陵、咸丰皇帝的定陵和同治皇帝的惠陵；四座皇后陵，即孝庄文皇后的昭西陵、孝惠章皇后的孝东陵、慈安的普祥裕定东陵和慈禧的普陀裕定东陵；五座妃园寝，即景陵皇贵妃园寝、景陵妃园寝、裕陵妃园寝、定陵妃园寝和惠陵妃园寝。除此之外，陵区外还有端慧皇太子园寝、荣亲王园寝、裕亲王园寝、理亲王园寝、纯亲王园寝、直郡王园寝、十二贝勒园寝、端悯固伦公主园寝，以及四座保姆园寝和乾隆朝大学士傅恒坟墓等众多陪葬墓。这些不同级别的建筑所需各种工料不计其数。尤其是帝后陵，因基本按照宫殿“前朝后寝”的规制修建，工程用料不仅数量多，而且质量要求极为严格。仅木植一项，就多处需用名贵的金丝楠木和黄花梨木等，这些珍稀木材大多产自南方深山，从寻找、伐除到运至工次，不知需要多少人力和物力。有的陵寝一建就是十几年或几十年。所以整个陵寝工程耗费银两难以计数。

大致陵寝各工程所用“金砖”均由江苏苏州烧制，澄浆长方形城砖则由山东临清烧制。北京琉璃厂设有御窑，专烧琉璃瓦件。青白石料大部分产于北京房山县和昌平县境。至今遗留有许多巨大的采石坑。木材绝大部分采自南方的闽、粤、江、浙、川、贵、滇等地。“查东西各陵兴建中一路殿宇等座，俱系行文湖

---

① 《乾隆朝录副奏折》档号：0295－028，缩微号：020－0100，藏中国第一历史档案馆。

广等省采办楠木营造。”①

一、楠木、黄花梨木及其他木植

清东陵各陵主体建筑需用上等木料，孝陵、景陵和裕陵等前期各座陵寝大殿内外柱都用楠木。楠木为常绿乔木，属樟科，其干端伟，高者十余丈，巨者数十围，产于我国川、滇、黔、湘等地。其品种有大叶楠、小叶楠、乌楠、香楠、花楠和金丝楠之分。其中金丝楠成材周期长，故尤为珍贵。楠木因材质坚密和芳香，且多产于深山峡谷中，不易采伐，成为珍稀木料。所以只有朝廷皇宫和陵寝建筑时才有条件使用。清朝入关后，在修建第一座陵寝孝陵时，因国家初建，财力紧张，加之全部工程不到两年时间完成，所用楠木还来不及到江南伐运，所以只好将明朝建的清馥殿拆毁，② 把拆下来的名贵金丝楠木用来建造孝陵隆恩殿。而景陵和裕陵，因清王朝正值康乾盛世，国家经济实力雄厚，而且两位皇帝在位长达60余年之久，建造两座陵寝的时间宽裕，具备在全国各地寻找上等名贵木植的条件，因此，两陵大殿所用楠木均不成问题。如乾隆的裕陵，在乾隆七年（1742）三月十七日，确定东陵顺水峪陵址后，即开始了筹备工程物料的工作。由于楠木产于南方，距京遥远，不但采伐不易，运输更是一大难题。故行文广东、四川、湖南、福建四省先行备办。然后，由陵寝工程处对所需楠木料进行总核估，“估计得圆枋、楠木通共五千五百九十七件”③，按照陵寝规制设计，将用料规格造册咨送工部，“最后，工部参照各省旧时采楠数额，进行统筹摊派，分造采木清册四本，咨送各省，行令采办。各省承办数额分别为：广东省二千零十件，四川省一千九百零二件，湖南省一千二百三十五件，福建省四百七十件。”④根据方国华的研究，裕陵所需楠木的采办大致要经历六个环节，即踏勘、采伐、挽运、木料休整、解运通州和交进。六个环节中应属采伐和挽运最为艰难。当然，踏勘一项亦不容易。因为树木包括楠木在内，它的生长有个周期，尤其是几

① 《内务府来文》，第2930包，原件藏中国第一历史档案馆。

② 清馥殿位于北京西苑，建于嘉靖年间，原是明世宗朱厚熜的道场。自孝陵建成后，就流传一种拆明陵建清陵的说法。1990年清东陵文物管理处古建队在维修东西配殿时，发现主体梁架均为名贵的金丝楠木等，当时人们以为多年传说的孝陵某些楠木料从明陵拆卸而来确有其事。但1991年再次维修孝陵隆恩殿时，又发现天花板背面披麻掉落后露出了一些刀刻文字，共有多块刻有清馥殿字样，1992年维修时又有发现。由此证实拆明陵建清陵的说法是错误的。见徐广源：《清东陵史话》，北京：新世界出版社2001年版，第42页。

③ 《工科题本·陵寝》，乾隆十六年第2包，原件藏中国第一历史档案馆。

④ 方国华：《裕陵楠木采办考略》，见清宫史学会编《清代宫史论丛》，北京：紫禁城出版社2001年版，第513页。

围大的木植，没有几十年甚至上百年的时间是长不成的，更何况连年的采伐，已是日见稀少。清朝最多的一次采木多达“二万四千六百一根块，查得万历二十四年估计规则共约用银三百六十三万余两，……此等巨木，世所罕有，即或间有一二，亦在夷方瘴疠之乡，深山穷谷之内，寻求甚苦，伐运甚难。今者疮痍未起，以炥孑遗之民，任此艰难重大之役，其何以堪。查得嘉靖三十六年间，以三殿采木，共木枋一万五千七百一十二根块。万历二十四年，以两宫采木共五千六百根块……”① 乾隆七年的这次采伐，各省踏勘均苦发难寻之叹。“缘前届采办未免砍伐太多，附近山场实数滋生不及，不得不深入黎歧境内多方购求。”② 虽派人到深山密林中全力搜寻，“或隔数里，或隔数十里，始得一二株”③。而采伐和挽运的难度就可想而知了。由于楠木均生长于深山峡谷，人力难施，“必须找厢搭架，使木有所倚，且遍削其枝叶，多用人夫缆索维系，方无坠损之虞，有时竟需搭天桥千米以上”④。《四川通志》的记载，使我们更加具体地了解了楠木从出山到目的地的全部运输过程。一般采伐的地点要求距离小溪 50 里至 100 里左右，若百里之外，山势愈峻，道路愈险，虽有大木，但无法运出不得不放弃砍伐。明朝时，在绥阳专门设有一厂地，名曰“南宫北扫”，设有督木道一员，涪州有督木同知一员，专管钱粮。运输中还专门设有架长斧手，这些人俱来自湖广辰州府，由辰州府奉命招募来川人夫，专在大木运输中看路找厢。何谓找厢？即垫低就高，用木搭架，将木置其上，以为拽运之说，这就是所谓找厢。“斧手伐树取材穿鼻，找筏人，夫拽运到河，用石匠打当路石篾子做缆子，铁匠打斧头，与一应使用器具，一厂用斧手一百名，石匠二十名，铁匠二十名，篾匠五十名，找厢架长二十名。楠木一株长七丈，围圆一丈二三尺者，用拽运夫五百名，其余按丈尺减用，沿路安塘十里，一塘看路径长短，一塘送一塘到大江。九月起工，二月止工，三月河水泛涨，难以找厢放工，先于七月内动人夫五十名，寻茹缆皮堆集，放于厢上取其滑，以拽其木，每夫日支米一升，雇工银六分，斧手架长日支米一升，雇工银一钱。督木同知将放出木头赴督木道交割八十株，找一大筏，招募水手十名，夫四十名差官押运到京。”⑤ 楠木从砍伐处运至小溪，往往要辗转数十里或百里，好不容易运至小溪后，往往“又苦水浅，且溪中皆怪石林立，必俟大水泛涨漫石浮木，始得放出大江。然木至小溪利于泛涨，木在山陆，又以泛

① 嘉庆《四川通志》卷七一《木政》，嘉庆二十一年刻本。
② 《朱批奏折》卷四二、四三《工程》，中国第一历史档案馆。
③ 《朱批奏折》卷四《内政·礼仪》，第 10 包，中国第一历史档案馆。
④ 嘉庆《四川通志》卷七一《木政》，嘉庆二十一年刻本。
⑤ 嘉庆《四川通志》卷七一《木政》，嘉庆二十一年刻本。

涨为病。故旧例九月起工，二月止工，以三月水涨，难于找厢，是拽运于陆者，在东春拽运于水者，在夏秋非可一直而行，计日而至，此拽运之难也。至若所用夫役，动以数千计，蜀地民稀，即郡一邑之老壮男妇，不足充木夫之用，况有耕耘之业乎，势必出于雇募，而应募者多系外省游手之人，无家属相系，伐木拽运，必用厚值相雇，稍经磨苦，即易逃窜。若必雇募本地有身家者，则寥寥户口，应募无人，此夫役之难也。”① 至于不通水路之地，如绥阳县必由桐梓至重庆入江，“一路羊肠鸟道，峭壁悬崖，空行之人亦难若登天，如拽重木必须多人，一遇曲折狭经并深涧断壑，必架厢填砌，方可一日拽移二三里”②。

一件楠木从采伐到运至工地，不知要耗用多少人力、物力和财力，仅乾隆十五年（1750），四川省采伐15件楠木时所花费的银两就高达7 081两6钱4分3毫。③ 各省将采伐下来的楠木先运到通州，然后再由通州运到遵化工次。通州尽管距遵化不远，但支付车辆人夫等费用仍很惊人。如由通州运送楠木26件、圆楠木2 445件、方楠木3 401件，另外有22件折作11件。这些木料中，巨料楠木照例添用骡挂，用银749两3钱2分3厘。其余共应需运价银为11 002两1钱7分6厘。动用车辆达2 500辆次。④ 从裕陵工程楠木料的备办状况中，我们在看到清王朝乾隆盛世时期的国家实力的同时，又感叹帝王陵寝工程规模的浩大和资源的奢侈浪费。

陵寝工程中的楠木供求，即便是到了嘉庆朝，也大多可以维持。如嘉庆八年（1803）八月，裕陵隆恩殿重修时需用楠木，嘉庆皇帝降旨，令川、楚二省采办。当时四川总督勒保奏称：“川境各老山内并无合适材料，直至云南所属永善县地方采获楠木十九根，本年冬月可运到金沙江，岁底运出叙州大江。”⑤ 后来，裕陵工程所需楠木已在其他地方购办齐全，即将择吉兴工，暂时不需要这批楠木，于是，朝廷令四川总督勒保不必急于将此楠木辇运，暂存该处，稍后得便再行运京。

但是，至道光年间形势就发生了变化。随着清王朝国力的逐渐衰落，在陵寝工程的楠木供应上便出现了紧张状况。如道光二年（1822）三月，裕陵隆恩殿暖阁内外柱木俱有糟朽，当时派英和、文孚会同前往查看，将查明结果分别开单具

① 嘉庆《四川通志》卷七一《木政》，嘉庆二十一年刻本。

② 嘉庆《四川通志》卷七一《木政》，嘉庆二十一年刻本。

③ 嘉庆《四川通志》卷七一《木政》，嘉庆二十一年刻本。

④ 方国华：《裕陵楠木采办考略》，见清宫史学会编《清代宫史论丛》，北京：紫禁城出版社2001年版，第513页。

⑤ 中国第一历史档案馆编：《嘉庆、道光两朝上谕档》第八册，第341条，桂林：广西师范大学出版社2000年版，第102页。

奏，根据钦天监择定，其金柱糟朽及各项膨裂之处，宜于明年择吉拆修，“所有应换大柱，购买甚难，若令各省采办，不但旷日持久，且恐新料木质不坚，着直隶总督顺天府派员，于直省地面内访查庙宇衙署梁柱木料，择其尺寸比原柱较为宽大者，先行拆用，并须多为运办，以备选择”①。同样是维修裕陵隆恩殿工程，但在不同时代，却有着不同的境况，虽然有令各省采办需要时间和担心木质不干而影响坚固的原因，但事实上国家财政困乏才是最根本的原因。经济实力的下降直接导致了陵寝建筑用料的不足，甚至到了不得不强行拆用直隶省境内的庙宇衙署梁柱的地步。

其实，除了清王朝国力的衰败外，作为珍惜木材的楠木经过明清两朝的大量开采，其数量也越来越少，如《明史·宋礼传》记载：“初帝将营北京。命取材川蜀。礼伐山通道，奏言得大木数株，皆寻丈，一夕自出谷中，抵山上，声如雷，不偃一草，朝廷以为瑞。”为此永乐皇帝一高兴，将发生这一事件的山封为“神木山”，山上的楠木自然就是神木了。后来清乾隆帝还特意为此作了一首《神木赋》。经过明朝的大量砍伐，到清朝重修太和殿时，楠木的供应越来越困难，不得不用其他木材代替。在道光以前的嘉庆朝，虽然陵寝所需楠木基本还可正常供应，但偶尔也出现过短缺状况。如嘉庆四年（1799）在修建嘉庆皇帝的太平峪万年吉地时，因所需楠木甚多，此时正值办理乾隆皇帝丧葬善后事宜，直隶省无暇采办，而木场现存楠木无几，在这种情况下，面对大工急需，曾一度想拆下东直门城楼楠木，但因东直门工程亦急需建盖完工，所以总理工程官那彦成只好派遣差役到各地庙宇勘察。如有能用楠木，即行拆卸，以为吉地工程之用。后来嘉庆皇帝为此事专门召见那彦成，面奉谕旨，“向来吉地殿宇，俱系油饰彩画，木质不露于外，即易以松木，未尝不可”②。那彦成遵旨，下令将吉地工程应建隆恩殿配殿、隆恩门明楼、碑亭等原规划所用楠木，一律改用松木。所用松木由围场砍伐。这件事一方面说明了楠木珍贵稀少，陵寝用量又大，而且，经过以前诸陵以及朝廷其他工程的连年采用，树木日渐不多；另一方面说明了国家经济在嘉庆朝就已经走向衰落，嘉庆帝的节俭也是不得已而为之。

黄花梨木也是珍稀名贵木材，又名海南檀，质地坚实，纹理细腻，由于产量有限，故一般多用来制作家具，极少用于大型建筑。清东陵用此木料最多的就是慈禧的普陀峪定东陵。

本来普陀峪和普祥峪（慈安陵）两陵同时动工于同治十二年（1873）八月

---

① 中国第一历史档案馆编：《嘉庆、道光两朝上谕档》第二十七册，第341条，桂林：广西师范大学出版社2000年版，第102页。

② 《内务府来文》，第2930包，原件藏中国第一历史档案馆。

二十日，至光绪五年（1879）六月二十日同时竣工，历时6年修完，共耗银4 935 000两之多，其豪华程度、等级规格均为清代皇后陵之最。但慈禧仍不满足，在国家面临甲午战争失败后的割地赔款、国库空虚，全国又遭旱涝等天灾人祸不断的危难之际，居然下令拆毁普陀峪三大殿，重修自己的陵寝。这次重修工程将隆恩殿和东西配殿，除了斗拱仍使用楠木外，其他所有木料全部换上黄花梨木。奢侈之极可见一斑。据记载，慈禧陵重修工程又历时13年，耗银无数，直到慈禧死时才完成。由于黄花梨木珍贵木料的大量使用，加之三大殿的64根外露的柱子，均盘绕着一条镀金的头朝下尾朝上（一般盘龙都是头上尾下）的铜龙，大殿周围的石栏杆汉白玉望柱和栏板上，布满了“凤引龙追”的雕刻图案，打破了历来一龙一凤相间的“龙凤望柱”传统格局，所以使重修后的慈禧陵更加精美豪华，足见墓主生前的专权跋扈。

陵寝工程应用木料，除了名贵的楠木和黄花梨木外，还需要诸多大件木植。这些木料的需求量更大，其采伐、运输等同样会动用很多人力和物力。而且这些大件木植也是不容易找到的。如嘉庆十一年（1806）八月，景陵大碑楼维修，共需用大件木植339件，当时圆明园木场存储木植合用者只有24件。故苏楞额等奏请，其余木件饬交热河副都统庆杰于围场内不碍围场处所查勘筹办。总理工程处大臣苏广常认为苏楞额所请不可行。原因是，从前围场地方因砍办木植，承办官员经理不善，致使围场牲兽惊逸，有误秋狝大典。后严立章程，随时查察，使围场牲兽逐渐得以蕃孳。此时若再行到围场采伐木料，必致复滋前弊。鉴于马兰镇总兵兼内务府大臣巴宁阿曾经奏称，奉天城厂边外山内，大木甚多。所以嘉庆帝降旨，将所需大件木植清单发交盛京将军富俊、副都统宜兴伊二人，谕令于盛京城厂边外山内详细履勘，上紧砍伐应用。并按照清单内需用大料木植丈尺，采取400件，宽为备办。其运输路线或由海运，至永平，再由陆运，送至工次，抑或由海道，运至天津，由天津运至通州，再运往工次。其一切用费，即在参余项下报销。[①] 当这些大件木植一时难以采办，而工程又急需待用之时，同名贵楠木一样，不得不想其他特殊的办法。如道光十二年（1832）三月，裕陵隆恩殿维修工程所需大件木料，派委后补知州张杰查看三屯营副将衙署楼房，查看结果是衙署钻金柱柁枋与需要木植丈尺不符。前后檐柱、前后廊柱，俱系黄松旧料，整木丈尺长则相符，径则细微，与原开清单核对，似堪应用。后来经东陵总管内务府大臣阿克当阿查明，三屯营衙署楼柱长经丈尺，不足应用。因此道光皇帝谕令“毋庸拆动，留俟将来万年吉地工程内有应用之处，再咨交直隶总督，令其拆卸

① 中国第一历史档案馆编：《嘉庆、道光两朝上谕档》第十一册，第1319条，桂林：广西师范大学出版社2000年版，第622页。

送工”。在这种情况下，又只好到盘山淡怀堂及该处行宫坐落庙宇去寻找，如有符合要求的木料，且堪以移用者，即令阿克当阿，即派妥员前往该处详细丈量，并将丈量尺寸的结果分析具奏。

看来，即便不是珍惜名贵木材，因为是大件，而且工程急需，亦出现供应不上的问题，不得不想尽各种办法，甚至去强行拆毁衙署或行宫、庙宇等，以耽误陵寝大工的顺利进行。

大件木料不但筹措艰难，而且运输更为不易。产自江南的名贵楠木和黄花梨木距离工地遥远，故运输之艰难可想而知。哪怕是采自附近地方的其他木料，运到工地也并非易事，其耗费亦不在少数。

如裕陵隆恩殿急工运用大件圆木，仅各官木厂选用者，其运到工地也花费了大量人力和财力。当时因正值雨季，道路泥泞，所以必须严饬运员，多备骡夫、人夫，“务要星夜遄行，依限运齐，毋误工作”。裕陵隆恩殿共选得大件圆木23件，其中热河沙堤厂存3件，通州厂存6件，澂河桥橙存14件。这些木厂应该说距离陵寝还不算太远，庆杰、董椿派人分赴各处速觅车辆人夫，期依限运抵到工。于六月初次第起运，至七月初五日，历时一个月的时间全数运到。尤其是由各橙厂起运此项大件木植，正值大雨时行，“所有经行道路，实属泥泞，过岭渡河，更极艰难。按照向例招雇车辆，众车户不敢认办”。庆杰等恐贻误工作，随令多加牲畜，尽力抓紧赶运，并沿途多雇人夫保护，平垫梁道，昼夜遄行。比照乾隆五十一年（1786）冬间，内务府派人运过杉木灯杆戗木之例：载长10丈以外，灯杆每件核重10 000余斤，每重1 524斤，用骡3挂，每日行程3里有零，每件每日平道保护车辆用夫130名。长6丈以外戗木，每件核重1 200余斤，每430斤用骡一挂，每日行程27里5分，每件每日平道保护车辆用夫20余名。此次所运长4丈4尺5寸至长3丈5尺黄松圆木23件，按件核重5 600余斤至2 300余斤不等。较之灯杆，体质虽轻，而与戗木多重数倍。请遵照运过戗木行程之例办理，核用骡挂银3 160两5钱，壮夫工价银283两8钱，两项共请销银3 444两3钱。所用银两，向广储司支领核销。[①] 仅23件木植，且均于附近木厂运到工地就花费如此多的人力物力，其他的315件之多的木植，其中很多远从南方运来，所用人夫、骡马车辆、运输时间和银两支出等一切费用之浩大，便可想而知了。

除了大件木植外，其他如工程所需架木也是远从江南运来。如嘉庆朝就从江苏省运来杉木916件，架木1 956根。

---

① 《内务府来文》，第2933包，原件藏中国第一历史档案馆。

二、青白石

青白石主要用于陵寝神路，所有方城内补墁地面以及隧道内门亦有应用，但所需不多。清东陵总神路长5.5公里，南起金星山，北至昌瑞山下的宝顶，其他各帝后陵亦有神路，均与孝陵总神路相接，弯弯曲曲，“曲中有情”。神路由三路条石和墁砖组合而成，中路条石较宽，一般为80厘米左右。两旁的条石较中路条石窄，约40厘米。三路条石均由青白石铺成。青白石取自于蓟县或房山县。房山县的青白石颜色纯一，质量好于蓟州。如定东陵神路所用青白石系用宝华峪旧用蓟州石料，颜色略有不匀，但质地坚硬。由于当时铺修定陵神路工程急需石料，若从房山县取用，恐盛夏阻于雨水，致使工程延误。故遵照前例，就近由蓟州开取青白石，既转运快速，且又节省运脚。①

石料相对于大件木植体积小，但重量不比大件木植轻，尤其遇到雨多之年，道路泥泞，运输亦具有一定困难。以惠陵工程为例，在光绪元年至二年（1875—1876）拉运大件石料时，沿途成搭大小浮桥46座，帮搭石桥6座，涵洞17座，挡水土坝2道，起刨高坎斜坡220段，计总长6 114丈9尺，平垫低洼土坑浪窝夹沟车辙218段，计总长8 408丈2尺，添修栅栏1座，看守房1座，拆修风水围墙一段，拆除有碍铺面房间。② 另外还要成搭脚手架、打造铁料等事宜。总之，大件石料从产地运到工地，沿途还必须采取很多措施，可见石料运输的艰难。石料是这样，其他工料的运输也同样不易。嘉庆六年（1801）运输裕陵神功圣德碑楼石料，当年因雨水较大，食物昂贵，石作商人，不无负累。皇帝曾允准绵课等将没有运到的石料，比照各工二八加价之例，酌增钱粮。第二年绵课等又以地土潮湿，载重道软，行车负累为由，上奏请加石料采运工价并绳斤银两。结果这个奏请遭到了嘉庆皇帝的批评。嘉庆帝认为上一年增加采运工价等为“一时积潦泥泞，采运惟艰，是以暂行恩准。而彼时绵课等折内，即未将加价一节，声明何日停止，本年春秋雨水调匀，非如上年霪潦可比”。“工程例价自有定额，若似此逐年递加，并无限制，将何所底止耶。况既加则不能再减，实属取巧。且折内称今冬赶运，明春竖立，即可告成等语。明知裕陵神功圣德碑楼事关重大，朕必亟思瞻仰，早望告成，故为此奏，以冀必邀恩准。”若绵课等因工程紧要，实有必须加增之处，亦当亲往确勘，再行奏请。“试思万年吉地工程，前派汪承霈、范建丰、额勒布管理，伊三人尚轮流前往，不时查察。今裕陵神功圣德碑

① 中国第一历史档案馆编：《光绪朝朱批奏折》第二十七辑，“光绪七年五月”，北京：中华书局1995年版，第277页。

② 《黄册》卷五《惠陵拉运石料成搭浮桥等工销算黄册》，原件藏中国第一历史档案馆。

楼，较之万年吉地，尤应慎重，何以绵课等于查看则并未亲往，于工价则屡请加增。在伊等未必于此中有意浮开，冀图沾润，亦断不敢出此。而监督等员，则难保无此种情弊。又如向来先领银到手，即按成数侵用，故智复蒙矣。绵课等听信工员怂恿，冒昧奏请，殊属非是。均着传旨，严行申饬。绵课本非内廷行走诸王，又不兼管旗务，着于一二日内，即行收拾起程，前赴裕陵，常川在彼督办。俟工竣，候旨再行回京。”①

陵寝工程中的各种物料运输有时因道路原因，往往雇不到车辆夫役，石料不能按期运到。在这种情况下，必须增加运费以及差役待遇，才能雇到运石车辆，以不致误工。但这种加价只是遇到雨多之年才临时实施。绵课因不分年份向朝廷申请加价银两，必然遭到皇帝的训斥。由于皇帝对陵寝的重视，因此有关陵寝工程、管理以及官员素质等一切大小事务，都有一定的了解，甚至对某些守陵官员如何揣摩皇上心理，取巧从事都能察觉。可见嘉庆的聪明和勤政。从上述事件中我们还可以看出，各级守陵官员及监督等在陵寝工程中，可能以多种借口，侵吞朝廷银两，这类案件也确实发生过，在后边一章中我们还会讲到。

三、城砖、风水墙砖和铜

清东陵工程所用城砖大多从山东临清运来。如嘉庆九年、十年和十一年三年共运临清砖 321 437 块。嘉庆四、七、八三年短运临清砖 21 230 块。共计运过临清砖 342 667 块，如此大的需求量，且远从山东临清运到东陵工地，所需人力和物力亦不在少数，仅用过水陆运价银一项，就达 35 695 两 2 钱 8 分 6 厘之多。②

运输城砖不同于运输木材，虽然体积和重量远比大件木植小又轻，但仍然存在其他问题，即在装卸、运输途中容易碎破。长途运输，加之道路不好，无论怎样小心，都会有一定的损失。如道光二十八年（1848）八月二十八日，山东莱州府同知秀琨，因押运第一批万年吉地临清砖破损，按规定，令其赔砖价银 522 两 4 钱 5 分。由于秀琨家贫无力完缴，又令山东巡抚派人详查该员有无资财隐寄的情况。③ 可见，运输城砖也不是一件轻松的事，甚至它要比运输木材困难，假若破碎损失就要赔偿，这对押运和直接办理此差官员来说压力是很大的。

由于各帝后陵建于清东陵前圈内，因此这里的防卫守护相对后龙更为重要。除了专派亲信的八旗兵严格守护各陵寝外，还在前圈的东、南、西三面修筑起一道长 20 公里的围墙，因意为保护风水，故称“风水墙”。风水墙约高 9 尺 4 寸，

---

① 《清仁宗实录》卷一〇五，北京：中华书局 1986 年版，第 406～407 页。

② 《内务府来文》，第 2935 包，原件藏中国第一历史档案馆。

③ 《内务府来文》，第 2956 包，原件藏中国第一历史档案馆。

墙厚2尺8寸，除靠近山坡的围墙用石头垒砌外，其他地段均用砖砌成。风水墙用砖，一般都由石门工部烧造，就近供应。包括西陵在内，在石门部下专门设有烧造砖块之窑户，窑户的来源是由陵寝所在地方官选募殷实土著民人并无重役过犯、情愿充当铺户者充任，并具印甘结，送至工部收藏。① 根据《内务府来文》记载："东陵风水围墙工程原估需用旧样城砖十万八千八百一十二块，实查销算用过砖八万七千六十二块，存剩砖二万一千七百五十块。工程业经修理完竣，所有存剩砖块，虽系木工原估数内，但现在并无应用之处。原系石门工部烧造之项，仍应交石门工部存储，俟有应用之处，就近拨用。"② 远从临清运来的砖，由于质量较好，所以专供各陵寝主要建筑之用，而石门工部所烧造的城砖则用于其他附属性建筑，如风水墙和守陵官员衙署，各陵役使、兵弁营房等。这些附属性的建筑用砖，其用量也是相当大的。好在是就近烧造，不但省去了颇多运费，而且能充分保障及时供应。一般石门工部自行烧造的城砖不但要供应工程之需，而且要有很大的储备，以便随时调用。先由承办事务衙门将烧造数目咨明工部，每块价银2分1厘，由节慎库发给，派出承领之员支领，然后进行烧造。③

东陵各陵寝工程中的用铜量很大，甚至为满足需求朝廷专门在附近地区开矿冶炼。如咸丰四年（1854）九月二十五日，马兰镇总兵兼管内务府大臣庆锡奏请筹备铜斤。皇上谕令在该处开炉鼓铸，以多备铜斤为要。并着按照所请，即饬永平府知府锡麟督率各州县妥为收买。"其承德府属铜矿，并着委员查勘，如有可以开采之处，即行奏明，招商承办。"④ 后来，在修建慈安的普祥峪万年吉地时，金券门洞券所用两根铜管扇，即由内务府造办处派员预先勘明尺寸，然后进行铸造。据工程处查核，铸造这两根铜管扇活，需用户部宝泉局洋铜35 000斤，倭元20 000斤，将二者对化后，才能铸造。⑤ 皇陵工程备料，可以说动用了一切能够动用的力量。为了铜斤供应及时并且充足，即可直接招商开采鼓铸。甚至洋铜和倭元也都被应用上。也只有陵寝工程才能够做到倾全国之力为之服务，可见清朝统治者如何重视祖先的陵寝。

四、银两销算

陵寝大工，所用工匠名目及工数之多、耗费银两之巨，常常令人吃惊。我们

---

① （清）嘉庆二十年官撰：《钦定工部则例》卷一〇七《充补窑户》，嘉庆二十年刻本。

② 《内务府来文》，第2924包，原件藏中国第一历史档案馆。

③ 嘉庆二十年官撰：《钦定工部则例》卷一〇六《烧造备用城砖》，嘉庆二十年刻本。

④ 中国第一历史档案馆编：《咸丰、同治两朝上谕档》第四册，桂林：广西师范大学出版社1998年版，第272页。

⑤ 《内务府来文》，第2979包，原件藏中国第一历史档案馆。

仅以孝陵大碑楼修建、惠陵工程中拉运石料一项和慈禧普陀峪陵寝部分工程为例，所用各工、匠役及其工价银两等具体情况利用文字和表格（表3－2，表3－3）加以说明。

孝陵大碑楼原本是在修建孝陵的时候，与其他各工程一起进行和完工的，但在光绪二年（1876）闰五月的一次暴雨中被雷击而起火烧毁，不得不重修。光绪二年（1876）闰五月十一日晨，清东陵一带普降密雨，到中午时分渐止，降水达3寸多，附近民人为农田得以播种而喜悦。守陵大臣正想把这一喜讯具折上奏。但到十二日酉刻，“后山一带陡起浓云，暴风急雨骤至，震雷大作，雨如倾盆，戊正，雨势益急，雷电益紧，忽见正南云雾之中，映有红光，当急分投察探，系大红门内孝陵大碑楼为雷火激烧”①。守陵官员等立即前往查勘，发现碑楼头停木架已经陷落，碑上贝头劈坠，龙趺亦俱焚酥。但正值暴风大雨，而且楼身过高，火焰四射，人无法走近，火势无法控制。官兵们只能在四面维护，以防蔓延园内树株。一直到丑刻，暴雨方止。天明后，大火才熄灭。

之后，守陵王公大臣们逐一询问大红门内值班官兵，据称：当雨势骤急之时，“电光闪掣，继以霹雳，突见大碑楼上层檐南面斗科上火焰飘升，顷刻四面一齐延烧”。经过反复查问，确定大碑楼火灾系为震雷激火延烧。虽然是意想不到的天灾，但守陵官员毓橚、溥芸、景瑞还是在上奏中检讨自己“有守护之责，未能及时扑救，实属咎有应得”②。光绪下旨将三人交各衙门议处。其他值班守护官弁兵役等，俟查明后另行分别惩办。

在清东陵的防护中，类似这样由突发的天灾人祸引起、与守陵官员责任完全没有关系但最后官员还要受到处罚的事件，常能见到，说明守护皇陵是一项非常艰巨的差事，护陵官员承受的巨大压力可想而知。不管是因主观还是客观原因造成的事故，各级官员都要层层承担责任。

大碑楼焚毁后，择吉于光绪三年（1877）二月初一日午时敬谨兴工，开始了大规模的修复工程。从毓橚《修复陵寝各件》（清抄本，国家图书馆藏）中，我们可以了解此次修复工程所用物料匠夫工价车脚银两状况。细目如下：

木植银：126 562 两 4 钱 2 分 6 厘。

石料银：89 563 两 6 分 6 厘。

砖块银：87 888 两 3 钱 1 分 5 厘。

灰斤银：26 474 两 5 钱 6 分 2 厘。

绳麻杂料银：5 481 两 9 钱 4 分 2 厘。

① （清）毓橚撰：《修复陵寝各件》，光绪年间抄本。

② （清）毓橚撰：《修复陵寝各件》，光绪年间抄本。

大木作工价银：4 831 两 8 钱 5 分 8 厘。
楠木作工价银：48 两 1 钱 6 分 5 厘。
石作工价银：7 068 两 7 钱 5 分 2 厘。
瓦作工价银：9 505 两 4 钱 2 分 7 厘。
搭彩作工价银：4 023 两 2 钱 8 分 7 厘。
土作工价银：8 631 两 4 钱 7 分。
油画工料银：661 两 3 钱 4 分 9 厘。
糊饰工料银：6 两 8 钱 9 分。
铜作工料银：1 383 两 9 分 4 厘。
锡作工料银：33 两 4 钱 7 分。
铁作工料银：14 308 两 2 钱 8 分。
镀金作工料银：1 886 两 1 钱 5 分 8 厘。
镀锡作工料银：3 两 1 钱 1 厘。
拉运铜锡铅铁颜料车脚银：1 019 两 4 钱。
拉运桅木杉木杉槁车脚银：821 两 5 钱。
拉运架木车脚银：5 000 两 5 钱 5 分。
拉运金砖车脚银：273 两 5 分。
城身台基并内里碑座拆工料银：6 208 两 6 钱 8 分 5 厘。
总计估需工料银：401 743 两 7 钱 9 分 7 厘。

另外，孝陵大碑楼工程赁用架木 33 836 根，赁用 360 日，每日银 67 两 6 钱 7 分 2 厘。总计需银 24 361 两 9 钱 2 分。

三月初一日至十五日半个月内所进工料（部分）和工匠如下：

新样城砖 10 602 块，京运白灰 45 892 斤，石匠 597 名，木匠 324 名，瓦匠 975 名，搭彩匠 343 名，壮夫 4 009 名。

五月二十一日至六月初十日进匠如下：

石匠 1 999 名，木匠 114 名，瓦匠 896 名，采匠 380 名，壮夫 3 882 名，杠料夫 136 名。①

再如惠陵工程，仅拉运石料一项就牵涉诸多工料及匠役，银两支出数目巨大，从下表中可概览。

① （清）毓櫄撰：《修复陵寝各件》，光绪年间抄本。

表 2-2 光绪元年惠陵工程拉运石料各工及其价银①

工料名目	工料数额	工价总银两	备注
扎绳	104 919（觔）	2 266 两 2 钱 5 分	例价每觔银 2 分 1 厘 6 毫
榆木		12 995 两 1 钱 6 分 1 厘	三成旧料除外
杨柳木		8 451 两 2 钱 2 分 3 厘	三成旧料除外
河光石		384 两 2 分	
方瓦	31（个）	5 钱 3 分	
花样城瓦	1 670（个）	35 两 7 分	
沙滚瓦	6 877 个	21 两 3 钱 1 分 8 厘	
架木	2 640 根	475 两 3 钱 8 分	租赁 90 天，每根赁价银 1 钱 8 分
2 号筒瓦	43（件）		
勾头	8（件）		
花边	244（件）	8 钱 8 分 5 厘	

除上述各工料外，还有板瓦，共运重 27 948 觔 8 两，按例每 1 300 觔装一车，总计共装 21 车半，自遵化州至工地共 66 里远，按例价每里银 2 分，核每车银 1 两 3 钱 3 分，总计用银 28 两 5 钱 9 分 5 厘。另有京运青灰 1 223 觔，例价每千觔银 2 两，计银 2 两 4 钱 4 分 6 厘，计装一车，自京运至工地共 280 里，按例价每里用银 2 分，核每车银 5 两 6 钱。

表 2-3 光绪元年惠陵工程拉运石料各工匠及其银两费用：

匠、夫种类	用工数额	工价银两	备注
大木匠	1 155 工半		
锯匠	3 062 工半		
拆工匠	636 工半		
砍尖木匠	4 454 工半		
韦绵木匠	4 439 工		
以上各匠共 13 748 工，例价俱每工银 1 钱 5 分 4 厘，总计银 2 117 两 1 钱 9 分 2 厘			
搭彩匠	12 543 工	1 756 两 2 分	例价每工银 1 钱 4 分

① 《黄册》卷五《惠陵拉运石料成搭浮桥等工销算黄册》，原件藏中国第一历史档案馆。

（续上表）

匠、夫种类	用工数额	工价银两	备注
壮夫	2 568 名		
拆夫	636 名		
运夫	15 名		
以上共夫 3 219 名半，例价俱每名银 7 分 5 厘，总计银 241 两 4 钱 6 分 2 厘，大木作工价银 2 358 两 6 钱 5 分 4 厘			
壮夫	26 315 名	二项工 26 360 名半，例价银每名 7 分 5 厘，总计银 1 977 两 3 分 7 厘。	
运夫	46 名		
刨夫	59 084 名半		
平垫夫	34 875 名		

以上各种物料银共计 38 902 两 4 钱余，其中工价银 24 523 两 7 钱 5 分，土方刨运价银 4 495 两 6 钱 9 分，油饰工料银 4 两 3 钱 8 分 6 厘，铁作工料银 142 两 7 钱 9 分 2 厘。总计销算工料银 68 069 两 1 钱。这些银两只是光绪元年（1875）拉运大件石料的开支。光绪二年（1876）拉运大件石料沿途搭大小浮桥等各项所用银两共计 19 700 两 1 钱 6 分，其中工价银 15 343 两 3 钱 7 分 5 厘，土方刨运价银 2 846 两 7 钱 1 分 2 厘，铁作工料银 104 两 1 钱 7 分 1 厘；总共销算工料银 37 994 两 3 钱 6 分 4 厘。

上述仅仅是惠陵一座陵寝工程，而且又仅仅是拉运石料一项，所用工料和工匠及其银两销算已如此之多，其他陵寝及其各项工程可见一斑。如慈禧的普陀峪陵地宫瓦作中所用细澄浆城瓦 56 316 个、新样城瓦 19 910 个半、随式城瓦 3 913 个、青灰 16 058 觔、瓦作白灰 629 277 觔、麻刀 3 211 觔、生铁片 5 482 觔 14 两 4 钱、砍片瓦匠 1 768 工半、瓦匠 2 250 工半、壮夫 7 505 名。① 方城和明楼工程所用工匠除上述提到的种类外，还有浆夫、夯壮夫、凿花匠、窑匠等。所用工数也多至几万，如方城石匠共用 33 857 工，夯壮夫 70 008 名，其他各工匠也达几百数千不等。

① 《普陀峪万年吉地修建各座工程销算黄册》卷二《地宫瓦作销算黄册》，原件藏中国第一历史档案馆。

第三节　陵工事件

清东陵工程由于规模大，动用的人力物力多，在两个多世纪漫长的修建过程中，曾先后出现各类事件。这些事件从不同的角度，在一定程度上反映了清王朝的某些制度及其演变状况，进而使我们对清朝的历史有了更深的理解。

一、马兰镇营兵起衅滋事的背后

光绪八年（1882）年底，清东陵发生了一起马兰镇营兵聚众滋事事件。事件由建盖营房工程引起。[①] 兵丁呈控营房工程偷减不实，东陵工部员外郎懿绵有勒索之事。光绪九年（1883）正月初四日，御前大臣科尔沁博多勒噶台亲王伯彦讷谟祜、户部尚书阎敬铭等奉上谕驰抵东陵，专门办理此案。两位办案大臣到达东陵后，首先传集承办工程各员及承揽工程商人到案，并认真研究兵丁所控各个情节。[②] 据查得知，此次以王淀漳为首的兵丁，因马兰镇修造营房工程不实，先是匿名呈控，嗣后纠合新旧兵200余人，呈册控告马兰镇总兵桂昂。当时桂昂咨请直隶总督派军队来协助查办此事。兵丁闻讯后群情激愤，当即集合多人，围绕官厅，从仓库中各自取出武器，准备抵抗前来镇压的军队，并且有的兵丁与官弁发生了冲突。经过两位办案大臣反复调查讯究，案件的整个过程和所牵涉的各类人员逐渐清楚，朝廷很快对这次案件作出了处理：首先将带头滋事的王淀漳、徐汶如、李憬瀸、宋潮淋，均即行正法。其余随从滋事兵丁，分别处理。马兰镇总兵桂昂，因在兵丁呈控时，没能妥善查讯处理，草率请求调队镇压，导致众情疑惧，酿成重案，以昏庸畏葸予以交部议处。游击清保于此事办理不善，任意妄索，又企图掩饰以推脱责任，把总阎文选、王贵荫，甘受逼辱，懦劣无耻，均处以革职，发往军台效力赎罪。外委杨蕴季，任意妄为，王懋印轻躁喜事，均被革去外委，并杖一百，徒三年。守备邓启华、杨捍候，各有专辖，未能有效约束滋事营兵，均以千总降补。把总刘振麟，上级委任他专门调查此次事件，但并不积极，毫无振作，着以外委降补。外委王懋谦、卢晋，在兵丁商议递呈控告时，未

---

① 马兰镇营兵即指专门守护陵寝禁地的绿营兵。清东陵在每建一陵时，兵部、礼部、内务府三系统的营房同时营建，各为一体。其中绿营兵是按军制单位，在马兰关建立营房。马兰镇总兵所辖八营中，只有游击署、守护前圈和后龙内火道地域风水的镇标左营、右营及守备署设在马兰关，其余营分别驻守后龙各地。

② 中国第一历史档案馆编：《光绪、宣统两朝上谕档》第九册，桂林：广西师范大学出版社1996年版，第4页。

能及时阻止，均革去外委。贝子毓橚、公荣毓，有守护陵寝之责，但在兵丁滋事重案发生后，并未及时具奏，均交宗人府议处。至于营房工程所拨款项数额巨大，前任马兰镇总兵、正黄旗满洲副都统景瑞，在其总兵任内首议建造营房，且身任承修官，并不认真核实经理，任令属下人员借支薪水，挪移亏短。据守备隋登第等供称，景瑞准向商人借用薪水，并据商人呈出账本，原估、续估两次共应领银 238 758 两零。初次领银 128 376 两零，内实领到革弁徐永兴交给银 99 756 两零，欠领银 28 620 两零。经景瑞交派商人，令将徐永兴亏欠银两成全办理，其甚多亏项，另外设法。总之，此项工程前后共拨银 23 万余两之多，亏欠甚巨。令景瑞按照所奏各节，逐款明白回奏，不准稍有欺饰。[①] 但景瑞为了逃避责任而巧为掩饰，企图蒙混过去，其回奏多与事实不符，故予以即行革职，并令迅赴东陵，听候质讯。军机处令伯彦讷谟祜、阎敬铭在景瑞到后，将此案初次及二次所发银两，究竟亏短多少，严切根究，务求水落石出，以成信谳。所有亏短银两，除各员弁等借支各款分别追缴外，其已故革弁徐永兴所短银 28 620 两零，责令景瑞、徐永兴之子徐晋笏各半赔缴。景瑞应缴银两，依限自行交纳部库，如限期内不能交清完，照例监追，或倘若不能按照足数缴纳，则从重治罪。守备隋登第，把总李荫长、段征征支借银两为数最多，着即行革职。其余借用银两之游击万禄，令革去游击，回旗当差。守备李瑛，令以把总降补。千总郝作霖，令以外委降补。把总徐永绥、刘定方、荣振邦、李良贵、刘振武，均以外委降补。外委李良福、段春林，均革去外委，仍留马兵钱粮稿房。外委杨锡恩，令即斥革。商人邢锡昌，揽修营房，含混草率，工料不实，令即革去布经历及五品职衔，仍勒限赔修，如限满，工程不完，收工时再发现有弊端，即行从重治罪。东陵工部员外郎懿绵，经查明并无倚官压商之事，但唯于应发款项，并不全数发给，致令商人挪垫偷减。将懿绵交部，照例议处。[②] 据懿绵所供，在光绪八年（1882）二月间，因挂扁工程，景瑞令懿绵先行凑交银两，当面交景瑞银条 1 000 两，商人实为收过。此案工程银两，现经查出，亏短甚巨，景瑞所奏各情节，与各员供词诸多不符，亟应予以彻底根究。令景瑞先行解任，迅速前赴东陵，听候质讯。而且应挂扁银 1 000 两，懿绵应交银 1 200 两，均限于一月内交纳。[③] 马兰镇员弁兵丁，积习甚深，着责成该总兵认真整顿，严申纪律，以肃营规。

---

① 中国第一历史档案馆编：《光绪、宣统两朝上谕档》第九册，桂林：广西师范大学出版社 1996 年版，第 7 页。

② 中国第一历史档案馆编：《光绪、宣统两朝上谕档》第九册，桂林：广西师范大学出版社 1996 年版，第 46 页。

③ 中国第一历史档案馆编：《光绪、宣统两朝上谕档》第九册，桂林：广西师范大学出版社 1996 年版，第 27 页。

清东陵从建首座陵寝孝陵开始，至此次案件发生为止，200多年以来，历代统治者都把陵寝事务看作是头等大事。比如，在朝廷拨款和供应上，不惜倾其全国之力；在具体的管理和防卫上亦极为严格；在各种章程和条文的制定上应该说也是非常细致。但是一些守陵官员还是寻找各种机会，利用手中的权力侵占公款或勒索兵丁员役。此次几百名马兰镇营兵滋事即是由偷减朝廷拨给修建兵丁营房巨款引起。在清东陵近两个半世纪的经营历史上，像如此众多的营兵持械滋事，并无前例。无论是下对东陵还是上到朝廷，这都是一件非常严重的事件。守陵官员在陵寝工程中，侵吞银两、克扣属下，可能不是一两次偶尔发生的现象，被人告发从而为世人所知，而有些因侵占手段诡秘高明而一直未被发觉的事件也是极有可能存在的。此次建盖营房工程拨款被侵吞流失，因为数额巨大，引起营兵的极端不满，最后才酿成重案。至于事态的急剧恶化，其主要责任很明显在于马兰镇总兵桂昂在营兵最初匿名呈控时，没有理智地予以妥善处理所致。故被皇上斥为“昏庸畏葸”，实属贴切。

这个案件中，还有一个值得关注的问题，即承揽工程的邢锡昌，他既是商人，又是具有五品职衔的布经历，他能够承揽到建盖营房工程，是否与他的双重身份有关？陵寝工程是众多商人都想得到的。在竞争中，有些商人通过各种关系，不惜用钱直接或间接地贿赂陵寝官员，想方设法地想要拿到这个工程。这方面是有资料记载的，在下边的问题里我们还会讲到。而一旦工程拿到后，他们又往往在工程上做手脚，如偷工减料、克扣匠役所得，以赚取更大的利润。如此次事件中邢锡昌即是因在施工中“含混草率，工料不实”之罪，被革职衔，并勒限赔修。

每座陵寝的修建，朝廷拨款的数额都非常大，哪怕是维修工程，所拨银两也不是一个小数。像本次拨给建盖兵丁营房的银两多达23万余两。尽管整个清东陵的管理应该说很严格，但个别承修官员往往还是利用职务之便，通过各种方式，侵占银两。据史料记载，类似的事件一般多发生在清朝后期。分析其原因，应是与清王朝整体走向衰落，在陵寝上的管理亦随之混乱有关。发生案件的时间，能够折射出时代的盛衰。当然，事件发生后朝廷对事件的处理还是毫不留情的，首先，并没有考虑事件的原因，对滋事兵丁首领概行正法；其次，对前任和现任总兵以及各级官员兵弁均给予了不同的处分。此次事件牵涉人员之多，在清东陵的各类案件中也是非常突出的。清朝统治者绝不能容忍在其祖先的长眠之地发生如此严重的事件，尽管大清王朝已经气息奄奄，但是，只要它的政权一天没倒，它还会强撑着去维护皇陵这一祖先的象征。

在陵寝工程中发生的事件也不止这一次，如在普祥峪、普陀峪、惠陵工程进行的过程中，瓦匠齐行挂兑，大碑楼工程瓦匠亦均实行罢工。经马兰镇派军拿获十数名后，很快恢复工作。[1] 这次瓦匠罢工是什么原因，由于资料没有记载，我们不得而知。但大致能够推测出来，其原因很可能是与上述兵丁滋事相似，也可能因工程拖欠工匠们的工钱，或者是所给工费太少。

二、官、商、中间人的利益纷争——发生在道光年间的一桩案件

前文已经提及，在陵寝大工中，有些商人为能承揽到工程，往往出银买通陵寝主事官员，官员得到好处后，自然就把工程承包给这些商人。但在此过程中常因利益分配上的问题而导致纠纷，经吃亏一方告发，使得事件浮出水面。道光年间发生的一桩案件即属这类性质。

案件发生在道光四年（1824）。道光七年（1827），案中主要人物候补主事郭仁阿控告庶吉士玉藻、商伙王廷欣等亏短工料银两，由此使案件曝光。

案件的整个过程是这样的：

道光四年（1824），候补主事郭仁阿在万年吉地工程处当差时，托好友安徽某地知县牛元铎帮他借银。牛元铎向熟人瓦匠头徐迎春借。徐迎春对牛元铎说：家中开有四义木厂的庶吉士玉藻及其铺伙王廷欣、富有年，还有玉藻的家人赵成等人，想要承揽陵寝工程，愿意借钱给牛元铎，但条件是：将来郭仁阿当上陵寝工程监督时，必须把工程批给他们来做，并在发银时坐扣二成，归还借项。牛元铎让徐迎春转告王廷欣和赵成等。赵成秉承玉藻之意借银 500 两，送交给牛元铎。牛元铎留下 100 两，剩下 400 两交给郭仁阿。当时，王廷欣等人因担心郭仁阿失信，所以就向郭仁阿索要证据。郭仁阿因为是陵寝工程人员，不便出具姓名，就让牛元铎代写借条。后来赵成等人希望能多承揽一些工程，又送银 500 两，交给牛元铎。牛元铎当即到银铺，把银换成钱。帮同说合人孟三分用京钱 200 千，牛元铎分用京钱 80 千，郭仁阿家人连升分用京钱 18 千。郭仁阿除了还欠外，实得京钱 610 千。

后来，郭仁阿果真当上了万年吉地工程外围东路营房监督，按之前双方的约定，郭仁阿批给王廷欣等土瓦作工程十分之六。这时，牛元铎见郭仁阿已当上了工头，两次借银均经他手，于是借此向郭仁阿借用京钱 1 700 吊。后来当郭仁阿领出工程拨发的银两时，王廷欣具结领 5 000 两，郭仁阿按原来规定的二成扣发，其实际领银 4 000 两。赵成又具结领 1 000 两，也按原定二成扣发，其实际领银 800 两。王廷发等两次所领银两，除夫役食用以及工匠零星支用外，玉藻代郭仁阿买皮衣用银 200 两，富有年、王廷欣各分用 220 两。赵成因前借郭仁阿之

① （清）毓槫撰：《修复陵寝各件》，光绪年间抄本。

项由他经手措办，此次扣留银624两。王帼宾代玉藻等扣还木厂私账银200两。玉藻收存银810两。去掉上述所占，剩下购办工料银，实际只有1 900余两。

当郭仁阿作为工头查看工程时，发现各物料不齐，便向王廷欣等严催，但王廷欣因玉藻手中尚有存银810两，并未发给他们，于是便向庄亲王绵课控告。因此案最后转交大兴县，一直没有办理。郭仁阿怕耽误陵寝工程，只好自行垫发银两，即将两次所扣存银1 200两全部垫入，以赶办工程。

工程完竣后郭仁阿向玉藻等索要亏短工程银两，但玉藻不给，于是，郭仁阿即赴都察院控告。

都察院奉旨，将案件交给军机大臣，由军机大臣会同刑部共同审理。军机大臣和刑部对所有涉案人员一一进行了提讯严审，各供属实，最后于道光十年（1830）结案。其判决结果如下：

“郭仁阿承修工程，发给商人银两，坐扣成头，显然有侵蚀入己嫌疑。至于他自己所供垫办工程等语，难以凭信，经过两次查据，办理万年吉地工程处覆称：工程完竣后，经过查验，做法尺寸均合格，并声明郭仁阿尚有未领银二千零九十四两零，是他自己所供二成扣银，俱垫入办公之处，并非借词搪塞。又就此审讯各犯，所供均属相符。查律载：官物当应给付與人已出仓库而未给付，但有人守掌在官，若有侵欺借贷者，计赃以监守自盗论。又监守盗仓库钱粮入己一百两以上至三百三十两，杖一百，流三千里，至六百六十两，杖一百，流二千五百里，至一千两，杖一百，流三千里。一千两以上者，拟斩监候。勒限一年追完。如限内全完，死罪减二等，发落流徒，以下免罪。又以财行求，计所与财坐赃论。又以财行求及事过钱者，皆计所与之赃，与受财人同科，有禄人概不减等，无禄人减一等。又坐赃五百两，罪止杖一百律，三年又无官犯赃，有官事发，照有官参提，以无禄人科断等语。此案已革候补主事郭仁阿，身充监督，开始则指工借用商人银两，继而复于发银时坐扣二成。但其所扣银两，业经垫办工程，若仅照监守自盗完赃减等，与以财行求坐赃论罪之例，拟以满徒，尚不足示惩，应请旨发往新疆效力赎罪。其尚有应追得商人银两，应行知工程处，直接在该员应补银两中照数扣抵，毋庸监追。”

“已革庶吉士玉藻，与铺伙王廷欣，并伊家人赵成等，彩同谋利，借给郭仁阿银两，谋办工程。复于领银后扣留银两，几致误工，殊属贪鄙。固未便因所存银两，业经查抄入官。照监守盗流徒以下完赃免罪，亦未便仅照以财行求之例，拟徒应请旨发往军台效力赎罪。”

“已革知县牛元铎为郭仁阿说合，向商人借贷，从中分用银两，复向郭仁阿挟借钱文，实属贪诈。未便仅照说事过钱之例坐赃。拟以致滋轻纵，亦应发往军台效力赎罪，仍监禁勒追赃银，并将挟借钱文入官。”

“王廷欣、富有年、赵成出银打点工程，均应照以财行求坐赃五百两，杖一百，徒三年，系无禄人减一等，应杖九十，徒两年半。该犯等侵用办公银两，自二百余两至六百余两不等，富有年系旗人，应在部监追。王廷欣等应交顺天府监追。俟完赃后分别折枷充徒。如限满无完，即照监守盗仓库钱粮一百两以上例办理。”

“徐迎春为监督说合，借用商人银两，合依说事过钱坐赃五百两，杖一百，徒三年例，无禄人减一等，杖九十，徒两年半，交顺天府定地充徒。”

“王帼宾于玉藻交付银两，不即送至工次，留于木厂开销私账，虽讯无侵蚀情形，究属不合。应照不应重律，杖八十，折责发落。”

“无干省释在逃之孟三等，饬缉获日另结。”

“案内各犯应追入官赃银，照例着追。”①

上述就是案件包括审理的全过程。

从这个案件中我们能够得到什么信息？我们所捕捉到的信息能否帮助我们更好地理解清朝的历史？这应该是本书重点要回答的问题。

归纳起来大致有以下几点认识：

其一，这个案件牵涉到三个方面的人，即：陵寝工程管理人员、地方官员和商人。这三类人各有所图。对商人们来说，谁能拿到工程，或者拿到更多的工程，就意味着谁就能赚到更多的银两。为了达到目的，他们会想尽一切办法。其中最为有效的，那就是直接或间接贿赂陵寝官员。但本案并不是先由商人引起，而是陵寝官员郭仁阿先行托素好牛元铎借银引起。由此才牵涉到了商人以及中间说合人。陵寝官员想借银两使用，由中间人牵线搭桥，正好给商人获得工程提供了机会和交换的条件，中间说合人自然会得到好处。可以说是三厢情愿的事。在三类人中，中间说合人是最重要的，因为官商勾结，或者亦官亦商的现象不只是在清朝才出现的，历史上早已有之。而中间说合人在陵寝工程中的大量出现，在清朝时比较突出，至少从目前发现的资料来讲是这样一种状况。在清初或者清朝以前，在陵寝工程中是否也有这样的现象？因没有见到这方面的资料，故不得而知。另外，什么人可以作为中间说合人？这也是值得关注的问题。

其二，在陵寝工程中，作为中间说合人除了与委托人之间密切的关系外，最重要的是要在社会上有一定的身份和地位。如牛元铎是地方上的一个知县，是朝廷命官，这对借贷双方来说，均有很大的信誉度。这一点当然在任何一个时代都是如此。另外，在这个案件中，作为中间说合人也不只是牛元铎一个，如还有帮

① 中国第一历史档案馆编：《嘉庆、道光两朝上谕档》第三十二册，桂林：广西师范大学出版社2000年版，第305～308页。

同说合的孟三。此人的身份材料里没有讲到，是否是银铺里的人？不得而知，他也同样因说合从中拿到了好处。说明当时的陵寝工程运作中产生了这样一部分人。

其三，最为重要的是，这个案件使我们了解到，清朝的陵寝工程，在道光年间已实行了承包制。这种承包制给陵寝管理官员以很大的权力，他们可以利用手中的权力，为己谋利。另外，这一制度始于何时？因为没有史料证明，无法知道确切的时间，但是，根据此案件发生在道光初年，可以判断至少应该在道光以前的嘉庆朝就有了。因为一种制度的产生总要有个过程。此案中各色人等熟练的周旋，说明他们或者别人也都曾经运作过这样的事情。围绕着陵寝工程，在风水墙内外已形成了打点陵寝官员，谋取好处的氛围。

其四，从案件的审判量刑来看，同其他发生在东陵的案件一样，是偏重的。本案中，对各犯的处理，有些在参照别律的规定情况下，往往都重于法律条文。不重判则“不足以示惩”这样的话，是我们在东陵案件审理过程中经常看到的；发往边疆充当苦差或军台效力，常常作为附加的判决。这让我们想到了陵寝工程中的赔修制，比如赔修裕陵殿内漆饰银两案，本来章程规定：一千两以下者，全数宽免。但尚书公哈达哈、尚书海望、侍郎三和、德尔敏、郎中永和、员外郎玉神保等六员，应赔银数各为二百两，远远低于一千两的标准，若严格按照法律条文，应予以全免。但结果却以“陵寝要工，不能敬谨办理，非寻常疏忽可比”为由，而得不到一两的免除，仍令于家属名下追缴。由此可见，在陵寝工程案件的处理上，往往不是完全按照国家制定的法律条文执行，换句话说清王朝的国家律令在皇陵实施的更为严厉，即超出了律令规定。这一切说明了什么？只有一个答案：皇陵是个特殊的地方。朝廷虽然没有明文制定特殊的律令，但实际上已经完全以特殊的操作在处理一切案件了。同样的案件若发生在其他地方，有可能就是按照法律规定处罚，但在皇陵这个特殊的地方，它就要重于法律条文进行处罚。根本的原因就在于：清朝统治者把祖先的陵寝看作是大清江山的象征，这个象征是神圣的，在这里绝不能允许有损神圣象征事件的出现。

第四节　从陵寝的营建和维修看清王朝的时代盛衰

在中国历史上，帝王陵寝往往是时代的缩影，它的营建规模、建筑规制等可以反映当时社会的政治、经济状况。时代的盛衰可以从陵寝的修建中得以窥见。清东陵共建有五座皇帝陵、四座皇后陵和五座妃园寝。因时代关系，各陵在建筑规模、筹款、用料、所用时间等方面，存在着很大的差异。盛世时期修建的帝陵，由于国家政治和经济力量的强大，所拨银款充足，不但陵寝建筑宏伟豪华，而且修建时间和工程质量等均有保障。而衰落时期修建的帝陵，由于政治动荡和财政紧张，因此在修建的过程中，常常出现银款支绌、物料供应短缺的状况。陵寝的整体规模和气魄相对来说也较为逊色。

作为清朝入关后的首座陵寝——孝陵，尽管其规模宏大、体系完备，成为清陵之冠。但从营建时曾拆毁明朝的清馥殿，以应工料急需这一举动，除了时间仓促的原因外，还说明了当时的清王朝正处于国家初建时期，在经济实力上还不够雄厚。到康熙和乾隆时期，由于清王朝正值盛世，景陵和裕陵的修建，不仅基本继承了孝陵的规制，而且在很多方面还有独特的创新。[①] 如景陵，虽然在破土动工时，国家也正处于平定三藩之乱的紧要时刻，军需浩繁，财政也不宽裕。但清王朝毕竟经历了几十年的发展，尤其是在康熙大帝的苦心经营下，统治日趋巩固，综合国力逐渐上升。因此，在陵寝的修建上，相对来说显得更为从容，无论在建筑规制上，还是在丧葬制度上，[②] 对后世陵寝都产生了重大影响。又如裕陵，兴工于乾隆八年（1743），当时的清王朝，在经过了康、雍时期的长足发展后，国势空前强盛，库银充盈。因此，在陵寝的修建中，从用料施工到工艺技术，无不达到精良高超的程度，堪称中国帝王陵寝的杰作之一。裕陵工程历时九年完成，共耗银 1 786 020.412 两。仅大碑楼（建于嘉庆五年）就耗银 237 789.101 两。[③] 但到清朝后期，随着国势的衰落，皇陵的修建已大不如从前。如定陵，由于咸丰继位后，即面临内忧外患，政局的动荡和财政的困乏，使建陵时间历经咸丰、同治两朝，长达 15 年之久。不但建筑规制有所缩减，工程质量

---

① 如创立双碑制。顺治的孝陵沿袭了明陵制度，在陵内修建了神功圣德碑亭，但明十三陵只有作为主陵的永乐帝长陵建有神功圣德碑亭，其他各陵均未建立。而康熙的景陵打破了明陵这一规制，不仅在清东陵内又建立了一座神功圣德碑，而且还创立了双碑制。双碑制的缘起是这样的：由于康熙在位时间长，功德卓著，碑文字数多，在碑身不能超过孝陵碑身规格的情况下，无法容纳满汉两种文字。所以雍正想出了树立二碑的办法。此事《大清会典事例》卷四二八中有记载："圣祖仁皇帝在位六十余年，功德隆盛，文章字数太多，一碑不能尽载，宜建立二碑，一刻清文，一刻汉文。然此碑若比世祖章皇帝碑亭宽展，恐有未安。"自康熙后，雍正的泰陵、乾隆的裕陵和嘉庆的昌陵均在神功圣德碑亭内树立双碑。道光继位后，以无法与列祖列宗的功德相提并论为理由下发谕旨："自本朝起，不再兴建神功圣德碑。"所以清王朝自道光朝始，以后的帝王均不建神功圣德碑。

② 景陵开创了帝陵先葬皇后之制。康熙帝的三位皇后，即孝诚皇后、孝昭皇后和孝懿皇后，先后于康熙二十年、二十八年入葬景陵。为后世的裕陵、昌陵和慕陵所效仿。

③ 徐广源：《清东陵史话》，北京：新世界出版社 2001 年版，第 93 页。

也差于前代各陵。而且修建工程中使用了大量的旧料。[①] 清宫档案对具体所用旧料的数量、场所以及节省银两均有很详细的记载。如共用旧石料 15 380. 345 吨，仅此一项共节省采价、运脚和工匠银 99 528. 818 两。使用旧砖共 605 464 块，此项约节省银 96 705. 352 两。[②] 另用宝华峪旧隔扇 62 扇，旧坎窗 24 扇。到了同治时期，清王朝更是江河日下，经过咸丰朝一系列丧权辱国条约的签订，清朝外债累累，国库更加空虚，大清国已元气大伤。因此，在这样一种背景下修建的惠陵，可想而知。加之，在惠陵修建的同时，慈安和慈禧两太后的定东陵也正在修建中。三座陵寝同时营建，又处在国家的危难之时，巨额经费筹措是最大的难题，清朝统治者尽使专制权力，向地方指派经费任务。如光绪元年（1875）十一月初九日，军机处奉上谕，户部奏续拨惠陵工程银两一折，得知光绪二年（1876），惠陵工程应需银两，拟拨山东地丁银 70 000 两，河南地丁银 70 000 两，江西地丁银、浙江地丁银 70 000 两，江苏厘金银 70 000 两，安徽厘金银 70 000 两，广东厘金银 70 000 两，两淮盐厘银 70 000 两，四川盐厘津贴银 70 000 两，粤海关六成洋税银 50 000 两。共银 710 000 两。军机处将此“廷寄”以五百里加紧，交兵部加封，由驿驰递李鸿章、沈葆桢、刘坤一、吴堂、张兆栋、吴元炳、裕禄、刘秉璋、杨昌浚、李庆翱、丁宝桢，并传谕李文敏、刘齐衔、文铦等各省督抚。按照户部指拨各款银两，限来年二月起，迅速派员分批陆续经解惠陵工程处交纳，并限来年十月以前，如数解清，工程要需，自应赶紧筹拨，毋稍延误。嗣后每年应需银两，仍着户部届时照案筹拨。统俟此项工程估需银两，分年拨齐后，再行奏明停止[③]。尽管如此，建陵经费还是经常接济不上。

同治的惠陵是清东陵修建的最后一座帝陵，规制最低，没有神道，也没有石像生，唯一值得称道的就是使用的楠楠木料，质地坚硬，俗称“铜操”、“铁操”，故惠陵有“铜梁铁柱”之称。但从陵寝的整体规模和气魄上，无法与前代各陵相比。

当然，同一时期兴修的慈安和慈禧陵以及后来光绪二十一年（1895）慈禧陵的重修是个例外。尤其是慈禧陵的重修工程，虽然面临着国破家亡的严峻时刻，慈禧利用手中的大权，仍不惜耗费巨额银两，将建好的隆恩殿、东西配殿全部拆

---

① 按照乾隆皇帝制定的东、西陵分建制，道光的陵寝最初建在东陵的宝华峪，后来发现地宫渗水，又将已经建好并已安葬了孝穆皇后的陵寝全部拆毁，另到西陵卜得龙泉峪作为吉地。拆下的木料全部运到西陵，残砖碎石运出陵区或者就地掩埋，而完整的石料和城砖则堆放在原地。二十年后，修建咸丰的定陵时即用上了这些旧料。

② 徐广源：《清东陵史话》，北京：新世界出版社 2001 年版，第 127 页。

③ 中国第一历史档案馆编：《光绪、宣统两朝上谕档》第一册，第 964 条，桂林：广西师范大学出版社 1996 年版，第 343 页。

毁，改用名贵的黄花梨木；三殿 64 根柱子上各盘绕一条镀金铜龙；大殿和月台周围石栏杆的“龙凤呈祥”图案[1]以及“凤在上，龙在下”的丹陛石等诸多独创，使得重修后的慈禧陵更加富丽堂皇，豪华之极独一无二。说明陵寝的修建，不仅是时代盛衰的折射，同时也是各陵寝主人生前身后权力和地位的真实写照。

不仅在各陵寝的营建上有很大的差异，而且在陵寝的维修上，亦能反映出时代的盛与衰。

如光绪三十一年（1905），估修昭西陵东西配殿等工，应需二千两平足银 44 964 两 3 钱 6 分，咨请户部发放，但户部称：现在部库支绌，此项银两实难一时全数开放，拟先放给二千两平足银 10 000 两，以资应用。据监督司员转据承修厂商等呈称：恭修各工业已遵照吉期开工，应用物料用款甚巨，所领之款，尚不敷备料之用，现当市面艰难之时，难以周转，诚恳转行户部，将欠领工料银两如数赏发，以重要工，而免贻误。经户部查明，所有本工欠领工料二千两平足银 34 964 两 3 钱 6 分。惠陵工程处希望能速为发放，以资工用。当时，各厂商承修工程业经集匠兴修，各处物料均已备齐，“惟值市面艰窘之时，非现银无以交易，若俟领款，陆续候领，则所备物料一时不能运工，必致停工待料，势将贻误要工”。所以又再三恳请户部，将欠发工料银两，速为赏发，以便将应用各物运至工地，以免工程致停。

虽经几次催促，但所欠工程银款还是迟迟未到。承修官和厂商焦急万分，又再次呼吁请求。昭西陵东西配殿等工，俱系紧要处所，于开工之后，当即赶紧设法备料，觅集匠夫作速兴工。原期领款源源接济，趁此天气相宜，早为修竣，现在欠领之款，尚有 24 000 余两，处此市面艰窘之时，更难称贷，转瞬节交冬令，日渐严寒，即使如式兴修，恐难责以坚固，况应修之处，早已按估全行拆卸，尤不宜久经风雨剥蚀相加，设使续出情形，则办理尤虞棘手，而靡费转觉其多，再四筹维，唯有恳请转行部，将发欠工料银两，速为如数赏发。陵寝工程系刻不可缓之工，非寻常工程可比。现在领款尚不及半，各陵殿座应行拆卸之处，均经动工，若停工待款，迁延时日，续出情形，关系甚大。甚至工程即将完竣时，还欠二两平足银 19 964 两 3 钱 6 分。但惠陵工程处不敢因款没有领齐，稍有停待，而是设法向厂商通融暂垫。才使得工程勉强维持下来。后经户部 7 次放过银 36 964 两 3 钱 6 分，仍欠未领银八千两，据厂商称，所欠工料钱粮，均由厂商设法向各

---

① 柱头上雕刻云和凤，柱身内外两面各雕一条升龙，形成了“龙凤呈祥”的图案，栏板内外雕刻的是横向的“龙凤呈祥”。大殿周围石栏杆的抱鼓石，鼓面上雕刻的是一只展翅欲飞的云凤，立于山石之上，俯首下看。凤的下面有一条云龙昂首仰望上面的彩凤。完全打破了传统的柱头雕刻云龙、云凤和柱身、栏杆上无图案雕刻的设计。见徐广源：《清朝皇陵探奇》，北京：新世界出版社 1999 年版，第 178 页。

铺户挪借。刻下市面艰窘，粮价奇昂，各债户催逼日急，商业难以支持。恳请惠陵工程处咨催度支部全数发放。

甚至到工程全部完竣及验收后，仍有很多欠领之款，各债户讨索甚迫，承修官员们昼夜焦灼，寝食不安。一催再催户部，强调说：昭西陵东西配殿维修工程兴工时，因工程紧要，“当时因款项不济，该商等竭力筹垫，俾承办各工依限完竣，早经验收，并未延误。乃所欠之款，日久未清。查阅该商等呈词，迫切情亦可悯。相应片催贵部查照，所有本工欠领二两平足银八千两，希即全数开放，以清工款，而恤商艰。”“转瞬端节，所有向行商借款，必须清偿，万难再延。值此市面艰窘，委实无从挹注，惟有恳请再行咨催户部，将未领钱粮全数发放，俾清垫款，而免拖累。”①

此次昭西陵东西配殿的维修，同嘉庆朝对裕陵隆恩殿的维修作比较，很明显可以看出两次维修时代背景的差异。在裕陵隆恩殿的维修上，从未见有拖欠工程银两的现象。由于朝廷拨款充足，工程进展顺利，当然也给部分官员贪占提供了条件。本次昭西陵修工于光绪末年进行，此时的清朝已走到了尽头，帝国大厦即将倾覆，因此统治者尽管仍要竭尽全力去维护祖先的陵寝，挽救大清江山，但是无论如何，他们已无力回天了。仅昭西陵东西配殿的40 000多两维修款，在工程处和厂商的多次恳请下，分7次发放，还没能力发完，足以见证清朝此时奄奄一息的状况。

同治末年和光绪初年，风水围墙先后有多处坍倒，永济库款不敷办理，守护大臣曾先后奏请钦派大臣查估修理。虽然所需钱粮俱由户部照章发给，并委派管理石门工部司员修补。但是在光绪六年（1880）二月内，由工部奏请：“东陵围墙工程不得专案请修，仍照向章办理。”显而易见，所谓不得专案请修的直接原因，就是此时清政府的财政困窘，陵寝经费支绌。所以也只能令守陵大臣严行责成各营弁“认真看守，严密巡查，不准稍有疎懈”。光绪十六年（1890），据马兰镇咨报，风水围墙因连年大雨、山水涨发，共计坍倒塌沉等180段，长约610余丈。经守护大臣溥龄、麟嘉奏请，钦派大臣查勘，当年准修28段，约长123丈9尺，缓修152段，约长477丈8尺。以后又自光绪十七年（1891）至二十二年（1896），复经连年大雨、山水涨发，所有缓修段落续经被水冲刷，坍倒塌沉等共178段，约长2 200余丈。因为没有及时补修，使原来塌沉脱落墙帽的段落彻底坍倒，毁坏的围墙面积越来越多，故溥龄、麟嘉、文瑞等守陵大臣再次上奏：“此项围墙工程，实系有关风水，且左营坍倒段落相距惠陵较近，尤为紧要。

① 《东陵工程处堂片簿》光绪三十年至三十一年（1904—1905），清东陵工程处编，抄本。

自应遵照定例，亟为修整，第因永济库委系无款可筹，又未便任其敞露。奴才等亦深知库款支绌，何敢率行专案请修。惟此项围墙，防守尤关，非别项工程可比，必须妥速修理整齐，方足以昭严密。”① 在几位大臣的请求下，朝廷派溥善和李端棻前往东陵勘估。至于最后是否能够将倒塌损坏的围墙全部维修，因未见文字记载，难以确定。但从这一事实中，我们已经了解到，在清末，随着帝国政治经济的衰落，清朝统治者对祖先陵寝的经营已是力不从心，即便是维修围墙这样一个不大而简单的工程，还一缓再缓，其他大规模的修建维修困境就可想而知了。

① 中国第一历史档案馆编：《光绪朝朱批奏折》第二十九辑，北京：中华书局 1995 年版，第 206 ~ 207 页。

第三章　护陵：制度与纠纷（一）

第一节　清东陵的管理

清朝历代统治者极为重视皇陵的管理，大到各级官员的任用，小到陵寝的日常事务，均建立严格的规章制度，以使官员兵弁有据可循和有法可依。而且，这些规章制度，随着时代的发展和守陵官员的频繁更替也在不断演变。

一、立法稽查——对马兰峪一带村庄的严格管理

乾隆四十六年（1781），东陵承办事务衙门总管大臣兼马兰镇总兵保宁，就立法稽查数条事宜上奏皇上。其中第一条就是关于对马兰峪一带村庄的清查，即“陵寝重地，必须宁谧肃清”。保宁认为，马兰峪一带与风水相离切近，人烟稠密，五方杂处。乾隆二十三年（1758），陵寝仪树被砍伐，其偷窃案犯多系附近人所为。此案发生不久，即奉旨对这一带进行了一次清查。从乾隆二十三年至乾隆四十六年，已过20多年的时间，驻守这里的官员们都能凛遵详慎，不敢滥收役使。但多年以来，无籍流民、革逐退兵以及历次工程遗存匠夫、升迁事故官员、退存奴仆等各类人，逐渐增多。这些人漂流游荡，无所不为。保宁认为：“从前偷窃为匪，率出此辈。若不立法查逐，于陵寝重地甚有关碍。”但管理这些人员的遵化州衙署与陵寝相离60余里，鞭长莫及，不能经常进行稽查。尽管石门镇设有该州所属盐捕州同一员，由于地方简僻，与马兰峪、南北新城最近，但该员向来无查管之责。基于上述情况，马兰镇总兵保宁上奏恳请朝廷，将马兰峪一带地方，即责成石门州同，就近管理稽查。一面先令遵化州率领州同，将现住无业流民人等，挨户清理驱逐。并限定距离风水20里以内地方，均不容许流民居住。自清查以后，仍令遵化州每年春秋详查两次。到年底与石门州同出具印结，通报上司衙门存案。而在寻常之时，即专责石门州同不时就近逐户稽查，“务使匪徒不能潜回容隐，则地方得以肃清，于陵寝重地益昭严慎”。并在紧要之地，多派人员加强管理，随时调剂。

由于陵寝的修建，使得陵寝周边地方社会的管理系统呈现出一种复杂的局

面。本来石门州同作为遵化州知州的佐官，虽然与马兰峪、南新城和北新城很近，但并不管理这些地方的事情，而遵化知州又距离这些地方较远，不能及时稽查和处理事件。也正是在这种情况下，保宁才上奏朝廷，把这些地方的稽查管理权交予石门州同，也就是说进一步明确了责任。事实上，自陵寝建立后，遵化已非同从前的遵化，与一般的地方社会有了明显的不同，不仅行政级别发生了变化，先由县而州，接着又由州而直隶州，而且这些地方的管理责任也变得复杂和重大起来。陵寝社会的一些事情，诸如审判权力等亦由遵化州办理，但很多事情，遵化知州及其官员还必须绝对服从马兰镇总兵，这样就形成了风水墙内外权力的互相交叉和互动的复杂局面。从朝廷对清东陵所发生的各类案件的处理上，就反映了这些问题。另外，从马兰镇总兵兼任陵寝总管内务府大臣这一规定来看，也充分说明了陵寝修建后这一带管理系统的特殊性，同时也说明了清朝统治者行政管理的灵活性。

因马兰峪一带幅员辽阔，既然由石门州同就近管理，首先必须将村庄界限分析清楚。

到乾隆四十七年（1782）二月二十一日，直隶总督郑大进依照保宁所奏，令直隶督臣会同东陵总管详细确查。据布政使昭兴详称，遵化州靳荣藩将应行分管村庄及所定界限，查堪明晰。石门镇州同原管28个村，与马兰峪相离很近，将20里以内者，再行添拨51个村。这样新旧所管共79个村庄。这79个村庄的一切驱逐流民稽查各项，均交与石门州同专管。其他徭役等事，仍归遵化州办理。有关稽查驱逐事宜，曾于乾隆二十四年（1759），已经前任直隶总督方观承详析条议，并经皇帝批准。此次马兰镇总兵、内务府总管保宁，为了维护陵寝的肃静和安全，又再次重申：原奏所称革逐退兵、遗存匠夫、退出奴仆等项，其中奸良不一，日久渐增，自当随时清理。应令该州同逐户稽查，如有手艺营生、力耕自负者，即一体编入里甲。其漂流游荡、无业可依者，查明后分别解回旗籍（旗人归旗，汉人归籍），并驱逐出境，毋任逗留滋事。而且，务须随时稽查，防止这些人潜回隐匿。同时，亦不得专任查役，借端滋事。请求朝廷仍饬令遵化州知州，按原奏于每年春秋两季，亲查两次。年底会同该同州出结通报。此外，如有应查应办事件，原来议定时没有涉及的，并过去没有发生过的情况，令该州同随时详明，报总管及直隶总督衙门妥办。同时又饬令石门州同将分管村庄造册绘图，送部查核。①

复杂的管理系统自然源自一个复杂的区域社会，只有陵寝社会（包括风水墙

① 《乾隆朝录副奏折》，《直隶总督郑大进奏报查堪马兰峪村庄流居民人事》，档号：0354－005，缩微号：023－2423，藏中国第一历史档案馆。

内外的陵寝本身和周边的地方社会）才会形成上述所谓的革逐退兵、遗存匠夫和退出奴仆等这样一个群体。其实，这也给陵寝周边的地方社会带来了很多麻烦。如对余丁（父兄在陵寝各营汛为兵者），地方官则以他们父兄在伍，应归营汛约束；其被革退之兵中怙恶不悛者，又不服地方官约束。由此可见，这里的地方官员，其压力和责任相对来说更大。

清廷和东陵各级守陵官员之所以对马兰峪一带村庄如此严格管理，是因为马兰峪所属各个村庄与陵寝毗邻，这些地方管理得好与坏，可以说直接关系到风水墙内各座陵寝的安全。尤其那些无业流民，更被认为是危险分子，所以必然采取驱逐的措施，以净化陵寝的周边环境，防止各类偷窃案件的发生。同时，又强调各级官员不准借稽查之名，专任勒索，滋生事端。

二、皇陵象征的塑造：以树木的种植和管理为例

清朝入关后，为了消弭汉族的敌视情绪，维护统治，积极吸收汉族文化习俗，强调“孝先天下，首重山陵”。对陵寝予以“重加藻饰，以肃观瞻”，借此求得“祖宗福祚绵长，万年垂裕”①。其中清东陵的修建，便直接沿袭明制，既“在各个环节上，都有风水理论指导并起着决定作用”②，又着意在陵园的总体布局上体现出礼制秩序的原则。以周密的规划塑造着陵园庄严肃穆的氛围。悠长的神道、壮观的石像生、高耸的大碑楼和雄伟的隆恩殿等，与自然山水相配合，令人产生一种神秘和敬畏之感。清朝统治者对皇陵的管理严于历代，因为在他们看来，陵园内的一草一木都关乎着皇陵的风水，关乎着大清江山。风水不被破坏，大清的江山就能得以永恒。从这个意义上说，皇陵就是清王朝的一个象征符号，这个象征符号，就像宗教一样，“在人们中间建立强有力的、普遍的和持续长久的情绪及动机，依靠形成有关存在的普遍秩序的概念并给这些概念披上实在性的外衣，它使这些情绪和动机看上去具有独特的真实性”③。在中国历史上，一个新政权建立后，首先要做的事往往就是为新政权的合法性作辩护。而作为少数民族的满族所建立的清王朝，对这个问题就更为重视。尤其是入关以后，如何取得中原汉族的认同，使新政权能够长治久安，清朝统治者为此付出了很多努力，其中之一便是将儒家的文化和传统习俗凝聚在皇陵的修建上，借助皇陵这一象征的昭示和表达，给清王朝的存在披上合法的外衣。因此陵园内的布局设计都是围绕这一宗旨展开。如树木的种植，即具有营造陵寝氛围和荫护风水的作用。为了达

① 《钦定大清会典事例》卷四二八《礼部》“大祀·陵寝一”。

② 王其亨：《风水理论研究》，天津：天津大学出版社1992年版，第145页。

③ ［美］克利福德·格尔茨著，韩莉译：《文化的解释》，南京：译林出版社2002年版，第111页。

到这个目的，清东陵在树木的管理上建立了一套极其严格而又完备的制度。本章即以此为例，利用中国第一历史档案馆所藏有关档案资料，通过对清东陵树木管理的阐述，试图说明其背后的皇陵象征意义。

（一）树木的种植及其皇陵象征氛围的营造

一般来说，人们不屑于去关注树木种植和管理这样的小问题，因为它与一个王朝的政治兴衰似乎毫无关系。但很多事情也并非如此简单，事大或事小并不是最重要的，关键要看放在什么样的情境下，不同的情境会有不同的结论。对于皇陵而言，树木的种植和管理就是一件大事，甚至与王朝的兴衰牵上关系。正如历任守护陵寝大臣所言“陵寝以风水为重，荫护以树木为先”①。因此，清东陵自康熙二年（1663）修建首座陵寝——孝陵开始，及至后来陆续修建的昭西陵（孝庄皇后）、孝东陵（顺治皇后）、景陵（康熙）、裕陵（乾隆）、定陵（咸丰）、定东陵（慈安、慈禧）、惠陵（同治）等，在每座陵寝工程的规划设计中，都把种植树木列为重要的一项。东陵总占地面积 2 500 平方公里，前后风水禁山周回 1 940 里。辽阔的陵区，以昌瑞山为界，分为前圈、后龙两个部分，前圈位于昌瑞山以南，每座陵寝依山而建，周围众山环拱，中间是 48 平方公里的平地，各陵隆恩门内暨宝山、蝉翼砂山均按形势栽种树木，称为“仪树”。后龙位于昌瑞山以北，这里崇峰叠嶂，处处丰林茂草，密集的丛林基本为天然长成，后龙的树木称为“海树”。清朝统治者一直把陵园树木看作是荫护风水的重要保障，认为“陵寝树株，攸关培植风水，理宜敬谨修养，以壮观瞻”②。因此，在树木的管理上先后建立了一套非常完备的制度。

清东陵园区后龙一带，多为群山峻岭，历来人烟稀少。各种天然树木无以计数。而前圈内各陵仪树，系属计划栽种，故株数多少均有记录。按制，每座陵寝仪树数量以及每行株数，都有具体规定，其中昭西陵仪树 1 023 株、孝陵仪树 43 669 株、孝东陵仪树 1 144 株、景陵仪树 29 500 株、慤惠皇贵妃园寝仪树 1 800 株、妃园寝仪树 2 000 株、裕陵仪树 11 007 株、纯惠皇贵妃园寝仪树 2 704 株、定陵仪树 12 461 株、定东陵仪树 11 848 株、普陀峪万年吉地仪树 10 234 株、惠陵仪树 40 462 株、端惠皇太子园寝仪树 1 360 株、端悯固伦公主园寝仪树 316 株、孝陵神路两旁仪树每行 10 株、景陵、裕陵、定陵神路两旁均系每行 9 株，总计前圈共有仪树 169 528 株。此外还有特殊形状的单棵树木蟠龙松，孝陵宝城前 2 株，三孔桥南左右各 2 株，大小相倚，俗呼为苍龙训子。孝东陵三孔桥南 1

---

① 《内务府来文》，第 2963 包，原件藏中国第一历史档案馆。

② 《乾隆朝录副奏折》，《直隶马兰镇总兵保宁奏报修理陵寝树木事》，档号：0287－071，缩微号：019－1135，藏中国第一历史档案馆。

株，裕陵宝城前2株，神道碑亭前左右各2株。蟠龙松均高不及丈，枝干横协，广荫数亩，架以朱栏，有鳞鼠开张屈曲纷拿之状。[①] 这些陵园仪树除了荫护风水外，还有点缀陵寝环境，起到“渲染和强化庄严肃穆、崇宏神圣的山陵纪念气氛”[②] 的作用。从而使皇陵的象征效果更加理想。另外，各陵仪树的数量规定体现了尊卑有序的原则。

（二）陵园树木的管理及其背后的政治意义

1. 树户的设置及其管理的分工

清东陵对陵园树木的管理大概从建首陵开始就有明确的分工，即“所有海地树株，系属绿营专管，其仪行树株，系属内务府专司”。清东陵各皇帝陵内关防衙门[③]里均设有树户，皇后陵只有孝庄皇后的昭西陵、慈安的普祥峪定东陵和慈禧的普陀峪定东陵设有树户，其余的皇后陵均各随其皇帝陵，不再单独设立树户。各陵所设树户，是作为对前圈仪树进行常年的种植和维护的专门差使。各陵初建时所设树户：昭西陵20名，孝陵70名，景陵70名，裕陵70名，定陵70名，普祥峪定东陵20名，普陀峪定东陵20名，惠陵50名。共计树户390名。后来，个别陵寝的树户又有增加。如慈禧的普陀峪增加20名；慈安的普祥峪增加20名；孝东陵设置树夫40名（清王朝建的第一座皇后陵，里面埋葬着顺治皇帝的29个妻妾，向未设树夫）。这些新增设树夫均于附近州县招募年力精壮民人挑充。[④]

树户的地位和生活待遇是很低的，每名树户月支工食银1两4钱，随减半粟米折银3钱，月支减半粟米2斗2升。[⑤] 至今在清东陵各村（原各陵内务府）的老人那里仍可听到这样一句流传很久的顺口溜：“穷八旗，富内府，挨打受骂是树夫。”同内务府其他员役一样，他们的俸饷米折均由遵化、蓟州、玉田、丰润四州县赴直隶藩库领解，米由永济仓领放。[⑥]

① （清）布兰泰：《昌瑞山万年统志》卷二《志祀礼·仪树》，光绪年间写本。

② 王其亨：《风水理论研究》，天津：天津大学出版社1992年版，第157页。

③ 即内务府。清东陵各陵均设。主要职责是，每当陵寝祭祀时到库房领取和送还祭祀器皿、制作祭品、启闭宫门、打扫地面，燃熄灯火、请送神牌和管理树木等。帝后陵的内务府在120～150人之间，妃园寝在40～60人之间。各陵内务府总人数为1 100人左右。最高长官为东陵内务府大臣，乾隆四十年以后，此职由马兰镇总兵兼任，直到清朝灭亡。

④ 中国第一历史档案馆编：《光绪朝朱批奏折》第二十九辑，北京：中华书局1995年版，第445页。

⑤ （清）布兰泰：《昌瑞山万年统志》卷七《志俸饷》，光绪年间写本。

⑥ （清）何松泰纂修：《光绪遵化通志》卷十《陵寝志·俸饷》，光绪十二年刊本。

具体分工为仪行树株为内务府兼管，红椿①内外海树为绿营②专管，设在各陵的八旗兵③除了保卫陵寝的安全外，亦有责任关照所属地段内的仪树。当然这种分工是在具体管理中，尤其是在发生责任纠纷后逐渐明确的。

2. 对树虫的治理

树木同庄稼一样，一旦遇到亢旱之年，往往发生虫灾。对于清东陵来说，由于陵园占地广阔，前圈、后龙仪树海树均已成片相连，当虫灾发生后，如若治理不及时或采取的方法不得力，便会很快蔓延开来，会直接影响甚至破坏陵寝的风水和景观。因此，历任内务府大臣总兵以及各陵官员等，都极为重视对树木虫灾的防治。早在乾隆三十五年（1770），裕陵内关防衙门册内专门注写捕虫章程一条，即冬春俱在树根之下搜拣小虫，夏令在树上搜拿大虫，秋令搜捕虫茧、虫蛾。以后历代，基本以此为常行之法，照章按时搜捕。遇亢旱之年，生虫较多，必须多派兵役捕捉，以免蔓延为患。尤其当灾情严重时，各陵所设树户远远不够使用，即便动员所有员役兵丁参加灭虫，也仍然感到人手缺乏。当时灭虫全是靠人工手捉，费时费力。而虫灾一旦发生，其蔓延速度极快。在这种情况下，守陵官员想出了很多好办法，并付诸实施，使灭虫收到了理想的效果。

第一，令附近州县派出居民帮拿。

乾隆三十二年（1767）二月，各陵仪树、山树均爆发了虫灾，当时各个陵寝官员、拜唐阿和树户等竭力捉拿，同时又添派各礼部草户（割草户）、院户（扫院户）帮助捉拿，但仍然无济于事。陵寝树木，关乎风水。在此情况下陵寝大臣公义紧急上奏请旨，要求附近州县派出居民帮助捉拿树虫，公义是在二月初十日上奏，事隔两天，即于二月十三日，乾隆皇帝的朱批谕旨由兵部驰驿送到，准予公义所奏，令附近州县派出居民帮助陵寝官员兵弁尽力搜拿树虫，并令酌量给予饭钱。接到皇帝谕旨后，公义立即行文附近遵化州、蓟州，令两州各派民夫 500 名。行文下达后，遵化州、蓟州很快便于二月十七日至二十三日前后，陆续各派到民夫 500 名，共计 1 000 名，按照各陵树株虫灾的轻重予以分配。孝陵拨给民夫 500 名，景陵拨给民夫 400 名，孝贤皇后陵拨给民夫 100 名。均令这些民夫在

---

① 即陵寝后龙边界标志之一。乾隆元年（1736），在后龙开割一条宽 20 丈，长 320 里的外火道，沿外火道内侧，每里立木椿三根，共 960 根，均涂以红色，故称红椿。

② 绿营兵的指挥机关设在马兰关。马兰关是长城的一个重要关口。在建陵初期，即顺治、康熙年间，清王朝在马兰关设一名副将，率领一协绿营兵驻守，专以保卫皇陵安全。雍正时，将马兰关副将提升为总兵，改协为镇，下辖八个营，共有官兵 3 157 人。

③ 清东陵各陵均设有兵部，即八旗兵。清朝统治者极为重视皇陵，专门派遣亲信八旗兵驻守各陵，昼夜巡逻，保护陵寝。同时各陵的八旗兵也参与祭祀活动。每座陵寝门外两侧的值班房，就是八旗兵值班休息的地方。

各陵神路两旁仪树内捉拿树虫。各陵宝山树株之树虫，则令其各陵官员、拜唐阿、树户及礼部草户、院户和工部匠役等捉拿。

1 000 名民夫人数不少，齐聚陵寝禁地攀树捉虫，若不加严格管理，恐怕生出事端。东陵总管内务府衙门即令各陵总管、翼长等率领披甲人进行监督。

民夫的报酬即遵照“伐巨回干树株给予饭钱”之例，动用滋生银两，每名民夫每日给予制钱 30 文，并行文遵化州和蓟州，毋庸另行开销。以后历年树木生虫严重时，当陵寝内部夫役兵丁不敷差派，即征用附近州县民人帮助灭虫。如光绪二十三年（1897），清东陵树木发生严重虫灾，为了尽快消灭虫孽，就“招募民夫千有余名，自定陵神路以南、孝陵神路以西，历盘龙岭、王家峪一带出西门，由牤牛山历西峰口、岔道子、九道洞，至大红门外，随地搜拿。至初六日一律完竣，招募民夫当即遣散。计自正月初六日接办，至二月初十日，所有各陵仪行树株、海地树株及后山一带树株，一律搜捕净尽”①。

第二，设立普收局收虫。

为了能迅速灭虫，清东陵管理机构还采取了一项非常有效的措施，即设立普收局收虫。

光绪二十二年（1896），发生旱灾，陵寝仪树和海树均生虫孽，虽然当年十二月降雪二寸有余，但是，伏虫仍没有被冻死。此时如不及早按株查捕干净，诚恐一到惊蛰，天气暖和后，便迅速蔓延。当时共派兵役兼及幼丁 2 400 多人进行捕捉树虫，但是面对 160 000 之多的仪树和无以计数的海树，这些人手显得微不足道。而且一些偏远之地更是无法遍及搜捕。于是，仿照各省捕蝗之法，“令民捕交，设局收买”②。但设局收买树虫需要巨款，而朝廷户部拨给清东陵的款项和东陵永济库③自筹的资金，连发给陵寝内部捕虫兵役之工食都不足，就更没有办法解决收虫之款。捕虫时不可失，势不可缓，所以，当时内务府大臣文瑞只好上奏，请求皇上“赏拨巨款，听民捕交”。

第二年，即光绪二十三年（1897），为了防止春暖之时虫孽复活蔓延，各陵从正月初六日起，一面派兵丁实力捕拿，“一面于马兰峪东关外支搭棚圈，设立普收松虫局”，派专门人员经理，广为收买松虫，并“刊印松虫告示，分贴城

① 中国第一历史档案馆编：《光绪朝朱批奏折》第二十九辑，《长萃、英年奏为查捕松虫一律净尽恭折仰乞圣鉴事》，北京：中华书局 1995 年版，第 198 页。

② 中国第一历史档案馆编：《光绪朝朱批奏折》第二十九辑，《文瑞奏为伐除回干树株数目完竣循例奏闻折》，北京：中华书局 1995 年版，第 179 页。

③ 即景陵礼部衙门，建于雍正七年（1729），专储陵寝工程及官役俸饷等帑款。由守护大臣派员司其出纳，核实报销，岁为更代。

乡，东至遵化州，西至蓟州，南至马伸桥，北至马兰镇，以广招徕”①。“并于局之东北河滩内，择定焚烧松虫之所，一面添置木梯铁锅等物，以为查捕松虫之用。”② 自本年正月初六日起，钦派大臣长萃和守陵大臣溥龄等逐日稽查督催，并派令花翎二品顶戴内务府郎中广泰随同，总司照料，各陵仪树海树均于正月十九日，一律查捕完竣。“犹恐伏孽甚微，或有未尽，各陵暨普陀峪万年吉地，均酌留差役数十名，再行细查，如果净尽，令其随时出具甘结，以专责成。统计半月内，共捕松虫二万四千二百余斛。其普收局民夫所交松虫共十万九千三百余斛。均随时秉界炎火，以绝种类。”③ 但是大山北面一带，因为山高路远，每日捕虫很少，所以民夫多不肯前往，陵寝兵役又不敷分拨。守护大臣文瑞只好一面劝令民夫前往后山一带查拿，一面设法抽调外汛兵六成，计 700 余名，加上绿营兵，共1 700 余名，前往搜查。并将绿营兵分拨各段，限以 6 日，令其会同本段汛官自行查验明确，出具净尽甘结，以专责成。

光绪二十五年（1899），即在春夏之交，发生旱灾，由于亢旱日久，清东陵树木生虫非常严重，树虫较历年多至数十倍。孝陵、景陵、裕陵等原有仪行树株以及神路两旁自生松树三四万至六七万株不等，而且有很多树高达八九丈，原来各陵所设差役树户不过百名，很难一时搜捕净尽。虫灾发生后，如不及时治理，就会蔓延，尤其发生严重的虫灾，其蔓延的速度更快。当时，东陵管理机构立即加派兵役，打破各陵之间的区域界限，并命令各陵官员督率兵役树夫，于仪行海地生虫处所，不遗余力，按段细拿。凡人力能施、目力所及之处，所有虫茧、虫蛾、虫子，均已搜捕。所有陵寝树株，历年均有生虫处所，倘若雨水调匀，生虫必少。如果随时认真查看，树虫很快会被搜捕净尽。若遇久旱之年，生虫必多，想一时搜捕净尽，实属不易。这次虫灾经过全力搜捕，使树木表面的大小虫孽基本搜拿干净，唯有草根、石罅和树皮之内还会藏有遗子，当时正值天气亢旱日久，难免残留遗子再生小虫。各陵寝官员除了督率兵役树夫，按时照章认真加以搜捕外，又于“六月初一日，设立普收局，发价收买”④。

此后，每遇陵寝树木虫灾严重之年，便都设立普收局，发价动员附近州县民

① 中国第一历史档案馆编：《光绪朝朱批奏折》第二十九辑，《文瑞奏为伐除回干树株数目完竣循例奏闻折》，北京：中华书局 1995 年版，第 179 页。

② 中国第一历史档案馆编：《光绪朝朱批奏折》第二十九辑，《长萃、英年奏为附近陵寝仪行等树查捕完竣并接办情形折》，北京：中华书局 1995 年版，第 191 页。

③ 中国第一历史档案馆编：《光绪朝朱批奏折》第二十九辑，《长萃、英年奏为附近陵寝仪行等树查捕完竣并接办情形折》，北京：中华书局 1995 年版，第 191 页。

④ 中国第一历史档案馆编：《光绪朝朱批奏折》第二十九辑，《毓昆、光裕、奎顺奏为虫茧虫蛾现已净尽仍查照旧章按时捕拿折》，北京：中华书局 1995 年，第 475 页。

人捕虫上交，根据捉虫数量给银。当经费紧张时，就暂向铺商挪借。如光绪三十一年（1905）的虫灾，朝廷拨给普收局捕虫经费共钱6 000缗早已不敷支用，东陵永济库又无钱可支，户部发交直隶生息之款，迟迟未经部核，而且系远款难供近用。在松虫作茧化蛾之际，若捉捕不力就会留下遗子化虫的后患。东陵守护大臣绝不敢因款项不到就坐以待毙，不去组织救灾。只能一面向朝廷申请款项，一面向兰阳铺商挪借东钱16 000缗，以资收买，以济急需。

光绪三十三年（1907）四月间，各陵仪行海地树株又渐生松虫，承办东陵内务府大臣除了令各陵夫役兵丁抓紧搜拿外，又“设局发价收买，俾速收效”[①]。到七月初旬，虫孽减轻。自四月三十日起至十一月三十日止，共收大小松虫338 112斛6两1钱，虫茧858斛13两，虫蛾79斛2两5钱，虫子11 116两8钱。共需用过二两平银13 269两2钱8分3厘3毫8丝。除动用各款外，尚计不敷银652两2钱6分2厘8丝，“俱向铺商挪借，俟将直隶生息捕虫银两由部领回，再行拨还，以清垫款”[②]。光绪朝，清廷财政紧张，但树虫关乎陵寝景观和风水，因此上到皇帝下到陵寝官员都积极筹措资金，哪怕是东挪西借，也不能耽误虫灾的治理。

第三，百部草灌虫穴洒树叶之法。

华北地区，在春夏之交常有旱情出现，因此，庄稼树木多发生虫灾。清东陵作为皇家陵寝之地，对于保护2 500平方公里辽阔园区内的十几万株仪树和无以计数的海树，是各级守陵官员兵弁的一项重要任务。当虫灾发生后，除了组织本陵夫役兵丁和发动附近州县民人竭力捕虫以及设局收买外，还积极研究怎样治虫，其中百部草浸水灌虫穴、洒树叶，就是清东陵守陵官员根据皇陵特点而筛选出来的办法。

光绪二十二年（1896），清东陵树木发生虫灾，守陵官员长华一面派拨兵役近千人，分布各陵查拿，一面参照古书记载，结合民间流传的治虫方法，如桐油熏烟、硫黄塞孔、百部水洒叶、鱼腥水泼根[③]等，进行仔细研究，最后筛选出了百部草浸水灌虫穴浇洒树叶之法。但在采用这种方法之初，守陵官员们心存疑

① 中国第一历史档案馆编：《光绪朝朱批奏折》第二十九辑，《长萃、英年奏为附近陵寝仪行等树查捕完竣并接办情形恭折奏报仰乞圣鉴事》，北京：中华书局1995年版，第191页。

② 中国第一历史档案馆编：《光绪朝朱批奏折》第三十辑，《载瀛、寿全、承祐奏为松树生虫现已搜捕完竣谨将用过虫价经费银两数目开单奏销事》，北京：中华书局1995年版，第580页。

③ 中国第一历史档案馆编：《光绪朝朱批奏折》第二十九辑，《长华、英年奏为遵旨查看虫蚀树株及现办情形恭折仰祈圣鉴事》，北京：中华书局1995年版，第170页。

虑，到底杀虫效果如何？尤其更加担心“百部草虽能杀虫，恐浇灌有碍树株”[①]。因此，总管大臣再三叮嘱各陵官员，在使用此种办法之时，“犹当详加体察，总以保护树株为主，切勿轻率从事”。因为一旦出现问题，比如说，虽然把树虫杀死了，可树株亦同时受到损伤，甚至大量死亡，那么，陵寝各级官员就会遭遇人头落地之祸，谁也不敢掉以轻心。但是又不能因此就因循守旧，同样，如果不能有效地消灭虫灾，使陵寝树木遭虫蚀而枯死，直接影响了皇陵风水，亦存在着被参受处乃至掉脑袋的危险。

此年，钦派大臣长萃、英年上奏“拟请饬下直隶总督转饬所属祁州购办百部草数万斛，务于正月内解交东陵承办事务衙门，以备应用”[②]。至光绪二十三年（1897）二月十七日保定府祁州知州申解到百部草四千斛，总管大臣溥龄等即派员照数查验收讫，并赶紧监视浸水洒树。不久，伏虫“已无生气，而树之针叶青葱如故。可见此草力能杀虫而于树株实属无碍”[③]。

陵寝官员在治理树虫上之所以想出这么多好办法，是因为“陵寝树株，风水攸关，理宜加以慎重”。为此，朝廷对各级守陵官员作出了很多规定。如光绪年间，由于陵寝树株屡遭虫灾，在光绪二十五年（1899）六月，大臣载澜上奏皇上敬陈管见：认为因各管理官员漫不经心，才导致了虫灾的叠相发生。所以下令“自此次查拿净尽后，如再有树株生虫之处，该管官弁能于三个月内捕拿净尽，免其置议，仍不得率行请奖。若并不即时查捕，致令成灾，即将该管官弁，分别议处。倘意存规避，匿灾不报，除将各该员弁从严惩办外，并将该管大臣予以应得处分”[④]。

3. 树木管理的相关制度与纠纷

第一，对回干树株的处理。

陵区每年自然枯死或风折或被虫蚀死亡的树，称为“回干树”。对这些树如何处理，清东陵都有严格规定。从档案资料记载看，回干树大致有四种处理方法：首先，选其长大者用于陵寝修理拨房栅栏木桥梁或添换红白椿；其次，用于陵寝祭祀烧柴；再次，将碎枝细梢分赏给陵寝披甲人、包衣、树户、绿旗兵丁；最后，变价出售。

---

① 中国第一历史档案馆编：《光绪朝朱批奏折》第二十九辑，《长萃、英年奏为附近陵寝仪行等树查捕完竣并接办情形恭折奏报仰乞圣鉴事》，北京：中华书局1995年版，第191页。

② 中国第一历史档案馆编：《光绪朝朱批奏折》第二十九辑，《长萃、英年奏为遵旨履堪实在情形定期接办树虫并请拨款收捕兼行以图速效事》，北京：中华书局1995年版，第185页。

③ 中国第一历史档案馆编：《光绪朝朱批奏折》第二十九辑，《长萃、英年奏为查捕松虫一律净尽恭折仰乞圣鉴事》，北京：中华书局1995年版，第198页。

④ 《清德宗实录》卷四四六，北京：中华书局1986年版，第879页。

康熙二十八年（1689）规定，长大回干树株，入于陵寝祭祀烧柴项内，其余细小木枝，分给陵寝官员、披甲人、包衣、拜唐阿等。这些入于陵寝祭祀烧柴项内的木植，交予遵化州收贮，于陵寝祭祀时，按例交送使用。如若不敷应用，则仍从遵化州备办，核给钱粮。

雍正三年（1725）十二月，礼部郎中罗丹就遵旨办理回干树株一事奏请，陵寝回干树株毋庸交遵化州，即留围墙内堆贮，以充陵寝二年额需木柴之用。俟用完之时，仍向遵化州取用。因为运出储存和复又运进应用，浪费工时，于地方无益。但乾隆二年（1724），因堆积回干木植处失火一事，经内务府议核，每年所出回干仪树，堆积日久，必致糟朽不堪，办理祭品时，可将此项木植，择其长大可用者，只留一年应用，其余分给陵寝官员、披甲人包衣、拜唐阿等。

历年陵寝各处需用木柴，皆系累年所出回干树株，并无动用州县铺粮。如乾隆二年（1724）葺伐树株，共得回干木 197 100 斤，松枝 836 000 斤，四陵内关防处办造祭品。此年共需木柴 191 672 斤，所得回干树株已够四陵内关防一年之用，相应即将此 197 100 斤回干树株，照例交四陵内关防各自堆放，以备今年办造祭品之用。至于新叶松枝，虽系油熏烟大，难以办造祭祀洁净之品，可以用于四礼部两总管衙门暨养牲所。四礼部两总管衙门养牲所，每年共用木柴 154 664 斤。新叶松枝共 836 000 斤，大约可供四礼部两总管衙门暨养牲所四年之需。但礼部总管衙门没有地方堆贮。因此这些新叶松枝只好仍交予遵化州，并与遵化州商量，尽量选择陵寝附近之地堆贮，将来供应拉运更为方便。其余碎枝细梢，应照例分赏陵寝披甲人包衣、拜唐阿、树户绿旗兵丁等。①

在回干树株伐除之前有一套严格的程序，即各陵树户和各汛弁兵，对所管园区内枯死的树木，首先要查清，并粘贴记号，上司官弁要亲自查验，然后造册上报礼、工二部，待钦天监选择吉日前来后，再进行伐除。如光绪二十二年（1896），左右两营及鲇鱼关、大洼、老厂沟、青山岭、黄崖关、将军关、曹家路、墙子路、黄花山各营汛呈报，共贴记回干树 1 425 株，经委员查验造册，咨报礼、工二部，嗣钦天监择吉日后，由陵寝官员亲视伐除。所有围墙内伐除回干 64 株，修搭桥梁使用 14 株，余剩 50 株，均锯截不满三尺木段，共秤兑 39 400 斤，分作祭祀柴薪 31 200 斤，余剩 8 200 斤，作为围墙内外各堆拨防夜更柴，又有内火道六关汛及曹家路、墙子路等处所，伐除回干树 1 352 株，其中除添换桥梁栅木红白椿使用外，所剩枝梢以及换下来的朽木，分作防夜更柴。黄花山所伐

① 乾隆朝录副奏折：《总理三陵事务允祁、奉恩辅国公陆庆、内务府总管巴图奏报陵寝柴薪事宜事》，档号：0295－032，缩微号：020－0115，藏中国第一历史档案馆。

除回干树 19 株，均作为该处园寝祭祀。[1]

咸丰四年（1854），守陵大臣庆锡上奏，请求将伐除的道光二十九年（1849）被虫蚀海地回干松树，酌留 4 000 件修工用，以运到京城修理城上堆拨，经巡防王大臣和工部会议，以暂无修理之工为由，令其暂缓运京。庆锡在奏折中讲道："此项木料，本系回干，不堪久存，加之去年秋冬雨雪连绵。现在间露糟朽，如再堆存一二年后，更恐不堪应用。奴才再四熟思，此项木植存之既属无用，弃之亦觉可惜。当此经费支绌之时，如以变价接济兵丁，似于守护巡防较有裨益。如蒙俞允，奴才捡派体面可靠员弁，招商核实，估计得价若干，再行奏闻。……是否有当，伏乞训示遵行。"最后皇帝朱批"着照所请核实妥办"[2]。这次变价出售回干树木最终得钱多少，并未见到档案记载。但是可以肯定的是，这 4 000 件回干树无疑遵照皇帝的朱批谕旨出售掉了。

尽管清东陵每年出现的回干树数量不多，也就是说种树的成活率均在八九成，但是皇帝对此仍不满意，认为回干树的出现，背后另有原因。如乾隆十五年（1750）十一月，乾隆皇帝针对贝勒允祁等所奏东陵各处应行补栽仪树一事而传谕旨："朕思陵寝重地，一应林木，办理俱应诚敬，且气脉深厚，种树最易生长，何以每年所报回干甚多，盖因承办之员与树户人等，于补种时，即不如法，转利其易于回干，希图下次又将补种，可以于中取利。此系伊等旧习。着传谕贝勒允祁等，令其知有此弊，悉心查察，并严立责成，俾如法补种，自不至屡次回干。即贝勒允祁等，或不能深知种树之道。丰盛额于此等应留心。但伊等系初任，嗣后着丰盛额专司其事，务必留心稽查，敬谨办理，倘有仍前滋弊，以致易于回干之处，惟伊是问。"[3] 按乾隆皇帝的意思，承办之员和树户的作弊以及管理大臣种树经验的不足，是导致回干树出现的直接原因。事实上是否如乾隆帝所说，我们可以暂且不论，仅就树木的成活率来讲，能够达到八成甚至九成（后文论及），已经是很了不起了。其实无论土地条件多么好，也不可能做到百分之百成活。这件事也使我们看到清朝统治者对陵寝树木的重视程度。

在陵寝树木管理维护中，哪怕是伐除回干树也不是一件小事，不但要贴记造册、咨报礼、工二部，还必须请钦天监选择吉日，[4] 才能伐除。而且最后还要将

① 中国第一历史档案馆编：《光绪朝朱批奏折》第二十九辑，《文瑞奏为伐除回干树株数目完竣循例奏闻折》，北京：中华书局 1995 年版，第 179 页。

② 《内务府来文》，第 2960 包，原件藏中国第一历史档案馆。

③ 《清高宗实录》卷三七六，北京：中华书局 1986 年版，第 1149 页。

④ 对活树的伐除，其选择吉期更为严格，不能有丝毫马虎。如光绪七年（1881），马兰镇总兵景瑞对有碍普祥峪定东陵神路树株未俟吉期，便先于开工之日伐除，遂被交部议处。（见《光绪朝朱批奏折》第二十七辑，《奕宗奏为奏闻事折》，光绪七年五月，北京：中华书局 1995 年版，第 287 页。）

伐除回干树株数目缮写清单，恭呈皇帝御览。对回干树的整个处理过程，充分体现了清东陵管理制度的严密性。

第二，保限三年的承包责任制。

在清东陵的树木管理中，有一项很值得称道的制度，即：对前圈仪树的承包责任制。各陵仪树，均由内务府司员带领拜唐阿、树户栽种，并浇灌看守，“定限三年保固，如限内回干，照式赔补”①。

道光朝录副奏折内政类有补栽树株清单一张，记录了嘉庆和道光年间赔栽、补栽限内限外回干树株情况，书录于下：

嘉庆二十五年（1820），昭西陵补栽限外回干树 2 株。孝陵补栽限外回干树 1 252 株，赔栽限内回干树 405 株。孝东陵补栽限外回干树 1 株。景陵补栽限外回干树 640 株，赔栽限内回干树 376 株。裕陵补栽限外回干树 256 株，赔栽限内回干树 137 株。端慧皇太子园寝补栽限外回干树 11 株。

以上嘉庆二十五年共补栽限外回干树 2 162 株，赔栽限内回干树 918 株。成活树 2 490 株，核计成活八成余。

道光元年（1821），昭西陵补栽限外回干树 2 株。孝陵补栽限内回干树 393 株，补栽限外回干树 1 018 株。孝东陵补栽限外回干树 2 株。景陵赔栽限内回干树 278 株，补栽限外回干树 966 株。裕陵赔栽限内回干树 135 株，补栽限外回干树 142 株。端慧皇太子园寝赔栽限内回干树 2 株，补栽限外回干树 66 株。

以上道光元年（1821）共赔栽限内回干树 808 株，补栽限外回干树 2 196 株。②

无疑，对限内回干树木的赔补是很严格的，但是，有的赔补人员常常以细小树株充数，栽种后大多不能生长繁茂，“几致有名无实”。虽有三年保固之例，但并未计及限内赔种能否长成，或者亦不查核所栽树株围尺是否合乎要求，一过三年限外，即无责任。因此，在乾隆三十年（1765），马兰镇总兵满斗上奏请求，嗣后，将回干补种之树，应行保固三年者，“务核其实，能成活，始准报销之。不得听其以小树充补搪塞。倘有仍前目循草率者，惟派出之该总管是问”。满斗奉旨查得孝陵、景陵、皇贵妃园寝限内，于乾隆三十七年赔栽树 52 株，内回干 26 株，均系保固限内之树。当即令原栽官员赔补，并照依报部，定准尺寸，长 1 丈以上，围圆 6 寸有余，必须枝叶畅茂，根坨监大者，然后在满斗的亲自监视下，如数赔栽。所栽之树均于补栽之年另行起限，仍保固三年，务期成活后，始

① 中国第一历史档案馆编：《光绪朝朱批奏折》第二十七辑，《景瑞奏为恭办惠陵暨妃园寝福地栽种树株酌拟数目绘图循案具奏并请变通拨款分年栽种事》，北京：中华书局 1995 年版，第 29 页。

② 《道光朝录副奏折》（内政类），档号：2816，缩微号：3291，藏中国第一历史档案馆。

准报销。[①]

由于施行三年保限的承包责任制，各陵司员树户均能尽心尽力，从栽种到浇水灌溉、修枝防虫等，无不兢兢业业，致使清东陵的树株成活率极高，历年成活率均在八九成以上。如乾隆五十六年（1791），皇陵通共交栽树 2 527 株，成活树 2 850 株，计算成活八成有余。[②] 乾隆五十五年冬所添栽的松树 2 000 余株和乾隆五十七年春所添栽的柳树 1 000 余株，由于弁兵勤加浇灌，小心培养，几乎全部成活。到光绪年间，树株的成活率更高，基本都在九成以上。如此高的成活率，除了与清东陵良好的环境（人烟稀少、律令森严而极少人为破坏、树木成林而形成良性循环）有关外，还与制定明确的三年保限承包责任制有直接的关系。历史证明，这是一条非常成功的经验，值得后人借鉴。

第三，律令与案件。

《钦定大清律例》专门载有陵寝禁令，其中有关树木者如下：

如红桩以内，盗砍树株取土石开窑烧造放火烧山者，比照盗祀神御物斩，奏请定夺，为从者发近边充军。其有盗砍官树，开山采石，掘地成壕，开窑烧造，放火烧山，在红桩以外白桩以内者，即照红桩以内者为首，杖一百，徒三年，从犯减一等，杖九十，徒两年半。如在青桩以外官山以内者，为首杖九十，徒两年半，从犯减一等，杖八十，徒两年。计赃重于徒罪者，各加一等。官山界址在 20 里以外，即以 20 里为限，若在 20 里以内，即以官山所止之处为限。弁兵受贿故纵如本犯罪。应军徒者与囚同罪，赃重者计赃，以枉法从重论，本犯罪应斩决者，将该弁兵等拟以绞决，其未得贿，潜通信息，致犯逃避，本犯罪应军徒者，亦与囚同罪。本犯罪斩决者，将弁兵等减发极边烟瘴充军，仅止疏于防范者，兵丁杖一百，官弁交部议处。附近陵寝禁地之遵化、蓟州、密云、平谷各州县民人，如有偷砍海树，私运出山，窃藏贩卖者，将失察之州县官降一级调用。知府降一级留任。道员罚俸一年，俱公罪系失察差保得规包庇者，将州县降二级调用。知府降一级调用，道员降一级留任。俱公罪，其州县属四路同知管辖者，该同知照知府例处分。查出揭报者免议。

上述律令，既有对盗伐者的惩处标准，又有对相关管理弁兵甚至罪犯所在州县地方官员的连带处罚，可谓严密之极。但个别官员仍漫不经心、懈怠失职，穷困的民人更是冒着生命危险，铤而走险。发生在清东陵的各类案件中，有一些就是与陵寝树株有关的。仅举两例说明：

① 《乾隆朝录副奏折》，档号：0299 - 045，缩微号：020 - 0888，藏中国第一历史档案馆。

② 《乾隆朝录副奏折》：《爱星阿奏明各陵树株成活情形事》，档号：0308，缩微号：020，藏中国第一历史档案馆。

案例一：

乾隆四十五年，孝陵员外郎中秋被东陵承办事务内务府总管大臣兼马兰镇总兵保宁参奏，其被参原由有二：一是不认真履行职责，对上级布置的任务敷衍塞责。这一年清东陵树木因雨水稀少发生轻微旱情，保宁谕令各陵官员将新栽并二三年内成活小树，一概用水浇灌，务期深透湿润，以资培养。令下之后，各陵官员均能按照规定，分清段落督办，唯有孝陵员外郎中秋不以为事，希图安逸，并不亲身督管，任由树户人等潦草塞责，实属懈怠。二是对上级交给的任务推诿狡卸，抗违不遵。清东陵围墙内养有很多鹿只，以供祭祀之用，这些鹿只每到夏至以前长出新角之时，因痒触磨，多有损伤小树情形，这一年已到小鹿长鲜角的时候，作为东陵内务府总管大臣的保宁，一面饬令将小树用荆棘围缚保护，一面仍令内务府官员仿照绿营派拨差役树户人等，昼夜哄赶，使鹿只远避而不致伤损树木。令下之后，各陵官员皆以为允当，遵奉办理，唯独中秋逞其狡辩，称内务府官员差役人等，其职责只是看守陵寝和承做祭品，至于看树哄鹿并非是他们的应当之差。认为保宁多事，故抗违不遵。保宁上奏说："陵寝树株最关紧要，一切栽种浇灌培养事宜，向系内务府郎中员外等官率领树户差役人等经管，理宜实心敬谨培养，以期繁盛。可中秋平素懒惰懈弛，诸务退缩不前。奴才时加诫饬，该员毫无改悔。似此玩疲狡诈，遇事推诿之劣员，若不严行参奏，无以儆疏玩而昭炯戒。为此拟实参奏请旨，将员外中秋革职，以为怠玩者戒。是否有当，伏请皇上训示。"①

乾隆四十五年五月初二日奉旨，将中秋予以革职，为了以足示惩，教育其他官员，并将中秋发往热河工程处效力赎罪。

案例二：

嘉庆十二年（1807）五月，家住青椿界内的周明、孙秀先后在木门沟、大洼盗砍树木 13 株，会审后，比照盗大祀神御物律，拟斩立决。对何显亭、杜三、何四儿，汛兵毛贵、张起云等 5 名在逃犯，陵寝守护大臣庆杰派弁兵严拿。此案还涉及东陵内部人，即汛兵陈英、何伦、张万全 3 人，贪图微利，得钱卖放，以致周明等肆意盗砍，贩运无忌，其罪不但与正贼无异，而且，更重于正犯，陈英等一律斩决。并将带着刑具的周明、陈英解赴犯事地方，传集于风水界外该处居民、汛兵前往观看，各刑夹一次后，再行处斩。孙秀、何伦、张万全，即绑缚市曹，派委瑚素、通阿监视行刑，行刑夹一次后再行处斩。

游击常太、守备郭士祥，因在所守汛地不能觉察，以致被偷砍树株，实属失

① 《内务府来文》，第 2925 包，原件藏中国第一历史档案馆。

职。故均被革职，并发往伊犁效力赎罪。

该管总兵巴宁阿，革职并发往吉林。其侄被罢斥。

通过这次案件的处理，使人们看到了清东陵树木管理中各级官吏役夫的层层责任制。

这次案件发生后，于嘉庆十二年五月二十二日，内阁奉上谕，仪亲王、成亲王、军机大臣，除了会同刑部审拟外，还共同上奏请求制定缉捕贼犯优子章程。认为民间坟茔树木，尚知加以保护，勿令箭伐，遇有盗卖之事，辄明官究治。况天家皇陵重地，守护极严，外设青椿为界，次设白椿，再次又设红椿，地愈近则禁愈严。并额设弁兵防守，立法至为详备。如果弁兵等实力巡缉，设有贼犯越界偷盗之事，即时查拿究办，弁兵既可献功，同时贼犯等未经砍伐。盗树案件之所以屡禁不止，其主要原因是陵寝守汛弁兵向来没有明定缉捕贼犯优子章程，所以弁兵等无所希冀，一旦遇到利已自便之事，辄相率听从，趋之若鹜。所以，今后应酌定条例。如官弁等捕获偷盗禁地树株贼犯，即立子升擢。兵丁等缉捕勤能，即量为拔补，仍加之赏赉，根据获犯之多寡，以定赏项之轻重。所需赏银，即于就近库项内筹款动用，并出示晓谕弁兵职司等，“若能恪守汛地，严缉匪徒，官弁则优子升阶，兵丁则不惟得赏，兼可得官。倘或贪利纵贼，即立正典刑”。反复告诫弁兵应以陈英、何伦、张万全为教训，不要仅以数千受贿制钱，招致杀身之祸，与其得有限之赃，蹈不赦之罪，不如捕贼立功，既蒙上赏，又能授官。同时，又特别强调不可妄拿无辜，希图冒功邀赏，如有犯此者，必加倍治罪。并晓谕青椿以内居民，以周明、孙秀偷砍树株遭处斩为警戒，住在青椿界内，幸依风水重地，若能安分守法，自必永远蒙庥。若如周明等干犯例禁，不独身罹宪典，而且家属亦遭遣逐。

之后不久，马兰镇总兵兼内务府大臣庆杰遵旨专为缉捕偷砍树木罪犯给予奖赏一事上奏详议，对以前陵寝官员弘谦所奏奖赏内容进行了详细的补充和修订。庆杰在奏折上说：皇上敬念山陵培护松楸至意，申之以奖劝，慎之以考稽，考虑周详，无微不至。臣伏思陵寝重地，设立弁兵守御，予之粮饷，以赡其家，隶之营伍，以广其登进。该弁兵等缉捕巡防，分应效命。今优特沛恩，酌加赏赉，自应凛遵训谕，核其获犯之多寡，以定赏项之重轻，庶于鼓励之中，仍寓核实之意。过去，弘谦等所上奏折内称，各汛官弁，如有在红椿以内，不拘本汛别汛缉获实系偷砍树株、确有证据贼犯一名者，立予升擢一等，缉获二三名者，即奏请超等升擢。兵丁等捕获罪犯一名，除赏银八两外，仍拨补外委。如能多获贼犯，赏赉依次递加，升擢亦按等加增。上述所议，其缺陷是既未定以限制，亦未予以区分，诚如圣谕，缉捕贼犯，有本汛邻汛之殊。偷砍树株，有已砍未砍之别。弘谦折内并未讲清，因此很难执行。溯查中枢政考，于失察陵寝后龙风水禁内偷砍海树条例载明：本汛并无失事，又能拿获由别汛潜入偷砍树株贼匪者，首犯加一级，伙犯每名记录一次，依次递加，兵丁酌量奖赏。但在这些规定中，并没有分析等差，亦未有奖赏银两酌定数目，所载尚未详备。嗣后防守风水禁地并后龙一带各拨汛，遇有窃贼潜入，并未伤损树株，即由本汛拿获者，该管本汛官兵，原有缉捕之责，但能先事预防，自应量加奖励。应请将官弁拿获首犯者给予记录两次，拿获伙犯一二名者，给予记录一次，拿获三名以上者，给予记录两次。兵丁首先拿获首犯者，赏银八两，帮同拿获者，赏银四两，拿获伙犯一二名者，赏银四两，拿获三名以上者，赏银八两，帮同拿获者，减半赏给。若本汛树株已被盗砍之后，该管官兵始将贼犯捕获者，则其疏防之咎已无可辞，应请以功抵罪，免其查议，毋庸升赏。至邻汛官兵，能于隔汛地界将贼犯拿获，而树株尚未被砍者，该官兵等，留心捕务，并不因汛地非所管守稍事懈弛，其应行升赏之处，自应比照本汛官兵，于窃贼潜入并未伤损树株，即时拿获首、伙各犯者，量为加增，应请将官弁拿获首犯者，给予加一级，拿获伙犯一名者，给予记录一次，按名递加至四名以上者，给予记录四次。兵丁首先拿获首犯者，赏银十两，记大功一次，帮同拿获者，赏银五两，记功一次。拿获伙犯两名者，赏银五两。拿获三名以上者，赏银十两，帮同拿获者，减半赏给。若本汛官兵疏于防范，树株已被盗砍，而邻汛官兵能将首、伙各犯查拿就获者，则其缉捕勤能无分畛域，俾要犯不致漏网，自应逾格优奖，应请将官弁拿获者，以应升之缺，即行升用，先换顶戴。拿获伙犯一二名者，给予加一级。拿获三名以上者，给予加两级。兵丁首先拿获首犯者赏银十六两，以外委拨补。帮同拿获者，赏银六两，记大功一次。拿获伙犯一二名者，赏银六两，记功一次。拿获三名以上者，赏银十二两。帮同拿获者，减半赏给。其奉文派委巡查之官兵，如能缉捕贼犯者，应查明指派汛地与获犯处所，分别本汛邻汛、树株已砍未砍比照，一律升赏。为了避免出现官兵为了立功领赏而无辜牵连良民，所以庆杰在奏折中一再强调，要严饬各官兵，毋许妄拿无牵，借图荣利，如有妄拿者，即奏明照按拿平民例治罪①。

这桩案件的处理结果，有三点值得关注，一是对受贿汛兵的处置极为严厉，即与正犯一样予以斩决，在断案的过程中，“执法犯法”应该是最后断案的主要依据。当然，执法者受贿，知法犯法，无论在什么时期和什么地方，都不是小问题，一般都会从重处理。但在皇家陵寝里发生这样的事，问题就更为严重。在判决上相对其他地方可能更为严厉。二是在判决执行上隐含着杀一儆百的意义。如将斩决的罪犯戴着刑具押解犯事地点进行示众后处斩，并传集陵寝附近居民、汛

① 中国第一历史档案馆编：《嘉庆、道光两朝上谕档》第四册，第164条，桂林：广西师范大学出版社1996年版，第56页。

兵前往观看，其用心显而易见。三是在这次事件发生后，上到朝廷，下到东陵，有关官员几次上奏折分析盗砍陵寝树木屡有发生的原因，从而详细议定对兵弁的奖赏办法。由此使人们看到，清朝统治集团上上下下对陵寝政务的认真态度。

透过上述各项树木管理制度本身及与之相关事件的处理，① 使我们看到了清朝统治者为塑造皇陵象征所做的种种努力。可以说祖先的陵寝，在清朝统治者看来，是最好的展演政治技术的一个舞台，通过这个舞台，他们得以将自己的政治意图以各种方式表达出来，并渐渐烙印于臣民心中，最终达到使政权合法化和江山永固的目的。

（三）为护佑树木而建的庙宇——虫神庙和树神庙

清东陵园区附近的马兰峪城西门外，旧有虫神庙，合祀虫王、龙神、五道、山神、土地。南门外有树神庙，历年春令，陵寝大臣都要酬神致祭。每遇树木生虫，陵寝大臣带领官员差役前往祈祷。咸丰八年（1858），虫神庙奉旨改名五神祠，并颁发御书“吉云永护”匾额。光绪八年（1882），又为此庙颁发御书“嘉承天佑”匾额，均交守护大臣只领悬挂。光绪二十三年（1897）八月，清东陵树木发生严重虫灾的时候，守陵大臣一面督饬员役全力捉捕，一面率领属下到五神祠虔诚祈祷。经过治理，虫灾得到了控制，各陵仪树以及后山海地树木虫害，均未成灾，树木仍旧青葱茂密。陵寝大臣认为“捕捉虽凭人力，呵护实赖神灵”，因此，上奏皇帝，请求饬令部议加虫神封号，并颁发树神庙御书匾额，以答神庥。②

八月二十二日接到朱批，“随即恭闻邸钞奉上谕，毓昆等奏神灵显应，护佑树株，请加封号颁发匾额一折。前因东陵风水地面，松虫甚多，经毓昆等虔祷马兰峪五神祠，神灵呵护树株，均未成灾，实深寅感，着发去御书匾额一方，交毓昆等只领，敬谨悬挂，以答神庥”③。至于所加议封号之事，着交礼部议奏。九月初一日，“准兵部火票，由驿递到御书‘神功昭佑’匾额一方”④。毓昆只领

---

① 清东陵所在地的遵化州，基本是以山地为主，土地不多，当地民人多是靠山吃山，如打猎、烧柴和采摘野果等。由于皇陵的修建，民人赖以生存的自然资源被强行圈占，给生活在皇陵周围的民人生计带来困难，由此一些与制度相冲突的事件时有发生。比如民人偷伐树木案件，根据档案资料记载，在清东陵，这类案件前后共有十几起。乾隆和嘉庆年间先后有图尔禅、丰伸济伦、巴宁和庆杰四位马兰镇总兵兼内务府大臣因树株案被解职调离，而总兵以下各级官弁被解职处分的不计其数。

② 中国第一历史档案馆编：《光绪朝朱批奏折》第二十九辑，《毓昆、载迁、松安奏为神灵显应护佑树株吁恳饬部议加封号并颁发匾额恭折奏闻》，北京：中华书局 1995 年版，第 256 页。

③ 中国第一历史档案馆编：《光绪朝朱批奏折》第二十九辑，《毓昆、载迁、松安奏为悬挂树神庙御书匾额日期恭折奏闻仰祈圣鉴事》，北京：中华书局 1995 年版，第 278 页。

④ 中国第一历史档案馆编：《光绪朝朱批奏折》第二十九辑，《毓昆、载迁、松安奏为悬挂树神庙御书匾额日期恭折奏闻仰祈圣鉴事》，北京：中华书局 1995 年版，第 278 页。

后，暂在承办衙门敬谨供奉，同时赶紧制作龙边木正，谨慎粘裱。做成后，便选择十月二十八吉日，恭率所属文武官员，虔诣树神庙，敬谨悬挂。

虫神庙建于何时？未见于任何史料。但根据遵化历代志书上的记载（陵寝修建前的庙宇名称均没有虫神庙和树神庙）可以推断，此庙一定是陵寝修建以后才有的。仅从庙宇的名称上看，是与树木有直接关系的。

树神庙，建于道光十六年（1836），为马兰镇总兵容照创建。[①] 东陵守护大臣每年均在两庙致祭。

两位皇帝先后共三次给虫神庙和树神庙亲笔御书匾额，其原因不难看出，两庙的创建与祭祀关系到清东陵的树木，进一步说关系到皇陵这个清王朝象征的感染力和陵寝的风水，假如没有这一层含义，那么，作为皇帝怎么会给两个普通小庙御书匾额呢。而守陵官员，面对虫灾这样一种天灾，时常会感到无奈和力不从心，他们除了竭尽全力发动人力灭虫外，在精神上还产生了对神灵的寄托，以此来缓解责任的压力，当然这里并不排除他们对神灵的虔诚信仰。

总之，由于清朝历代统治者对皇陵树木的重视，使得清东陵自建首陵开始直至1928年被军阀盗砍的几百年间，各种树木生长茂盛，到清朝后期，郁郁葱葱的参天大树遍布前圈后龙，加之陵园内禁止打猎，禁止建窑烧炭，致使清东陵形成了一个良性循环的生态区。这里不但植物生长茂盛，同时还栖息着多种动物。尤其是这里清新的空气、甘甜的清水至今使居住在这一带的人民受益，更令外来的游人赞叹不已。所谓流传至今的"每年七十二场浇林雨"之说，虽有渲染皇家陵园神秘之嫌，但毕竟在另外一个层面体现了清东陵独特的自然环境，正如著名英国科技史专家李约瑟所说："风水在某些方面很有好处，如它提倡种树或竹作为屏障。"[②]

其实，树木的种植和管理只是清东陵诸多事务之一，但是我们可以通过这一视角，窥见清朝统治者为塑造皇陵这个大清江山的象征所做的种种努力。本问题所论主要是清朝后期，至于乾隆以前东陵树木种植和管理的具体情况如何，由于资料缺乏，不得而知。但可以推测，盛世时期的重视和严格绝不会逊于后代。就后期来说，从整个清代历史看，即从嘉庆朝开始，清朝已经走向衰落，各种社会矛盾日益尖锐，国家政治随着统治集团的腐朽，不再如从前那样强劲，尤其是在

---

① （清）何松泰纂修：《光绪遵化通志》卷一八《建置志·坛庙》，光绪十二年刊本。有容照撰碑记。容照系正白旗人，由三等子爵都察院左都御史补授总兵，兼管内务府，于道光十五年十月到任，十九年七月内因案解任回京。又于道光二十五年四月接印任事，二十七年二月二十日因案降调回京。

② 范为编译：《李约瑟论风水》，节译自《中国的科学与文明》，见王其亨主编：《风水理论研究》，天津：天津大学出版社1992年版，第273页。

道光以后，内忧外患不断，大清江山摇摇欲坠，国家的政治控制力大为减弱。但在清东陵这个特殊的区域社会里，却还看不到这种衰落的迹象，或者说还不是那么明显。比如说，在清朝后期国家财政相当困乏，但对东陵的正常拨款不但从没有间断，而且对陵寝大臣在突发事件后如树木虫灾等的临时性请求，均予以满足；再比如说，一桩小小的盗伐树木案件，有的仅仅是砍伐一棵树，或者砍伐的是回干树，或者仅仅是捡自然掉落的木楂，最终都以窃贼论之，都要惊动朝廷，甚至皇帝都要亲自过问；还有对案犯以及连带官员兵弁的惩处相对其他地方更为严厉，斩决、革职、发配常常是大小案件的处理结果。分析这一切的背后，其根本原因在于：皇陵圣地是大清江山的象征，是神圣不可侵犯的。爱新觉罗子孙始终要精心守护祖先的陵寝。保护好了陵寝，也就保护好了大清江山。这是根植于清朝历代统治者内心深处永远不变的信念。

三、对雇用人役和岁退匠艺兵夫的严格管理

清东陵各个陵寝遇有祭祀奉移时，要雇用众多员役。如道光七年（1827）恭办孝穆皇后奉祀时，石门工部曾经添设员外郎1员，木匠、瓦匠各4名，油匠2名，搭材匠、锯匠、桶匠、石匠、铁匠、锡匠、裱匠、镙子匠、打纸匠、裁缝各1名，共20名。事后便于道光十三年（1833）奉准减撤。后来到慈安普祥峪定东陵备办奉祀时，石门工部即遵照道光七年成案，添设员外郎1员，各项匠役20名。[①] 上述繁多匠役如何雇用？当祭祀或奉安事宜结束将这些雇员遣散后，对这些匠役又如何进行管理？我们可以通过直隶总督方观承的奏折得以了解。在乾隆二十四年（1759）以前，各陵寝所用人役雇员，基本上是各按其便，未经立法稽查，因此致使无籍人员偶尔窜入禁地。基于这种状况，直隶总督方观承上奏强调，嗣后东西陵各官，“凡雇用人役，先期将姓名、住址造具文结，移知该地方，就原籍查明来历，确系守分乡民，方许入册赴役”，并就雇员匠役的具体管理，酌定规章，以供守陵官员与地方官一体遵守。

（1）驻守大臣及各项当差人等，凡雇用人役，应将所雇之人姓名、年貌、住址等，造具册结，由各管衙门移知各地方官查明核实，系守分乡民，方准受雇赴役，即由该雇员所在州造具印册三本，一本存本州，一本送总理衙门，一本送该总兵官作为凭证，互相约束。当遇有事故开除时，即令各雇主随时报晓该管衙门，于月底移知该州，并分报总理及该镇，一体于册内注销。如有新雇续募，仍按照前一例办理。印册仍按季照造，分送备案，以免日久混淆。倘大臣官员及当

① 中国第一历史档案馆编：《光绪朝朱批奏折》第二十七辑，《荣毓、荣颐、景瑞奏为遵照部议各款恭办普祥峪定东陵永远奉安各项事宜援案声明》，北京：中华书局1995年版，第314页。

差人等雇役内，有来历不明及曾有过犯，经该州驳回，仍行私自定留以及并未遵照造具文结，私行雇佣，一经查实，雇主若为官员，即按照违制律参处。若为兵役即行问责。

（2）驻守官员兵丁，除雇用人役而外，有将所分官房以及在官地内自用房间招佃居住者，应照雇工人等之例，一体稽查。如李大汉、楚带三、开木铺的郭起龙，三人曾经用所分官地内自用房间招佃居住，自应在稽查之列。马兰峪新旧各城，买卖铺户繁多，其流寓无籍之人，最容易混入。尤其是东、西沟（即守护景陵和孝陵的内务府营房）二地，因在风水墙以内，更需清理。这些人由于潜居切近之地，难以防范。此后新旧各城、东西二沟，一切赁住驻守及兵房屋者，即按照雇工人例，一体造册加结，移送该管查验，分别去留。其踪迹可疑者，立即驱逐出禁内。

（3）所用树夫、草夫、更夫、扫院夫及各衙门役隶，均行文地方官验充。清后期各管官员，乘身工稍贱，多自行募觅，并不关令地方官，而且乡保也不加以识察。其游手无赖之徒，遂多窜入禁内偷树。如前犯马七儿系更夫，马二小系扫院夫，零二系树夫，这些人又各窝集匪党，以致藏污纳垢，奸良莫辨。所以，此后应令各管衙门，将这些人姓名、年貌、住址造册，移知地方官，逐一查明。对不安分者，即行斥逐更换。以后缺出应补，各该衙门务遵实例移知地方官募选充役，不得私行收用。至于树、草等夫役，身工役食，系在藩库按季支领之项目，应内地方官给处，以便稽查，各衙门不得擅行提取。再礼、工等部，所管校尉、屠户、油面酱、铺排匠役，从前各衙门募觅，俱系民人，历年既久，户口繁杂，皆指称余丁名食，不入民籍，房无约束。如前偷树首犯祁太，即系余丁。嗣后，应令总管等衙门，将各役户口，详加稽核立法，严行约束。

（4）马兰镇所属绿营余丁及兵丁，因事革退者，向来均在镇属附近地方居住。在镇营兵丁家属，具系民人，其革退者仍归民籍，遂不复加以稽查。而地方官则以余丁之父兄在伍，应归营汛约束。其革兵之怙恶不悛者，又不服地方官约束。如从前偷树首犯李大汉、李五丑鬼，均为营内余丁，这些人最易滋事。此后应令各镇，将营兵余丁年 15 以上者，每年清查一次，造具姓名、年龄、并现在是何艺业，移送所在州衙门。使其文武互相钤束稽查。其斥革兵丁应移送地方官发归入民籍，严加管束，毋得仍前诿玩。所有镇属弁兵雇役及附属人户，令一并造具册结。如此，则稽查较密责成，以专陵寝崇严，使陵寝禁地盖加清宁。

在清东陵各陵当差服役的人员，不但数量多，而且身份复杂，加之招募、裁撤及斥退频繁，致使管理更加困难。尤其对家住风水围墙以内各圈的人员，管理更为不易。在方观承奏定以前，这些匠役和革退兵丁，究竟由陵寝衙门管理，还是由地方衙门管理，责任所属一直不清。一旦发生事件，则互相推诿。尽管皇陵是一个特殊的地方，但它与其他地方一样仍是一个区域社会，除了它的高级官员以及八旗、绿营兵等专由朝廷派驻外，其他匠役员属等均由附近州县提供或招募。物资供应等也要依靠地方。总之，诸多方面都要和周边地方社会发生联系。在行政体制上，作为地方社会的遵化州或蓟州等，一切事宜必须绝对服从陵寝。但有些事情，陵寝社会又必须依赖地方社会或需双方统筹管理。例如陵寝社会没有刑讯之权，此权归遵化州。遇有刑事案件，审讯断案即由遵化州负责，陵寝官员只有上奏之权。同治十二年（1873），在修建慈安的普祥峪定东陵时，曾经奏明由直隶总督答饬遵化州知州，派委明白干练佐贰官一员，带领刑役人等在于工次附近地方设立公所，遇有夫役滋事等情形，即交与该委员秉公究办。后来在光绪七年（1881）修建普祥峪定东陵神路和营房工程时，因需用夫役甚多，其中难免滋生事端。虽经马兰镇总兵景瑞在工地常川弹压，但仍担心照料不周，若如从前转解遵化州讯办，相距工次路途较远。故依照同治十二年之例，亦由遵化州派一名干练官员，带领刑役人员在工地附近地方设立公所。至于所派委员和刑役人的口分，则由陵寝衙门酌量按日发给，以使常川在工地当差。[①] 从这一决定可见，陵寝社会离不开地方社会，地方社会又因陵寝社会而变得与其他地方社会不同。仅就陵寝所用匠役雇员而言，如果离开了地方州县，就无从管理，因为这些人绝大多数来源于地方，只有地方对他们才更为了解，所以在招募时才能选其所谓“良民”，输送给陵寝。而对革退兵丁，则需要陵寝社会配合地方州县进行约束。此次在管理实践中所制定出来的规章，可以说全面细致，具有很强的针对性和可操作性。按此施行，对维护陵寝社会的秩序则大有裨益。因此得到乾隆皇帝的赞许，朱批为“所定甚妥，如所议，永久实力行之”[②]。

① 中国第一历史档案馆编：《光绪朝朱批奏折》第二十七辑，《奕宗奏为奏闻事折》，“光绪七年五月”，北京：中华书局 1995 年，第 287 页。

② 《乾隆朝录副奏折》档号：0296－024，缩微号：020－0306，藏中国第一历史档案馆。

第二节　陵区学校和员役兵丁的娱乐生活

一、设立官学、汉学和捐建兰阳书院

清东陵所在地的遵化州，虽地处边塞，民风粗犷朴直，尚武之习相沿已久，但溯查其历史，“惟州学创建最古，修葺亦最多，有碑志可考者，从金正隆三年、元大德七年两修，而后或增、或减、或徙、或复旧、或更新，前后五百年之中，约举工三十次，具见都人士之好义且殷于向学也”①。遵化州学原额，每年科试各取文童15名，取武童12名。乾隆八年（1743）升为直隶州学，又于丰润、玉田两县拨入文武童各3名，廪膳生员30名，增广生员30名。

在此任职的地方官员，为了维护其统治，针对这里民人义勇任侠的性格特点，深知“善用之即贤豪，不善用之即狂狡耳”的道理。故施之以德礼之教，设文武两学，各习其师，以达到善用所长、使风俗逐渐归于其柔正的目的。②

自皇陵修建后，清朝统治者更加重视这里的教化，除加强地方的学校教育外，在陵寝社会亦单独建有学校，以供守陵官员兵役子弟就读。在每座陵寝营建时，于内关防衙门设官学一区。清东陵共设有昭西陵、孝陵、裕陵、定陵、惠陵、端惠皇太子园寝6所官学。“由各该衙门择品行端方，通晓清汉文艺者，俾为教习，教课员役子弟。岁给薪水银三十六两、三十两、十六两有差，均由永济库分季支领。”③

清朝统治者一直鼓励八旗子弟读书上进，利用各种办法予以支持。雍正二年（1724），清廷议准八旗生员特恩给予钱粮赡养读书。若无考校，恐或怠于诵读，令该旗都统于岁考前，将领钱粮生员，备造清册咨部，转送学政，严加校阅，考居前等者，照常领给。居四等以下者，停其发给，遇下次考居一等、二等、三等，照汉廪生开复，仍给原领钱粮。如四等不愿再考，即将学册除名，听其复归护军校骑当差。

乾隆三十一年（1766），朝廷又议准八旗生员内，有汉军及驻防满州洲武各生，人数众多，远近散处不一。仅以满洲教官二员统理，一切稽查考课，实属有名无实。嗣后，“除在京八旗文武生员，仍责成满洲教官，实心督课，严加管束

---

① （清）何松泰纂修：《光绪遵化通志》卷一七《建置志·学校》，光绪十二年刊本。

② （清）何松泰纂修：《光绪遵化通志》卷五七《艺文志·史部》，光绪十二年刊本。

③ （清）布兰泰：《昌瑞山万年统志》卷七《官学》，光绪年间写本。

外，其在外屯居及各驻防文武各生，应令满洲教官查明，造册申送学臣，按其住址，分发各州县教官，照民籍例就近考课约束”①。按照这一规定，在光绪二年（1876），州城奏建试院。② 东陵驻防生员就近附入州学。守陵官兵及庄头园头子弟，如有读书上进，情愿考试生员者，由总管就近验看骑射，汇送地方官考试录送学臣取进额数。③

州境武学于明隆庆五年（1571），由总督刘应节、巡抚杨兆、总兵戚继光题建，名为顺永武校。初建武学时，原设教授 1 名，科正 2 名。清朝入关后，重视儒家文化教育，将遵化原设武学并裁，科正武生隶于儒学。每三年一岁试，与文生一体考取入学。④ 在清东陵，同样重视对八旗子弟的汉文学习。如乾隆八年（1743），前往东陵承办事务贝勒允祜等奏请，于马兰峪新城设立汉学 2 所，教习八旗官员兵丁人等子弟，请汉书教习 2 名，由遵化州官选送。每名岁给纸笔公费银 80 两。两名教习每年共给银 160 两，此款在永济库滋生息银内动支。事过 32 年后，马兰镇总兵满斗上奏称，官学兵丁子弟内，并无学习上进之人。他曾亲自把两名汉教习召来训话，结果发现两人均已是 70 多岁的老态龙钟之人了。经过询问下属那尔泰，据称此项官学，原系有名无实。由此，满斗认为设立汉学近 40 年，每年支给两名教习薪水银 160 两，几十年银两的花费支出了，却不见实效。“与其设立有名无实之汉学，莫若改设满洲教习，令旗人子弟学习清语。满汉文字兼演验，实如能成效，不但遇有甲缺，易于挑补，即升拔骁骑校章京等官，更易得人与伊等升阶，既属便捷。”在这次上奏中，满斗又借此请求每圈各设满洲官学一所，其理由是：此时东陵共设三陵（孝陵、昭西陵、景陵）总管 3 员，翼长 6 员，章京 108 员，骁骑校 13 员，领催披甲人等 560 名。这些人现在分居三处城圈居住，若归一处读书，实为路远不便。各圈既有官房，应于每圈各设满洲官学 1 所，三处共设满学 3 所。即将现有 2 所汉学裁撤。其两名汉教习，交地方官领回。满斗认为：“以旗人教训旗人之子弟，更属驾轻就熟，似能安协。”如蒙皇上恩允，即同允祁、宁盛额率该总管那尔泰等，秉公详慎，于章京、骁骑校尉、领催人等内挑选通晓满汉文、熟悉清语、兼能骑射之教习 3 名，就近分设管理。而且这 3 名教习，有本身米粮养赡家口，但官学在所日用薪红纸笔银 3 两，3 名每年共交薪红纸笔银 108 两。比原设汉教习两名每年支银 160 两之数，

① 素尔纳等纂修，沈云龙主编：《钦定学政全书》卷六六《旗学事例》，《近代中国史料丛刊》第三十辑，第 293 册，台北：文海出版社 1968 年版。

② 遵化在晚清以前始终未有试院，虽然州人屡议捐建，但因官府苦于经费难筹而作罢。直到光绪二年（1876），才由知州何松泰倡捐创建。至光绪十二年（1886），知州陈以培又倡捐重修。

③ （清）何松泰纂修：《光绪遵化通志》卷一七《建置志·署廨》，光绪十二年刊本。

④ （清）边中宝纂：《乾隆直隶遵化州志》卷六《建置志·武学》，乾隆二十一年刻本。

减少支银52两。至于所新选满教习，务令教训精勤，使官兵子弟日有成效。总兵官再不时留心体察，所选教习如能实心尽力，教训得法，考核既真，即将该教习应升应拔，据实保送该旗，列名考拔，以昭劝勉。倘若该教习怠惰，不实心教训，塞责充数者，一经查出，即以责处更换，以示警戒。如此改革变通，既使旗人子弟得以实沐皇上教育生成之隆恩，又于朝廷帑项不致靡费。①

在乾隆年间的一份内务府来文中，也讲到了这件事。东陵内务府设有教习2人，仅教授八旗人员子弟，而内务府人员子弟，均自行延师训课。两名教习只教授汉文。但自设立教习以来，东陵官员子弟内，未有几人考中生员、举人和进士者。② 从这些资料中看出，各级守陵官员对汉教习均感到不满意，因为几十年以来，他们的教授并没有取得什么成绩。清东陵所设汉学考中者寥寥无几。对这样的结果略加分析，大概不仅仅应归咎于两名年过古稀的教习。东陵官员子弟多年来少有考中者，是否还有其他原因？如这些八旗子弟对汉文不感兴趣或者基础不好，或者是奖励的制度规定等。总之，应该是多种因素造成的。③

其实，作为清朝统治者，一直非常重视八旗子弟的清文和满语教育，但由于入关以后，他们生活在汉人以及汉文化的包围之中，汉化成为大势所趋。下面的一件事很有意思，也最能说明问题。乾隆三十九年（1774），乾隆皇帝曾派宗室宁盛额前往东陵，在召见他时，宁盛额竟不能说清语，乾隆皇帝认为宁盛额并不是因为畏惧而不会说清语。而是平时不学习，只图安逸所致。“甚属不堪。朕向因满洲不学清语，曾不时训饬。乃宁盛额身为宗室，且系公爵，竟亦如此，朕实觉惭愤。王公等宁不愧乎。”因此宁盛额被罚公俸一年，以此警戒宗室。并令宁盛额到东陵时，用心学习清语，如再不能说清语，则定行治罪。“清语原非难事，设平日善为教导，亦何至全不通晓。此皆由伊等父兄自幼不曾教训所致。即如寻常宗室子弟，尚令其学习清书清语、骑射，何王公子弟，反不令其学习乎。”乾隆帝即令宗人府查明王公等子弟内，“如倘能延师之家，仍各任其在家学习。其不能延师者，俱令入宗学，加以教训。入学读书后，务以清语为要，不可仍似从前塞责。令宗人府王公不时详察，如有懒惰不加意教训者，即行参处，每月考察一次。考察时，由宗人府请旨。朕派阿哥及大臣等，会同考察。值考试时，其在家读书者，亦一并入考。若此后尚有不能清语者，经朕查出，其在学读书者，将宗人府王公及教习等一并治罪。其在家读书者，将伊父兄一并治罪。并着宗人府

① 《乾隆朝录副奏折》，《满斗奏请于马兰峪设立汉学二所事》，档号：1190－036，缩微号：085－0775，藏中国第一历史档案馆。

② 清东陵最早于雍正九年始设教习，到乾隆四十年左右，官员兵丁子弟内共考中生员五名。

③ 《内务府来文》，第2924包，原件藏中国第一历史档案馆。

王公等详察在学者之勤惰，一年之内何人常到学，何人不到学，其不到学几日，并因何不到缘由，一并注明。依照稽查王公等祭祀斋戒朝期之例，缮写清单，于每年终汇奏一次”①。

不仅一般的八旗和普通满人对自己民族的文字和语言渐渐遗忘，就连宗室王公子弟也照样不会说清语了。尽管乾隆皇帝不时训饬，但汉化的潮流已势不可挡。哪怕是再如何利用强制命令的手段，也无法能如统治者所愿了。尤其到了晚清光绪年间，在清东陵内，即将过去所专设的清文学堂，归并汉文，延聘清汉兼优者充任教习。其汉文学堂一切课程，“总以圣经为本，礼义为宗，而崇学政”。具体课程设置如下：

宣讲圣谕；读清书；写清字；读经书；讲经书；读四书；讲四书；讲字义；读古诗；读古文；写汉字；学珠算。②

12门课程，仅有两门是读写清语清字，其余均为汉学。从这个课程设置看，确实体现了以儒家的礼仪文化为宗旨。同时也反映了清朝统治者从乾隆到光绪汉化的进程。

通过守陵大臣孚琦、庄健的奏折得知，本来清东陵在光绪年间想设立一处中小学堂，但因经费浩繁，款项难筹而作罢。

除官学之外，清东陵所在的遵化州城乡还设有5所义学。其中，在州城的一座，设立于康熙五十四年（1715），由知州刘之琨建立。乾隆三年（1738）和九年（1744），知州杜甲、严文照相继修葺。十八年（1753）又进行了添修。三十九年（1774），知州李荫椿改作书院。设立在乡下石门镇、党峪的义学，均建于康熙五十四年（1715）。其他义学废于乾隆年间。③ 道光十一年（1831），清东陵内务府大臣钟昌，捐建兰阳义学。后来，又在清东陵捐建了兰阳书院和两所义学。钟昌捐建义学的目的在他的设立义学序中讲得十分清楚：

若夫讲武备者，必先修文事，励风俗者在首正人心。故学校之废兴，系人才之纯驳。如马兰镇附近，山陵渥承厚泽，虽处荒陬之僻，不无可造之资，无如武事是崇，以至文风不振，推原其故，或以诗书为无用，或以习俗为难移。虽有向慕之人，亦皆半途而废。大抵家无恒产，人重名粮。以浩荡天恩，为身家之私计，父勉其子，兄勖其弟，亲戚之厚薄，朋友之密疏，莫不以此为重轻。即莫不

① 素尔纳等纂修，沈云龙主编：《钦定学政全书》卷七〇《官学事例》，《近代中国史料丛刊》第三十辑，第293册，台北：文海出版社1968年版。

② 中国第一历史档案馆编：《光绪朝朱批奏折》第三十辑，《孚琦、庄健奏折》，北京：中华书局1995年版，第652页。

③ （清）边中宝纂：《乾隆直隶遵化州志》卷六《建置志·义学》，乾隆二十一年刻本。

视此为趋避，所以交游服饰，厌诚朴而喜浮嚣，乡党家庭重货财而轻礼仪。则有心世道者，而欲变风俗挽人心，庠序之设乌容已乎。

钟昌在上任之初，深入东陵各地，访求民意，见陵寝所在遵化州、蓟州一带僻处山隅，人皆尚武，而且护陵在营兵丁，大多寒素，无力读书，故捐资建盖学堂3间，围垣20余丈，大门1座，题名曰“兰阳义学”。又捐银200两，交遵化州发商生息，每岁即得银24两，以作塾师束修之用。又倡捐于马兰峪，建立兰阳书院暨义学两年。光绪九年（1883）春，英廉到任后，目睹此处生齿既繁，仅有义学一所教诲，感到实难周遍，遂倡率官弁捐银700两，另建义学两所。将镇署西隅一所变价抵款房院作为义学之用。经部议允可后略加修整，南北两院共计房32间。南院正房5间和门房2间，作为武场之用。北院前层大门5间、次东厢2间和正房3间作为学堂。次后东厢2间为厨房。正房3间为塾师住屋。次后东西厢各2间、次正房5间为后学堂。于此隔断，复开后门1座，以便出入。并用前项所捐银两发交遵化州，择殷实铺商承领，按1分生息，每年计得利银84两，按冬夏二季解交，作为两处教习修脯之用。至光绪十三年（1887）夏，两处义塾均筹备安设完备，义学人数达60余名之多，但塾师只有1人，很难兼顾。所以英廉又倡捐款项200金发交永济官当，仍按1分生息。同时于开设武场南院又另立义学一所，延请塾师教课，并规定学生数额，前义学不得过10人，后义学暨南义学均不得过30人。如此得以保障教学质量，成就人才。①

遵化州因处边陲，文化相对落后，所以向无书院。直至乾隆三十九年（1774），知州李荫椿于察院旧址所建义学改设。名曰“燕山书院”。共有讲堂3楹，院长住房3楹，厢房3楹，仪门1楹，临街房5楹，厨房1楹。院书经费，官地2顷37亩零，每年秋后收租粮21石1斗。院门房左右每年收租钱9千。丰润、玉田二邑每年捐解束修膏火银360两。其支发未数，知州捐俸补给。② 陵寝修建后，也一直未设书院，直至道光十一年（1831），由内务府大臣钟昌督率官绅士商捐建兰阳书院一所，同时捐建义学两所。外捐银4 000两置地征租，作为书院义学束修膏火公用。书院和义学事务无专员，由东陵内务府大臣拨派内关防官员就近管理。道光二十一年（1841），内务府大臣德兴率所属官员续捐二两平银800两，发商生息，以裕书院支用。兹将前后捐资官绅士商所捐银款和实物额数详列于下：

① （清）布兰泰：《昌瑞山万年统志》下函，卷八《志义学》，光绪年间写本。

② （清）边中宝纂：《乾隆直隶遵化州志》卷六《建置志·书院》，乾隆二十一年刻本。

表 3-1　清东陵官绅士商捐建兰阳书院概况

捐款年代	捐款人	职务	捐银、实物额数	备注
道光十一年	庆玉	前任郎中	住房一所、捐修工程	
道光十一年	钟昌	马兰镇总兵兼内务府大臣	1 000 两	
道光十一年	业普肯	八旗总管	3 000 两	业普肯和三多等下列 14 人共捐
道光十一年	三多	内关防郎中		
道光十一年	三德那满	内关防郎中		
道光十一年	通额依勒图	内关防郎中		
道光十一年	果勒明阿	承办事务衙门主事		
道光十一年	富隆额	礼部郎中		
道光十一年	林靖光	遵化州知州		
道光十一年	王文锦	遵化州知州		
道光十一年	姚开第	遵化州商民、刑部员外郎		
道光十一年	王庸可	马兰峪商民		
道光十一年	锦章	马兰峪商民		
道光十一年	刘丕吉	马兰峪商民		
道光十一年	陈俊	马兰峪商民		
道光十一年	达林	内关防闲散		
道光二十一年	德兴	马兰镇总兵兼内务府大臣	500 两	
道光二十一年	穆明阿	内关防郎中	300 两，二两平息银 80 两	为穆明阿和关睿等下列 5 人共捐
道光二十一年	关睿	内关防郎中		
道光二十一年	海荣	内管领		
道光二十一年	关瑞	从六品官衔		
道光二十一年	依克坦	从六品官衔		

利用道光十一年（1831）的捐款，共置买遵化州境内西新庄等处地 31 顷 20

亩1分8厘，置买房118间半，每岁征租银178两6钱2厘9毫，租钱1 994吊900文。这些租银钱，遵照奏章，由遵化州经征银交筹备库钱存永济当，专备书院、义学支用。

道光二十一年（1841）的捐款，则交与筹备库，归入书院项下，添备支发。

书院考课每年于仲春开课，至季冬。每月之初二、十六日官课，由内务府大臣出题。初八、二十三日齐课，由山长出题，均一文一诗，阅定甲乙，分别奖黜。

书院山长，由经理司员禀明，内务府大臣于乡绅举贡内择品学兼优，堪为师范者，以礼敦聘。义学塾师，则延请饱学儒士教读。

山长岁支束修100两，膳金60两。端阳、中秋、岁除三节各节仪4两。

义学两所各岁给薪水银36两，肄业生童月有膏火，课有奖赏，由租银内分别给予有差。岁终由经理司员，将一年支用银钱数目呈明内务府大臣，具稿存案，以备稽核。①

清东陵作为一个陵寝社会，设立官学、汉学、义学和捐建兰阳书院等兴办教育之举，其目的虽然与其他地方社会没什么区别，都是顺应当时国家的教育制度和满足地方社会的需求，但也不仅仅如此。清东陵所在地，由于戎马之风相沿已久，文化教育相对落后。陵寝修建后，各级官员积极倡导建立学校书院，试图通过儒家的礼制和道德教化，使生活在风水围墙内外的官兵员役和民人敬畏规法，进而维护好皇陵社会秩序。倡捐兰阳书院的钟昌，曾撰碑专门记述设立兰阳书院的目的和意义。碑文如下：

钟昌撰碑记学校者，辅政教，兴人才，厚风俗。非以科目文艺诱天下士以明道也。道无柱（处）不在，讲明者愈多，而愈不厌书院者。又所以羽翼学校者也。宋元以来，耆儒硕学，善主书院，讲记大书之史册，其弟子授受，俱有本未上者，济当代用次，亦足为乡人矜式。故书院者，骤观之，若不急其实，系于政教，人才风俗至深切也。诟病之者，徒见近世主讲之士，专明科目文艺，不切究儒者，读书行己之道，使人心日陷于卑陋，无济斯世久之。并文艺亦无复讲习，但然猎取修补为贫助学者，目其师如传舍中客，然且尤而效之。岂侥幸厕名其中月获膏火之资，佐朝夕食而止，甚则群居讲堂，饮饫饫谑浪，或语以道义则相向而笑，视末膏入书院者，习气愈不可问不足病哉。虽然此师弟子过，非书院过也，用此谓书院不足设。则凡今州郡学校师，若弟子岂皆明古道、著成效者，而

① （清）布兰泰：《昌瑞山万年统志》卷七《志书院》，光绪年间写本。

欲废学校可乎不可，且书院造士，更易于学校，大吏尤宜究心者。兰阳在京师东北群山中，灵秀之气所聚，正需用文艺以辅政教，兴人才，厚风俗。然平居无肄业地，何由讲明道义，故书院之设不可缓也。今年春，予奉命来诘戎，慨然念及此，非粉饰文具以自立名，予造土亦守土责也。昔北平郡某用军功为未将军，犹尊礼儒士，称彬秣马子曩以交学起家，恭为天子侍从，顾不能风厉学者，以进于道，其何以报国，且士毋谓兹土陋魏阳尼宋韩知古，皆博综典故，荐贤善俗，垂声史册间。邦人学古，患不求道，道明则风土移，岂得以风土籍口也。予莅兰阳数月，既设法以训蒙士，遂议建书院。捐费为倡，吏与士亦各踊跃成之。为政教人才风俗计，至久远，故复指陈书院利弊兴起多士之意，俾后之教学者，咸惕然。求道以彰成效，毋为创始者诟病焉。①

但从总体上说，陵寝社会的秩序主要还是依靠八旗和绿营兵以及严格的立法来维护，在最高统治者的意识中，强制性的国家力量才是陵寝安全的保证。如道光十七年（1837），马兰镇总兵兼内务府大臣容照奏请赏银两生息，以资书院膏火。道光帝并没有答应容照的要求。认为陵寝重地，设立总兵及所属员弁等，“总以守护陵寝承应一切差使为要务，苟有余暇，自当练习弓马，毋忘本业。至设立书院，作养人才，乃系地方官应办之事，无须该总兵越俎代筹，致荒本职，所请着不准行”②。道光帝所言，并非反对设立学校和书院，而是提醒和强调总兵官弁不要疏忽护陵本职而已。

二、对“满人汉化”的思考——以清东陵汉学、汉教习的设立及裁撤等个案为例

关于满人汉化的问题，是目前学术界一个比较热门的话题。传统的观点认为，满族在入关之前，即努尔哈赤和皇太极时期就已经积极学习汉族文化。入关以后，为了能够统治和驾驭占人口绝大多数的汉人，对汉文化更是大力提倡和模仿，到最后，在先进的汉文化如汪洋大海般的包围浸润下，满族完全被同化。但近年有人对这种观点提出了相反的意见，其中最具代表性的就是伊芙琳·莎卡基达·罗斯基（Evelyn Sakakida Rawski，即罗友枝）。她在其《再观清代：清代在中国历史上的重要性》中，针对何炳棣在1967年发表的《清代在历史上的重要性》一文中的“汉化”观点进行了颠覆性的论述，否认“汉化论”和“汉族中

① （清）何松泰纂修：《光绪遵化通志》卷七《陵寝志·训课》，光绪十二年刊本。

② 中国第一历史档案馆编：《嘉庆、道光两朝上谕档》第四十二册，第729条，桂林：广西师范大学出版社2000年版，第205页。

心论”，强调汉族帝国与内陆亚洲非汉民族之间文化联系的重要性。接着，何炳棣又专门撰写《捍卫汉化：驳伊芙琳·罗斯基之“再观清代”》，对罗友枝予以了积极的回应。不仅对从前“汉化”的观点作了进一步的阐释，而且对罗友枝的非汉化论进行了尖锐的批驳。这是目前关于满人“汉化”和“非汉化”问题最具代表性的两种截然相反的观点。除此之外也还有人提出满人汉化不是被动的，而是“自觉地、清醒地抵拒汉文化的包容和侵蚀”，“处心积虑地裁量、陶铸、重塑、支配着汉文化，从而使满汉文化的交流和冲突最终达到一个新的层面、新的内涵的融合”①。类似这样观点的文章，在近年陆续见于《满族研究》和《清史研究》等刊物。

满人是否汉化？抑或成功地抵拒了汉化而使本民族的文化习俗保留下来？追问这个问题的背后，是人们对于作为少数民族的清朝统治者能够统治地域辽阔、民族众多的中国长达300年原因的关注和探析。本书仅就清东陵汉学、汉教习的裁撤以及汉学的再设立，从陵寝社会的视角，谈谈对满人是否汉化问题的一点认识。

（一）裁撤汉学和汉教习并非完全抵拒汉化

本节第一个问题中谈到了乾隆八年（1743）清东陵设立汉学和两名汉教习及32年后又予以裁撤的问题。这个问题表面上看起来似乎是满族大臣对汉化的排斥，如时任马兰镇总兵兼内务府大臣的满斗所言：“以旗人教训旗人之子弟，更属驾轻就熟，似能安协。”若认真分析此事，其实就会发现裁撤汉学和汉教习事件真正的原因是多方面的，其中主要的应该是汉教习本身的问题。因为从乾隆八年（1743）设立汉学，延聘两名汉教习教授东陵八旗官兵子弟读书，到乾隆四十年（1775），几十年过去了，但汉教习的教学并没有取得什么成效，东陵官员子弟内，无学习上进之人，更未有考中生员、举人和进士者。这令守护陵寝的满族官员们极为不满。而且，两名汉教习自乾隆八年聘任，直至乾隆四十年，32年从未更换，当满斗召见时，发现两名汉教习已是年过古稀的老人。从身体、思维角度考虑，如此高龄仍在教学已不适合，满族大臣认为朝廷等于是白白浪费银两（每名教习每年薪银80两，32年朝廷共支付约61 440两银），另外这两名教习也只能教授汉文。基于这些原因，满斗建议裁撤两所汉学和两名汉教习，设立满洲官学，在满人中选取通晓汉文、熟悉清语、兼能骑射之人作为教习。很显然，这一做法的直接起因是汉教习的业绩不佳，所以不能由此说明满人对汉文化的抵拒和排斥。其实，早在乾隆四年（1739），清廷就议准各旗义学教习“如有因循苟

① 郭成康：《也谈满人汉化》，《清史研究》2000年第2期，第24页。

且，不实心教授，以致有误学生，经该处参奏者，将该教习照教官因循苟且、不严加考试例革职”①。此次东陵两名汉教习被裁撤，完全是符合制度规定的，并不能由此说明满人排斥汉化。这一制度规定不仅仅是针对汉教习，既然汉教习没有实心教授，几十年庸庸碌碌，无成绩可谈，其裁撤自然是合情合理的。同时，裁撤汉学和汉教习，也是清朝统治者根据东陵社会的实际情况对政策所做的适时调整。因为，随着清东陵内陵寝的陆续修建，护陵官兵员役逐渐增多，为了便利居住各陵官员兵丁子弟就近读书，决定在每座陵寝内各建一所官学，不但收受八旗兵丁子弟入学，而且内务府员役子弟也可以进入各自所在陵寝的学校读书，这就打破了原来汉学只收八旗子弟，而内务府员役子弟只能自行延师训课的旧规。总之，这些综合的因素最终导致了对原来所设汉学和汉教习的裁撤。换言之，汉教习的无能、清东陵社会形势的发展变化和新的需求等，是汉学和汉教习裁撤的主要原因，而并非是满人抵拒汉化的一个反映。

另外，从所设新的满洲官学聘请的教习标准看，其中之一的条件是要通晓汉文，也就是说，在满洲官学的教学当中，还是要教授一定的汉文的。这也完全是从现实的具体情况考虑的。因为在乾隆时期，在清东陵的范围内，无论是官方文书还是民间文化交流，其主要媒介工具还是汉文，哪怕是满族大臣，他们之间的书信往来以及给皇帝的奏折，基本都是用汉文或者是满汉两种文字书写的。至于此时的民间，由于旗民杂处，其语言的交流更是以汉语为主。所以说此次即便是以满洲官学代替原来的汉学，根据社会现实的需要，也根本不可能将汉学完全排除在外。仅从这一点来看，也不能说满人抵拒汉化，更何况作为聪明的满族统治者，不会愚昧到认为非排斥汉化才能维护它的统治，恰恰相反，正是接受和学习了汉族文化，并按照其统治的需要将其发挥和改造，才使这个少数民族政权得以驾驭占人口绝大多数的汉族而统治中华帝国长达近300年之久。

（二）“国语骑射”：乾隆民族意识的最重要的体现

国语骑射，是满洲根本，清朝统治者从入关前的皇太极开始，在学习汉文化的同时，就意识到了保留自己民族语言的重要性。他曾经强调说：历朝“各有制度，不相沿袭，未有弃其国语，反习他国之证明者，事不忘初，是以能垂之久远，永世弗替也”②。天聪八年（1634）四月，皇太极谕令：“嗣后我国官名及城邑名俱当易以满语”，“毋得仍袭汉语旧名，俱照我国新定者称之。若不遵新定之名，仍称汉字旧名，是不奉国法，恣行悖乱者也。查出绝不轻恕”。

① 托津等奉敕撰：《钦定大清会典事例》，见《近代中国史料丛刊三编》第六十五辑，第646册，台北：文海出版社1992年版，第3517~3518页。

② 《清太宗实录》卷十八，北京：中华书局1986年版，第237页。

清早入关以后，大部分满族人离开故土进入关内，满族开始由集中走向分散，由聚居变为与汉民杂居。随着统治地域的扩大和所接触汉民数量的增加，保留国语显得更为迫切。因此，重视和提倡国语的学习，在清初皇帝那里均有体现。康、雍、乾三位开创清王朝盛世的英主，虽然他们自己都非常仰慕和推崇汉文化，并积极学习吸收汉文化，从汉文化那里汲取营养，他们本身的汉文化修养达到了很深的程度，但他们却始终关心自己民族的语言和骑射，时刻担心这一满洲“根本”被淹没在汉文化的汪洋大海之中。满语和骑射这个最能体现满族民族特性的优点，能否在汉文化的包围中保留下来，并能代代相传，这是清初几位皇帝念念不忘的问题。如康熙皇帝在一次谈到对皇子的教育时说：“朕谨识祖宗家法，文武要务并行，讲肄骑射不可少废。故令皇太子、皇子课以诗书，兼令娴习骑射。即如八旗以次行猎，诚恐满洲武备渐弛，为国家善后之策。朕若为一人行乐，何不躬率遄往？近见众人及诸王以下其心皆不愿行猎，朕未尝不闻，但满洲若废此业，即成汉人，此岂为国家计久远者哉？文臣中愿朕习汉俗者颇多，汉俗有何难学？一入汉习，即大背祖父明训，朕誓不为此。”[①] 从这段话语中，我们可以明显地看到康熙帝并不是拒绝汉文化的学习，而是主张文武要务并行，讲肄骑射不可偏废。康熙的这种想法是完全可以理解的。因为满族作为马背上的民族，当年是靠勇猛武力打下天下的。政权建立以后，尤其面对历史悠久、人数众多和高度文明的大汉族，认为本民族的这个优点和特色应该保留下来和传承下去。国语、骑射常常令清朝统治者的上上下下引以为自豪，他们甚至把满洲这个根本视为满族精神的象征和满族永恒不败的法宝。

继康熙之后的雍正皇帝曾不无骄傲地说：“我满洲人等，纯一笃实、忠孝廉洁之行，岂不胜于汉人的文艺、蒙古之经典？”[②] 他尤其对满族尚武的精神更为看重，甚至认为是平天下最关键的因素。因此，在他统治时期，面对关内强势汉文化的熏染侵蚀，他对关外龙兴之地仍能保留满洲习俗极为赞赏，而对入居关内者，尤其是那些聪颖之人，若人人都去追求考取功名，必然淡化甚至丢弃了武备。所以他对满族官员及其子弟不时加以训斥。

乾隆的汉文化修养，应该是清帝中最高的一位，同他前代的皇帝一样，对国语骑射也极为重视，尤其是对国语的提倡更甚于他的前辈。如在乾隆六年(1741)，强调“满洲素习，原以演习弓马骑射为要，而清语尤为本务，断不可废”[③]。乾隆帝如此重视清语，个中原因除了时代的发展，满人汉化进程的加速

① 中国第一历史档案馆编：《康熙起居注》，北京：中华书局1984年版，第1639页。

② 《清高宗实录》卷五九七，“乾隆二十四年九月壬申”，北京：中华书局1986年版，第660页。

③ 《清高宗实录》卷一三八，“乾隆六年三月上”，北京：中华书局1986年版，第987页。

使得清朝统治者对保留民族个性感到危机外，还与乾隆个人浓重的民族意识有关。在他统治的60年时间里，他曾多次谕令满族官员兵丁子弟学习清语。如乾隆七年（1742）曾训谕："满洲人等，凡遇行走齐集处，俱宜清语，行在处清语尤属重要。前经降旨训谕，近日在南苑侍卫官员兵丁，俱说汉语，殊属非是。侍卫官员，乃兵丁之标准，而伊等转说汉语，兵丁等何以效法。"① 如此强调在公众场合俱应说清语，说明清王朝到了乾隆时期，汉文化对满族文化的冲击已相当大，汉语在满族官员兵丁百姓中已经达到了普及的程度，甚至王公贵族也"不以骑射为事，亦不学习清语，公所俱说汉语，夫以历来相传之本业，不知崇尚，因循日久，益难整顿"②。乾隆帝常利用闲暇时间检查宗室大臣等骑射和清语，每次检查如果不是"先期晓谕，骤加查阅，则获谴者必多"。对此，乾隆帝令宗人府饬令宗室章京侍卫等，"各加奋勉，及时学习"，当查阅时，"其优等者，格外施恩，倘仍不学习，以至射箭平常，不谙清语者，定从重治罪"③。在本节第一个问题中讲到的宁盛额事件就是一个最好的例证。乾隆三十九年（1774），宁盛额在被派往东陵前接受皇帝召见时，竟然不会说清语，令乾隆皇帝大为震惊和恼火，结果宁盛额因此而被罚公俸一年，并被命令到东陵后用心学习，如若再不能说清语，定要治罪。乾隆帝认为，造成如此局面，其责任完全在于其父兄，他们对自己的子弟没有自幼开始教育培养，所以才导致了本民族语言的荒废。此次事件后，乾隆帝采取了一系列的措施，诸如对入宗学者每月考察一次；对仍不会清语者，其在学读书者，将宗人府王公及教习等一并治罪。其在家读书者，将其本人及父兄一并治罪。乾隆朝还为此设置了"小考"，专门考核近支宗室十岁以上者，考试之时派皇子、王、公、军机大臣等亲为考核满语、弓马。"诸宗室视其父之爵，列次考试。其优者，带领引见，上每赐花翎缎匹以奖励之；其劣者，停其应封之爵以耻之。"④ 同年，乾隆又对骑射进行了强调："马步箭乃满洲旧业，向以此为要务，无不留心学习。今国家生平日久，率多求安，将紧要技艺，全行废弃不习，因循懦弱，竟与汉人无异，朕痛恨之。满洲臣仆，俱世受国家豢养之恩，理宜自励成材，期与国家效力，乃不知自受，竟成废物，甚属不堪。如朕六旬，仍每岁行围木兰。特欲令满洲臣仆服习劳苦、熟谙技艺之意。若不如此，则满洲各大臣侍卫官员兵丁等，必致俱不能骑射矣。"⑤ 除了三位帝王之外，一些

---

① 《清高宗实录》卷一七三，"乾隆七年八月"，北京：中华书局1986年版，第213页。
② 《清高宗实录》卷一三八，"乾隆六年三月上"，北京：中华书局1986年版，第987页。
③ 《清高宗实录》卷一三八，"乾隆六年三月上"，北京：中华书局1986年版，第987页。
④ 昭梿：《啸亭杂录》卷七《宗室小考》，北京：中华书局1980年版，第205～206页。
⑤ 《清高宗实录》卷九六七，"乾隆三十九年九月下"，北京：中华书局1986年版，第1158页。

满族大臣在保留民族根本上，也是万分焦虑，千方百计采取措施。如守护陵寝的马兰镇总兵布兰泰就曾经向乾隆帝奏请：“臣思骑射清语均为满洲本务，臣次子永宁年甫二十三岁，在京专肄文艺，不能勤习骑射清话，恐致荒废，是以不揣冒昧，仰恳圣慈垂鉴依准臣次子永宁随署学课骑射清话，以图报效圣恩于万一。”① 乾隆皇帝包括他的先辈们以及一些满族大臣这种用心良苦的努力，最终能够起到多大作用？事实已经作出了回答。乾隆之后的嘉庆朝，就已经出现了“满洲非惟不能翻译，甚至清语生疏，不识清字”② 的局面。至道光年间，且不说满语，即便是满文，也因“各省题奏命盗案件及刑部咨稿，俱系汉文，甚至在满洲‘根本之地’吉林，‘该将军衙门遇有旗民交涉事件，定拟罪名立案’，也‘多用汉字’”③。到清朝末年，满人汉化的大潮早已形成不可阻挡之势，满文、满语、骑射等这些所谓“满族根本”几乎被彻底淹没，清朝统治者不愿意看到的结局最终还是不可避免地出现了。对民族之魂捍卫的努力都已化作随风飘散的历史烟云，满汉文化最终交融在一起，共同铸造和发展了中华民族共享的光辉灿烂的文明，这是历史的必然。

清朝统治者包括乾隆在内，他们推崇汉文化，为了维护统治而利用汉文化，但同时又担心满族完全被汉族同化，这种矛盾的心理致使他们在施政上表现出既学习模仿汉文化，同时又极力维护满洲习俗的两手策略。当然这些表现的前提首先是建立在有利于统治的基础之上的。

（三）满人汉化的轨迹：清东陵汉学的设立、裁撤到再设立

清东陵汉学经历了设立、裁撤和再设立的过程，这个过程在一定程度上反映了满族汉化进程的轨迹。清东陵最早设立汉学是在乾隆八年（1743），由贝勒允祜提议，在马兰峪城设立两所，两名汉教习由遵化州选送，专门接收八旗官员子弟学习汉文。清东陵汉学的设立，是与当时清控制下的全国各地的政治背景相一致的。随着满族入关时间的久远，在汉族文化的熏陶影响下，满人加速了汉化进程，尤其是清朝统治者为了能够驾驭广大的汉民，进而维护和巩固清政权的统治，情愿或者不情愿地接受并提倡汉文化。首先在思想意识上，以程朱理学为指导，目的就是期望以此表明清政权是中国正统朝代的合法接续，进而笼络汉人，维护和巩固其统治。乾隆曾提出：“君者为人伦之极，五伦无不系于君，臣奉君，

① 乾隆朝录副奏折：《马兰镇总兵布兰泰奏请令次子永宁随任学习骑射清语事》，乾隆六年九月二十六日，档号 03－0376－024，缩微号 025－1656，藏中国第一历史档案馆。

② 光绪《大清会典事例》，北京：中华书局 1991 年影印本。

③ 常书红：《清代北京的旗、民一体化进程——兼论北京满汉文化的交融》，《北京师范大学学报》2004 年第 1 期，第 122 页。

子尊父，妻从夫，不可倒置也”①。不仅如此，儒家文化中的核心思想——忠孝，对清朝统治者来说也是非常需要的。因为自儒家学说创立以来，尤其是汉代“罢黜百家，独尊儒术”后，由于儒家思想符合统治阶级的根本利益，遂被统治阶级利用，使得这一学说从诸子百家中脱颖而出，并成为官方哲学，在意识形态中占据着统治地位。之后的历朝历代，均把这一思想作为统治的工具，即便是汉族，也不例外。那么作为少数民族的清朝统治者，在建立了全国统一政权后，面临尖锐的满汉民族矛盾，就更需要利用儒家的思想文化为其统治服务。“忠”和“孝”同样也是清朝统治得以维持和巩固的法宝。从本书所论清东陵这个问题中，就可以反映出儒家忠孝观念的深刻影响。正如清代“视国事为己务”、“政事皆深忧厚虑”的理学之士松筠感慨道：“我大清国所以立万年基者惟赖此二字也。”② 其次，在典章制度上，亦多学习和模仿汉族，有清一代的诸多制度，就是直接沿袭前代而来，陵寝制度即是其中之一，这同样是为了表明清朝政权的合法性而所作的努力。作为征服者的清朝贵族，在靠武力取得天下后，如何面对人数众多的汉族及其悠久灿烂的文化？这是关系到这个帝国能否长治久安的大问题。正如有的学者所分析的那样：“满族虽说是征服者，但他们已经脱离了自己的根，与被征服的汉人相比，在人数上处于绝对劣势，在文化上则往往限于恐惧和钦羡，有心抵据却又难于摆脱其诱惑的尴尬境地。清朝皇帝的角色也发生了历史性的转变。尽管他们依然是八旗世仆的主子，但称帝关东一隅的剧目已经收场，他们必须学会做君临天下的帝王。这里最难的还是如何扮演好传统汉族皇帝的角色。对于难治的汉人，武力震慑是绝对重要的；思想控制和政治统治则可以拿来前代行之有效的儒家纲常伦理和典章制度为我所利用；这一切似乎并不难，真正难的是作为一个被汉人视为夷敌的异族统治者如何才能得到汉民族特别是汉民族士人、士大夫在文化上的认同，不仅要让他们首肯清朝代明而立，革故鼎新为名正言顺，而且更要承认清朝是历史上推尊服膺儒家文化的正统皇朝合法的延续。”③ 当然，清朝统治者对汉族文化的学习并不是消极被动的，他们往往根据自己的需要有所选择地加以利用，并根据自己的需要予以改造。清东陵汉学的设立也正是清朝统治者适应了国内政治形势的发展和清东陵社会的需要。但是，清朝统治者在学习提倡汉文化的同时，始终保持了清醒的民族意识，从没放松保留“满洲根本”的努力，从入关前的努尔哈赤、皇太极到入关后的康、雍、乾，均一贯如此。当他们所接受的汉文化一旦与本民族的利益发生冲突，侵蚀到了满洲

① 《清高宗实录》卷一〇六七，“乾隆四十三年十一月”，北京：中华书局1986年版。

② 昭梿：《啸亭杂录》卷四《松相公好理学》，北京：中华书局1980年版，第109页。

③ 郭成康：《也谈满人汉化》，《清史研究》2000年第2期，第25页。

根本，就会毫不动摇地加以捍卫。以清东陵汉学为例，乾隆八年（1743）设立，32年后予以裁撤，再到清末的光绪年间，又将从前所设的清文学堂归并汉文，并延聘清汉兼优者充任教习，而且所设课程均以汉文为主，清文为辅。这一变化的背后仍是汉化的发展所致。因为自道光以后，作为满族，无论从皇帝、王公、贵族到平民百姓，整体上都具有了很深的汉化程度，甚至出现了"'皇帝典学，尚知国语，余则自王公大臣以下皆不知其为何物矣。'以至于清末满大臣引见，愿见太后而怯面皇上，'以太后不通国语也'"①。

总之，清东陵汉学从设立、裁撤到再设立，除了是清朝统治者对清东陵具体政策的调整反应外，这样一个过程还真实地记录了满人汉化的轨迹：即开始为了维护统治而学习接受汉文化；之后为了挽救满洲根本而抑制汉文化；最后变成无可奈何地完全汉化。

（四）"抛弃汉化"与"捍卫汉化"之我见

自罗友枝"抛弃汉化"的观点发表以后，一时间在学术界似乎产生了"反对汉化"的倾向，在满人是否汉化的学术讨论中，一些学者们多少有点回避传统的"汉化"说法。在他们的文章中，特别着重强调清朝统治者在学习汉化的同时，又千方百计采取措施去竭力保留本民族的特性。这个观点应该说是不错的，但事实上，它的最终落脚点仍然还是"汉化"的。因为传统的"汉化"观点，也并非单纯强调一方的被动或一方的主动。就满人汉化的问题而言，通过对现有成果的梳理分析以及本书对清东陵的研究，在笔者看来，传统的"汉化"观点仍然是正确的，是接近历史史实的。仅就清东陵社会来说，虽然出现了乾隆时期宁盛额的个案，让我们更了解了以乾隆为代表的清朝统治者是如何极力地保护自己民族语言的，但是并不能以此证明满人就拒绝汉化。因为民族意识和民族的优越感，在任何一个少数民族那里，不管是统治者还是平民百姓，都是不同程度地存在的。当他们成为统治阶级之后，他们自然会竭力保留自己民族的所谓优点，更何况满族作为马背上的民族，是靠勇猛夺得天下的。他们不但对骑射等武备怀有很深的感情，而且他们将其视为大清江山永固的保证。清朝统治者与历史上其他曾经建立过统一政权的少数民族统治者相比，他们的聪明之处可能就在于能够审时度势地根据自己统治的需要学习汉文化、抛弃本民族文化中落后的东西，保留本民族的长处。清政权之所以能够统治地域辽阔、民族众多的中华帝国近三个世纪之久，其原因也正在于此。"欲统治中国，首先应具备统治中国芸芸众生的

---

① 常书红：《清代北京的旗、民一体化进程——兼论北京满汉文化的交融》，《北京师范大学学报》2004年第1期，第123页。

能力。中国人口在1650—1800年间剧增，面对这一严峻挑战，满族之所以能在很大程度上取得成功，就在于其运用了汉族传统的政策和制度。”[①] 否认汉化，就无法解释清王朝入关以后的陵寝制度以及其他制度，进而也就无法解释整个清王朝的历史。

满汉文化尽管在最初接触时发生了某些冲突和碰撞，但最终的结局还是走向了融合，而且这种融合是在清朝统治者自觉或不自觉的过程中完成的。正如有的学者在论及乾隆时期汉文化的影响时所言：“乾隆时期是清王朝的鼎盛时期，也是政治经济制度、文化思想等各方面走向成熟的时期，满族的意识形态、语言文字、生产和生活方式也在汉文化的强烈影响下迅速调适、变异、融合，逐渐形成了具有满族特色的清代文化。期间，尽管乾隆帝极力想保留满族旧俗，但在满汉文化交融的强大洪流面前，所采取的一切措施都显得苍白无力，而且他本人总是自觉不自觉地充当了满汉文化交融的先锋。”[②] 而汉文化本身也是在历史上与其他各民族文化的接触碰撞中不断充实和壮大的，亦如美国学者何炳棣所云：“汉文明随着时代变迁而演化，一方面是内部发展的结果，一方面则是由于与那些汉化民族的接触扩充了汉民族的内涵。”[③] 满族文化即如一股新鲜血液，在与汉族文化交融后，使得中华文化的内容更为丰富，满族同历史上的其他少数民族一样，为中华灿烂的文明作出了贡献。

三、兵营里的关帝庙

关羽信仰和关羽崇拜，在中国历史悠久。隋唐时期，就已在荆州地区流行，以后逐渐扩展，至宋元，已经形成了“全国规模的全民族信仰的文化现象”[④]。作为历史上的一位真实人物，他的忠义神勇，既受到历代上层统治者的大力提倡，同时也受到下层大众的顶礼膜拜。清王朝建立后，继承了中原汉族对关羽的信仰习俗，最早从努尔哈赤开始，通过《三国演义》对关羽的了解，到后继统治者对关羽的推崇，其中除了对关羽忠义神勇倾心佩服外，更主要的是借助关羽为他们的统治服务。清朝入关前，皇太极曾下令在沈阳北门（地载门）修建关

---

① ［美］何炳棣：《捍卫汉化：驳伊芙琳·罗斯基之“再观清代”》（上），《清史研究》2000年第1期，第114页。

② 积成春：《从乾隆时期满族文化传统的迅速转变看汉文化的影响》，《齐鲁学刊》1997年第4期，第124页。

③ ［美］何炳棣：《捍卫汉化：驳伊芙琳·罗斯基之“再观清代”》（上），《清史研究》2000年第1期，第114页。

④ 蔡东洲、文廷海：《关羽崇拜研究》，成都：巴蜀书社2001年版，第44页。

帝庙，并亲自题写匾额“义高千古”。并规定“岁时官给香烛”。① “当时，欢送军队出征、迎接将士凯旋的仪式，都在地载门举行。把关帝庙建在这里，正是要借助其威灵，呵护战争的胜利。”② 清朝入关后，于顺治元年（1644）即“定祭关帝之礼”③，顺治九年（1652）四月，礼部向皇帝奏请：“关帝封号宜加有崇，请如明万历旧典晋称帝。”④ 于是敕封关羽为“忠义神武关圣大帝”，雍正三年（1725），清王朝又追封关羽的曾祖为“光昭公”、祖为“裕昌公”、父为“成忠公。”⑤ 雍正七年（1729），清政府制定各地方祭祀关帝制度，规定每年三祭，五月十三、二月和八月庚日太牢祀。“这是自两宋以来，首次由政府规定地方按时祭祀关帝，反映了清代关帝信仰的进一步扩大，而且，从此以后，地方崇祀关帝纳入正常化。”⑥ 顺治、康熙、雍正和乾隆以及后来的咸丰和光绪等，对关羽的推崇均有加无减，甚至他们认为一些关系到清朝兴亡的重大战役，包括对明朝的战争、平定叛乱等，均得到了关帝的佑护。所以历代统治者都十分重视关羽崇拜。当然他们真正的目的主要还是在于“为人道扶之纲常，助宣教化”⑦。显而易见，清王朝是把关羽作为一种政治力量运用到他们的统治中了。

到清朝中后期，随着国家内忧外患的加剧，清朝统治者试图借用神化的关羽，来挽救他们的统治。因此对关羽的崇拜达到了极点。到光绪五年（1879），对关帝封号的添加已达26字之多。封号的含义由忠意神勇、显灵保佑延伸到宣扬君权威严等内容。

由于统治者的大力提倡，清朝中后期，关帝庙宇的修建遍及天下。我们从表2-1可知，仅遵化州境自乾隆至光绪年间，关帝庙就多达35座，在各类庙宇中独占鳌头。清朝统治者为了让守陵人时刻以关羽的忠义神勇为榜样，精心守护皇

---

① （清）崇厚编：《盛京典制备考》卷二《庙寺》，光绪四年刻本。

② 蔡东洲、文廷海：《关羽崇拜研究》，成都：巴蜀书社2001年版，第153页。

③ 张羽新主编：《清朝通志》卷四六《礼略六》，北京：学苑出版社2003年版。

④ （清）张镇辑：《关帝志》卷一《封号》，乾隆二十一年刻本。

⑤ （清）刘锦藻编纂：《清朝文献通考》卷一〇五，《群祀一》，上海：上海古籍出版社1988年版。

⑥ 蔡东洲、文廷海：《关羽崇拜研究》，成都：巴蜀书社2001年版，第178页。

⑦ （清）朱彝尊辑，于敏中等修，窦光鼐等纂：《钦定日下旧闻考》，乾隆年间刻本。

陵，于是在各座守陵人居住的所谓“三镇九营”[①] 内，均修建一座关帝庙。

兵营内的关帝庙，其功能有两个方面，一是为护陵官兵树立一个忠义仁勇的榜样，时时刻刻学习反省，效忠朝廷，认真守护陵寝。在每年的五月十三日（关帝圣诞日）、二月和八月庚日祭祀关帝的时候，歇班的护陵官兵都要参加。尤以五月十三日的祭祀最为隆重。祭祀人员在前一天就要进行斋戒。斋戒日要推掉所有的事务。到祭日的当天，有一套例行的仪式，其场面非常热闹。祭礼结束后，官兵们回到各自的营房关帝庙会餐。马兰镇东关关帝庙戏楼等还要演戏三天，而且还规定剧目，只许演过五关斩六将等歌颂关羽的戏。护陵官兵称五月十三日为“祭科”。二是为护陵官兵提供一个娱乐的场所，丰富他们的业余生活，免去寂寞和无聊，安心护陵。各营官兵在不当班的时候，大多聚集在本营的关帝庙内，互相“论文比武，切磋技艺，说书聊天，谈今讲古；也有上香讨签，求神还愿的。在这里，人们都必须表示对关帝的信仰与虔诚，如对神像稍有不恭，被人告发，则要受到严厉惩罚”[②]。

在清东陵，包括陵寝社会和地方社会在内，为什么要修建这么多的关帝庙？在当地还流传着一个有趣的故事。据说，乾隆即位后，在一次南巡时，途中看到百姓的疾苦和对朝廷的不满，心中既感到不悦，同时又觉得可怕。有一天，他把丞相刘墉叫来，把南下所见以及自己的担心告诉了他，询问刘墉有什么好的安民良策。刘墉一向聪明过人，稍加思索后说：圣上不必多虑，古往今来，凡是明君最拢民心，而拢民心必以神为上。大汉族多信神拜佛，尤敬关老爷。臣以为，万岁若能如此这般，定顺汉民之心！他贴近皇帝耳边嘀咕了一番，乾隆帝大悦，连

---

① 三镇：即指马兰关、南新城和马兰峪，是东陵营房集中区和重要机关所在地。马兰关地处陵区东面、风水围墙北端、燕山南麓，是长城的重要关隘，为历代兵家必争之地。顺治十八年（1661），首建孝陵时，清廷派绿营兵守护风水禁地，设副将在马兰关驻守。雍正元年（1723），又改副将为总兵官。当时，马兰关居住有各衙门的官弁和下属左右两营官兵。另外，还建有演练兵士的教场、军器库等。南新城位于陵区东南，康熙二十年（1681），在此设立景陵营房，称“新城”。康熙二十七年（1688），在新城南端连接修建了昭西陵营房，故称“南新城”，雍正七年（1729），雍正皇帝谒陵在此驻跸，后拨银在此建立了“永济库”。南新城是守护陵园的重镇之一。马兰峪位于风水围墙东侧，处在三镇中间。康熙二年（1663），在此建立了孝陵营房，康熙五十七年（1718），又在马兰峪以东修建了孝东陵的营房和内务府圈。雍正二年（1724），雍正皇帝为了加强陵寝的管理和守护，特派1员郡王，2员奉恩辅国公到东陵任守护大臣，同时，还派了4员干清门侍卫、4员御前近侍卫、40员侍卫。为此，在马兰峪城东建造1所王府、2所公府、170间房屋、一座侍卫城。清朝后期，王公府迁到镇内，分别称为“东府”和“西府”，并在镇内设立了“东陵承办事务衙门”，成为东陵的最高权力机关。九营是指兵部和礼部一体的九座帝、后陵营房。它们分别是：昭西陵营房、孝陵营房、孝东陵营房、景陵营房、裕陵营房、定陵营房、旧太后陵（慈安陵）营房、新太后陵（慈禧陵）营房、惠陵营房。

② 陈景山：《清东陵营房的关帝庙》，见唐山市政协文史资料委员会编《清东陵》，北京：社会科学文献出版社1995年版，第237页。

声赞道：妙计！妙计！第二天，乾隆皇帝便按照刘墉的计谋，独自骑上小毛驴，微服出访了，在外面转了一圈，天快黑的时候才返回。晚饭后，乾隆皇帝召集文武大臣、太监和侍卫等，描述了出巡时遇到的事情。说：朕今日出行，走在荒郊野外的小路上时，忽听背后有盔甲和马铃的声音，朕扭头一看，什么都没有，又继续往前走，盔甲和马铃声又响起来了。朕大声喝道：后边何人保驾？后面有一声音答道：二弟关云长！回头看去并不见人马，朕又接着问：三弟何在？后面答道：镇守辽阳！朕觉得此事甚为蹊跷，不知是吉是凶？故请诸卿商议。

乾隆皇帝所讲的这件事，其实是事先刘墉导演策划的。当时文武大臣们听了都信以为真。这时刘墉装出一副惊奇的样子说：依臣之见，此事是吉不是凶，既然有二弟关云长保驾，圣上便是汉王刘备了。万岁不仅是大清之君，也是大汉之主啊！此乃天意！

乾隆皇帝听后非常高兴，满脸喜悦地说：果真如此，实乃朕之洪福！关云长既然保驾，那朕就封他为“协天大帝武玉皇”！而且朕还要传旨天下，广建关帝庙，以香火敬奉！刘墉接着说：圣上，敬奉了关老爷，而三弟张飞屡建战功，才当了个小县令，也应加官晋爵。乾隆皇帝认为刘墉说得对，答应马上加封。

回到京城后，乾隆立即写了两道圣旨，一道是广建关帝庙，敬奉关老爷；一道是召辽阳县令火速进京觐见。同时派出不少钦差大臣到全国各地宣读第一道圣旨，这些大臣到各地后又不断添枝加叶，说乾隆皇帝是刘备转世，满汉应为一家。

那位辽阳县令接到皇帝圣旨后，大为惊恐，自觉凶多吉少，心想：如今满人统治天下，我是汉人，是个芝麻官，今日皇上召见，不是杀头就是治罪充军，反正是难有活路。既然怎么都是死，还不如死个痛快，留下刚正不屈的美名，遂悬梁自尽了。乾隆皇帝听到这个消息后，吃惊不已。此时刘墉又出主意说：圣上，辽阳县令自尽，正说明汉人对我大清的疑虑和不满。臣以为，这倒是借花献佛的好机会，可为其厚葬，以笼络汉民之心，消除汉民的疑虑。乾隆就依从了刘墉的建议，当下传旨，厚葬辽阳县令。

这个故事，虽然反映的不仅仅是清东陵这一区域社会，而是全国各地广建关帝庙、关羽信仰盛行的原因。但是，这个故事在清东陵这里广泛流传，还应该和陵寝有一定的关系，也就是说，除了普遍的关帝信仰对清东陵区域社会产生影响外，清朝统治者为了守护好祖先的陵寝，维护帝国的象征，是有目的地在清东陵强化关羽信仰的。在每一座守陵人居住的营房内修建关帝庙，让守陵人时时拜祭，意在培养护陵官兵忠义勇武的精神，全心全意守护皇陵。同时，陵寝社会对关羽的推崇大大影响了周边地方社会。这样，就使得关羽信仰在风水墙内外盛行起来。

在整个故事的中，一方面，我们可以显而易见地看到乾隆和刘墉君臣策划那一幕的真实目的，就是利用汉族人民对关羽的信仰，以树立清朝的合法统治和权威。因为在开辟清东陵这个陵园的时候，也正是清朝刚刚入关不久，清王朝的统治还很不稳固，尤其是广大的汉族人民对新生的清朝统治还有很强的抵触情绪，怎样才能消弭这些抵触？借用汉民族的普遍信仰便是最好的选择。关羽信仰有利于陵寝的管理和防护，有利于皇陵象征的塑造。另一方面，我们也可以看出故事本身在流传过程中层累的痕迹，如“三弟张飞”和“辽阳县令”，这种编排看起来似乎与故事的主题不太搭边，但实际上它仍然反映了乾隆时期国内的政治形势，尽管清朝入关已历百年之久，但满汉民族矛盾仍没有消弭，清朝统治者还需为这个少数民族政权的合法统治尽心策划。

透过这个故事，我们很容易看到入关后的清朝统治者为了新政权的稳固所做的努力。诚然，关于这样一个观点，在学术研究中，早已不是什么新鲜的了。但我们的研究是从清东陵一个独特的区域社会的视角，去观察和解读国家的宏观政治的。单就这个问题而言，虽然我们的结论与以往没什么区别，然而我们这种自下而上的方法的尝试还是很有意义的：在学术界从未涉及的范围里和场景下，通过具体的事例研究，进一步探讨曾经研究以及未曾研究的问题，可能会有新的收获。这也正是本书试图探索由“地方”到“整体”这样一个社会史视角下的政治史研究的初衷和主旨。

四、“皇会”的创立及其影响

所谓“皇会”，即清东陵守陵人创立的业余娱乐杂技团，具体的创立人为“二十三太王”，即康熙皇帝的十四子允禵。为什么称为二十三太王呢？其“皇十四子、恂勤郡王允禵，其初行次为第二十三”①。允禵于康熙二十七年（1688）正月出生，与雍正是同母兄弟。按康熙所有出生的 35 个儿子计算，允禵排行二十三。他在康熙四十八年（1709）三月，被封为固山贝子，康熙五十七年（1718），允禵被授予抚远大将军，② 征讨进犯西藏的准噶尔部策旺阿喇布坦，驻师西宁。康熙五十九年（1720），他率领军队攻克了拉萨，为维护清朝国家的统一立下了汗马功劳。由此而得到康熙的器重。杰出的军事和政治才能，使得他在

① 唐邦治：《清皇室四谱》卷三《皇子》，见沈云龙主编：《近代中国史料丛刊》第八辑，台北：文海出版社 1967 年版。

② 抚远大将军的权力很大，尽管这时允禵还仅仅是个贝子，但可以亲王体制，用正黄纛，称大将军王。这种涉及帝国西部边疆安全和清朝统治安定的重大任命，无疑给当时朝野上下传递了一个信号：即允禵有可能成为将来皇位的继承人。

朝廷上下具有很高的声望，成为当时继承皇位呼声最高的人。所谓“二十三太王”之称即由此而来。康熙皇帝驾崩时，允禵被从前线召回，雍正元年（1723）五月晋郡王。于雍正二年（1724）七月，被新皇帝雍正以“代朕躬居守山陵”为辞派往清东陵守护康熙的景陵。

尽管从名义上说，守护皇陵是委以重任，但从率领千军万马征战的抚远将军到日夜看护一座陵寝，实际的权力落差已非常明显。更何况雍正的真实意图公开表明是让允禵“瞻仰景陵，感发天良，痛改前非，洗心涤虑”[①]。

政治上的失意，自然使允禵郁闷。至于大部分守陵官兵员役也基本是从京城被派而来。这些人也难以适应乡村山沟的单调生活。为了使自己和属下守陵人的精神有所寄托，允禵再次发挥了他的聪明才智，创立了“皇会”。

据传，皇会下分十二档分会，每档分会主办一项文艺节目。有狮子、中幡、挎鼓、高跷、龙灯、旱船、吵子、音乐、三股子、什锦子、杠子、少林。其中，狮子会由马庄（为皇陵养马的地方，允禵的王府设在此地，位于南新城东侧半里许）主办，其他各档均由南新城主办。各档分会的会头均为德高望重的守陵官员。分会的组成有的为几户，也有的是一户。其活动经费均由会头自行筹备。各档所表演的都是真功夫，如中幡分会的表演惊险刺激，四丈多高的中幡，根部直径约八寸，重达百余斤，表演者要把它用脚尖踢起，再用鼻尖接住，称“鼻剑”，还有“牙剑”、“苏秦背剑”等。像这样高难度的表演如果没有多年的苦练是无法完成的。所以表演者都是冬练三九、夏练三伏，长年累月不间断地练功。清东陵皇会规模宏大，十二档分会的表演者共计500多人。而且所用道具均比普通会大，充分反映了皇陵优越的政治地位和雄厚的经济实力。[②]

皇会除了自娱自乐，即在陵区内表演外，每年还要参加景忠山的庙会。景忠山位于迁西县境内，距清东陵60公里，原名阴山，明天顺年间，蓟镇总兵府移驻三屯营（在遵化州东50里，东与迁安县界相接，距迁安县治120里）时，将此山改为朱雀山。嘉靖二年（1523），三屯镇总兵马永在山顶建三忠祠，奉祀诸葛亮、岳飞和文天祥三位爱国忠臣，取高山景行之意，更名景忠山。嘉靖三年（1524），马永又在三忠祠东侧修建碧霞宫，内奉碧霞元君像，香火日旺。后来蓟镇总兵戚继光又先后进行了两次大规模的修缮。清初，顺治和康熙皇帝多次驾幸景忠山，康熙皇帝曾御题“名山初步”、“灵山秀色”、“天下名山”。顺治和康熙

① 中国第一历史档案馆编：《雍正朝汉文谕旨汇编》第一册，桂林：广西师范大学出版社1999年版，第171页。

② 陈景山：《允禵与清东陵皇会》，见唐山市政协文史资料委员会编《清东陵》，北京：社会科学文献出版社1995年版，第258页。

先后拨巨款修缮山上庙宇，顺治九年（1652），别山法师被请入皇宫万善殿供养。从而景忠山被看作是皇家庙宇，并名扬天下。景忠山每年农历四月十八和十月十五都要举行规模盛大的传统庙会。届时，附近各州县的花会都汇聚于此，而清东陵皇会必来参加。而且各地花会都会礼让东陵皇会作首场表演，若皇会未到，各地花会也不能先行上山。皇会到景忠山的沿途所经，还施舍“膏药”，以尽“普济引善”之意。清东陵皇会的膏药远近闻名，凡恶毒疔疮，贴上就好，特别灵验，深受老百姓青睐。①

允禵对皇会的管理十分严格，据说他亲赐皇会两把“戒尺”，用以教育违背会规或损害皇会名声的人。

随着清朝的灭亡，皇会在民国二年（1913）因会头无资金筹集而解散。清东陵皇会自雍正二年（1724）创立，至民国二年（1913）解散，历经189年之久，它对清东陵的管理以及周边地方社会起到了很大的作用，并产生了深刻的影响。

令人诧异的是，关于清东陵皇会，至今却未见任何文字记载，个中原因很值得分析。无论怎么说，清东陵皇会是真实存在的，由允禵创立也符合事实。当地守陵老户们的讲述和留存下来的实物，即是此种说法的根据。笔者在清东陵做田野调查时，采访了一些80岁以上的老人，他们生动地描述了皇会表演的盛况。其中有一位叫赵瀛洲的老先生，他的祖父是清正五品的章京，他的二伯父是景陵最后一届总管。他小的时候就看过皇会的表演，最喜欢看的是少林分档的表演。他说他家的邻居是跑皇会中幡的。中幡档是皇会十二档分会之一，表演难度大，需要真功夫。中幡共有两面，一面用黄云缎做成的叫“样幡”，一面用紫云缎做成的叫“耍幡”，上面均绣有“东陵引善普济老会”红色大字，下方落款为“二十三太王”。会旗为三角形牙旗，上绣一条四爪行龙。据晚清中幡会的会头子弟何福和耍中幡的会伴周东旭以及曾任新城四村党支部书记的于泽元介绍，皇会的两幅中幡面一直在何福家保存到1966年，“文化大革命”时被造反派收缴，又在南新城四村保存到1976年7月，因唐山大地震房屋倒塌，无人收管而被雨淋毁烂。两幅中幡面上的落款不是二十三太王，其中紫云缎幡面的落款是“奉恩辅国公·意”，此人是民国二年（1913）驻马兰峪东府的守护大臣奉恩辅国公意普，因是觉罗，固用紫色。历任东陵守护大臣都是当时皇会的会头。另一面黄云缎幡上的落款为“固山贝子·弘”，据音乐分会吹笛子的刚秀山老人介绍，他听祖父说过：雍正四年（1726），“二十三太王”获罪被拘禁后，皇会不能再用他的旗号，允禵的长子固山贝子弘春继承了父亲的事业，故中幡改用弘春的名号。关于

① 陈景山：《允禵与清东陵皇会》，见唐山市政协文史资料委员会编《清东陵》，北京：社会科学文献出版社1995年版，第259页。

皇会保存下来的实物还有狮子档分会的一对狮子头，这是皇会至今留存下来唯一的一件实物，所以非常珍贵。现存遵化市文物保管所，因时代久远，狮子头虽已破旧，但仍然可以看出精细的做工。据说皇会要用的狮子道具要比普通花会要用的狮子道具大，体现了皇会尊贵的地位。听了老人们绘声绘色的讲述，目睹着当年遗留下来的一对狮子头道具，脑海中好像呈现出了皇会表演的热闹场面，那些耍狮子的守陵人矫捷飞越两桌子高的身影似在眼前，但这些人早已作古。悠悠岁月，如今已物是人非。思古幽情掠过后，更多的还是想到允禵以及他和雍正的关系。

允禵的政治和军事才能在康熙诸子中是很突出的，从他的功绩、父皇的器重和朝廷上下的呼声等各方面看，他成为康熙的继承人应该是顺理成章的事。但结果却出人意料，父皇猝崩之时，他被从前线召回，不但没有如人们所想登上皇位，反而被派到东陵守陵，这不能不叫人产生种种疑问。关于雍正篡改康熙遗诏最终当上皇帝的问题，多年来在史学界议论纷纷，见仁见智。2003 年，清皇室后裔又以新的独家证据证明胤禛确实是篡位当上皇帝的。[①] 究竟是正常继位还是篡位？这个问题还有待于进一步研究探讨。不过根据笔者查阅清东陵有关档案发现，雍正对允禵的戒备和遏制，无以复加，即使允禵在清东陵的两年时间，也一直派心腹暗中监视，随时禀报。这些蛛丝马迹可能不足以佐证雍正继承皇位的不正当性，但却更深一步说明雍正与允禵的关系。允禵被派往东陵后，雍正先后指示三屯营副将赵国瑛、柏之蕃秘密监视允禵的一举一动。如雍正二年（1724）二月二十日，三屯营副将赵国瑛奏报，据手下把总探报，十八日，喀拉沁格格差一蓝翎子，随带一人到汤山，向允禵请安。曾对喜峰路游击古舜屡加嘱咐，喜峰路乃喀拉沁道口，出入务必严加查探。今喀拉沁人进出关口，来去汤山，古舜并不知道，殊属不堪。古舜原系提督马进良长随，出身微贱，难托边疆重任。喜峰一口，甚属紧要，日夜惊心，必须是全心全力，深知大意之员，方可密托。“今圣驾亲来恭陵，自皇上出京日起，臣密领该营游击马义、守备一员，带千把等官，挑选精练马兵五十名，鸟枪手五十名，在汤山往来要道及前后左右，暗地安插，俟皇上回銮之后撤归。惟是郡王允禵，心难揣测，臣旦夕警防。”并说要力阻允禵前去接驾，祭陵时也不能让允禵陪侍。[②]

① 爱新觉罗·恒源（又名金恒源）于《史林》2003 年第 3 期发表了《雍正帝篡位说新证》一文，提出了现存《康熙遗诏》是隆科多受雍正旨意伪造而成，康熙临终之时所谓“八人同受面谕”，系雍正事后伪造。对雍正和隆科多阴谋勾结篡位，提出了五点证据：①康熙临终前派兵反控畅春园；②秘不发丧，伪称遗诏；③隆科多抢先口述遗诏；④事后雍正命隆科多起草遗诏；⑤疑云重重的康熙大殓。

② 中国第一历史档案馆编：《雍正朝汉文朱批奏折汇编》第二册，《三屯营副将赵国瑛奏郡王允禵进陵上祭折》，南京：江苏古籍出版社 1996 年版，第 651 页。

雍正二年（1724）五月，赵国瑛又奏闻皇上，探得本月二十四日，有蒙古7人，由张家口赶羊100只、牛15头，送到允禵处。二十八日，有哈拉沁额附僧燕查普格格，差太监1名，跟随人1名，到郡王允禵处请安。[①] 甚至允禵福晋病故后，赵国瑛即派千总1员，带马兵20名，同原委密守把总，前赴汤山，暂委该游击马义代为安排，名义是看守福金灵柩，暗则察防往来人等。雍正帝下谕旨："可令心腹人密探，你亦看关时亲到，察其动静。"[②] 后来允禵福晋灵柩移于阎家峪地方陈庄头处安厝。允禵即在陈庄头东邻镶黄旗园头刘德臣家居住，赵国瑛拨马步兵20名，仍以看守福晋灵柩为辞，四周安排。其原委暗探、千总、把总，因俱各熟练，所以均派在内。同时又暗中另派数人换上服装，装作买卖人，在此处细察动静。

雍正四年（1726）二月，三屯营副将柏之蕃就允禵行踪上奏皇上，奏文如下：

探得允禵欲修阎家峪安放福晋灵柩的房屋。据查：修理瓦房五间，草房三十间。原差一个姓雅的，就近雇觅夫役，已发工料银一百六十两，择于本月二十六日动工。今姓雅的已于二十二日撤回。即于本日另差一个姓朱的到阎家峪监督修理。及至二十六日，因脱土坯未完，又改在三月初头动工。再访问雅、朱二人的职分名字，俱系包衣大原戴蓝翎子，今来阎家峪，未曾戴着。其二人名字探听不出，现在访问，而阎家峪向来安设之兵，虽仍照旧看守，今遇修理之时，未免闲人出入，惟恐混杂，故又添兵四名，严加巡逻。[③]

雍正授意三屯营副将就近监视允禵，甚至将其每天的一言一行都要奏闻。其实上述所报都是生活中的常事，并没有任何危及皇上统治的举动，为什么雍正还这样紧张呢？是否在雍正的内心里一直存有抹不去的皇位继承这个阴影？无论从允禵本人，还是朝廷上下，都十分清楚胤禛是通过什么手段登上皇位的。对这一点雍正自己更是十分清楚。所以他才时时处处感到不安。即使派允禵守陵，夺了他的兵权，也仍然不放心，不久即把允禵软禁在东陵以东的汤泉。雍正四年（1726）三月，正黄旗遵化大粮庄头子弟蔡怀玺来到汤泉，将一张写有"二七变

① 中国第一历史档案馆编：《雍正朝汉文朱批奏折汇编》第三册，南京：江苏古籍出版社1996年版，第259页。

② 中国第一历史档案馆编：《雍正朝汉文朱批奏折汇编》第三册，南京：江苏古籍出版社1996年版，第382页。

③ 中国第一历史档案馆编：《雍正朝汉文朱批奏折汇编》第六册，南京：江苏古籍出版社1996年版，第859页。

为主，贵人守宗山”的帖子投到允禵的院内，被监视允禵的马兰镇总兵范时绎拿获，随后，雍正将允禵解回京城，将其关押在景山寿皇殿院内。雍正在上谕中对此事进行了辩解：

阿其那[①]允禟、允禵等结党营私，同恶相济。朕以宗庙社稷为重，迟回详慎，费尽苦心。而伊等怙终不悛，罪恶昭著，朕亦可如何。但允禵与阿其那允禟虽均属罪人，而允禵为人止于赋性糊涂，行事狂妄，至奸诈阴险之处，则与阿其那允禟相去甚远。止因阿其那允禟多方笼络，允禵随其术中，受其指使，不知悔悟。设令伊一人独处，则才具庸劣，断不能独为一事。着与阿其那允禟一处，听其愚弄，则狂悖恣肆，可以无所不为矣。朕数十年来，于伊等之居心行事，知之甚悉。若谓朕于允禵独有所偏狗，则朕何以对圣祖在天之灵乎，朕之此心，天地神明，自能昭鉴。从前所以命允禵在马兰峪居住，原欲其瞻仰景陵，感发天良，痛改前非，洗心涤虑。而允禵并不醒悟悛改，蔽固日深。奸民蔡怀玺又构造大逆之言，并行蛊惑。看来马兰峪亦不可令其居住，着满都护常明来文驰驿前往，将允禵带来。朕思寿皇殿乃供奉皇考、皇妣圣容之处，将允禵于附近禁锢，令其追思教育之恩，宽以岁月，待其改悔。伊子白起，甚属不堪，亦着一并带来，与允禵一处禁锢。其子白敦尚好，可封为镇国公，令在伊家居住。蔡怀玺，既在家中曾出大逆之言。伊兄何以不行举首，且既将蔡怀玺锁禁，何以复令逃脱之处。着刑部再行究审具奏。[②]

允禟，皇九子，生于康熙二十二年（1683）八月二十七日，初行十七，与允祺同母，康熙四十八年（1709）三月封贝子，雍正元年（1723）遣驻西宁，雍正三年（1725）七月削爵。雍正四年（1726）正月，因以密语与其子弘旸通信

① 允禩、允禟为康熙第八子和第九子，因在康熙末年储位争夺中反对雍正，故在雍正即位后被削除皇族宗籍，勒令改名为“阿其那”和“塞思黑”。“阿其那”之意，传统的解释为“狗”的意思，一说为“不要脸”之意；“塞思黑”为“猪”的意思。但近年来有的学者提出了不同的意见，认为“阿其那”为“畜生”的意思；“塞思黑”为“迂俗可厌之人”或“厌恶”之意。见杜家骥《雍正之弟改名阿其那、塞思黑问题试析》，《满族研究》1998 年第 2 期和王佩环《从新发现的满文档案再释阿其那和塞思黑》，《故宫博物院院刊》2000 年第 2 期。

② 中国第一历史档案馆编：《雍正朝汉文谕旨汇编》第一册，桂林：广西师范大学出版社 1996 年版，第 171 页。

被议罪，[1] 除宗籍。“四月逮系保定狱，五月改其名为‘塞思黑’（见上页注释①）。六月廷臣复议其罪二十八款，诏令宣示天下，八月二十七日死于禁所，年四十有四，乾隆四十三年（1778）正月诏复原名，收入宗籍。”[2] 雍正四年（1726）六月初三日，令将允禩、允禟、允禵罪状颁示全国。经过满汉文武大臣共同议奏，定允禵十四条罪状：圣祖责允禩谋杀东宫，允禵称允禩并无此心，若将其问罪，愿与同罪，圣祖震怒，拔刀欲杀之，经允祺力劝，将允禵重责。圣祖知允禵昏愚狂妄，必生事端，因遣往军前，使不得朋匪为恶，而允禵与允禩、允禟密信往来，曾无间断。在西边时，取青海台吉之女，纵酒淫乱，劳民费帑，私受哲尔金银66 000两，向噶什图等索银120 000两。张瞎子为之算命，称此命定有九五之尊，允禵大喜，赏银20两。回京后，叩谒梓宫并不哀痛，于皇上前大肆咆哮。晋封郡王，并不感恩。蔡怀玺投其院内字帖造言，不即刻奏闻。总之，雍正认为允禵是生性糊涂急暴，不知天高地厚之人。诸王大臣曾数次力请大义灭亲，将允禵“即正典刑，以为万世臣子之炯戒”。但雍正“实痛于衷，不忍于情”，而且允禵与允禔等尚非首恶，皆以拘禁处罚。[3]

所谓的第一条罪状恰好反映了允禵爽直的品性，作为睿智的康熙大帝对自己儿子们的品质应该说了如指掌，在诸子尔虞我诈角逐继承人的过程中，康熙就更加认识到诚实的重要，他曾说：“存心行事，贵在诚实，开诚示人，人自服之，若怀诈挟术，谁敢心服耶?”[4] 允禵敢在父皇盛怒之下挺身而出，说明自己的看法，力保允禩，尽显了允禵的人品，虽然康熙当时非常生气，拔刀相向，但事后，不能不使康熙对允禵的为人有了更深的认识。故在“这场风波后不久，康熙便将因罪囚禁的直郡允禔的佐领及人口一半赏给允禵，使他成为一废太子事件中获利最多的皇子，以此作为对他所受委屈的补偿。康熙信任允禵，欣赏他的为

---

① 雍正四年正月，允禟命其门下亲信毛太、佟保往京，将一张格子纸交给其子弘旸，令其学习，照样缮写书信，人不能识。弘旸将信缝于骡夫衣袜中带往西宁，被京师九门捕役拿获。后谕责允禟：“从来敌国之人差遣奸细往来，偷传信息，造作隐语，防人知觉。允禟在彼，朕何曾禁其寄书、亦未禁其往来之人。若果安分守法，则所寄书无不可以令人共见，何至于别造字体，巧编格式，隐藏衣袜之内，居然为敌国奸细之行耶?”命严审毛太、佟保等。当时，朝中大学士、九卿等请求将允禟“严加治罪”，命交与允禩、允禵议奏。四月十八日，命将允禟交与都统楚宗、侍卫胡什里，驰驿来京；允禟妻子由该督抚等派兵看守。

② 唐邦治：《清皇室四谱》卷三《皇子》，见沈云龙主编：《近代中国史料丛刊》第八辑，台北：文海出版社1967年版。

③ 中国人民大学清史研究所编：《清史编年》第四卷“雍正朝”，北京：中国人民大学出版社1991年版。

④ 《清圣祖实录》卷二五五，“康熙五十二年六月甲辰”，北京：中华书局1986年版。

人，由此可见一斑”[1]。

至于说允禵“赋性糊涂”，“才具庸劣，断不能独为一事”，是完全不符合事实的。允禵的才能众人皆知，他在军事上的屡建大功是当时诸子无人能与之相比的。即使被下派到看守皇陵，他亦能有所建树。如皇会的创立，再次展示了他的才华，不但使守陵人有了精神上的寄托和满足，安心尽职，而且对周边地方社会的文化生活也产生了重大影响。他虽然只在东陵呆了短短的两年时间，但他的业绩是具有开拓性的。他在东陵社会留下了极好的口碑，至今这里的人们还在传颂他创立皇会的事迹。其实，雍正也不是不知道允禵的能力，他指斥允禵的所谓“狂悖恣肆，可以无所不为矣”，恰好从反面证明了雍正心目中十分清楚允禵的才能和个性。也正是允禵的才能才招来了雍正的嫉妒和迫害。哪怕是他已皇权在握，允禵的存在仍然是他心中的一块病，若除之当然能干净利落地解除病根，但会引起众怒而使政局动荡，对自己统治更为不利。所以最终连他守陵的权力也剥夺，解回京城将其禁锢。直到乾隆继位，允禵才被释放。允禵死后葬在了东陵以西约十里的黄花山下，乾隆帝亲自为他撰写了碑文。

允禵的品性，我们可以从雍正对萧永藻的态度上进一步了解。雍正五年（1727）十一月二十三日的一份内阁奉上谕中讲道：“萧永藻向来操守甚好，可称清官第一。但伊恃其操守，骄矜偏执，诸事任意。在圣祖仁皇帝时，并无实心效力之处。即朕即位，因其年逾七旬，为旧日大臣，加恩优待。念景陵事务，关系最为重大，特命伊一切总理，且令伊得就闲散之地，以颐养暮年，正所以善全之也。乃伊不知感朕之恩，且以朕不加任用时怀怨望之意。自到陵寝以来，事事推诿瞻循，不肯实心办理。朕故容者已五载矣。即如笔帖式等强夺民人牛只，而伊不行约束。小民偷锯陵寝植树，而伊不知查访。贝勒允禑到陵行礼，而伊不行齐集。其余如请安来京不候旨即去。似此疏慢之处甚多，不可悉数。惟知阿谀允禵，以长其傲慢狂肆之罪。而其特行条奏者则裁汰旧设之官员，减去祭祀之乳牛，皆如此等之事，以为节省钱粮之计，识见卑鄙，不知大体，其居心之不敬可知。盖伊之意中，视财物为重，而视体制为轻。自以为有操守一端，遂藐视一切，将国家应办紧要之事，俱置之度外也。萧永藻深负皇考数十年高厚之深恩及朕之委任之至意。着革职仍在陵寝地方居住效力。”[2] 萧永藻是康熙朝旧臣，资历深，操守好，这也是雍正帝承认的。但他被派往景陵总管一切事务后，最终遭

---

① 杨珍：《满文档案中所见允禵皇位继承人地位的新证据》，见中国第一历史档案馆编《明清档案与历史研究论文选》下册，北京：国际文化出版公司 1995 年版，第 972 页。

② 中国第一历史档案馆编：《雍正朝汉文谕旨汇编》第七册，桂林：广西师范大学出版社 1996 年版，第 178 页。

到处罚的主要原因，并不是由于他对陵寝“事事推诿瞻循，不肯实心办理”，而是他和允禵关系走得太近，使得雍正无法容忍。试想这样一位德高望重的老臣能看重允禵，就足以说明允禵的为人了。另外作为康熙朝的遗老，肯定对雍正有更多的了解，尤其对他当上皇帝的经历可能知道得更多。正因为如此，以他的人格和操守，对当今掌握生杀大权的雍正帝也绝不会趋炎附势的。物以类聚，人以群分，允禵应该与萧永藻一样，是一个有操守和有能力的好官。不论他率领千军万马在战场上厮杀，还是默默无声地守护在祖先的陵寝旁，他都能创造出辉煌的业绩，留下美名。只可惜他后半生的才华被心胸狭窄的雍正给扼杀了。他在东陵创立的皇会在史书上也没留下任何记载，但他的事迹并没有因此而被淹没，在守陵人及周边的百姓中代代相传。

第三节 陵寝工程中的赔修制：以裕陵隆恩殿为例

清朝历代统治者都把陵寝工程视为“昭垂亿载”的头等大事，除了派重要的大臣直接监督办理外，还建立了一套保限赔修责任制度，一旦工程出现质量问题，就严格按照规定的赔修制度进行追赔。在清东陵各座帝、后陵及妃园寝修建工程中，出现质量问题且较为严重的是乾隆皇帝的裕陵隆恩殿。

嘉庆四年（1799），在乾隆帝驾崩时，嘉庆皇帝预先派庄亲王绵课、荣郡王绵亿、景熠、成林前赴裕陵办理工程，绵课等到达裕陵后，发现隆恩殿有些木柱已经糟朽，他们迅速将这个情况上奏给皇帝。当时正值山陵大典，遂决定准备兴修。随即又派温布、张若渟再次前往裕陵，经过详细查勘，所查与绵课相同，遂将结果上奏皇帝，建议应加整葺。由于按堪舆家的推算，连年山向不宜兴工，因此暂行缓修。嘉庆“以陵寝重地，未尝一时释念”之焦急心情，又令经验丰富的额勒布驰赴裕陵，再次详细查看。额勒布勘察的结果同上两次一样，他回奏皇帝说：殿工必须大加修整，即令赶紧购料办理。但因额勒布出差陕西省，特派绵课、苏楞额、戴均元兼修。于七月内择吉兴工。并令绵课等一面拆卸，一面将旧料糟朽数额，分别开单进呈，同时将从前原办工程的有关人员，查明上奏。绵课等将拆卸情形如实上奏。据称：“钻金等柱，或系里外间段糟朽，或系中间已成空槽，甚至西北一柱，通身已全霉烂，甫经拆卸，即自行折断，完整者仅有八根，其余檩梁望板等项，核计糟朽成数四五成至七八成不等。”按照嘉庆皇帝的谕旨，绵课等把糟朽木屑，分别等差包封以及原办大臣名单，一并进呈皇上。嘉庆皇帝看后，感到非常震惊，觉得陵寝要工，“理应倍加慎重，拣选坚实料件，敬谨成造。溯查裕陵隆恩殿，建自乾隆十六、十七两年，系原任大学士公傅恒、尚书海望等承办，至三十五年，复经福隆安、三和等赔修，若云因阅时久远，则自赔修之年至今，尚不及三十年，即已看出糟朽，且孝陵、景陵、泰陵，自建造以来，均极巩固，何以裕陵殿工竟至糟朽。若此，况内有金柱一根，拆卸时自行折为三截，可见建造之始，原办各员，实属昧良，并不认真，及至赔修，又复草率从事，以致工料未能经久，试思寻常殿座，或止系游观处所，于例尚有保固，若至限外糟朽，原可不加深责。至于陵寝工程，本非例限保固可比，况修建之期不久乎，此而不加以严惩，何以儆示将来。”① 因此，对相关人员给予了严厉的处罚。当时傅恒、福隆安、海望都已身故。但仍要对他们的子孙进行处罚，如傅恒之孙、福隆安之子丰绅济伦，将所有仍现管职任，全行革退，仅加恩赏留公爵。海望之孙永来，亦革去各项差使，仅加恩赏留世袭佐领，将二人交部严加议处，令赴裕陵工所作为司员，交监修大臣绵课等差遣委用。此外，尚有原派大臣、尚书公哈达哈，侍郎三和、德尔敏，监督司员、大理寺少卿富凯，内务府郎中车勒库，员外郎查兰布，内管领保住，令各该旗将上述人员的嫡派子孙，无论现在有无官职，迅速查明具奏，不许迟滞，听候降旨。嘉庆帝认为，自己虽屡次恭谒裕陵，但在哀感涕泗之下，未能周览详悉，发现糟朽而谕令修葺。如果不是绵课等早为具奏，此时还尚未兴工，柱木等项如此糟朽，若至倾圮，则关系重大。因此对绵课、绵亿、景熠、成林的留心勘察和及时奏请兴修，予以奖赏。即令绵课先行赏还三眼花翎。绵亿前此获咎，处以罚王俸6年，分12年分缴，着加恩宽免2年，其余3年仍作6年完缴。景熠着赏给上虞备用处四等侍卫。成林此前亦因获咎而拔去花翎的处罚，令加恩仍赏戴用。

就是这四个曾经使嘉庆皇帝心存感激而予以奖赏的宗室王公，在18年后，即道光二年（1822）的时候，由他们检查出来糟朽并向皇帝提议维修的裕陵隆恩殿又出现了质量问题。其中绵课因是监修之一而被处罚。道光二年三月初二日，根据阿克当阿所奏，裕陵隆恩殿暖阁内外柱、暖阁内金柱，俱已木朽漆裂，还有额枋小牌，亦有拔缝形迹。道光皇帝闻后很是震怒，认为“陵寝工程，最关紧要，督修、承修各员，理宜详慎，衮事俾资巩固。今甫届二十年，即露糟朽情形，自系当时办理草率。所有原修之庄亲王绵课、戴均元、苏楞额，俱着交宗人府、吏部，严加议处”②。绵课和苏楞额，令先拔去花翎。苏楞额是素谙工程之人，但何以不到20年即有糟朽膨裂情形？令苏楞额迅速前赴裕陵隆恩殿，详细

① 中国第一历史档案馆编：《嘉庆、道光两朝上谕档》第八册，桂林：广西师范大学出版社2000年版，第289～291页。

② 中国第一历史档案馆编：《嘉庆、道光两朝上谕档》第二十七册，桂林：广西师范大学出版社2000年版，第101页。

查看，俾知愧惧。并将嘉庆八年（1803）以后重修案内所动用钱粮物料及现搭月台等项以及原修王公大臣、监督司员，无论现时在世或已故，按照办公月日，分别赔缴。对原验收工程的果勒丰、永康、恩铭及查勘岁修工程之王，查明职衔，然后交宗人府和吏部议处。

本月初四日，道光又派英和、文孚会同阿克当阿前往裕陵详细查看，三人来到裕陵，在宫门桥南行礼后，即敬请钥匙，打开隆恩殿门，按照承办事务衙门呈报清单，进行一一核对。原报清单中仅有暖阁内外柱、暖阁内金柱糟朽，还有隔扇不能开启。但此次查看结果要比原报严重得多，即前后钻金柱、围金柱及东西稍间暖阁、黄围幙以内金柱或柱身木朽，或漆皮爆裂以及随梁额枋阁上下小窗均有拔缝形迹。英和等三人逐件详看每一处糟朽的木件，并用签子进行探进。结果找到了糟朽的原因：即绵课等在嘉庆八年修理之时，所用“木料本不坚实，因文尺过大，急求敷用，并未干透，湿气内蕴，油灰外包，不见风日，遂致易朽”①。随后，英和将金柱糟朽及各项膨裂轻重情况，分别开单上奏皇上。按照风水家的建议，维修定于来年即道光三年（1823）择吉进行。这次维修工程所有应换大柱，已在前面讲到，即因为一时难以购买，同时若令各省采办，又怕耽误时间和担心新料木质不坚。所以只好令直隶总督顺天府派人，在本省地面内访查庙宇衙署梁柱木料，挑选尺寸宽大者，先行拆用。

经过宗人府和吏部议定，于道光二年（1822）三月初十日，对绵课等三人作出了最终处理。庄亲王绵课、戴均元、苏楞额因于嘉庆八年承办裕陵隆恩殿糟朽工程，未能拣选坚实木料，敬谨成造，故不到20年，即又出现糟朽情形，实系当时办理不善，给予分别处罚。庄亲王绵课承修陵寝要工，始终其事，办理草率，自当予以严惩。故将绵课降为郡王。戴均元于七月间承办后，即于当年十二月前往衡家楼督办河工，因此可酌量减轻罪行，故加恩降四级留任，并革去经筵讲官太子太师，毋庸管理刑部事务。苏楞额多年办理工程，乾隆时即以其经验丰富而特加委任，但在此项工程中疏忽从事，致使工料未能经久，其责任更重于他人，故照议革职，在工次听候。明年再修隆恩殿工程，仍令绵课、戴均元，督同苏楞额认真妥办，以观后效。如能愧惧勤奋，按期修整完固，再酌量予以恩施。但三人仍要按制进行保限赔偿。即嘉庆八年重修工程时所动用的一切钱粮物料及现搭月台等项，共计十成，戴均元赔缴一成，其余二成令原修之监督司员，无论现在已故，按照办公月日，分别赔缴。至于原报未经确查之果勒丰阿、永康，均着照所议降三级调用。并照例各折罚世职俸九年半，不准抵消。恩铭作为当时总

① 中国第一历史档案馆编：《嘉庆、道光两朝上谕档》第二十七册，桂林：广西师范大学出版社2000年版，第102页。

管内务府大臣，既不认真履行其检查工程之专责，又未据实具奏，令降四级留任。王以衔因查勘未能周到，着降一级留任。[1]

道光皇帝对这样的处理并不满意，认为宗人府所谓严议绵课仅革去职任，罚王俸两年，失之过轻。吏部议处王以衔与恩铭，俱系降三级调用，漫无区别，又失之过重。因此，皇帝又下旨，将宗人府堂官交吏部察议，吏部堂官交都察院察议。[2] 简直成了连环案。

陵寝工程赔修制之严厉，仅从负责人身故后由子孙代赔便可窥见一斑。根据道光十四年（1834）六月十四日的一份内务府来文我们可以了解到官员赔缴工程款的具体数字。如裕陵原任郎中达林分赔裕陵隆恩殿工程银共 2 767 两 6 钱 8 厘 4 毫 6 丝 3 忽，达林此时已病故，按制由其子员外郎寿龄代赔。寿龄呈明家道寒微，并无产业，请求将职任每季所食俸银 80 两由户部扣交一半，以抵父亲的工程赔银数。按此赔缴，自道光五年（1825）春起，扣至十一年（1831）春季止，共扣过银 520 两，尚未赔完工程银 2 247 两 6 钱 8 厘 4 毫 6 丝 3 忽。也就是说，银款还远远没有赔完，寿龄便于道光十三年（1833）六月病故，而且，他既无子嗣，亦无房地产业，赤贫如洗。所余未赔银款无法继续赔缴。寿龄所在管领只好将这个情况上报。由工部照例办理，并相应行文内务府并镶黄旗满洲都统转饬，详细查明寿龄原旗或历过任所有无财产隐寄，取具印结送部，再行核办。[3] 按照赔缴制，如果寿龄有其子嗣的话，那么还要继续代赔，也就是说要子子孙孙赔下去，直至赔完为止。即使没有子嗣，也要详查他的原旗或历任职内是否有隐寄财产，若确实没有，则还要有各个相关部门出具证明，才能最后了结。

在发生于道光二十八年（1848）八月山东莱州府同知秀琨赔押运第一批万年吉地临清砖缺破砖价银事件之后，即道光二十八年十月二十五日的一份内务府来文中，就赔缴银款之事，作了强调和补充。原定章程规定，系人亡产绝，归入无着弥补，而其人尚存，对家产已绝作何处理，并未涉及。“嗣后参革，无官可补人员，人不亡而产绝者，原籍任所结报后知照吏部存记。俟本员将开复原官、或降等开复、或奉旨起用、或子孙出仕，一经得有官职，另行起限着追，其并未开复及子孙未经开复出仕而本身病故者，由各该员原旗、原籍咨户部，归入无着弥补，仍于年终由各该原旗籍将各该员等存殁，于汇咨册内声明。”[4] 各种情况的

① 中国第一历史档案馆编：《嘉庆、道光两朝上谕档》第二十七册，桂林：广西师范大学出版社 2000 年版，第 111 页。

② 中国第一历史档案馆编：《嘉庆、道光两朝上谕档》第二十七册，桂林：广西师范大学出版社 2000 年版，第 112 页。

③ 《内务府来文》，第 2947 包，原件藏中国第一历史档案馆。

④ 《内务府来文》，第 2956 包，原件藏中国第一历史档案馆。

赔缴，都已明确。上述裕陵员外郎寿龄代父赔缴未完身故、又无子嗣，即按原定章程中的“人亡产绝，归入无着弥补”条款进行处理的。这是发生在道光十四年（1834）的案子。同样，道光十六年（1836）正月处理的一桩代赔案，因为也是发生在道光二十八年（1848）补充修订赔缴章程之前，所以，对具体的人亡产未绝、子孙是否继续代赔，或是否给予豁免等，由于没有成案而无法依从办理。其经过是：孝东陵内务府郎中博启通额之父廷瑰，前于嘉庆八年郎中任内，随同京派监督等承修裕陵隆恩殿工程，因竣工后应交存石门工部回残物料未能交清，经前任大人参奏部议，降为一级调用。嗣于道光二年（1822），复因隆恩殿柱木糟朽，经钦差大人查明复奏，奉旨革去候补员外郎，仍令效力赔修。其父自革职以后，一直在工地当差，数月后因病辞退。至道光四年（1824）工竣，经工部核定，其父名下应赔缴银 1 383 两余。被勒限催追，博启通额具呈咨行户部，请求将自己俸银一半代父赔缴。经户部核准，计自道光五年（1825）春季起，由部按季坐扣一半银 40 两。博启通额称：“职父于去岁十一月初一日病故，所有职父应赔银一千三百八十余两，现已扣过二十二季银八百八十两，下欠银五百余两，或仍照前代赔，或应豁免，本处并无成案。惟查与职父同事之在京监督郎中石桂、达林、奇玖、清海，副参领廷标等五员，俱系内务府人员，均已先后病故，该员等名下应赔银两，彼时曾否交清，或亦系子孙扣俸代赔，至该员等病故后，其未完银两有无豁免之例，恳请转咨查案示覆等因，呈请前来。”① 在京监督郎中石桂等五人，俱系京内务府人员，对这些人如何处理，令户部和总管内务府查明。

裕陵隆恩殿自工程出现质量问题后，从第一次赔修到第二次赔修以及赔缴银款的过程中，形成了复杂的案中案。一处工程的质量案件牵涉众多人员，又前后历时几十年没有完结，若不是皇陵工程，绝不会有如此大的影响。

按制度规定，所有陵寝工程，若在保限时间内出现问题，就应赔修或赔缴银款。历时几百年且规模宏大的清东陵工程，不只是一处裕陵隆恩殿出现质量问题。如道光二十七年（1847）九月修理景陵悫惠皇贵妃园寝享殿工程（景陵悫惠皇贵妃园寝建于乾隆四年），就属于在保限期内。因此，例应赔修。据查，前项工程，估需物料工运，净银 3 316 两 4 钱 4 分 7 厘，应查照盛京殿座赔修成案，分作十二成摊赔归款内。堂官应赔四成，计银 1 105 两 4 钱 8 分 2 厘 3 毫 3 丝 3 忽 3 微。监督应赔八成，计银 2 210 九钱 6 分 4 厘 6 毫 6 丝 6 忽 6 微。其中前承修吏部左侍郎公桂、户部右侍郎程，会同承修之东陵总管内务府大臣容 3 员，每

① 《内务府来文》，第 2948 包，原件藏中国第一历史档案馆。

员各应分赔银368两4钱9分4厘1毫1丝1忽1微。派出监前任吏部员外郎觉罗荣庆、员外郎徐泽醇、户部主事庆勋、主事唐方熙、东陵内务府四品顶戴候补郎中庆玉五员，每员各应分赔银442两1钱9分2厘9毫3丝3忽3微，均应移咨各该旗籍任所，催追交纳。其中庆玉，尽管在道光十九年（1839）以多种罪名被参革职，并发往伊犁充当苦差，家产全部被抄，但仍不准免去此次赔偿，相应抄录原奏开单，行文东陵总管内务府。“严饬该员，即速照数赔缴解部。至升任在外及业经病故，应令该处转饬该员，并该家属名下，勒限严追，咨部交纳，毋任迟延，以重帑项。”庆玉之孙、革任主事恒岳上呈恳求：作为庆玉之孙，理应代祖分赔悫惠皇贵妃园寝享殿工程银400余两，但其父魁顺（曾任主事）早已去世，其祖父庆玉于道光十九年二月间身故于发配之地，所有家产全行抄没入官，这些均有案可查。虽家族里还有胞叔二人，即前任内副管领魁明，已发往乌鲁木齐充当苦差。次叔魁联，蒙恩准其捐复知府，现在湖南试用。“现在革员家产尽绝，并无俸饷。嗷嗷数口，冻馁难堪，实系无力措办赔补。”① 庆玉应分赔400余两工程银，最后是否给予豁免，由于未见于任何资料，故不得而知。不过根据赔修规定，可以推测，这400两银款不太可能免掉。《清仁宗实录》有一段记载，能帮助我们了解有关赔修银两的具体情况。“赔修银两，均照现定章程，一千两以下者，全数宽免，一千两以上、二千两以下者，着免十分之五，二千两以上者，免十分之三。至尚书公哈达哈、尚书海望、侍郎三和、德尔敏、郎中永和、员外郎玉神保等六员，赔修裕陵殿内漆饰银两一案，银数各止二百两，虽在应行全免之例，但陵寝要工，不能敬谨办理，非寻常疏忽可比。所有此项银两，仍着于家属名下追缴。”② 仅按此项规定，恒岳的请求肯定不会得到满足，更何况庆玉不但有子嗣，而且均在任职，不具备条件归入“无着弥补”项下而予以豁免。

第四节　陵园禁令及其严密的防护

为了维护陵寝的神圣和安全，便于官弁员役遵循，也使附近民人深知畏惧，清廷先后颁布了各种禁令和巡防章程，并且这些禁令和章程随着时代的发展，也不断得以修改和补充。

① 《内务府来文》，第2954包，原件藏中国第一历史档案馆。

② 《清仁宗实录》卷五二，北京：中华书局1986年版，第668页。

一、森严律令

《钦定大清律例》载：车马过陵及守陵官民入陵者，百步外下马，违者以大不敬论，杖一百。凡山前山后，各有禁限。如红椿以内，盗砍树株取土石开窑烧造放火烧山者，比照盗祀神御物斩，奏请定夺，为从者发近边充军。若红椿以外官山界限以内，采樵枝叶，仍照旧例，毋庸禁止。民间修理房茔取土刨坑不及丈余，取用山上浮石，长不及丈及砍取自种私树者，一概不禁。外其有盗砍官树，开山采石，掘地成壕，开窑烧造，放火烧山，在红椿以外白椿以内者，即照红椿以内者为首，杖一百，徒三年，从犯减一等，杖九十，徒两年半。如在青椿以外官山以内者，为首杖九十，徒两年半，从犯减一等，杖八十，徒两年。计赃重于徒罪者，各加一等。官山界址在二十里以外，即以二十里为限，若在二十里以内，即以官山所止之处为限。弁兵受贿故纵如本犯罪。应军徒者与囚同罪，赃重者计赃，以枉法从重论，本犯罪应斩决者，将该弁兵等拟以绞决，其未得贿，潜通信息，致犯逃避，本犯罪应军徒者，亦与囚同罪。本犯罪斩决者，将弁兵等减发极边烟瘴充军，仅止疏于防范者，兵丁杖一百，官弁交部议处。

私入红椿火道以内，偷打牲畜，为首于附近犯事地方枷号两个月，满日改极边烟瘴充军，为从，枷号一个月，杖一百，徒三年。其因起意在内偷生遗失火种以致延烧草木者，于附近犯事地方枷号两个月，满日发新疆酌拨种地当差，为从，枷号一个月，杖一百，徒三年。如延烧殿宇墙垣，为首，拟绞监候，为从，杖一百，流三千里。

附近陵寝禁地之遵化、蓟州、密云、平谷各州县民人，如有偷砍海树，私运出山，窃藏贩卖者，将失察之州县官降一级调用。知府降一级留任。道员罚俸一年，俱公罪系失察差保得规包庇者，将州县降二级调用。知府降一级调用，道员降一级留任。俱公罪，其州县属四路同知管辖者，该同知照知府例处分。查出揭报者免议。官员恭办大差道路桥梁，不能坦平坚固致有水冲泥淖者，降一级调用公罪。①

对护陵弁兵的职责亦有严格的规定，如陵寝有关风水的地方，禁止樵采种地，守口弁兵不时巡查，如有纵民犯禁限者，照违制律从重治罪。如该管上司失察弁兵，纵民樵采，降一级调用。失察弁兵自行犯禁樵采，降二级调用。其火道以外，听民自便。各口樵采种地民人，领取地方官印票，守口官弁验票放行，按季报部查核。如有夹带违禁货物，守口弁兵明知故纵者革职，失察者降一级调

① （清）何松泰纂修：《光绪遵化通志》卷七《陵寝志·禁令》，光绪十二年刊本。

用。其给票验票书役兵丁，有需索等弊者，照关津留难律治罪。赃重者，计赃以枉法从重论。[①] 若后龙风水禁内海树被盗砍，本汛官兵疎于巡查，经邻汛官兵拿获者，将本汛专管官革职，兼辖统辖各官降二级调用，兵丁责革。虽有盗砍者潜入，但并未伤损树株，经别汛官兵拿获者，将专管官降三级调用，兼辖统辖各官降一级调用，兵丁责革。如将海树偷出禁外，未经发觉者，专管官革职，兵丁革退，一并治罪，兼辖统辖各官革职，总兵降二级调用。[②]

二、周密防护

（一）护陵八旗兵和绿营兵

护陵八旗又称兵部，是清廷专门派往东陵看护陵寝的。每陵均有驻守。其官兵设置已在第一章中讲到。八旗兵的职责是专门看守各座陵寝，同时，当陵寝祭祀时，值班的八旗官兵配合内务府和礼部司员启闭宫门、殿门、支领金银器皿等事宜。光绪年间，驻守东陵的八旗官兵大约有 1 200 人。

皇陵绿营官弁兵丁大约共有 3 157 人，他们的主要职责是维护后龙和陵区四周的安全，在修建各座陵寝时，马兰镇要派出绿营兵维持秩序，对匠役进行监督弹压等。清朝统治者非常重视陵区的安全，尤其重视后龙的风水禁地的防护，因为这里关系到整个皇陵的风水气脉，若气脉被破坏，就意味着威胁到了大清江山。因此，为了加强这里的防护，一方面对守护的绿营官兵给予很高的待遇，从最高长官总兵到经制外委，均有 18 两到 1 500 两不等的养廉银，[③] 以使他们能够尽职尽责，全力防护。另一方面又不断制定巡防章程，以期防护周密而无疏漏，这种软硬结合的两手措施确实收到了很好的效果。

道光二十四年（1844）六月，因墙子路官山树株被盗，“恐后山地方辽阔，匪徒易致混迹”。守陵大臣穆章阿根据直隶总督讷尔经额、马兰镇总兵善焘等奏，并派员弁周历详查相度，再结合旧章，重新制定四条巡防措施，录呈道光皇帝御览，恭候钦定。四条的具体内容如下：

其一，原奏称官山深僻之处，应酌添拨汛，以期周密。查墙子路、杨家堡、镇罗关所管内界地方，共 164 里，外界地方共 271 里，原设专汛千总 1 员，专汛

---

① 托津等奉敕撰：《钦定大清会典事例》，见《近代中国史料丛刊三编》第六十八辑，第 674 册，台北：文海出版社 1992 年版，第 3399～3400 页。

② 托津等奉敕撰：《钦定大清会典事例》，见《近代中国史料丛刊三编》第六十八辑，第 674 册，台北：文海出版社 1992 年版，第 3399～3400 页。

③ 这里除了绿营兵的任务重（要保护 1 452 平方公里的辽阔的风水地面，而且这一带山高树多，道路崎岖）外，主要还是因为这一带是龙脉所在，是风水正源之故。

把总2员，所管拨汛共47处，统计马守兵295名。每拨汛派兵三四名至五六名不等。兹查所设拨汛，均在扼要之区。唯内有相距较远，查察难周之处，拟请添设拨汛，以资巡守等语。查墙子路、杨家堡、镇罗关，所管地方辽阔，其间原设拨汛相距较远之处，巡查势难周密。应如所议，于沟口、深塘峪、郝地子、昆矶沟四处，各添设拨汛一处，每处派兵5名，即在额设马守兵内均匀酌派。责成汛弁督饬常川住守，严密巡逻。即由该管督司，每半月亲往各拨汛挨查一次，察其勤惰，具报总兵考核。弁兵如有巡查不力，据实揭情革究。督司隐庇不揭，查出一并严参。如此查察周详，匪徒不致混迹。所有添建拨房四处，需费无多，应照所议，准其由外捐办。

其二，原奏称青椿内外居民，应编保甲，以戢研究。查附近青椿内外土住居民六百余户，大半皆在武职衙门充当伙夫。还有野火延烧，协同扑救，一切徭役，均得免派。唯其户口，向由汛弁取结存案，既多虚应故事。而户口零星设有无恒业者往来其间，亦无从稽查。嗣复拟将该处居民户口归于地方官，一律编查保甲，以火夫为甲长，发给门牌，添注悬挂，秋后覆查更换，造具清册两份，一移营汛，一存州县，互相稽查。至该伙夫附居山林，耳目较为切近，应即责令就近与拨汛兵丁随时巡查看守，倘有客留外来匪人及偷砍树株情事，一律连坐等语。臣等查此项火夫附近山林，既由地方官编查保甲，并责令协同拨汛兵丁巡查防守，有犯一律连坐。庶使研究，无从藏匿，而地方益就肃清。应如所议办理。

其三，原奏称营汛获犯应送地方审办，以免滥责。向来武弁只有缉匪之责，例无刑讯。唯该处各汛所在僻远，或拿获窃匪，惮于移送之劳，往往擅自鞭责，私行消弭，不复知会该地方官武弁同议，轻重难免不滥责无辜，应请嗣后武弁拿获窃匪，或火夫有不法情弊，俱令移送地方官审办，不许私行拷讯。仍责成该管都司，不时密查，如有擅自刑责，以及消弭了事，即行揭报，分别严惩等语。该督等为禁止武弁滥责无辜及消弭犯案起见，应如所议，移送地方官审办，仍责成该都司查察，以免枉纵。

其四，原奏称官山一带应申明巡查旧制，以凭考核。向例官山界内春秋两季该管武员与各该地方官会查一次，有无设窑烧炭及偷砍树株等事，出具印节申送，日久视为具文，应严饬遵照旧章，认真会查至古北口提督，驻扎地方附近官山墙子路一带，向归提督巡查，应请每年四季，仍由提督遴派明干将备一员，会同本管营汛，并地方文员，遍历巡查，加结备文，将会查情形分析呈报等语。查官山一带有无设窑烧炭及偷砍树株等事，向例由该管武员与各该地方官会查，具结申送，应如所议，饬令遵照旧章，春秋两季，认真会查申报，不得日久懈弛。其墙子路一带，向归古北口提督巡查，亦应如所议，每年四季仍由该提督遴派干练人员，会同营汛地方巡查呈报。俾得互相考查，不致虚应故事。至于风水重地，该总兵本系专管，责无旁贷，应即责成该总兵督饬营员，认真查察，严密守护，以期地面一律肃清。

以上四条，即添拨汛以重巡逻；编保甲以防混匿；禁滥刑以明听断；申旧例以密稽查，详慎周密，光绪帝阅后非常赞成。但对是否完全能按此条文执行还是有一些担心，于是下发谕旨强调："前据讷尔经额等会议东陵后山巡防章程，当交军机大臣议奏称该督等所议变通四条：添设拨汛，编查保甲，禁武弁之滥刑，申巡查之旧制。均属妥协周备。着即照所议办理。风水重地，必当严密守护，以期一律肃清。惟立法固贵周详，奉行尤宜实力。经此次议定章程之后，除责成该总兵按照所议各条，认真督办外，着直隶总督于因公出省时，如相距不远，即亲往周历稽查其勤惰，据实具奏。并着遴派干员，随时会查。如有巡查不力及消弭了事等弊，即据实禀报揭参，毋得日久懈弛，视为具文，以昭慎重，而臻安谧。"[①]"惟是立法既详，奉行尤宜实力。"饬令直隶总督和马兰镇总兵协同认真照所议各条"认真办理，不致日久视为具文，庶于风水重地，防护益臻安谧已"[②]。

（二）马兰镇兵丁操演

古往今来，所谓用兵之道，因时因地而各殊。军队兵丁操演之功，虽古今一辙，但亦因具体情况而存在某种差异。如马兰镇属兵丁，因"拥卫陵寝风水要地，首重防护，非别处应援专恃操演者可比。所以操无长期，不能齐集，惟乘暇训练，令纯熟技艺，以资敬谨防护者也"[③]。

马兰镇标以及所属遵、蓟、曹、墙各营路，额设马守兵丁共 2 971 名。除遵、蓟二营自提标归并马兰镇，其兵丁向有战守之分。所管地方虽然只是村庄道路，从无风水专责，但仍照例演练，以备操防。镇标马守兵丁共 1 510 名，所管风水地方，幅员辽阔，左右火道暨围墙内外扼要拨汛大小共有 150 余处之多，每汛兵丁在二三名至四五名不等，轮流驻守，昼夜巡防，时有顾此失彼，常常是鞭长莫及。所以每遇大差，或乘暇操练，即需设法撤抽补换，才能基本应付。其防护之严，责任之重，非他处仅备戎行可比。而且历年夏秋之际，还有捕鹿割茭火道的任务，并且这个任务亦很繁重。所以操演只能在冬春稍暇之时进行数旬。操演的内容为演习阵技，俾期有备无患。

---

① 中国第一历史档案馆编：《嘉庆、道光两朝上谕档》第四十九册，桂林：广西师范大学出版社 2000 年版，第 213 ~ 216 页。

② 中国第一历史档案馆编：《嘉庆、道光两朝上谕档》第四十九册，桂林：广西师范大学出版社 2000 年版，第 213 ~ 216 页。

③（清）布兰泰：《昌瑞山万年统志》下函，卷三《志防护·操演》，光绪年间写本。

驻扎后龙的各营路，因地面辽阔，防守尤为紧要。亦仅余暇时间训演数日，均不能长期操练。各营汛操演日期如下：

标下两营兵丁暇月逢二、七日操演步箭；逢三、八日在风水远处操演鸟枪；逢四、九日操演藤牌；逢五、十日操演马箭；逢一、六日操演余丁弓箭鸟枪藤牌技艺。

鲇鱼关兵丁暇月逢二、五、八日操演鸟枪。

大安口兵丁暇月逢二、五、八日操演马步箭；逢一、四、七日操演鸟枪。

将军关兵丁暇月二、五、八日操演鸟枪。

黄崖关兵丁暇月逢二、五、八日操演马步箭；逢一、四、七日操演鸟枪。

曹家路属兵丁暇月逢一、四、七日操演马箭；逢二、五、八日操演鸟枪藤牌；逢三、六、九日操演步箭。

墙子路属暇月兵丁逢三、六、九日操演马步箭；逢二、五、八日操演鸟枪藤牌。

黄花山营兵丁暇月逢二、七日操演弓箭；逢四、九日操演鸟枪藤牌。

以上鲇、大、将、黄四关，并曹墙二路、黄花山营，皆距陵寝风水远处操演鸟枪。①

马兰镇营兵虽然有防护风水禁地以及捕鹿、监督弹压工地的繁重任务，但操演一直都在按规定日期坚持，也正是因为防护"责任尤关"，所以官兵们才"非敢轻弛武备"。在闲暇之时，认真进行演练。咸丰三年（1853）九月二十一日，清东陵将所挑选的200名精壮满兵，分拨驻防在大红门外的敞旷地面，并将兼习鸟枪之兵丁饬令该管等分日操演，以咨习练。② 在兵丁操演上，曾经出现了个别官员因庇护子弟、抗违营规而被参的事件。如唐三营守备郑君泰，即因庇护其子、抗违营规而被马兰镇总兵李奉尧参奏。郑君泰的儿子郑永安，在提标左营服役（按规定父子不准在同一营，而是于隔属别营食粮，但应与各兵丁一体差操，不容歧异），于乾隆五十二年（1787）正月初十日，告假一月，请假的缘由是伴送眷属去父亲郑君泰唐三营守备任所。但过一个月后，逾限不回。左营游击艾如文几次派差催促，但郑永安之父守备郑君泰，开始以其子患病为辞，不令回营，继而则隐匿其子，不让前去的差人与之见面。以至逾限三月有余，始终不回营销假。作为守备郑君泰，身为营员，自应催令其子依限回营，方为急公知义。如此护庇子弟，抗违营规，实出情理之外。李奉尧在奏折上说：郑君泰虽向来尚无其他劣迹，但作为守备，而有训练兵丁之责。如此任性妄为，将来必致徇私废公，殊与营伍有碍。何况各营兵丁，多有营员子弟，若不严行惩儆，倘人人效尤，日

① （清）布兰泰：《昌瑞山万年统志》下函，卷三《志防护·操演》，光绪年间写本。

② 《内务府来文》，第2959包，原件藏中国第一历史档案馆。

久天长，则结果可想而知。所以，此风断不可开。于是，请求将唐三营守备郑君泰革职。其子兵丁郑永安，即照逃兵之例，枷号一个月，满日折责四十板，免其刺字。所有本年领过粮饷，照数追出归公，以昭炯戒。再通省各营，如有似此倚借官员子弟，占食兵粮，并不差操，而该管营员徇情隐庇者，均为可定。现在严行饬禁，倘有似此之人，即予斥革，招募精壮补伍操防，以肃军政。同时密加防察，如有阳奉阴违、徇情隐匿者，一经查出，定行严参治罪。庶营伍益昭整饬。①

从这件奏折中，充分反映出了马兰镇总兵对防护清东陵营兵操演的重视。郑君泰庇护儿子，抗违营规，超假竟达三个月之久，作为一名营兵，脱离营所如此长的时间，而且在几次差催的情况下，仍不返回，这的确是一件很严重的事件。所以最后父子二人受到处罚也是必然的下场。马兰镇总兵李奉尧是想通过对这个事件的处理，让全体营兵有所警戒。

另外，直隶总督和马兰镇总兵等各级官员，经常走访查阅各营的操演状况。如乾隆三十八年（1773）三月中旬，满斗在接任马兰镇总兵兼内务府总管后，即对风水围墙内外大小海树、周围安设的防守堆拨逐一查看，专门将左右两营近1 000名官弁兵丁全部传集教场考验，对那些在汛防守值班的兵弁，随巡查之便，就地阅看，一方面检查弁兵是否有怠惰情况，一方面督促官兵们训练操演，使兵弁精熟技艺，“以壮观瞻”②。又如乾隆四十八年（1783），直隶总督刘峨到马兰镇查阅营伍，令马兰镇中军游击翼贵，将所属曹家等各路官兵调集考验，经过衷心较阅后，选出较为优秀营路有：提标中、左、右、昌平四营，河屯协左、右二营，三屯协右营，遵化营，蓟州营，山家协左营，石门路马兰镇标左、右、墙子路三营。稍次者有：密云、顺义、昭台阿屯协所属唐三、人沟，三屯协所属潘家、喜峰二口，山家协所属山海、建昌等路，马兰镇标所属曹家路、黄花山等营。各营旧额兵丁以及新募各兵，俱能一体操演。“年力强壮者，骑射娴熟，阵势整齐，开弓在十力、八力以上，九进十连环，鸟枪出声进步联络中靶在二十枪以上者，以及藤牌演练，亦俱便捷可观。”③ 其鸟枪、马步箭，有能全部中靶者，刘峨当即给予奖赏。倘若不能过半，即分别棍责，并令其该营上司满勤训练，勒限一个月，专门派员到各处查验，将年衰技劣之人，经提臣李国梁和总兵李奉尧随时呈请休革。同时，对各营守备、千总、把总等官详加考验，其中才技出众者十之二三，与出色兵丁一起，分别予以奖励。

① 《乾隆朝录副奏折》档号：0426－051，缩微号：029－0226，藏中国第一历史档案馆。

② 《乾隆朝录副奏折》档号：0465－010，缩微号：031－2317，藏中国第一历史档案馆。

③ 《乾隆朝录副奏折》档号：0445－031，缩微号：030－1213，藏中国第一历史档案馆。

（三）营汛堆拨

自康熙二年（1663）恭建孝陵后，凡有关龙山气脉，无不设守严防。到乾隆二十年（1755）后，由于生齿日增，人烟辐辏，良莠不齐，防护任务更为繁重。经过历任马兰镇总兵审时度势，除了于火道之外复设青椿，官山之前，再安碣石，以及在扼要处定期会哨外，为了加强巡守，先后于陵寝附近，内火道迤南，天台山迤北，设立拨汛150余处。如围墙以内，向来设为四段，围墙以外向来设有二段，均轮流派千把外委驻守巡查，无固定专任。两营千把总，遇有缺出，向例拟定正陪，送部引见，恭候钦定。原立法之初，只按年轮流驻班，其余俱在营当差，并无专管拨汛地方之任，以致偶有事故，互相推诿。为整顿巡防，又重新严定章程。内火道所管地方，皆为崇山密林，共设有拨汛18处，均由外委驻防。天台山迤北为各陵前面森严禁地，设有堆拨130余处，外委40员，但仍不足以资防守。拟将天台山以北，内火道迤南，由分水岭至昌瑞山，其围墙以内，由孝陵神道大红门石牌坊，至杉槁堆分中左营，分为8段，右营分为7段，按扼要处所，分定界址，定为15段，分派千把各官15员，督率本哨本司弁兵，专汛巡防。倘遇某段失事及该管拨汛查有旷误，均以该段官是问。该千把等既有专责，自必各顾考成，随时尽力巡守。至道光十九年（1839），又经总镇琦琛奏请，将两营所管地方，仍归旧制，俾收实效。清东陵有关营制及巡防，初设时较为合理，但随着时间的推移，有些制度因日久而渐渐废弛，或有些制度已不合时宜。所以，为了防护的需要，即应申明仍然适用的旧章，对有虚名而无实效者力加整顿，又要随时制定新章。东陵风水地方广大，林密山深。乾隆三十五年（1770）时，总兵旺保禄曾制定分管专防之法，官弁既有专责，遇事更无诿卸，循行60年之久，未经更易。直至道光十七年（1837），总兵容照奏请仿照西陵分段章程，制定东陵巡防章程。但由于东西陵具体情况不同，镇标两营自分段交千把总各管本哨司弁兵之后，施行两年多，便出现了原弁各分畛域、兵丁各拘本管、彼此观望的弊病。因无益于巡防和应办差务繁多而窒碍难行，最终只好将两营所管地方，仍归旧制，即按年轮派千把总经制外委驻守巡查，以期收到实效。至光绪二年（1876），总兵景瑞溯考前章，力求整饬，又将左右两营仿照分防办法改为20段，分隶千把总20员专汛驻守。至光绪六年（1880），因自分段以来，专管千把时有别差，未能兼顾，其大小汛所，仍系经制额外防守。且兵丁每遇要差，互相抽撤，亦有缓不济急，仍属名实相悖，遂将两营所分段落，仍归旧制办理，谨择扼要处所，酌派千把常川巡守，以达到整顿地方的最终目的。其营汛墩拨所辖属、分布及弁兵设置列以下二表简示。

表 3-2　清东陵巡防汛拨设置及分布状况①

营汛	所管汛拨数（处）	所管村庄（个）	营汛所在位置
左营所属东首口外火道	9		
左营所属内火道	5		
左营所属围墙内外	8		
左营所属景陵后宝山	24		
左营所属红门外	4		
左营所属租户	6		
左营营中所管	22		
右营所属西首口外火道	9		
右营所属内火道	5		
右营所属围墙内外	51		
右营营中所管	29		
左、右两营公汛	6		
左营分汛鲇鱼关所管	11		
左营分汛大洼所管	8		
左营分汛老厂沟所管	15		分驻遵化州老厂，距镇一百十九里，火道二十六里，红椿七十根。
右营分汛黄崖关所管	14		分驻蓟州黄崖关，距镇九十里，火道十九里，红椿五十七根。
右营分汛将军关所管	11		分驻蓟州将军关，距镇一百五里。火道二十一里半，红椿六十四根。
右营分汛青山岭所管	11		分驻蓟州青山岭，距镇六十里。
马兰镇署曹家路所管	8		驻扎顺天府密云县境黑峪关，西南距京二百八十里，南距镇二百一十里，火道三十里，红椿九十根。

① 资料来源于（清）布兰泰：《昌瑞山万年统志》下函，卷三《志汛拨》，光绪年间写本；（清）何松泰纂修：《光绪遵化通志》卷九《陵寝志·营汛》，光绪十二年刊本。

（续上表）

营汛	所管汛拨数（处）	所管村庄（个）	营汛所在位置
曹家路属分汛黑峪关所管	7		驻守本路营城，距密云县治一百四十里，火道十五里，红椿四十五根。
曹家路属分汛吉家营所管	7		分驻密云县境，距县治一百二十里，距营二十五里，火道二十里，红椿六十根。
曹家路属分汛板谷岭所管	4		分驻承德府境，距府治一百八十里，距营三十五里，火道七里，红椿二十一根。
路属窄道子所管	6		分驻遵化州境，距州一百五十里，距营六十里，火道二十二里，红椿六十六根。
马兰镇属墙子路所管	19		驻扎密云县境墙子路，西南距县治九十里，火道二十八里，红椿八十六根。
墙子路属镇罗关所管	20		分驻镇罗关，火道三十八里半，红椿一百十五根。
墙子路属杨家堡所管	9		分驻杨家堡，四至并在本营界。
马兰镇属黄花山所管	6		驻扎蓟州东北黄花山，距京二百四十里，距保定府省城五百六十里，东距镇四十五里，西至蓟州营五十里，兼营朱华山汛，守护荣亲王园寝。

（续上表）

营汛	所管汛拨数（处）	所管村庄（个）	营汛所在位置
黄花山属朱华山所管	5		驻扎蓟州境赵各庄北，东北距镇五十里，西南距州境四十里，东十五里至隆福寺汛，西十五里至桃花寺汛，北五里至黄花山本营界，守护端慧皇太子园寝，周围火道九里三分，计宽三丈，红椿一百四根。
马兰镇属遵化营左哨所管	7	12	驻扎州城西南，距京三百里，西北距镇六十里，东二十五里至阎家屯与三屯营界，西七十五里至淋河与蓟州营界，南九十里至亮水桥与丰润营界，北一百里至松莠子沟与河屯营界（至承德府城三百里）。
遵化营右哨所管	7	17	
遵化营属罗文峪所管	8	12	分驻罗文峪城，南距州营二十里，东二十里至凉水泉与三屯营松棚汛界，西三十里至大安口与镇标左营界，南三里石夹口与州营界，北一百六十里至松莠子沟与河屯营界。
遵化营属石门汛所管	3	20	分驻石门镇，距州营六十里，东十二里至汤河与州营右哨界，西十五里至淋河与蓟州营界，南十里至汪家庄与州营界，北五里至兴隆口与镇标右营界。
马兰镇属蓟州营左哨所管	10	51	驻州城，守护行宫。初属三屯协兼辖，嘉庆五年改隶镇标。顺治十一年改设辖本营并盘山、白涧、桃花寺、隆福寺、邦军镇等汛。
蓟州营右哨所管	12	39	

表 3－3　镇属各营汛官兵设置①

兵弁 营汛	守备（员）	游击（员）	千总（员）	把总（员）	外委（员）	额外外委（名）	马兵（名）	守兵（名）	马（匹）
左营	1		3	4	7	33	167	199	170
右营	1		3	6	9	32	314	930	169
鲇鱼关汛				1		2		48	2
大洼汛				1		2		48	2
老厂沟汛			1	1	1	1	1	32	3
余丁营				1	1	余丁 196 名			1
黄崖关汛			1			2	1	68	3
青山岭汛			1			1	2	65	3
将军关汛				1				55	
遵化营		1	1	2	1	1	25	77	22
罗文峪汛				1				30	
石门镇汛				1		1	4	38	
蓟州营	1		1	2		1	57	100	45
盘山汛					1	1		16	2
白涧汛					1			7	1
桃花寺汛					1			10	1
隆福寺汛					1			16	1
邦军镇汛					1			2	1
曹家路营		1	1		1	1	15	68	15
黑峪关汛				1		1	1	48	4
吉家营汛				1		1	4	32	4
板谷岭汛				1		1	5	12	5
窄道子汛				1		1	8	29	8
墙子路营		1		1	2	6	23	117	26
镇罗关汛				1	1	2	3	100	5

① （清）何松泰纂修：《光绪遵化通志》卷九《陵寝志·营汛》，光绪十二年刊本。

（续上表）

兵弁 营汛	守备（员）	游击（员）	千总（员）	把总（员）	外委（员）	额外外委（名）	马兵（名）	守兵（名）	马（匹）
杨家堡汛			1		1		1	44	2
黄花山营	1				1	1		44	2
朱华山汛			1		1	1	7	42	7

上述营汛的最高上司是马兰镇，镇署设总兵 1 员，初设副将，雍正元年（1723）改设总兵，以守护陵寝，兼内务府大臣，并由特旨简授，驻遵化州马兰关。辖本标左右两营并余丁营，兼辖遵化、蓟州、曹家路、墙子路、黄花山等营。标下游击 2 员，都司 3 员，守备 3 员（并由捡调），千总 13 员，把总 29 员，马兵 492 名，守兵 2 179 名，余丁 169 名，营马 506 匹，中军游击 1 员。

遵化营，驻州城，防守州境边关，初隶提标，乾隆二十二年（1757）改隶镇标。游击 1 员，初设副将，顺治十年（1653）改设，辖本营，并分防罗文峪、石门镇两汛。

蓟州营，驻州城，守护行宫。初属三屯协兼辖，嘉庆五年（1800）改隶镇标。都司 1 员，初设参将，复改守备。顺治十一年（1654）改设辖本营并盘山、白涧、桃花寺、隆福寺、邦军镇等汛。

曹家路营，驻密云县境，曹家路守护风水后龙地界。都司 1 员，初设游击，雍正十一年（1733）改设，辖本营并黑峪关、吉家营、板谷岭、窄道子等 4 汛。

墙子路营，驻密云县境，辖本营并镇罗关、杨家堡 2 汛。

黄花山营，驻蓟州境黄花山，守护荣亲王园寝，理密亲王园寝兼护朱华山端慧皇太子园寝。辖本营并朱华山汛。

东陵后龙风水地方辽阔，青椿外官山延袤 800 余里。白椿内、红椿外火道 400 余里，设立大小拨汛 173 处，驻扎弁兵，又开内火道 80 里，设立 18 拨汛。弁兵分司守护，居中又设立大汛，则有兴隆山、双洞子，总巡专弁调遣。各汛出入巡查，立法均属周密。根据防护的需要，汛拨也在不断地调整和添设。道光三十年（1850）九月，马兰镇总兵庆锡以“东陵风水地面辽阔，后龙一带毗连口外数百里，虽弁兵层层守护，而适中之地，汛拨较少，往往巡查不周，宵小易入”[①] 之由，奏请添设汛拨，捡派弁兵驻守，以便四处巡逻。因为在道光二十九年（1849）冬，在后龙禁地曾拿获 50 多名潜入风水以内打牲者，经过庆锡审讯，

① 《内务府来文》，第 2957 包，原件藏中国第一历史档案馆。

这些人均为由远距各汛10余里至20里不等的王平石大山潜入，而且，一般皆为夜里进入禁地，即使遇到官兵，也容易藏避。王平石山因山高岭大，地当扼要，由于汛拨稀少，弁兵巡查不周，每致失事。所以庆锡循照适中驻守之内兴隆山、双洞子等汛筹拨公费，在王平石建立大汛1处、拨房6间，由千把内捡派1员，带兵10名，轮流驻守，与各汛声气相通，及时联络。新建汛拨距右营九拨15里，北距双洞子15里，兴隆山35里。但仅有分巡小汛1处，犹恐未能声势联络。于是，在咸丰元年（1851）五月，总兵庆锡请求再添建小汛2处，"拨兵防守，相间数里，认真巡查，足资拱卫"①。除在雄关重镇，建立营汛以加强防护外，还在孔道通衢，设置墩台用以瞭望侦察和互相联络。如镇属曹家路等营旧有墩拨13处，皆在山隅，并非大道。自嘉庆五年（1800），遵、蓟二营归并镇属后，因地处冲衢，为东省往来之孔道，并为陵寝前面之屏藩，不论是拱卫京畿还是防护皇陵，这一带的巡防备受重视。《昌瑞山万年统志》记载斥堠共43处，其中马兰镇属曹家路墩台4处、马兰镇属墙子路墩台3处、墙子路属镇罗关墩台6处、马兰镇属遵化营所管墩台10处、遵化营石门汛所管墩台2处、马兰镇属蓟州营所管上下路墩台18处。② 尽管清东陵占地2 500平方公里，地面辽阔，尤其后龙地带山高树密，但所建立的大小营汛墩拨，可以说遍布各个角落，形成了一个周密的防护网络，即使有冒险闯进打牲盗树者，也很难逃脱。

（四）围墙外夜巡传筹法和会哨梭巡

为了加强风水围墙内外的巡逻防护，历任守陵官兵曾先后创立了很多办法。早在乾隆初期，马兰镇总兵布兰泰就创立了"签牌"法，挨拨传递，周而复始，甚为严密。嗣于乾隆二十五年（1760），总兵图尔禅，稽以前章，补其缺略，除了白天派弁照旧巡逻外，唯恐夜间无人，疏于防范，便于围墙外又添设夜巡之法。即设传筹6根，每夜限以3次，每晚左营自关城派兵2名，初更时持筹递至头道洞，由头道洞转递二道洞、三道洞、府君山、东口、北口、堂子山、龙王庙、南新庄、杨树沟、东便门、红门外、辛开口、八道洞、西便门、雁飞岭等处，挨次传递，期于天明，送至苇子峪汛弁查收。右营自苇子峪初更起派兵2名，持筹亦由雁飞岭沿边递至正关城汛弁查收，以使一夜之间，总有兵役来往巡逻。两营内火道每日黎明，自本衙门发签，由四里拨等处，沿汛递至右营头拨，转从左营9拨，挨次传送。外火道亦由本衙门发签，由黄花山一带拨汛派兵持签传送东三关汛，转至曹墙二路，折从板窄二汛及西三关等处拨汛，转送到辕各营

① 《内务府来文》，第2958包，原件藏中国第一历史档案馆。

② （清）布兰泰：《昌瑞山万年统志》下函，卷三《志防护·斥堠》，光绪年间写本。

汛，立有号簿。如有阻滞迟误，注明缘由，以备稽考。到乾隆四十三年（1778），马兰镇总兵保宁，考稽营制后，认为从前所设巡筹之法虽好，但仍然有一定的缺陷。如围墙外原设巡签6根，互相传递，原本为夜间巡逻不断，其防范可以说是极为慎重的。然而，昼夜长短不一，若不严定章程，恐其迟速自便，尤其到后半夜，仍然悬空。鉴于此种情况，便于原签6根之外再酌加4根传签，并按时逐节设置更香，于正关城、苇子峪各发更签5根，每更发签1根，彼此互相传递，方能一夜无空。如此变通之后，不致有悬空之虞，而兵丁亦不致徒劳之苦。至道光十一年（1831）马兰镇总兵钟昌，对以前各法力求整饬，奏请酌复旧规，添设后巡。在上文提到的在道光末年和咸丰初年，总兵庆锡于外火道适中之地的兴隆山、双洞子，奏添拨汛，专派千把作为总巡，轮流会哨，即于每月由两营捡派弁兵四起，每次两翼并出，互相接踵巡查，前至兴隆山会哨。左营弁兵将回之期，右营弁兵由镇起程前往，轮替巡查。其曹、墙两路各派弁兵数名，自北而南，亦至兴隆山会哨。其内火道应由五关汛捡派弁兵数名，亦照章轮替接巡，按期至双洞子会哨。又南北边一带仍派海巡，分为6段，每段派兵6名，每日“梭巡”①，定期轮替。其附近边墙内外，仍循旧制，安设夜巡，如此则形成了严密的梭织巡防网。

纵观历任总兵官所创巡逻之法，应该说都比较周密，施行后也确实收到了很好的效果。但是，随着总兵的频繁换任，一些旧有的方法渐渐被废弃，新的方法亦不断出现，或者有时旧的方法又被重新加以采用。总之，无论新方法还是旧方法，都是从加强巡逻、严密防护风水禁地这一目的考虑的。

（五）外火道木牌巡守法

此种办法是由马兰镇总兵容照于道光十五年（1835）即他就任马兰镇总兵当年创设。他到任后曾两次亲历内外火道各个拨汛，发现从前历任奏定章程，虽极严密，但日久易于生懈，“各拨汛弁兵不无任意偷惰，即派往巡查之弁，亦难保无因循玩怠之弊”。风水禁地，回环五六百里，所设弁兵虽每日名为巡守，其勤惰与否，实难凭信。而且外火道以内，内火道以外，纵横数百里，虽处处设有拨汛，但因山林邃密，“贼匪”易于潜藏，拨汛又不免于虚旷。审度形势，酌定一个确有可据之法，必须分段稽查，方为周到。将内外火道全局地界分为四大段，制造木牌，编写号头识认，加之印信，发给各段巡兵递送，限定日期扣算，至发完之日，复逐日将牌收回，以此为每日有人巡查之凭。由于各段有远近之分，而日期亦有先后。其第一段巡查：东面计路需11日一周，制作木牌11面，每次按

① （清）布兰泰：《昌瑞山万年统志》下函，卷三《志防护》，光绪年间写本。

汛传递，扣算至11日，木牌已全数发完，至第12日则带一牌回至镇署，挂号呈缴，亦扣至11日，全数收回，仍照一周之法相接。施行这种办法后，使得各处汛弁，断不敢私离汛地。如经过有千把总之处，俱各挂号，以备稽查。第二段巡查：北面计路需13日，制作木牌13面。第三段巡查：西南面计路需10日，制作木牌10面。第四段巡查：西北路计路需16日，制作木牌16面。各段巡查均照第一段之法，循环周转，若稍有迟延，则不难按簿立即查出。倘遇大雪封山，或夏令山水爆发，则准其于号簿内注明，免其究办。同时，再差派弁兵前往后龙各处巡查，恐有懈惰之处。再制作合缝牌六面，加以印信，书写某处字样，分为上下两半，下半面按各汛适中之地发交曹、墙二路、兴隆山、窄道子、大洼、黄崖关等6处。其上半面存储镇署，即时派弁前往各处巡查，即以各处上半面牌发交各该弁领收，当查至某一处时，便将前存之下半面换回，上半面仍存该处，以备再行查换，余牌均照此章办理，这样分缉与总查，俱可凭信，不致使巡守成为有名无实。容照的这个创意得到了皇帝的赞同，被称为“甚属详明周到，于风水重地自属有益。务要认真稽查，有犯立惩，断不可日久又成具文也”①。

在巡守防护上，历任陵寝官员可以说是绞尽脑汁，想出了各种各样的办法，而且这些办法又在不断修整和改进，使其越来越斟于完善和周密。从这个过程中亦可看出清朝统治集团的上上下下对守护祖先陵寝的重视程度。

（六）里、内、外三条火道的开割

开割火道主要是为了防火，清东陵后龙一带占地辽阔，荒草树木密布，外界一旦发生火情，势必延烧到风水禁地之内。为了防止这种情况的出现，自建陵寝后，即在康熙二年（1663），于后龙东、西、北三面沿陵区边界开割出一条宽30丈、长42公里的火道。一般在每年的秋季白露后即冬初，由马兰镇镇标两营各派出100名兵丁，在一名千总和两名把总的带领下，割除火道内新长出的草木，务期使火道真正起到隔离外界火种的作用。到乾隆元年（1736），随着后龙地面的扩展（北至雾灵山，与滦平、承德接壤，西至密云县的杨家堡、墙子路一带），在后龙的新边界又开割出一条宽20丈、长160公里的火道，称为外火道，而原来开割的那条火道则称为内火道。至道光七年（1827），为了加强陵寝的防护，又在昌瑞山山后，沿山脚开割出了一条长10.75公里的火道，称里火道。

另外，乾隆四十六年（1781）三月，马兰镇总兵保宁奏请：“昭西陵前，自石门以北兴隆口、天台山至西峰口一带，地方辽阔，现已移拨堆房巡守。惟查乾隆十年（1745）开设西峰口时，天台山一带仅指山梁为内外界，并未开割火道，

① （清）布兰泰：《昌瑞山万年统志》下函，卷三《志防护》，光绪年间写本。

安椿示禁，迄今三十余年，树株稠密，山前均属民地，打柴放牲，难免荒火延烧，应于周围开割火道二十丈，并安立红椿，明示禁限。其每年芟割，即用附近堆拨兵，毋庸另派。”[①] 这样为了严密防止火灾的发生，遂又在前圈开割了一条火道。

通常开割火道的时间是在秋末冬初，但也不是绝对的，开割时间亦可根据具体情况而灵活决定。如光绪二十二年（1896），因草茨生长茂密，守陵大臣宗室祥霖奏请提前开割。这一年在开割火道时，修理了火道内自生小树 1 039 株。[②]

里、内、外三条火道的开割，形成了对陵区的多层保护，即便是外围有火情发生，也很难波及陵寝内部，退一步说，即使火种蔓延到第一条火道内，还有第二条和第三条火道的隔离。几百年间，清东陵没有发生重大火灾，与三条火道的开割是有直接关系的。同时，三条火道的开割也反映了守陵官兵防灾的安全意识和高度的智慧。当然，这种安全意识和智慧亦是在守护皇陵这个特殊地方的重大压力下逼出来的。

清东陵历任守陵大臣和总兵官等，在每年割伐火道之时，都要亲往查巡，验看所割火道长宽是否合乎标准。[③] 如道光元年（1821），马兰镇总兵恩铭查看后龙风水禁地，尤其对绵长 320 里的火道开割情况进行检查，虽然在他亲历之前，各营员弁已将火道芟割完竣日期报明，但他仍不放心，按例亲自巡验，如他自己所言“若不周历详查，似不足以昭慎重，且山林地面广袤，既在数百里，自有简要不同”[④]。上述提到的祥霖，他在光绪二十二年（1896）开割火道时，曾严饬各汛派出弁兵，将应割火道务按展宽丈数加意芟割，不容稍有草率。并且，祥霖亲往内外围各处，验看所开火道是否合乎要求，并沿途察看各汛堆拨，严饬弁兵昼夜留神看守，特别是对紫荆关之地，因近依后龙，路通晋省，故防护稽查尤为紧要。祥霖在经过这里时，面嘱该地将备等认真盘诘，并牌饬各营轮流会哨，不容稍涉疏懈。

因火道直接关系到陵园火灾的防范，外界的野火一旦延烧至陵区，不但树木被毁，影响到皇陵的风水，甚至威胁到前圈各座陵寝的建筑。如此严重的问题不能不引起守陵官员的高度重视。

（七）红、白、青木桩及界石的安设

木桩和界石是清东陵后龙的边界标志，风水围墙则是陵寝前面的界址。最早

---

① 《清高宗实录》卷一一二六，北京：中华书局 1986 年版，第 54 页。

② 中国第一历史档案馆：《光绪朝朱批奏折》第二十九辑，北京：中华书局 1995 年版，第 150 页。

③ 《乾隆朝录副奏折》档号：0465－010，缩微号：031－2317，藏中国第一历史档案馆。

④ 《道光朝录副奏折》（内政类），档号：2816，缩微号：3345，藏中国第一历史档案馆。

安设木椿是在天台山（在陵西 20 里）前面。后来因苇子峪门外黄花山至低头安一带，树木极为丛密，并无围墙限制，仅开割火道 10 丈，未设有红椿。而且此处与民树相连，建陵之初，村落无多，人民稀少，树株亦未蕃茂。数十年后，禁内树木，日益青葱，而外边村落人民日渐稠密，虽禁令森严，但难保其尽为安分守法。“与其将来伤损，何若早示范围。”① 即援照天台山前面安设红椿之例，南自雁飞岭起，北至低头安止，计长 18 里，按每里 3 根，共添设红椿 54 根。以后又沿 320 里的外火道内侧，每里竖立 3 根木桩，共竖立木桩 960 根（《昌瑞山万年统志》记载为 955 根）。为了醒目，木桩均涂以红色，故称红椿。乾隆初年，马兰镇总兵布兰泰，按照原来与协办内阁大学士礼部尚书三泰及钦天监监正进爱的议定，将后龙周围火道 507 里，以每里立红椿 3 根计算，共立红椿 1 521 根，除旧有红椿 955 根外，再应添红椿 566 根。会同石门工部郎中等采取火道以外树木添竖。布兰泰经过查看，发现旧有红椿 955 根，因屡经长夏雨水淋濯，内有木植糟朽、颜色脱落，而且有原设高矮不齐，粗细不一，有的木桩还是带根之树。若就便刷饰涂色，算作红椿的话，便会出现新旧参差不齐的状况，并且也必将年年更换添补，更为麻烦。所以，布兰泰决定将旧有和新添红椿，均在火道界限以外采取，高 8 尺，埋深 2 尺，匀净木植，于应立红椿各营路汛附近处堆放，预备成造安竖，统期换然整齐。

原来安设红椿时，曾在火道山口四达之地，竖立界石 10 块，以昭示风水外限。但由于防护后龙风水一带火道绵长 500 余里，非 10 处界石所能悉行远照。除安竖红椿、界石外，复备高 5 尺，埋深 2 尺的本色木椿，在统留火道 20 丈外限周围，与红椿数目对望安竖，并与火道界石依次接连，上写“风水外界”。因外火道竖立的木桩为本色，故称“白桩”。“如此则内界外限一望豁然，愚民益知遵从，可免误入之虞。”② 红椿界石如有朽坏，则报明总理衙门，令石门工部官员换补。若外限木椿糟朽，则由总兵属自行采备换补。

直隶总督杨廷璋认为红桩与白桩之间距离太近，白桩之外听民自便，外界一旦有火灾发生，则对陵区构成了严重的威胁。由此他便于乾隆三十五年（1770）

① （清）布兰泰：《昌瑞山万年统志》下函，卷七《志界限》，光绪年间写本。
② （清）布兰泰：《昌瑞山万年统志》下函，卷七《志界限》，光绪年间写本。

上书皇帝，请求在白桩以外10里[1]，安设青桩72根，获乾隆批准。这样清东陵的后龙就又多了一道界限。并且，每一根青桩上还挂有一个牌子，上书“后龙风水重地，凡木桩以内，军民人等不准越入设窑烧炭，各宜凛遵。如敢故违，严拿从重治罪”。到乾隆四十五年（1780），马兰镇总兵保宁以500多里绵长火道仅安设72根青桩不足以昭明界限，上书皇帝，请求添设228根青桩。获允准。乾隆末年，又增添858根。至此，青桩总数共达1 158根。以后又参照红、白桩之例，陆续添设，其数目直至与红、白桩相对应。

道光二年（1822），沿外火道原设界石线路，择重要地点又立界石6块。加上前设10块界石，共16块界石。至道光五年（1825），将16块界石全部换成完整大石，并在石上镌刻“禁地界石”四个大字。

木椿和界石的安设时间，不是随便的事情，必须由钦天监择定吉期进行。而且总兵官有时还要绘画全图恭呈皇上御览。

红、白、青椿及界石的次第竖立，其目的是使清东陵后龙陵区的界限一目了然，使得兵民咸知儆惧，不敢故犯。而巡守弁兵，亦知有所遵循，以免故纵之弊出现。

虽然设立了这些标志，但拨汛兵丁仍然不撤，并且在某些地方还新添设了拨汛。其原因，我们可以从乾隆七年（1742）四月马兰镇总兵布兰泰所上奏折中得以了解。

“陵寝后龙一带，缠绵广远，……臣未到之处，日夜思维，刻莫不能释。如后龙风水东、西、北三面环抱，内立红椿为界，外竖界石为限。兵职巡查，民之趋避。永完章程实为万年法守。惟查标右营分汛，黄崖关属王平沟起，至青山岭边城止，其中有鸳鸯峪、耻辖峪、古强峪等三处，近经圈入红椿界石以内，俱系风水重地，则樵采柴薪，例应禁止。未圈禁之先，附近居住旗民在彼樵采有素，诚恐习为惯常，仍然进内深层未便。虽弁兵巡查，毋维愚民犯禁。而地方辽阔，

① 道光二年四月，钦差御前侍卫安福等奏查明杨家堡一汛，不在原设12汛之内，唯紧连杨老石塘等处青椿，山大林密，处处潜通，与12汛所管青椿之外，即系民业者情形不同。另外，大小黄崖口内顺水村民，设有水碓水磨，用椵皮柏根磨香为业，贫民视为利薮。请求再展拓青椿，推展汛拨，与12汛划一，对固守后龙较为得力。青椿为风水外限，距红椿、白椿不过10里内外，若按照安福等所奏，将杨家堡官山贴近青椿处所再加推展，则距红白椿三四十里，至陵寝远达180里之遥。地面愈阔，声势更难联络。安福等仅称兵力足资分布，其如何分拨防守，却未经说明。是否推拓界限，即能防范稽查，永免流弊。若徒事更张，无裨守卫，不可不加意详慎。因此皇上没有批准安福的请求。只是令安福等再行体察，详筹妥议，俟奏上时再降谕旨。此后，从资料上再未见拓展杨家堡处青椿的记载。（见中国第一历史档案馆编：《嘉庆、道光两朝上谕档》第二十七册，第834条，桂林：广西师范大学出版社2000年版，第255页。）

鞭长莫及。虽保不无宵小潜踩，乘隙窃取。且一带坍塌边空之处，是多兵单力薄，挨次堵砌，不可胜数。周视巡查，犹恐瞻前失后。况黄花山、桃木岭、孟家圈，虽前设拨安兵，均为四顾瞭望之地，一带设有三处堆拨，列在山梁上下，即向来之界限也。山梁以前附近旗民杂处，山梁以后即系风水重地。山梁之阳，深入潜越，私采致碍禁限，须预为杜绝之法，以期□但清宁。臣思文武虽处两途，陵寝同为一体。然附近风水居住民人，悉属地方州县管，赖营员即力为巡查，□教小民不无阳奉阴违。若有司遍采民间，俾其家喻户晓，易入于耳而服于心也。陵寝东西两面蓟州、遵化州所属黄花山、桃木岭、孟家圈，耻辖峪、古强峪、驾鸯三峪以及平山寨、鲇鱼关等处，逼近风水各村庄居住旗民，现在呈请直隶督臣转敕遵、蓟二州，出示晓论理，不时化导，倘有潜越犯禁，被兵拿获，即移交省有司，按例治罪。如此则奸匪咸知畏法，而风水益臻严密。……臣标右营分汛黄崖关所管西北之青山岭起，斜向东南，至属黄花山营所属之牤牛山一带，山梁绵长四十余里，横梁前面亦有民山之处，其间附近居民，淳顽不一，越梁入禁偷采，深为堪虑。臣按新添旧设，相距自三四里至五六里及七八里不等，挨次列拨十处。复于牤牛山、青山岭二处拨汛，分头各设巡旗一面，俾弁兵执旗巡逻，互相交错，周视巡查。由是臣标右营并臣属黄花山营以及黄崖关汛三处接界地方，彼此会喝稽查，则东西南北呼应，易楼声势相援，则奸匪无容身之地，汛兵愈不敢怠情偷安，宵小自然潜踪敛迹。而于风水益归缜密矣。"①

布兰泰将欲更改后的防守情形，绘画全图，恭呈乾隆皇帝御览。其实，这份奏折不仅仅使我们知道各种界标设立后拨汛不撤的缘由（原本属于旗民所有的生存资源，被强行夺走，百姓在生活无着的情况下，不得不铤而走险，作为护陵官员是很清楚这一点的），而且同时还给我们提供了很多信息。诸如：风水附近村庄往往是旗民杂处；对于后龙风水的防护而言，需要地方州县和绿营兵弁的两相配合，尤其强调地方对所管辖的民人宣传化导的重要作用。总之，只有二者共同努力，才能避免出现入禁砍伐偷猎的现象，使"风水益臻严密"，即"文武虽处两途，陵寝同为一体"。这正是清政府行政体制在独特的皇陵区域社会即风水墙内外的一个灵活体现。

① 《乾隆朝录副奏折》，《署理直隶马兰镇总兵布兰泰请改设红椿不撤拨防兵事》，档号：0294－034，缩微号：019－2444，藏中国第一历史档案馆。

第四章　护陵：制度与纠纷（二）

第一节　对官员兵弁的奖惩

清朝统治者对守护东陵的各级官员兵弁以及附近地方知州知县的政绩考核极其严格，有成绩者即时给予奖励，失职或违禁者则一定追究责任和进行严厉惩罚。真正做到了奖惩分明。有关这方面的问题，档案资料记载不少，从中选择几例加以说明。

一、奖赏章程的修订及对捐备工料官员的奖励

前文已经提到，在嘉庆朝，马兰镇总兵庆杰曾就弘谦所奏“缉捕贼犯分别奖赏章程”以及中枢政考条例提出修订，即按照本汛邻汛以及偷砍树株已砍未砍之别等具体情况，给予奖罚。官弁拿获首犯者给予记录两次，拿获伙犯一二名者，给予记录一次，拿获三名以上者，给予记录两次。兵丁首先拿获首犯者，赏银八两，帮同拿获者，赏银四两。拿获伙犯一二名者，赏银四两，拿获三名以上者，赏银八两，帮同拿获，减半赏给。若本汛树株已被盗砍之后，该管官兵始将贼犯捕获者，则其疏防之咎已无可辞，应请以功抵罪，免其查议，毋庸升赏。至邻汛官兵，能于隔汛地界将贼犯拿获，而树株尚未被砍者，该官兵等，留心捕务，并不因汛地非所管守，稍事懈弛。其应行升赏之处，自应比照本汛官兵，于窃贼潜入并未伤损树株即时拿获首伙各犯者，量为加增。应请将官弁拿获首犯者，给予加一级。拿获伙犯一名者，给予记录一次，按名递加至四名以上者，给予记录四次。兵丁首先拿获首犯者，赏银十两，记大功一次。帮同拿获者，赏银五两，记功一次。拿获伙犯二名者，赏银五两，拿获三名以上者，赏银十两。帮同拿获者减半赏给。若本汛官兵疏于防范，树株已被盗砍，而邻汛官兵能将首、伙各犯查拿就获者，则其缉捕勤能，无分畛域，俾要犯不致漏网，自应逾格优奖。应请将官弁拿获者，以应升之缺，即行升用，先换顶戴。拿获伙犯一二名者，给予加一级。拿获三名以上者，给予加两级。兵丁首先拿获首犯者，赏银十六两，以外委拔补。帮同拿获者，赏银六两，记大功一次。拿获伙犯一二名者，赏银六两，记

功一次。拿获三名以上者，赏银十二两。帮同拿获者，减半赏给。对奉命委派巡查的官兵，如能缉捕盗犯者，即查明指派汛地与获犯地点，分别本汛邻汛、树株已砍未砍等具体情况，比照升赏。章程制定后，便在防护中严格遵循办理。

另外，对有贡献的官员也及时予以奖励，如光绪十三年（1887）二月，对捐办各陵神路鹿角木的护军参领衔员外郎广泰、委署护军参领衔主事连璧、礼部员外郎英磷、花翎员外郎玉润进行了奖励。鹿角木是安设各陵神路旁禁止车马通行的标示，是陵寝防护中的一项紧要措施。有些官员自愿捐办此项工料，表明了该官员忠于职守的精神，同时也分担了东陵财政支出的困难。所以最高官员乃至皇帝对此极为重视，积极地予以鼓励和提倡。随后，由守陵大臣将上述官员所捐鹿角木，于本年二月初九日在孝陵神路旁安设20架，景陵神路旁安设20架，裕陵神路旁安设20架。并同时将车马应行道路一律修垫平妥。共用工料运价银2 648两5钱，因是本陵官员等捐办，所以便免去了以往报部核销这一惯常程序。工竣后，马兰镇总兵英廉以这些捐办鹿角木人员“情殷报效，洵属急公，未便没其报效之忱”[①] 为由，上书皇帝，请求为其奖叙。其中，内务府护军参领员外郎广泰，前于光绪九年（1883）十二月间，经英廉循案酌保恭办惠陵栽种树株一事奉上谕，着俟升郎中后，赏加二品顶戴在案。如今广泰复经报效，拟请赏换二品顶戴，尽先升用员外郎。连璧拟请俟升员外郎后，赏换护军参领衔。礼部员外郎英磷、花翎员外郎玉润，均拟请赏加四品衔，以示鼓励。

二、慈禧陵竣工后的大奖赏

在第一章中曾经讲到陵寝工程中的赔缴和惩罚制度，同样，在陵寝大工中，对尽心尽职的出力者亦相应予以奖励。

如光绪元年（1875）十月二十二日，惇亲王奕誴钦奉慈安、慈禧皇太后懿旨，对修建普祥峪定东陵的相关人员，开列清单呈览，准备加以奖励。普祥峪定东陵为慈安的陵墓。两太后和惇亲王奕誴认为：此项工程自开工以后，经承修王大臣督率各员庀材鸠工，妥慎办理，现在具有规模。在工出力各员，洵属着有微劳，自应量予奖励。宗人府理事官（正五品）载萼，赏加四品衔，赏戴花翎。通政使司参议嵩溥，交部从优议叙。郎中成光，令开缺以道员分发省分，归候补班前先补用，并赏加布政使衔。员外郎福锟，交部议叙，记名道府用。郎中松长，令专以道员用，先换顶戴，俟得道员后，赏加布政使衔。借补员外郎、工部主事岳琪。令其免补员外郎，遇有本部满洲郎中缺出，无论咨留，即行借补，并

① 中国第一历史档案馆编：《光绪朝朱批奏折》第二十七辑，《载迁、荣颐、英廉奏为捐办鹿角木人员拟请奖励恭折仰祈圣鉴事》，北京：中华书局1995年版，第640页。

赏戴花翎。宗人府理事官（正五品）敬信、郎中（正五品）阿克丹，均着赏加四品衔。武备院员外郎忠广，着在任以内务府郎中缺出，不论班次补用。侍卫连庆，赏加副督统衔。钦天监夏官杜春芳，冬官正（正六品衔）陈熙龄，均赏加五品衔，赏戴花翎。钦天监春夏秋冬五官正（正六品衔）约奎，着以主事，不论满蒙缺出，尽先选用，并赏戴花翎。武备院员外郎舒恒，令在任以内务府郎中缺出，不论班次补用。礼部主事丰伸泰，令其免补主事，以本部员外郎，无论题选咨留，遇缺即补记名。副都统庆升，赏加副都统衔，并赏戴花翎。郎中王维翰，以知府分发省份，归候补班前补用，俟补知府后，以道员用。同知椿寿，令其免选本班，以知府，不论双单月，归升班后选用。郎中斌鉴，赏加道衔，并赏给随带加三级。大理寺丞阿麟，令其免补寺丞，以员外郎分部，无论题选咨留，遇缺即补。内务府坐补原缺郎中齐克森布，着遇有本衙门郎中缺出，无论何项班次，尽先补用。员外郎恩良，赏戴花翎。工部委署主事英奎，免补主事，作为本部候补员外郎，无论咨留，遇缺即补。员外郎崇超，令分部行走，遇缺尽先即补。头等侍卫恩佑，以副都统记名简放。副护军参领（正四品）海寿，赏戴花翎。摩使明阿明，令其以冠军使，遇缺尽先即补，俟补冠军后，赏加二品衔。工部主事耆绅，作为本部候补员外郎，无论题选咨留，遇缺即补。知府穆奇，先以道员分发省份归候补班前即补用。知县工部笔帖式承智，令其开缺免补知县，仍以直隶知州分发省份候补班前先补用。礼部主事耆安，着以本部员外郎，无论题选咨留，遇缺尽先补用。坐补都司张殿魁，以免补都司，仍以游击（从三品）缺出，尽先奏补，俟补缺后，赏加二品衔。户部员外郎奎顺，俟学习期满后，以本部员外郎，无论咨留，遇缺即补。郎中许景福，赏戴花翎，俟归道员班后，赏加布政使衔。郎中存振，赏加道衔，赏戴花翎。工部员外郎张兆鼎，令其免补员外郎，以本部郎中，无论题选咨留，遇缺即补。内务府堂主事锡苇，令仍以知府在任，不论双单月，遇缺即选，俟得知府后，以道员用。郎中龚寿昌，令其以知府分发省分，归候补班前先补用，并赏加盐运使衔。刑部主事林廷变，免升员外郎，以本部郎中，无论题选咨留，遇缺即补，先换顶戴。内务府郎中继禄，遇有本衙门郎中缺出，不论何项班次，尽先前即补，并赏加三品衔。中书科中书贺良樾，令其免选同知，以知府分发省分补用，并赏加盐运使衔。工部笔帖式征后，令其免补主事，作为候补员外郎，无论咨留，遇缺即补，并赏加四品衔。光禄寺署正衔工部笔帖式桂森，以本部主事，无论咨留，遇缺即补，俟补主事后，赏加员外郎衔。通判高宝瀛，以本班不论双单月，尽先即选，选缺后，以知府在任，归后补班即补，先换顶戴，并赏戴蓝翎。未入流汪湘，以布政司经历，遇缺即选，俟选缺后，以同知在任归后补班即补，先换顶戴。光禄寺署正衢亨，令分部以员外郎，无论咨留，遇缺即补。县丞王汝舟，令以知州，遇缺即选。从九品衔王佩恩，令其以巡检，不论双单月，遇缺即选，并赏加六品衔。训导王毓藻，令其以知县，不论双单月即选。从九品傅开荣，令其以盐大使，不论双单月，遇缺即选。知县徐名立，交部从优议叙。通判张万清，令其以同知分发省分归候补班前先补用。州判孙焕章，以同知，遇缺即选。从九品朱兆瑞，令不论双单月，遇缺尽先即选，并赏加六品衔。李炬，以州判，不论双单月，遇缺即选，并赏加同知衔。陈遇贤，令其以盐大使分发省分，归候补班先前即补。典史王兰，令以州判，不论双单月，遇缺即选。书吏柴逢春，令其以巡检，不论双单月，遇缺即选。从九品刘钺，以布政司库大使，遇缺即选，并赏加六品衔。县丞范启恒，以通判分发省分补用议叙。从九品未入流林之珍，令其以县丞，不论双单月选用。王登瀛，以巡检，不论双单月，遇缺尽先前即选。未入流庄绍基，以府经历，不论双单月，遇缺即选。书吏张钰，以巡检，不论双单月选用。巡检郭启瑞，令其以布政司经历，不论双单月，遇缺即选，并赏加同知衔。县丞梁敬，令其以布政司经历，遇缺即选。把总金如鉴，免补千总，遇有守备缺出，列前坐补，并赏戴蓝翎。从九品王世瑞，令其以县丞分发省分，归候补班前，尽先即补。守备李纪良，免补守备，以都司不论班次，遇缺即补，并赏戴蓝翎。从九品衔郭启元，令其以布政司库大使归部，不论双单月，遇缺即选。县丞骆士杰，以通判，不论双单月选用，并赏加同知衔。典史谢镇纶，令其以县丞，不论双单月，尽先选用。知县王德溥，俟选缺后，在任以同知直隶州知州，归后补班先前补用，并先换顶戴。书吏朱鹏，令其以巡检分发省分，归候补班前补用。任炳，令其以县丞分发省分归候补前，尽先即补，并赏加六品衔。牛荃等，均以县丞分发省分，归候补班前补用。巡检王维清，令其以州判分发省分，归候补班前补用，并赏加五品衔。盐经历俞炳奎，令其以同知分发省分，归候补班尽先前补用。书吏白国瑞，俟役满后，以典史，不论双单月，归正班先选用，并赏加六品衔。樊亨，俟役满后，以主薄，不论双单月，遇缺即选。吴廷瑞等，均俟役满后，以巡检，不论双单月，遇缺即选。此外，还奏请将盐督等员予以奖励，补用五品。京堂宗人府理事官锺泰，令开缺，以副都统，遇缺尽先提奏。郎中福裕，俟简放道员后，以外任应升之缺，尽先提奏，并随带加三级。副都统文秀，赏给头等顶戴。道员熙敬，令其以副都统遇缺提奏，并赏戴花翎。①

这一次受奖励人员多达85人，凡参与此项工程的文武职司，不论是陵寝内部还是附近地方，大到三四品衔的冠军使、游击以及副护军参领，小到九品、未入流甚至书吏，均在原有的级别上得到提升，有的甚至越级拔擢。其实，整个工

① 中国第一历史档案馆编：《光绪、宣统两朝上谕档》第一册，桂林：广西师范大学出版社1996年版，第316~324页。

程还没有彻底完工，就如此大范围的进行奖励，说明普祥峪定东陵工程的速度和质量，已使陵寝的宏伟壮丽展现出来，由此便博得了两太后的欢心。手握权柄的两太后高兴之下，随令对工程有关的大小官员予以奖励。只是这样面面俱到、近达百人的奖赏，在清代乃至整个中国建陵史上是不多见的。

三、罚俸降级：以永济库银两失窃案和贝勒绵律搭台唱戏案的处罚为例

乾隆十九年（1754）八月，东陵永济库银两被窃，东陵承办事务多罗贝勒允祁于九月初九日接奉谕旨，对接手银两的领催长庚、倭合偏头，永济库领催阿书、诺明书以及当班骁骑校、披甲人等，逐一审讯。并于九月十四日传唤专办此项银两的内关防郎中吉庆，员外郎关良，主事焕格等前来查问。十八日早，郎中凌保报称，员外郎关良夫妇投井自尽。随即一面交该处牌行遵化州相验，一面派章京明泰等，到关良家中查看有无存留字迹银两。据明泰报称，关良家除了寻常衣服和簪环之外，并无银两，亦无存留字迹。允祁等因关良身为职官，并未拘禁严审。九月二十三日东陵承办事务衙门接奉军机处寄到的上谕，指斥多罗贝勒允祁在案件发生后，因未将失窃人犯迅速严行根究，所以未能及时得到实情。经皇上训饬后，仍辗转迁延，对专管永济库的员外郎关良，亦未予以查讯和严加看守，致使关良投井自尽。不但银两失窃真情尚无头绪，而且又节外生枝。故军机处奉上谕：令将贝勒允祁严行申饬，将此案人犯交内务府总管大臣等审讯，定拟具奏。并将经手滋生银两之领催长庚等 19 人锁送查收。[①]

总管内务府大臣图尔禅等对人犯逐一审讯，据听事差人卢登云供出，该班看库披甲人田三达子、长达子、车七儿三人，于七月内当班时，曾在库门口张望。经过审讯后并无确据。接着，又将经手滋生银两之领催长庚、倭和偏头及掌管封锁之领催阿书、纳明书，按名严讯，亦无确据。复将员外郎关良的家人有儿叫来严加究讯。据有儿所供："我是关良家雇工家人，今年 14 岁了，我主子家素日贫寒，今年比常时过得从容些。七月间，我跟我主子换过三次钱，用银五两至七两不等。我主子教我若遇见人若问，只说是借的，别说是换的。再饭上头目祁老爷，今年六月间，也曾向我主子借过银子的情由，我不知道有常跟我主子的树户刘安，或者他知道此事，也未可定。"[②] 随即一面行文提拿刘安，一面再次对有儿审讯。又据有儿供称："这事发现之后，我主子关良曾差树户刘安请我主子的妹夫茶上人马六到家吃酒，随后就令刘安拿皮箱一个跟送马六家去，随后又差刘

① 《乾隆朝录副奏折》档号：1217－020，缩微号：087－0891，中国第一历史档案馆。

② 中央研究院历史语言研究所藏明清史料。

安送去皮箱一个，箱内是何东西，我不知道。”后据东陵承办事务衙门核称，此案发觉之日，已将树户刘安交礼部员外郎常岱看守，但刘安于十月初十日夜间脱逃。内务府大臣图尔禅经过审讯调查后认为，永济库银两失窃一案，当事发之时，理应立即根究，自不致盗逸赃失。员外郎关良既有应行查讯之责，自当严加看守，详细查审。但贝勒大臣等懈忽从事，致令关良投井自尽；树户刘安系案内要犯，该贝勒大臣等在查讯之时，尤当严加锁禁，乃又因为疏于防范，以致脱逃，其咎难辞。故应请将礼部员外郎常岱交部，严加议处，将该贝勒大臣等一并交部查议，至于此项被窃银939两，系属滋生之项，不便久悬。即使盗犯审获，其失窃银两亦不能全额追回。应令该贝勒大臣等，照数分赔还项。其茶上人马六、额尔登布，膳房总领六十八，并案内有名各犯，继续拘提严审。脱逃树户刘安，行文各处，严加缉拿，俟拿获之日，再行严审。

东陵永济库系存储恩赏银两，其内务府滋生银两系另储一箱，亦存此库。其箱上锁钥系内务府郎中吉庆和主事焕格经管，库门封锁系总管札尔杭阿、鄂鼐和内管领保格掌管。其郎中吉庆、主事焕格、总管札尔杭阿、鄂鼐、内管领保格等，均系专管之员。而多罗贝勒允祁、奉恩辅国公禄庆、内务府总管丰盛额，均系总管该处事务大臣，今库储银两被窃，失察之咎，均属难辞。应请交该部院衙门，分别查议。

此案最后移咨吏部，经吏部议核，于乾隆二十年（1755）二月十三日对各相关人员作出处理：东陵礼部员外郎常岱，因对案内要犯树户刘安未严加锁禁，防范不严，致令脱逃。应将常岱照防范不严降一级调用例，降一级调用，有记录四次，应销去记录四次，降一级，免其降调。内务府总管丰盛额、东陵承办事务多罗贝勒允祁、奉恩辅国公禄庆，于库银失窃时，理应当时根究，不致盗逸赃失。对员外郎关良，应即行查讯，且当严加看守，详细讯审，但该贝勒大臣等懈忽从事，以致关良投井自尽，实属不应。应将该管大臣丰盛额、允祁、禄庆，均照不应重公罪降两级留任律，降两级留任。按律多罗贝勒、奉恩辅国公无级可降，仍照例将多罗贝勒允祁罚尚书俸三年。奉恩辅国公禄庆，罚侍郎俸三年。另外贝勒允祁、奉恩辅国公禄庆、内务府总管丰盛额，均系总管东陵事务大臣，库储银两被窃，均应照失于查察罚俸一年例，再罚允祁尚书俸一年、禄庆侍郎俸一年、丰盛额俸一年。内务府郎中吉庆等，系专管之员，理应平日严加看守，不致库银被失，乃监守不慎，以致被窃，依定例：官员库储物件不行固储，以致库使偷窃者，降一级调用、罚俸一年。应将监守不慎之内务府郎中吉庆、主事焕格、总管札尔杭阿、鄂鼐、内管领保格，均照例降一级，调俸一年。按定例：老病休致官员任内，如有应议罚俸降级留任，俱免议。此时丰盛额已经休致，其降级罚俸均毋庸议处。鄂鼐有加级记录两次，销去加一级，抵降一级，销去记录两次，抵罚俸一年，免其降罚。

这桩案件最终是否揪出元凶，即元凶到底是员外郎关良，还是关良与树户同谋？或是当日值班看库披甲人田三达子、长达子、车七儿三人？因没有资料续载，我们无从得知。其实，这并不重要，我们更为关心的是对各级官员的处罚，从中可以使我们了解到清朝统治者在陵寝社会是如何进行管理的，尤其是对各级守陵官吏是怎样进行管理的。虽然在中国历史上，很多朝代对官员都曾有不同程度的连带责任规定，但在清朝，尤其是清东陵这一特殊区域，对各级官员连带责任的规定更为严格。本案中员外郎投井自尽，大概有两个方面的原因：其一，他可能就是本案的主犯，事发后畏罪自杀；其二，他可能与本案没有任何关系，只因为他是专管永济库的官员，惧怕连带责任的处罚而自杀。不论是哪一种原因，都足以说明清王朝对守陵官员的严厉管理及其对皇陵风水禁地的重视。更何况永济库失窃的是滋生银两（即雍正七年赏拨银 20 000 两，或置买地亩或开设当铺滋生利息，用于酌量赏给兵丁红白事件和官学之用），而且丢失银近千两之多，这在清东陵几百年的历史上是极为少见的一个严重事件，这种发生在陵寝重地的有损于帝国神圣象征的事件，是清朝统治者绝不能容忍的。

嘉庆九年（1804）八月初，礼部读祝官明善呈控宗室德顺与经书孙照勾结，克扣钱粮等国款及贝勒绵律携带在逃已革经书王玉书更名复充，并用库储席片木料搭台演戏。随即朝廷派尚书德瑛驰驿前往东陵查办。德瑛到后，经过严讯，查得明善所控德顺与孙照勾通，克扣钱粮，盗卖差缺及已革经书王玉书盗卖户役米石，避罪潜逃，复由贝勒绵律自京带往再充经书等款审明，大半属实。而所控贝勒绵律，擅将库储席片木料搭盖凉棚戏台一事与事实不符。即贝勒绵律搭台演戏属实，但并未动用库储木料。尽管如此，贝勒绵律最终还是因为这个事情而受到了处罚。其理由是："陵寝重地，理宜严肃。虽距大红门三十里，系属红白椿外在，愚民无知，如乡间报赛祀神演剧，尚所不禁，而绵律系属近支宗室，特派前往守护，乃罔知恪恭谨凛，搭台演戏，大属不合。"① 将贝勒绵律交予宗人府严加议处。同时对善明所控各条相关人员未能于事前查出和据实参办，以失察之咎分别给予处罚。

嘉庆九年八月十二日，宗人府议处的结果是将贝勒绵律革去贝勒，以示惩儆。嘉庆皇帝认为这个处罚过重，虽然绵律于陵寝附近地方搭台演戏，实属不合。但毕竟是在红白椿之外，若属民间报赛祀神，自可不查，只因绵律系近支宗室，专门派往守护陵寝之人，所以交宗人府严议。但核其情节，尚不至于褫职。

① 中国第一历史档案馆编：《嘉庆、道光两朝上谕档》第九册，桂林：广西师范大学出版社 2000 年版，第 340 页。

最后改罚贝勒俸五年，加恩免其斥革。此次事件后，嘉庆帝以“绵律年轻无识，仍令在陵住守，恐办理诸务未能妥协。绵律着撤令回京上朝，另派恒宁前往接替”①。在皇陵圣地，守护的宗室大臣们，必须恪恭谨凛行事，哪怕是没有触犯条规，但只要稍微与其身份和所处场景不合，便会收到相应的处罚，从中可以看到清朝统治者是多么重视陵寝庄严肃穆氛围的制造。

第二节　四品郎中庆玉的侵盗及僭越案

这应该是清东陵历史上最大的一桩案件。案件发生在道光年间，这个案件为我们提供了一部清代官员（陵寝官员）的生活史。

道光二十年（1840）二月，马兰镇总兵兼内务府大臣琦琛奏参四品衔郎中庆玉任上犯有侵盗及僭越之罪，其罪名有：承修工程时，未遵照原估开设运料门口，辄用地车运重石，导致神路轧有辙迹，碰损门框；其房第建造亦多违式僭越；又将回干树株掉换木植；应行存储公所印文稿件携回家内，任意积压；其历次承办镀金活计，虽未贻误要工，唯将领到官金陆续积存至200两之多。“种种把持，盘踞贪黩营私情节，甚为可恶。”②

载铨等奉旨派文蔚前往东陵，会同琦琛查办。并奉旨将庆玉革职拿问。据庆玉及其子魁明供称：琦琛曾经收受了我们馈送的银两和马匹等。经文蔚奏请，将此案解京审办。道光十九年（1839）十二月二十五日奉旨，所有马兰镇庆玉一案，着文蔚将全案卷宗迅速解京，派原审之载铨军机大臣和宗室奕经等，会同刑部严行审讯。并于同日奉旨，将琦琛解任，解京归案质讯。随即将琦琛、庆玉及其余应讯人证卷宗先后解到。讯据琦琛，对收受庆玉银两马匹等情供认属实，当即缮供具奏，奉旨将琦琛交部严加议处。经该部议，将琦琛革职。至道光二十年（1840）二月初七日，载铨等13位大臣，通过对全案人证卷宗的反复研究，再查照琦琛历次奏参及文蔚后续查出的情况，还有庆玉供内所牵涉的各个情节，逐项进行核讯，并将核讯结果上奏。

我们可以通过这个奏文，对案件的审讯过程及其庆玉侵盗和僭越大案的真相有所了解。

---

① 中国第一历史档案馆编：《嘉庆、道光两朝上谕档》第九册，桂林：广西师范大学出版社2000年版，第356页。

② 中国第一历史档案馆编：《嘉庆、道光两朝上谕档》第四十五册，桂林：广西师范大学出版社2000年版，第57页。

琦琛原参庆玉暂领库银3 000两，私压核减公文，不将溢支银两交出，又造入册开除账下，并将遵化州解到租银匿不交库等各条，对庆玉进行审讯。据庆玉供称：道光十八年（1838）间，宝华峪拆卸大木，搬运归攒，经前任马兰镇总兵容照派其经理，所需工价，均系借项垫办，事竣后造册，咨送总理工程处核销，于十九年三月，未奉核减之先，具稿呈请，札知筹备库暂领银4 000两，俟核销到日，有无找缴，再行办理。因当时库银不敷，只领银3 000两，于库簿内登记开除。不久遵化州批解银500两，其当即扣留，抵算前款，并未交库。嗣经总理工程处于四月间核明止，准销银868两零。统计两次溢领银2 631两零，应行缴库归款。但因银两业已费用，急难措缴，即将奉到核减公文私行隐匿，并未呈堂。随后于十一月间，因琦琛查办奏销，致被查出破案，当将前项银两照数设措归款。

载铨等将庆玉所供与琦琛原参情节及调到各案进行对照，均属相符。然后又提讯帮同管库郎中明吉、员外郎色钦、员外郎魁安，这几人的供词亦无异。

琦琛原参庆玉于孝陵神路轧有车辙印迹，并骑马直由神路行走一条，据庆玉供称：道光十六年（1836）恭修孝陵隆恩殿时，需用阶石约长两丈，陵区内树茂路窄，很难拉运，必须用地车载石，由五孔桥上行走。此事曾经报明工部有案，不料拉运时因石料过重，致将神路轧有辙迹，并因照料不周，于拉进时误碰宫门西间门框。他当时实系由树林内骑马跟随，并没有在神路行走。查工部片覆，以前维修孝陵隆恩殿工程时，原设想另开运料门石，嗣准承修工程处以抬运石料应于隆恩门前后搭戗桥二座等咨部，经该部工程处以前情咨报，该部存案未覆。所以庆玉所说由神路拉运石料曾经报部实为捏饰。而且庆玉承修陵寝要工，并不遵照原来估算，另开运料门石，又率行用地车拉运重石，经由神路进入宫门，以致轧有辙迹，碰损门框，“殊不足以昭敬重”。庆玉对此俯首认罪。

琦琛原参庆玉房屋颇似行宫款式，行宫字画及更衣殿陈设，并其坟茔地内多有违式一条。据庆玉供称：其于道光十七年（1837）间奉派拆卸盘山行宫内淡怀堂时，工匠等将一件随墙隔断带表盘画、一件沈源、曹夔音画失手拆损，他即商同已故之前任总管明杰携出裱收，存家内还未来得及呈交。其更衣殿陈设、觥木根炉瓶和磁盘等件器物，因节年撤出不用，他先后携回家中存储，已登记在册，有据可查。至于家中所有汉白玉台阶及茔地门墙嵌有汉白玉对联，均系办公用石料。其祠堂内金漆隔扇，系由淡怀堂拆下抵作运价之物。家中祠堂，实系一连9间住房，并有斜山角梁等式样。之前已交代明白，不敢狡赖。经审讯确认：庆玉收储更衣殿陈设各件，既有册载可稽，尚非私行取用。“惟于行宫内拆损旧画，并不呈交公所，辄于私家收藏，已属谬妄，且其住房茔地建造种种违式，尤属僭越。”庆玉自认年老糊涂，只求治罪。

琦琛原奏庆玉将回干树株做成房间，所开南、北两厂存有楠木及木植多件，家中亦有楠木装修等。据庆玉供称：因承修孝陵隆恩殿及裕陵牌楼门工程，拆卸的楠木堪用者共有 5 件，呈交石门工部备用，其余 22 件，多系糟朽，统作柴薪变价。又因楠木质本坚好，若将糟朽处锯去，改大为小，尚可备用，即运回厂内收贮。家中院内存放 16 件楠木及屋内所有楠木装修，有的为官工余剩，有的为废料改造，具体来历已说不清楚。至于回干树株，每年于堪明后，按批砍伐，除木植尚好者估定价值，报明工部扣抵另案工程钱粮外，其余均作祭祀柴薪。他因历派办工，是以于前项木植领出后，有归工凑用者，有调换别项木植应用者，每有存剩，即运回厂内收存，历年既久，难计株数。所有租给房屋、开设庆兴估衣铺之院内存贮、做成房间，亦系此项木料。随后，载铨等提讯看守木厂的马六、李五，二人所供与庆玉相同。即查据工部覆称，该部核算，一切工程换下旧料木植，并非估册内拣选堪之件，统归柴薪变抵。核与庆玉所供，尚属吻合。唯庆玉于拆卸楠木多件运回存贮，改造装修，并于领出归公之回干树株，任意调换木植，成作房间，实属垄断居奇。

琦琛原参庆玉朱批 14 件，并空白印花、印文及稿案多件一事，据庆玉供称：嘉庆十年（1805）间，已故丰润县举人王秀凝，在他家帮办笔墨，维时前任总兵福长安，署中折奏书札，亦由王秀凝代为缮写，所有朱批 14 件，福长安未及恭缴，即存王秀凝馆内。迨王秀凝辞馆后，他捡出收存，亦未呈交。所有空白印文及封折印花，俱系历年封印时回堂钤出备用，迨开印后，漏为呈明销毁。其稿案公文，乃系其办公事挟回家内查案，事竣后忘记送回，以致数年来积压多件，并无别项情弊。查庆玉收存朱批，系福长安任内未缴之件，所供属实可信。但既不呈明恭缴，又将应行存贮公所之印文稿件携回家内，任意积压。一直无人过问，实足为盘踞把持之一证。

琦琛原参庆玉领银修库，并未修理一事，据庆玉供称：他于道光十九年（1839）六月间，因筹备库房间有坍塌糟朽情形，具稿呈请札库暂领银 370 两，本计划冬间购料，俟本年春融兴修，不料未及购办，即被参革。随后提讯帮同管库郎中明吉、员外郎色钦、魁安等供，俱与庆玉所供相同。查此项工程已于上年六月间领出银两，何以退至冬间，始行购料，实属任意宕延。但因工程既未报销，遂不能指为冒领入己。

琦琛原参庆玉之子、内管领魁明，庆玉之孙主事恒岭吸食鸦片一事，据魁明供认：他久经吸食鸦片烟，所有起获烟膏烟具，均是他的。讯及烟膏买自何人？据供：系兴幅即刘三侉儿代其购买。随后质之兴幅，兴福坚不承认，不久病逝。恒龄供认自己曾经吸食鸦片，但现已戒绝，再经熬讯验证，恒龄并无烟瘾发生。故此供应是捏饰，并不属实。

琦琛呈出工部书吏刘文涛私致庆玉书信，求为查办一事。查刘文涛一犯，曾向庆玉家人麻老传递信息，已经获案监禁。查阅原信，系因随同工部司员爱山、王巽赴东陵堪估工程先期致送庆玉之信件。随之质讯庆玉，据庆玉供称：他与刘文涛素识，上年八月间，他有承办另案工程，报经工部奏请，钦派吏部左侍郎桂轮堪估，尚未到工，即有刘文涛寄来信件，拆阅后，知其意存见好，当即收存。嗣刘文涛随同爱山等至马兰峪，向其索分平余银两，他当即应允，答应待领出钱粮后分给银100两，不料还没等领银办工，即被参革，所许银两并未过付。由此又质讯刘文涛，亦供认前情。查刘文涛原信内称：桂轮此次估工派委司员，均由他设法挽回。其工部于另案工程补行查勘，亦由他设法办理。审讯大臣们诚恐刘文涛另有弊混别情，于是便严加讯诘。据刘文涛坚供：信内叙入各情，均系他借词指撞。其实桂轮如何派员随同查估及工部如何奏派查收，断非书吏所能知道。预问如何能从中设法，并私致庆玉书信，爱山等均不知情。虽屡加刑吓，刘文涛矢口不移，似属可信。

琦琛供出庆玉在奏尚膳副折内，假捏谕旨，并呈出折稿一事。据庆玉供称：此件折稿，系郎中明吉、员外郎色钦经手办理。其原引谕旨，是否错误，求向明吉等究问。当即提讯明吉、色钦，二人同供该处尚膳副等出缺拣补，系于道光七年（1827），经前任总兵宝兴奏定章程，免其送京引见，遇缺坐补，奉旨允准在案。道光十九年（1839）十月间，该处复出有尚膳副及茶房拜唐阿各一缺，经琦琛拣选，得木通阿春林充补。即令我们代拟奏折，我们于折内误将原奏章程内免其送京引见、遇缺坐补二语叙入奏奉谕旨之下，经琦琛指出斥驳，更正具奏，委系未及检明声叙错误，并无别项情弊，亦与庆玉毫无关系。再查核琦琛呈出折稿，与所供相同。查该处尚膳副等，既系奏准免其引见之员，明吉等毋庸代为蒙混取巧，其原拟折稿为声叙错误所致。现复查原奉谕旨，已有专折奏补，毋庸咨送引见明文，是明吉等并无假捏情事，尤属确凿有据。

另外，文蔚又查出庆玉寄存其女儿家内金200两一事。钦奉朱批“不应有之物，应究来历”。载铨等随向庆玉严究，据供：从嘉庆十六年（1811）起，至道光三年（1823）止，他承办工程，凡有镀金活计，所领官金多系七成，如将原金发给匠作，恐挑斥成色，转致折耗。所以历来俱按足色金市价合银，发给匠作办理。其原领官金有易银发给者，亦有另给银两，将原金寄存者，俱照原估式样镀饰。历经钦派大臣逐案查收，并无草率偷减情弊，均有案可稽。所有起获金200两，即系于历次承办镀金活计领到官金陆续积成。随后办案大臣查据工部先后咨覆东陵，自嘉庆十八年（1813）后办过镀金活计共九案，共领过七成折足色金1 060两，是庆玉所供，前项起获金200两，系于各案官金内陆续积存，尚非无据。唯所办镀金活计，既经历次钦派大臣逐案查收，均与原供相符。庆玉以金易银，发价镀饰，虽系通融办理，尚未贻误要工。

以上各条，历经载铨等提集犯证，调齐卷宗，逐加核讯，均已明晰。再查核卷据，亦与吻合。此案应即拟结。

琦琛对收受庆玉银两、马匹等情供认属实，最后给予革职惩处。

查例载：监守盗仓库钱粮1 000以上者，拟斩监候，勒限一年追完，如限内全完，死罪减二等发落。又律载：凡大祀邱坛而毁损者，杖一百，流2 000里，不论故误。又官民房舍器物之类，各有等第。违式僭用，有官者，杖一百。若僭用违禁龙凤纹者，官员各杖一百，徒三年。又造作局院头目多破物料入己者，计赃以监守自盗论，40两斩，杂犯徒5年。又新例载：职官买食鸦片烟，在一年六个月内者，从重发往新疆地方充当苦差。吸食已戒者，勒令休致。又律载：诈欺官私取财，计赃准窃盗论，窃盗赃100两，杖100，流2 000里。若断罪无正条，援引他律，比附加减。庆玉于领办拆卸大木归攒工程案内溢支银2 631两，业奉总理工程处，照例核减，并不即时措交，乃隐匿公文八个月之久，直至查出破案，始行呈堂，实属意存蒙混，希图侵蚀入己。即与监守自盗无异，计赃在1 000两以上，按例应拟斩监候。但此事被查出后，庆玉即将银两措交还款，系属限内完赃例，应减二等，拟以满徒。其住房茔地，种种僭越，致有汉白玉台阶对联及斜山角梁各式样，并于官工拆卸楠木多件，私行运回存储。复将回干树株改作房间。若从重僭用龙凤纹及多破料入己，照监守自盗40两律，亦罪止满徒准徒。唯于承修隆恩殿工程，并不遵照原估开设运料门口，辄用地车载运重石，由神路经进隆恩门，以致轧有辙迹，碰损门框，实为玩忽已极。应即比照毁损大祀邱坛律，拟以杖100，流2 000里。该革员以办公司员，盘踞把持，贪黩营私，情节较重，应请从重发往新疆充当苦差，年逾70，不准收赎。

已革内管领魁明，身任职官，辄敢违例吸食鸦片，讯供属实，自应按照新例问。拟魁明应照职官买食鸦片烟在一年六个月内者，从重发往新疆地方充当苦差例，发新疆充当苦差。烟具烟膏等物，案结销毁。

已革主事恒龄，曾经吸食鸦片烟，据供现已戒绝例，应勒令休致，业已革职，应毋庸议。魁明供出代买烟土之兴幅，即刘三侉儿，业已在监病毙，应毋庸议。

工部书吏刘文涛，因随往估工，先期送致庆玉信函，希图见好，并向庆玉索分银100两，但因尚未过付，业经议有成数，即应照比律问。拟刘文涛应革退书吏，照诈欺官私取财、计赃准窃盗论100两，杖100，流2 000里律，赃未入手减一等，拟杖100，徒3年，交顺天府，定地充徒，到配折责拘役。

解任郎中明吉、解任员外郎色钦，讯无假捏谕旨情弊，唯与已革员外郎魁安，办理库务，辄于庆玉将遵化州批解租银500两，匿不交库，并不即时禀请查办，实属意存徇隐，应请于失察刘文涛寄信诈赃之工部司员爱山、王巽，一并交部，照例分别议处。魁安仍请开复原官，听候部议。

庆玉溢支银2 631两零，业经措缴，其预领修库银370两，据供业已查起，应在该革员家抄出银两内划出还款。所有房屋木植及其余各件，并原金200两，均经查抄入官，应毋庸议。朱批14件，应令马兰镇总兵补行恭缴。起出空白印文、印花，即由该总兵验明查销，并饬该管官将稿案领回检明，分别存储备查。

孝陵神路及隆恩门门框，应如何敬谨补修，统归岁修案内勘明办理。

另外庆玉供称经管永济仓历年曾经垫过银两，获本银1 000两，并收存仓余京钱2 000吊，现已身犯重罪，求将前项垫借银两一并入官，免致被人干没。即应令该镇总兵，就近查明，分别册报户部查办。

又据庆玉供称：在修理九州清宴开工时，曾将旧存大柁6架回明前任内务府大臣禧恩运工备用，只给运脚银30两，其大柁并未给价。前奉谕旨，禧恩明白回奏，并着管理圆明园大臣查明具奏。据禧恩奏称：此项大柁6架，因尺寸不符，并未抵用，即交官厂存储。并据敬征等奏称：已将大柁4架，于修理同乐园戏台截作楞木及垫板楼梯等项。现在官厂内尚存大柁2架，已奏蒙圣鉴在案。唯此项大柁，既未发给价值，迨后归工抵用，有无抵算钱粮，应令该大臣查明办理。

琦琛所供庆玉盗用印信，代景纶支领米石，及庆玉所供琦琛在户部时放米验仓，任意封廒各情，现经讯明，并无其事，即庆玉牵供琦琛。令遵化州代备物料折钱，亦系事不干已，应俱毋庸议。

马六等均系与此案无关人员，即与省释。

解任内管领广运等代庆玉寄顿财物及庆玉家人麻老隐寄庆玉京中财产之事，现已讯明，应归查抄另案拟结。①

随后，对庆玉进行了抄家。查抄人员奏称：庆玉家院内现存各件，均非伊家应有之物，请饬追究来历。因此案已经载铨等审结具奏，已将庆玉从重发遣，罪已无可再加。所有该署总兵请饬监提追究之处，令毋庸再行查办。

据载铨等会同讯明查抄庆玉家产案内，对隐匿寄顿各犯按律定罪上奏。之前据步军统领衙门具奏：庆玉京中财产，显有挪移寄顿。道光十九年（1839）十二月十五日奉旨，内务府镶黄旗骁骑校得里布，着即革职，同麻老、王三、韩得昌、银永和，赵士文、徐成章、杨寿先、赵元晋、刘环，一并交刑部。并派载铨、奕经筹军机大臣，会同刑部严刑究讯。载铨等遴派章京司员讯明麻老等挪移

① 中国第一历史档案馆编：《嘉庆、道光两朝上谕档》第四十五册，桂林：广西师范大学出版社2000年版，第57页。

寄顿各情，并向代庆玉家帮办笔墨之赵璧究出庆玉京中财产，尚有瑞复兴印局一处、胡天成等烟袋铺三处和铁匠营地方房屋一所。随即传到铺伙孙万元等，所供俱与赵璧供称相符。

复据前任马兰镇总兵琦琛，因查抄庆玉家产多有寄顿，将翼长西林等一并奏参归案。旋因本案解京审讯，经总兵文蔚，将西林一并解送到部。载铨等随即提集犯证，详加严鞫。麻老是庆玉雇工，在京中前元寺地方，有庆玉自置住房一所，交给麻老及代办笔墨之赵璧居住看守。骁骑校得里布与麻老素相交好。道光十九年十二月初八日，因琦琛奏参庆玉各事，奉旨派工部左侍郎文蔚，前往会同查办。当时庆玉侄孙、文生员恒纶在京随同户部主事全孚读书。全孚于日前赴原任工部尚书陈官后宅内，因公谒见陈官后，向其谈及东陵现有钦差前往查办事件，并询及庆玉承办另案工程，复以庆玉侵亏属实，怕要抄家，随口谈论，全孚于回家后向恒纶告知。恒纶心怀畏惧，即于初九日早，找到麻老及赵璧转述前情。麻老想到庆玉既经破案，京中财产必被查抄，随令雇工王三，向庆玉所开广立木厂、庆祥缎店及曾为庆玉收存木植的中立木厂送信。各木厂铺伙银永和等因厂内存储均系笨重料件，来不及迅速挪移。唯开设缎店的赵士文携出缎料 14 卷，送交伊其族弟赵奇志铺内，代为收存。麻老又同赵璧商量，将宅内旧存穿衣镜、铜炉、挂钟、瓷瓶及硬木家具等件器物，分两次在滋丰当铺内当得京钱 15 千。麻老又因恐查抄时，将伊所有衣物一并抄没，随即托素识之何二，将家属送至得里布家暂住，并将自制家具、衣服携往收存。

庆玉所开瑞复兴印局及自置铁匠营房屋，以及与赵璧伙开之胡天成各烟袋铺，麻老在奉官查抄时均未呈报。经载铨等传讯广立木厂铺伙韩得昌，庆祥缎店铺伙赵士文、周玉秀、崔俊华、徐成章，中立木厂铺伙银永和、杨寿先、赵元晋、刘环，并传讯瑞复兴印局铺伙孙万沅、董明泰，胡天成等各烟袋铺铺伙崔连升、许元太等，其供俱相符合。同时又严讯收存绸料的赵奇志、滋丰当钱的铭新和得里布，其供亦相吻合。此麻老等隐匿寄顿庆玉京中财产属实。翼长西林，章京丽淳富、勒欢，内管领广运，郎中博启通勒，拜唐阿伯淳，领催丰伸布，均系庆玉姻亲。内管领文志，系博启通勒之子，同在马兰峪附近居住，上年十二月初八日，庆玉因被琦琛参奏，恐被查抄，即令车夫陈二、任生，将箱子 2 只，包袱 2 个，银 1 000 两，送至丽淳家寄顿，又令其李氏坐车，将箱子 4 只，匣子 3 个，包袱 23 个，送至富勒欢家寄顿。又将人参 2 匣，大小鼻烟壶 13 个，薰烟翡翠嘴烟袋，银锞朝珠、绿玉等件，面交广运携回寄顿。又经其媳刘氏，将箱子 4 只，衣包 6 个，送交博启通额家寄顿。又经其侄孙恒淳亦将箱子 3 只，衣包 8 个，送交伯淳家寄顿。又令陈二等，将大小包袱 3 个，皮箱 1 只，送交丰伸布寄顿。又经恒纶之妻魁佳氏，将箱子 2 只，包袱 1 个，带交西林家寄顿。庆玉又先期将皮衣22件，在该处振隆、永济各当铺内当得东钱12 100千文，旋经琦琛查出，并出示晓谕，令将寄顿各物，全行交出，除博启通勒未经呈交，旋被查起外，其西林等均赴官自首，将各物呈交。其中伯淳复将未及交清之包袱、匣子、帽盒等件，欲行续交，即经官人查获，并有庆玉家人宋喜携带衣包，欲行典当，亦即被获送案。

经载铨等按名一一研讯，均各供认前情。西林等听从庆玉寄顿财物，旋即畏罪交出。博启通额寄顿各物，均被查实原委。再次提讯麻老等各员，逐加覆诘，均与前供相同。故应即拟结。

查例载：隐匿侵盗案内之家产100两，杖60，徒1年，每100两加一等。此案麻老于庆玉破案查抄，先期同赵璧相商，将穿衣镜等物陆续当得京钱340千文花用，共合制钱170千文，以钱折银，计赃170两，尚未至200两，自应仍照100两之例问，拟麻老应照隐匿侵盗案内家产100两，杖60，徒1年例，拟杖60，徒1年。据供亲老丁单，应不准其留养，札交顺天府，定地充徒，到配折责拘役。

赵璧听从麻老典当什物，分用钱文，即属为从。应照为从减等律，于麻老徒一年罪上减一等，拟杖100。

恒纶因全孚告知庆玉犯罪查抄情由，即向赵璧及麻老告知，以致麻老等得以先期寄顿财物，应与给各铺户送信的麻老、自行典当供器的王三、隐匿绸缎及隐匿箱只的赵士文，以及郎中博启通额，俱照不应重律，杖80。恒纶系文生员，业于本案咨革，免其决杖。

博启通额，系旗人，应行鞭责。余犯均折责发落。

骁骑校得里布代麻老收存衣物寄顿，经审讯无隐匿庆玉抄产情弊，应免置议。其革职翼长西林，章京丽淳、富勒安，内管领广运，拜唐阿伯淳，领催丰伸布，因听从庆玉，代为隐匿财物，均属罪有应得。但经出示晓谕后，能自行赴官自首，将各物全数呈交，应照自首免罪律，均予以免罪。西林等即饬令回任供职。丰伸布亦令回马兰镇当差。内管领文志，于其父博启通额寄存庆玉财物未经阻止律，应罪坐其父。应与富勒欢之弟、总管业普肯，俱毋庸议。

车夫陈二、任生，运送财物，宋喜将衣物送往典当，均系听从主使，已由其家主庆玉抵罪。陈二等均应免科。余属无干人员，即予省释。

庆玉家抄出财产，业经文蔚查明，开单具奏，奉旨解交内务府，由马兰镇总兵遵照办理。

其振隆、永济各当铺内典当皮衣，以及前经查出之当票三张，钱票两张，一并交该总兵，分别查起，续经解交。至于庆玉在京查封各财产，除系庆玉一人自置者，应全行入官外，其广立木厂，系庆玉与李中道、解秉栋伙开，胡天成烟袋铺，内有赵璧入本京钱700吊文。中立木厂并非庆玉铺业，现存庆玉木料多件，应令步军统领衙门派员详细查明，咨交内务府，分明办理。其滋丰典当各什物及赵奇志收存绸料14卷，亦由该衙门一并查起入官。

又据文蔚奏称：查明庆玉地亩契纸与收账账簿不符，奉旨对庆玉严行讯究，并令直隶总督，转饬各该地方官出示晓谕佃种庆玉地亩民户，据实呈明。载铨等当向庆玉严讯。据员庆玉供称：所置地亩，亦有总簿，业经查起，只求核对。至于历年收租，均系家人吕明等经手。随即提讯吕明及陈八、马三、赵七、陈庆奎等，均供称代庆玉收取地租，俱有府账可查。至于庆玉有多少地亩？均不能确指。查地亩以契据为凭，尤须就近勘查，方能得其确数。应将查出庆玉地亩总簿及解到收租各账，连同庆玉家人吕明等，一并解交直隶总督，会同马兰镇总兵委员，就近按簿确查。并饬令吕明等，将地亩逐段指交，一面转饬该管地方官遵旨出示晓谕：凡有佃种庆玉地亩民户，一经据实呈明，即撤地入官，仍租给原佃承种，以免失业，而昭核实。

又前据文蔚咨称，前任总兵琦琛移交据已故内管领华封之妻李氏等呈称：他们与叔父庆玉虽系同居，久已各爨，求将其名下家产赏还。据庆玉供称：其兄弟三人，胞兄庆福、庆冒均已病故，遗有子孙。他于道光四年（1824）间，凭亲戚郎中廷瑰以及总管业普肯作中，与侄媳李氏等将家产均分，立有分单，现被抄去。查缘事查抄例：虽兄弟，未经分产，应将产业查明，按股计算，只将本犯名下应得一股入官。据庆玉供称：本有兄弟三人，且已早经析产。揆例衡情，办案大臣认为未便因庆玉一人犯事，遂将其兄弟应得财产概予查抄。只是庆玉与庆福等是否同胞兄弟？所供有无捏饰？还难以定断。应请饬令马兰镇总兵，就近查明，咨报内务府，照例办理，伏候谕旨遵行。

除户部主事全孚已拟发军台，原任工部尚书陈官俊，业经部议革职。所有会同审拟结果，由载铨、宗室奕经、穆章阿、潘世恩、王鼎、隆文、祁土贡、麟魁、王植、德诚、黄爵滋具折上奏。①

对所欠庆玉及其孙恒龄名下钱款者，应追入官。其钱文及借约契纸等件，则交与遵化州查办。按照当时市价，每银一两，值东钱十吊计算。查得郎中穆明阿欠庆玉东钱987吊440文，应合银98两7钱4分4厘，因一时无力呈缴，请求于春秋二季俸银内每年扣银20两。郎中三德欠庆玉东钱5 000吊，应合银500两，因一时无力呈缴，请求以其子膳房人丰懿一年四季所关钱粮内，每季扣银1两5钱。塔思哈欠庆玉东钱2 000吊，应合银200两，因一时无力呈缴，请求以其子

① 中国第一历史档案馆编：《嘉庆、道光两朝上谕档》第四十五册，桂林：广西师范大学出版社2000年版，第66页。

披甲吉尔通阿所得钱粮内，按季以一半扣抵，以一半当差。主事勒广欠庆玉之孙恒龄东钱2 450吊，应合银245两。因一时无力呈缴，请求于每年所得米折银内，以一半扣抵。领催莫得里原托勒广转借恒龄东钱1 500吊，已归本利银68两3钱5分，按彼时银价每银一两，合东钱10吊零500文，共合东钱717吊600文，除还下欠钱782吊400文，应合银78两2钱4分，因一时无力呈缴，恳求于一年四季所得钱粮内，每季扣银1两5钱。候补从六品关瑞前后共欠庆玉东钱1 843吊910文，应合银184两3钱9分1厘，因一时无力呈缴，请求以补官之日所得俸银内扣抵。领催祥瑞，因已故，其子候补笔帖式乌尔喜淳呈单内称：其父原欠庆玉东钱3 200吊，已归钱940吊，又归银33两，按归时银价每银一两，合东钱10吊，共合钱330吊，其父前已呈明。除归下欠钱1 930吊，应合银193两，因无力呈缴，恳请以补官之日，将所得俸银扣抵。笔帖式（原为茶房人）祥兆借欠庆玉东钱820吊有零，已归银92两。又借恒龄东钱500吊，已归银23两1钱。按彼时银价，合东钱260吊有零。又归米33斛，按彼时米价，合东钱260吊有零。前后计算，业已无亏。

上述各员役人等所借庆玉钱文，既均一时无力归缴，按所恳请，准予以其所得俸饷银内，按季分别扣抵，或及补官之日归还。关于员役人等借贷庆玉钱文一项，由通永道转请直隶核办。有关各员役人等借欠庆玉钱文一项，系于查抄庆玉家产时该员役们自行呈报。经遵化州讯明，无捏无混。至于张维城所交碾存米价银两，亦庆玉私寄碾存之米，并非官米，当于查抄时，张维城自行呈报伊铺存有庆玉稜米17石零6升，经遵化州仿照内务府估变粮价，每石估银1两4钱4分，共估银24两5钱6分6厘4毫。

据永济当商张枢估得原当磨损旧衣10件，共估值东钱3 770吊文。又估得九成色淡金镯三副，共重24两。按15换9扣合银324两，每银一两合东钱九吊，共合东钱2 916吊。除抵还原本东钱6 100百吊，计盈余钱586吊。又据振隆当商武凝远估得原当磨损旧衣、皮衣12件，共估值东钱6 000吊，计盈余钱350吊。以上总共盈余东钱936吊。庆玉尚有短欠永济当东钱903吊800文，令即筹款抵补。因此项钱文，有关官当成本，不便亏短。但庆玉家产俱已入抄，无项可补。即请将估变前项盈余东钱936吊200文入官充公。饬令该商将下余钱文按照时价，将所有会同估变以及庆玉原欠永济官当钱文抵补查核办理。①

在清东陵的历史上，这应该是一桩很严重的案件。因为从庆玉被控的罪名来看，涉及违制、侵贪和僭越诸多方面，而且经过审讯，大部分均为属实。在物证

① 《内务府来文》，第2953包，原件藏中国第一历史档案馆。

和人证面前，庆玉也认罪伏法。其实，早在道光十二年（1832），庆玉曾自愿出资负责拆除道光废弃的宝华峪陵寝，用了三年时间才拆除完毕，因这件事而受到皇帝的奖赏。也恰恰在这个时候，庆玉利用公差之便，将宝华峪拆卸下来的所谓损坏的楠木等珍贵木料据为己有，对自家房屋宅院、开设的商铺以及家族墓地进行违制装修。除此之外，庆玉在承办其他工程中，也多次侵吞公物，因此，到此次案发时，在他的家里和木厂店铺中抄出很多没有用完的木料，这些自然为给庆玉结案定罪提供了物证。另外，从对庆玉家所抄家产来看，作为四品郎中，其财富也是很惊人的。仅借出去的银钱（其中部分为东钱合银）近 2 000 两，转移的物品多达几十箱，同时在京中还开有广立木厂、庆详缎店、瑞复兴印局和多处烟袋铺。按陵寝官职规定，郎中庆玉每月俸银 160 两，一年共俸银 1 920 两，去掉正常的家庭消费支出，即便是再节俭过日子，也不会有太多的余剩。假若没有其他渠道的收入，是绝不可能置备如此雄厚的家产的。

至于庆玉在承修工程运料时轧坏神路、破损门框、将公文稿件携回家内任意积压等诸多违章、僭越行为，即使在一般的地方社会也是不能允许的，特殊的皇陵社会就更不能容忍。对庆玉的最终处理结果已经证明了这一点。

第三节　民人为生计铤而走险
——发生在清东陵的各类刑事案件

由于陵寝占地辽阔，原本生活在这片土地上以及周围靠山吃山的民人，失去了生活来源，不但风水禁地不能随意踏进一步，而且陵区界限之外又拓展几十里，作为陵寝后龙的最为保险的末端防护。这样使民人活动的空间越来越狭小，维持生存的资源也就越来越紧张。尽管清朝统治者制定了严厉的法律，派众兵防护，但是贫困的民人为了糊口，还是铤而走险，各种案件时有发生。

一、青山岭庄民张二等四人私开炭窑案

乾隆二十九年（1764）十一月初四日，马兰镇总兵满斗上奏，将在风水界内拿获的私设炭窑之犯请旨解交刑部。从这一奏文中我们得知：在乾隆二十九年十月二十九日，被差派巡查的外委程士显、张其俊、赵枚等，同黄崖关把总曾永泰巡查至黄崖关所管后龙风水青山岭地方时，发现木椿禁内有人的踪迹，经过留心查看，见有私设炭窑一座。外委程士显、张其俊、赵枚，把总曾永泰率领兵丁飞往查拿，将私设炭窑的张二、胡三、魏文成、傅国珍四人拿获，随后进行了审讯。据四人供称：他们俱系蓟州青山岭庄民人，对私设炭窑直认不讳。

《钦定大清律例》明确规定后龙风水禁地不许设窑烧造，如有违犯者，比照盗祀神御物斩，奏请定夺，为从者发近边充军。若在红椿以外、白椿以内开山采石及设窑烧炭，即照红椿以内，为首，杖一百，徒三年，从犯减一等，杖九十，徒两年半。如在青椿以外、官山以内，为首，杖九十，徒两年半，从犯减一等，杖八十，徒两年。例禁极严。此次青山岭庄张二等四人，是在风水木椿禁限之内私设炭窑，属故违法禁。“而火烛更关紧要，实属可恶，若不严加惩治，无以敬愚顽，而昭炯戒。”① 马兰镇总兵所以具奏请旨，将张二、胡三、魏文成、傅国珍四人解交刑部，按律严审治罪。同时，对黄崖关把总曾永泰，因“防护风水，稽查匪窃之专责，平日并不小心防范，以致匪窃张二等在木椿禁内私设炭窑”，予以训斥。

后龙风水之地，历来禁令森严，民人不能随意进入，即便是一草一木都受到严格的保护，更何况在这里开窑烧炭这样大的举动。尽管营汛大小官弁时刻严加巡逻，马兰镇总兵亦时常遍历亲查，但由于后龙风水禁地辽阔，而且崇山峻岭，树木丛稠，防护难以做到周密。加上附近民人怀着侥幸的心理，铤而走险，所以终究还是无法杜绝此类案件的发生。当然，一旦案发，对犯案者的处罚也是极其严厉的。

二、开川、掘井、盖房——同治年间商人、佃人“肆行占扰”红椿界内案

《钦定大清律例》明确规定：在风水界内开山采石，掘地成壕，开窑烧造，放火烧山，在红椿以外白椿以内者，即照红椿以内者为首，杖一百，徒三年，从犯减一等，杖九十，徒两年半。如在青椿以外官山以内者，为首杖九十，徒两年半，从犯减一等，杖八十，徒两年。同治即位后，曾经准许在红椿以外开垦升课，热河都统曾出示招垦。但在同治四年（1865），一些商人、佃人等竟超出禁令之外，在红椿界内“开大川九道、掘井数十口、盖房百余间，甚至奸商戚大祥擅自将御道顶梁古松大树并杂木等全行砍伐。又在东陵背山赛罕坝岭掘井烧窑，卡伦均被侵占”②。当时热河一带，常有马贼出没，该处翼长贵山向上级禀报，说热河都统并没有查办。热河围场开垦升科于同治二年（1863）六月间，经前任都统瑞麟奏请明定章程，设立界址，修补红椿，以防偷越。同治三年（1864），

① 《乾隆朝录副奏折》，《东陵总管满斗奏明拿获私设炭窑窃匪事》，档号：0299—061，缩微号：020—0929，藏中国第一历史档案馆。

② 中国第一历史档案馆编：《咸丰、同治两朝上谕档》第十五册，桂林：广西师范大学出版社 1998 年版，第 147 页。

热河都统麒庆又出示晓谕，即只准于红椿以外砍伐树木，按料输课，但商人、佃人等竟敢进入红椿内开川掘井，伐树烧窑，肆行占扰。故使朝廷极为震怒。即令麒庆确切查明，从严究办，不准稍涉含混。并令对原告马甲穆腾额再次对质，彻底查清此事。但是，这桩案件最后如何处理，未见档案以及其他资料记载。

此次商人、佃人对红椿禁地的肆行占扰，的确很严重。面对一向严厉的红椿界内禁令，这些人竟如此大胆、毫无顾忌、大张旗鼓地与帝国的法律相对抗，究竟是什么原因？是否与此时的清王朝内忧外患、国势衰落、社会动乱有关？除此之外，我们似乎找不到其他合理的解释。因为在清东陵的历史上，尽管先后发生过不少案件，但大多属于小打小闹、隐蔽为之，还从来没有类似性质的案件发生。那些商人和佃人是乘兵荒马乱、清廷无暇顾及和清东陵管理相对松懈之机，冒险捞上一把，或者这些人认为清朝大势已去，来个先下手为强，赶紧抢占一块地盘，也是极有可能。总之，清朝末期，随着帝国的行将覆灭，清东陵这座帝国祖先的陵寝圣地、大清江山的象征亦将告别一个历史阶段，它的管理即如这个朝代一样，已是名存实亡。上到皇帝，下到各级守陵官员，俱已力不从心。如光绪三十年（1904），清东陵附近发生的一件教案，更能说明问题。这一年，旗民赵文荣串通鄂尔罗斯佐领荣辉、成格（荣辉族弟）、俄国公使馆教读英秀，将紧接后龙的七八十顷旗熟地，连同三处煤洞，广袤五六十里的土地，仅以 10 000 两白银的价格，卖给俄主教英诺肯提乙。① 这是一桩出卖民族主权的重大案件，尽管案件发生后，经过当地百姓的强烈呼吁以及直隶地方官和清廷历经三年的交涉和追讨，最终将此地收回，但案件发生的本身却说明了处在风雨飘摇的清王朝，对祖先陵寝及其周边环境的安全已难以控制，不但内部大小案件接连发生，而且外敌的魔掌也逼近了陵寝。大清帝国行将覆灭，那么这个帝国的象征自然也会随之消失。

三、偷猎鹿只和盗砍树木案

由于后龙一带长达四百余里，俱系崇山峻岭，幽僻丛林，所以历任守护陵寝大臣都特别重视这里的防护，反复强调这里的“一切树株牲畜，最关紧要”。尤其在青椿禁限以内，直隶总督杨廷璋曾经奏明，准许一千多户民人在此居住种地。这就使得守陵官员更加放心不下，唯恐其内民人乘隙偷砍树木，作为物料，半利售卖。或打猎牲畜，希冀分食。更害怕有窝藏逃兵盗犯等类事件的发生。因此对这一带经常出示晓谕，申明禁令，使家喻户晓，各安本业。但是，各种案件

① 中央研究院近代研究所编：《教务教案档》第七辑，台湾中央研究院近代研究所 1974—1981 年印行，第 192～193 页。

还时有发生，其中发生在乾隆中期的两起偷猎鹿只案件就是例证。

（一）杨三等偷打鹿只案

这一案件也是发生在乾隆年间。乾隆四十一年（1776）六月二十四日，左营守备千总王文选巡查到左营二拨时，忽闻有枪响声，随即，王文选带领所有二拨当班外委阎飞麒、葛保以及该地方乡保秦孝等，速往查看，看见有人把一只鹿打倒，正在捆缚，王文选等赶至跟前，同地方乡保一起，将杨三、高士英、张胡子三名偷猎者拿获，并缴获鸟枪二杆，死鹿一只。经讯问，高士英、杨三和张胡子均系遵化州民，分别在口外二道、三道河青椿禁限以内居住，以种地为生。在本年六月二十四日，高士英正在地里干活时，张胡子和杨三忽然来找他，说他们看见一只鹿，叫他同他们一起去赶，高士英就随从他们去赶鹿了。杨三首先用枪把鹿打倒，然后三人将鹿捆缚，正在这时被官兵发现抓获。

后龙风水地方，周围辽阔敞旷，虽然以三层木椿作为内外界限，但由于没有墙垣堆拨，鹿只牲畜往往出入。因此，历任总兵都很重视这一带的防护。尤其满斗上任后，除了带领官弁时常稽查外，还反复通行晓谕，张挂告示，并牌行遵化州文武，一体出示严禁。倘有鹿只牲畜跑出，汛拨弁兵立时赶入。如果附近民人遇见鹿只等牲畜，不得伤损。违者即行查拿治罪。“杨三、张胡子、高士英三人，家住青椿界内，胆敢故违禁约，不务本业，私藏鸟枪，伙同偷打鹿只，目无法纪，实属可恶。”① 故马兰镇总兵满斗奏请，将杨三、张胡子、高士英三犯以及鸟枪二杆，一并解送刑部审讯。

陵园禁地，不论大小牲畜，哪怕是一只小鸟也一律不得伤及，而对于每年陵寝祭祀需用的鹿只来说，就更是在保护之列。上述发生在乾隆年间的两起案件，均为用枪打死鹿只，而且，按照附近民人不准私藏鸟枪规定，两起偷猎案件应该是二罪并罚，最终刑部的审判将是极为严厉的。

（二）盗砍树木

道光二十九年（1849）十一月十三日，清东陵发生了一起团伙盗砍海地回干松树案。作案人纳兴阿、岳福、英瑞、增全、顺来、全山、得永、双印、张二小子均系内务府幼丁，各在景陵大围墙内东沟圈内居住，互相认识。案件的起因是：增全因天气寒冷，家无柴薪，知道东沟一带有回干树株，起意偷砍烧用。途中遇到顺来、全山、得永，便邀同前往，并嘱咐各自携带工具。顺来等四人应允取得铁斧等物，一起来到东沟北边，见有回干松树一株，增全同顺来等轮流将树

① 《乾隆朝录副奏折》，《满斗奏请将偷打鹿只之匪犯杨三等解交刑部事》，档号：0550－012，缩微号：038－1558，藏中国第一历史档案馆。

株砍倒，顺来先自回去，增全等将树株劈成柴薪。纳兴阿携带铁斧，岳福等携带绳筐等物，一共三人走至东沟迤北，见有回干两枝，松树一株，纳兴阿起意砍伐树枝，当将树枝砍下一枝，岳福等轮流将树枝劈成柴薪。当时河间县民人张二小子前往捡拾木渣，幼丁双印、石麟瞥见，也想捡拾木楂，便回家拿来筐子，结果被外委蒋文安等巡查汛兵发现喊拿，增全及纳兴阿等均逃跑，张二小子被抓获带走，途中遇见幼丁普瑞，得知张二小子因捡拾木渣被获，于是普瑞向蒋文安央求释放，蒋文安怪其多管闲事，遂将普瑞揪住。这时笔帖式德衡额又过来拦劝蒋文安，蒋文安还是没有答应，即将普瑞交德衡额看管。随后又将增全、纳兴阿等一并拿获，解交总兵衙门讯供。

按"红椿以内盗砍树株取土石开窑烧造放火烧山者，比照盗祀神御物斩，奏请定夺，为从者发近边充军"律。增全应革去幼丁，消除本身旗档，并斩决。但增全因事犯在道光三十年（1850）正月二十六日恩赦以前，故将增全改为斩监候，于秋审缓决。顺来等听从偷砍回干树株，应照为从科论断，顺来、全山、得永，应革去幼丁，发近边充军。纳兴阿纠允岳福等偷砍围墙内回干松树一枝，为此案之首，即按照奏定章程，将纳兴阿革去幼丁，照在围墙以内盗砍树木枝杈为首之犯，拟发近边充军律定罪，并先于犯事地方枷号两个月。岳福、英瑞，系属为从，均革去幼丁，照为从减一等，拟杖一百，徒三年，同顺来等均消除本身旗档，一体实发。顺来等均事犯在恩赦以前，即予以援免，若以后再犯，加一等治罪。即将顺来等六犯解交直隶总督，编入民籍，严加管束，不许在围墙内潜行居住。张二小子，讯非同伙，唯随同捡拾木渣，应照"不应轻律，笞四十"，应一并援免。双印、石麟，尚未拾获木渣，应免置议。德衡额、普瑞，向外委蒋文安央求，将张二小子释放，并不知增全等盗砍树株情形，亦应免议。仍饬各回旗当差。起获铁斧案结储库。

此案失察本管各官，由总兵写清职名，奏请交部由吏、兵二部，分别照例办理。

道光三十年二月十六日奉旨，增全仍改为应斩，令监后入于秋审缓决。①

在清东陵发生的各类案件中，以偷砍树株案件为最多。见于档案记载的就有十几起。尽管律令森严，处罚极重，但仍然无法杜绝此类案件的发生。

同治五年（1866）三月初三日，左营内火道三拨把总马国瑞奏报，张广、张玉、段明、高方4名汛兵巡逻到大流水地方时，见有人偷砍秋树5棵，回干1棵，共截12段，每段径过1尺5寸不等。4名汛兵立刻前往拿获。经查问，此次

① 《内务府来文》，第2955包，原件藏中国第一历史档案馆。

偷窃者共有 13 名，抓住 4 名，即荣得元、王德幅、阎永城、王承敬。还有朱连升、朱寅、宋潮方、宋潮贺、宋潮豢、李兴旺、李培训、李仲、白叩儿、董和儿 10 名在逃。并起获铁斧 3 把、星线斗 1 个、尺 1 件。4 名被抓获者送交遵化州收审。随后不久，其他在逃者，陆续被拿获。均送交遵化州严审取供。经遵化州隔别严审，据窃犯荣得元供称：其为马兰关人，年 41 岁，一向贫苦度日，先不为匪，与本关人谢晋隆素相认识。本年三月初二日，谢晋隆起意纠邀王得幅、阎永城、朱连升、李兴旺、董和儿（即董成子）、李有头、李仲、白叩儿同伙 13 人，赴禁偷砍树木，截成材板，约定卖给马兰镇中巷赶车人鲁头儿，得钱大家分用。谢晋隆先借给干粮，令董和儿第二天（即初三日）早晨喊齐大家，各拿铁斧等工具偷偷进入禁地。走到泉松南沟大倒流水等处，共砍得松树 5 棵和回干倒地树梃 1 根，截成材板，正欲打出，不料被巡查官兵瞥见捉拿，四散逃跑。他与王得幅、阎泳城先被追获。同时被拿获的王承敬并非同伙。随后又查讯王承敬，据供称：他也是马兰关人，年 40 岁，孤身一人，卖柴为生。三月初三日，独自进禁地内拾柴，走到大树流江等地方，见有零星松木、松枝，捡拾数块，还尚未携出，因官兵拿获砍树人荣得元等，将其一并捉获。

又据宋潮贺供称：其系马兰关人，年 22 岁，向以庸工度日，先不为匪，与本关人谢晋隆素相认识。同治五年三月初二日，谢晋隆邀他与荣得元、王得幅、阎永城、朱连升、李兴旺、董和儿、宋寅、白叩儿、李仲、宋潮豢、宋潮方、李培训和车夫鲁头儿等，均在谢晋隆豆腐房内见面相商。谢晋隆起意令他们入禁地内偷砍树木，截成材板，然后令车夫鲁头儿找觅售主，卖钱大家分用。当晚谢进隆借给他们每人 4 斤白面，作为干粮，俟材板卖钱分用时，再行扣除。三月初三日早晨，他们各带铁斧进入园内，鲁头儿与谢晋隆并未同往。董和儿在外巡风。他们潜至大倒流水一带，共砍得松树 5 棵，回干树梃 1 根，截成材板 12 块，正欲打出，不期即被兵丁查见盘问，将荣得元拿获。他只是这一次听从谢晋隆纠邀，进内偷砍禁树，此外并无另有窝伙窃劫别案。至于同时被获的王承敬，实非同伙。其他各犯所供大致相同。

另据车夫鲁头儿供称，他系龙泉峪人，年 25 岁，一向以赶车为生，同治四年九月间，受雇于中巷尤府赶车，本年二月，尤府将他辞出，后因荣得元偷砍禁树犯案。经提讯各犯，均供称谢晋隆系属首犯。

此案荣得元、宋潮方、宋潮贺等，胆敢结伙十数人，潜入红椿禁地，盗砍树株，“实属目无法纪”。经兵弁四处捉拿，十几名案犯大部分落网，唯有所谓首犯谢晋隆、逸犯李培训在逃未获。最后，将所有被获各犯解交刑部，严行审讯，按律从严惩办。至于该管各官汛弁，在案发时虽未将各案犯全部抓获，但还是陆续获犯十几名之多，所以功过相抵。对于最先抓获案犯的出力弁兵，由马兰镇总兵景霖给予奖励。①

在前边的论述中曾经提到过几起砍伐树木的案件，这些案件虽然在性质以及诸多方面有相同之处，但是相比较而言，发生在道光二十九年和同治五年的这两起案件具有其自己的特点：一是团伙犯案，而且人数多达十几人；二是这些人中绝大部分均为第一次作案，供词中多有“先不为匪”之语，案件的起因均为生活贫困，其中有的人就是为了捡拾一点烧柴，不惜冒杀头之险。如在同治五年的案件中，仅有“荣得元、宋潮方、宋潮贺等三犯，系积滑匪类”，其他都是初犯。这两起案件，进一步说明了自陵寝修建后，居住在这一带的民人生活贫困状况。因为大片的山林川泽已划定为陵区禁地，民人不能像过去那样渔猎砍柴，即便是为一些人提供了皇陵差役的机会以及因奉安祭祀大典的恩惠减免，但仍难以补偿失去生存资源所带来的困苦。更何况附近民人并非人人都有陵差可做。因此大多数民人的生活还是处于极端贫困的无着落状态。故为生存铤而走险，乃是那些穷人在走投无路的情况下无奈的选择。

① 《内务府来文》，第2971包，原件藏中国第一历史档案馆。

第五章　谒陵之行

清朝统治者对明朝陵寝制度的继承，不仅表现在陵寝建筑的规制方面，而且还表现在把明朝的谒陵祭祀①礼仪等加以吸收。在前面我们已经讲到，清东陵的祭祀有大祭、小祭之分。大祭为每年的清明、中元、冬至、岁暮四时；小祭为每月的朔、望。除了这些规定的祭祀外，还有不受日期限制的临时性祭祀。如皇帝在政务闲暇之时和到外地巡幸顺路展谒祭祀。不论哪一种祭祀，帝、后的谒陵之行队伍都是浩浩荡荡，尤其大祭以及国家大事的告祭谒陵，其规模更为宏大。皇帝的谒陵之行，往往不是单纯性的只为拜祭祖先，不但在沿途中仍要随时处理国家政事，而且还要在经过的某一地方进行一些富有政治意义的活动。通过皇帝的谒陵之行以及沿途发生的事件，使我们在不同的视角下，对清王朝的政治有了更进一步的了解。

第一节　谒陵路线、随扈人员及应用物资

在正常的情况下，清代帝、后展谒东陵，一般从皇宫出东华门、东安门、朝阳门，至东岳庙拈香②。至御营房稍坐，用膳后，乘轿至慈云寺拈香毕，至备用

① 据《明史》记载："建文初，定孝陵每岁正旦、孟冬、忌辰、圣节，俱行香。清明、中元、冬至，俱祭祀。勋旧大臣行礼，文武官陪祀。若亲王之藩，过京师者谒陵。官员以公事至，入城者谒陵，出城者辞陵。国有大事，遣官祭告。"其实，早在唐朝时就已规定："凡国陵之制，皇祖以上至太祖陵，皆朔、望上食，元日、冬至、寒食、伏、腊、社各一祭。皇考陵，朔、望及节祭，百日进食。"见（宋）欧阳修，宋祁撰：《新唐书·礼乐志一》卷一一，北京：中华书局1975年版。

② 北京东岳庙位于北京市朝阳区，是泰山东岳香火的分香，建成于元英宗至治三年（1323）。为元、明、清祭祀东岳泰山神的庙宇。东岳庙自元代建庙以后，一直香火不断，它既是国家正祀之所，同时也是民间祭祀娱乐活动之地。国家正祀和民间信仰的互动在这里表现得淋漓尽致。明清两代统治者对东岳庙的祭祀都极为重视，曾经多次对庙宇进行修缮。清代帝、后展谒东陵时，几乎都把这里作为出宫的第一站，一为拈香拜祭，二为休憩和用膳，然后再启程前往东陵。有关这方面的资料可参见：中国第一历史档案馆藏《内务府堂簿册》来扎档40，《东陵御营》和《内务府堂簿册》东陵关防营行文档146，以及富察敦崇《燕京岁时记》（北京：北京古籍出版社1983年版）和赵世瑜《狂欢与日常——明清以来的庙会与民间社会》（北京：生活·读书·新知三联书店2002年版）。

房中伙，稍坐，乘轿至马厂中伙，稍坐，乘轿进燕郊行宫驻跸。再经盘山行宫、白涧行宫、独乐寺行宫、桃花寺行宫，到达距离孝陵 30 里的最后一站隆福寺行宫驻跸。转天就开始谒陵祭祀了。由京师一路而来，需要四五天的时间，往返需要八九天的时间。至于皇帝到外地巡幸，顺路谒陵，就是另外一种行程路线了。如清代皇帝巡幸塞北，或去承德避暑山庄，就要沿北路行宫行程，在返回时再到东陵拜祭，然后从东路行宫回到京城。

在清朝前期，圣驾谒陵，由京随从侍卫官弁 270 余员，兵 880 余名。其中包括各项差使在内，如获悬拿马、执灯管驮、牵拉驼只、支搭帐房，管声音、司缉捕之类，居其大半。直隶派兵 1 450 名。

嘉庆九年（1804）八月二十一日，皇帝由热河起銮，前往东陵，驻跸南苑，依照谒东陵旧例由京派官兵 500 名，遣往密云县随营当差。① 后来绵课、端恩、绵亿等大臣，就圣驾谒陵随扈翊卫事宜，曾经酌议规条，直隶总督那严成也曾就直隶官兵随扈翊卫事宜上奏朝廷。均以过去随从侍卫官弁和所派直隶兵为数太少，兵卫无几，并内中差使繁多，以“殊不足以崇体制而昭严整”之由，请求酌添。向来皇帝谒陵所派京随官兵 1 157 名，至嘉庆年间又前后添派官兵 815 名，这样，新旧京随扈从官兵共计 1 972 名。②

到清朝后期，随着国力的衰微，谒陵随扈人员逐渐裁减。如在光绪二十七年（1901）十一月的上谕中强调：来岁之春只谒东陵，所有由京启銮及御道行宫一切，均着力从简省。王公各官除每日值班必应从行人员外，其余均毋庸随扈。并令御前大臣、军机大臣、内务府大臣等，就如何酌量变通，破除常格，裁减随扈人员事宜进行核议，然后将拟定裁减名单上报。③ 此外，皇帝谒陵时，直隶还要派随扈官兵。在嘉庆朝以前，由直隶派出清道兵 400 名，缉捕兵 300 名，站道兵 750 名，嘉庆朝再派 1 250 名站道兵。

从上述所列使我们看到，帝、后谒陵时的随扈队伍可谓浩浩荡荡，的确是“銮舆戒途，出警入跸，千乘万骑，用昭严肃，至辰居所在前后左右，必星罗棋布，始协周庐环卫之义”④。从历代皇帝谒陵御制咏景诗中，我们也能看到当时谒陵扈从队伍的规模：“万骑骖覃拥蓟城，风行雷出远天清”（康熙皇帝谒陵驻

① 《内务府来文》，第 2934 包，原件藏中国第一历史档案馆。

② 中国第一历史档案馆编：《嘉庆、道光两朝上谕档》第十九册，桂林：广西师范大学出版社 2000 年版，第 446 页。

③ 中国第一历史档案馆编：《光绪、宣统两朝上谕档》第二十八册，桂林：广西师范大学出版社 1996 年版，第 33 页。

④ 中国第一历史档案馆编：《嘉庆、道光两朝上谕档》第十九册，桂林：广西师范大学出版社 2000 年版，第 445 页。

跸蓟州城南，远眺山村，触景而作）[1] 又如乾隆帝于乾隆四年（1739）九月奉皇太后谒孝陵、景陵后作长律诗一首：

扈跸驰千骑，鸣銮驾六飞。诏先思祖德，色养奉慈闱。爽气催征辔，霜花散晓晖。有秋欢里巷，鼓腹遍郊圻。松柏森元路，云霞护玉衣。兕圭承懔懔，冠剑仰依依。言念开千古，忱勤翠万几。维清钦陟降，瞻拜重歔欷。[2]

直隶省除了派遣官兵扈从外，同时还要提供民夫为谒陵服务。如嘉庆五年（1800）九月，皇上展谒东陵，所用抬夫即饬令大兴、宛平、三河、蓟州、遵化等州县提供。此次共用抬夫630名，每名照例日给工价银1钱3分，共银81两9钱。[3] 还专门设有夫头，对这些抬夫进行约束管理。如光绪二十八年（1902）三月初六日，光绪帝恭奉皇太后谒东陵，所有各项抬夫，交各司处，照章由派出内副管领及库使达他领催等，沿途严行管束，下令“勿许该夫役等招摇滋事。至派出番役，尤须实力访查，亦不得借端生事，以致滥行拿缉，拖累无辜。倘有不遵，一经查出，定行严惩不贷”[4]。

谒陵队伍如此庞大，一路所需各种物资可想而知。除从京城随带外，还有很大一部分则由所经地方州县供应。

在大清即将覆灭的宣统年间，虽然兵荒马乱，国家财政支绌，但谒陵规模仍然宏大，如宣统元年（1909）九月的展谒东陵，仅雇备车辆一项，就令人震惊。其中预备四套大车1 442辆，每套每日给价银1两，由京城至东陵，往返需10日，共需银40两，每辆由验车起，至回京止，先后守候5日，共给银3两2钱，计四套大车，每辆需银43两2钱，共需价银62 294两4钱。另外预备二套轿车205辆，按照四套大车减半给价，共需银4 235两7钱5分。以上两项车价，总共需银约66 529两。如此大的开销，竟然比照本年春间谒陵所费“所省实多”。[5] 盛世谒陵规模如何，由此可知。此项车价银，均由内务府放给。

光绪十六年（1890）二月，慈禧皇太后、皇上、皇后前往东陵，先由内务府派出按站监放家具，分任其事。并严饬各州县，将柴炭器皿宽为预备，同时捡派州县有经验人员数人分往四处行宫，会同内务府派出人员，“眼同监收监放，妥

① （清）布兰泰：《昌瑞山万年统志》卷五《行宫》，光绪年间写本。
② （清）布兰泰：《昌瑞山万年统志》，光绪年间写本。
③ 《内务府来文》，第2932包，原件藏中国第一历史档案馆。
④ 《内务府堂簿册》堂208，“光绪二十八年”，原件藏中国第一历史档案馆。
⑤ 《内务府来文》，第3014包，原件藏中国第一历史档案馆。

为弹压，以昭慎重”。倘有不法之徒，指称本府应差人役，撞骗滋事，以及事先抢夺等情，即由该州县会同内务府司员，历时查拿，严行惩办。并将州县所派出人员名单（包括姓名、职衔名），先行知照内务府，以凭查核。要求地方各州县承办差务经手人员，亲赴行宫，会同内务府派出各员，将一切预备差务点对清楚，监放监收，妥协办理，以免草率而贻误谒陵大事。①

每遇帝、后谒陵大典，沿途所经地方州县以及其他各地除了提前预备柴炭器皿外，还纷纷自行进贡各类土特产等物品。

第二节　谒陵驻跸之所——行宫的修建与维护

清朝帝、后展谒东陵，从京城皇宫出发，到达东陵一般需要四五天时间，往返需要十天左右，如此长的时间，帝、后们总要有随时休憩的地方，因此，清朝先后在去往东陵的路上修建多处行宫，以供帝、后往来驻跸之用。“昌瑞山为列圣陵寝，皇上岁时展谒，銮辂常临，故于跸路所经，如隆福寺等处建立行宫，借安御辇，非如前代之率兴土木，炫耀观瞻已也。其历年修理，暨守护内外围之官弁兵役，悉隶内关防绿营管理。”②

一、行宫的设置

所建行宫分为两路，一为东路行宫，共有十处，即：盘山行宫、燕郊行宫、白涧行宫、独乐寺行宫、桃花寺行宫、隆福寺行宫、蟠龙山行宫、丫髻山行宫、福泉寺行宫和荣辉河行宫。一为北路行宫，共有八处，即：汤山行宫、蓝沟行宫、南石槽行宫、只园寺行宫、刘家庄行宫、罗家桥行宫、要亭行宫和三家店行宫。

为了便于了解各行宫的大致分布位置，画图示意如下：

① 《内务府堂簿册》，东陵御营围差行文档 145，“光绪十六年”，原件藏中国第一历史档案馆。
② （清）布兰泰：《昌瑞山万年统志》卷五《行宫》，光绪年间写本。

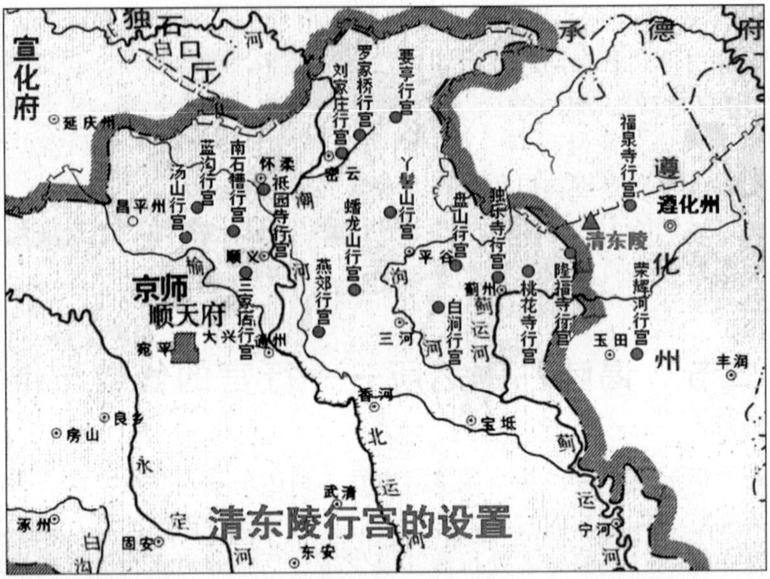

图 5－1　行宫分布位置示意

盘山行宫：在蓟州西北盘山南路玉石庄东，为乾隆九年（1744）敕建。“以盘山为銮舆只谒陵寝之道，宜创筑殿宇，以为岁时驻跸之所。”[1] 盘山，在州西25里，旧名甚多，如四正山、田盘山（魏田畴隐居于此，故名）、徐无山、盘龙山、东五台等。此山连太行，拱神京，放碣石，距沧溟，走蓟野，枕长城，盖蓟州之天作，俯临众壑，如星拱北。盘山行宫居山之午方，前往如屏，后嶂如扆。行宫建成后，乾隆皇帝赐名曰静寄山庄。皇上御定内外八景，内八景曰：寂静山庄、太古云岚、层严飞翠、清虚玉宇、镜圆常照、众音松吹、四面芙蓉、贞观遗踪。外八景曰：天成寺、万松寺、舞剑台、盘谷寺、云罩寺、紫盖峰、千相寺、浮石舫。[2] 同时，又于山内天成寺、少林寺、上方寺、古中盘、云罩、盘古寺。东竺庵、万松寺、法藏寺、青峰寺、天香寺、云净寺、东甘涧、西甘涧、双峰寺等处，各设座落，以备巡幸憩息之所。[3] 设内委千总 2 员，委署千总 2 员，进殿兵 12 名，兵 28 名。[4] 其中的盘谷寺，即青沟禅院，康熙十年（1671）由僧人智

① （清）何松泰纂修：《光绪遵化通志》卷十《陵寝志・行宫》，光绪十二年刊本。

② （清）于敏中等编纂：《钦定日下旧闻考》卷一一七《京畿・蓟州四》，北京：北京古籍出版社 1981 年版。

③ （清）布兰泰：《昌瑞山万年统志》卷五《行宫》，光绪年间写本。

④ （清）何松泰纂修：《光绪遵化通志》卷十《陵寝志・行宫》，光绪十二年刊本。

朴建。康熙十七年（1678），康熙皇帝敕赐盘谷寺额。

燕郊行宫：在三河县西50里。建于康熙年间，乾隆二十年（1755）移建旧址迤南。设内委千总1员，委署千总1员，兵7名。

白涧行宫：在蓟州西40里白涧庄，建于乾隆十八年（1753）。设内委千总1员，委署千总1员，兵7名。白涧发源于盘山西峪，经沙流河，水色澂碧，上有白涧寺。

独乐寺行宫：蓟州城西门内独乐寺东，建于乾隆十八年（1753），建成后成为帝、后谒陵驻跸中伙之所。此行宫未设弁兵，由知州修理会营暨僧官看守。独乐寺创自何代不得而知，至辽时重修。乾隆十八年（1753）赐帑重修。

桃花寺行宫：位于蓟州城东22里桃花寺旁，桃花寺于乾隆九年（1744）奉敕重修。内有皇上御题八景，曰：涌晴雪、小九叠、吟清籁、坐霄汉、云外赏、涤襟泉、点笔石、绣云壁。寺内恭悬御书匾额，曰："清净法界"和"云外香台"。关圣殿额曰："忠贯人天"。凡遇圣驾驻跸于此，应由玉田、丰润二县轮年恭办地盘差务。设内委千总1员，委署千总1员，兵7名。

隆福寺行宫：关于隆福寺行宫创建于何时，文献记载有两种说法：一为乾隆九年（1744）；一为乾隆十八年（1753）（见《昌瑞山万年统志》）。乾隆九年之说可见于敏中等编纂的《日下旧闻考》收录的金吕卿云蓟州葛山重修隆福院记和汪由敦隆福寺碑略。后者记曰："隆福寺在蓟州东，去孝陵一舍而近。因山为基，堂庑略具，山僧三数人，香灯仅续，少过之者。天子以朝陵，数经其地，乾隆九年，建行殿于寺之西，因命撤而新之。山门翼然，石磴云叠，殿宇深靓，阶墀周净。明年春，皇帝有事于孝陵，礼成至行宫驻跸，入寺礼佛。匠作以寺工落成，砻石请记重修时日。臣由敦承旨，敬为之记。按寺故有金太和三年文林郎守左拾遗兼应奉翰林文字同知云骑尉赐绯鱼袋吕卿云碑记，言是山名葛山，寺创于唐初。曰智佳禅师者，恒诵持妙法莲花经，选胜至此，穴严以居。夜半闻钟声，心异之，寻至山腹，见废寺故址。……已果有验。由是远近信响，实施云集。此建寺所由也。阅辽至金天庆、正隆，屡加修葺，其见于碑刻者如此。臣谨惟昌瑞山安奉祖陵，佳气郁葱，灵秀钟聚，兹山其余支也。"

帝后妃们谒陵往来必驻跸于隆福寺。"行宫总占地面积五十余亩，分为中路和西路，统一由三米多高的围墙围绕，两路之间以一人工开凿的水沟相隔，有一矮墙，由一垂花门相通，行宫外还有许多附属建筑物。"① 隆福寺内恭悬皇上御

① 刘景发：《清东陵隆福寺及其行宫考略》，见清宫史研究会编《清代宫史论丛》，北京：紫禁城出版社2001年版。

书，关圣殿额曰："浩然正气"，佛殿额曰："真如本相"、"无住慈云"① 根据东陵文物管理处刘景发先生对遗址的实地勘察，行宫中路分为东西两个平台，东台为皇帝处理政务和休息之所。西台上及半山腰为乾隆皇帝御题六景，即：翠云山房、翠微室、碧巘丹枫、挹霞叫月、天半舫、翼然亭。这些地方是帝后妃们谒陵驻跸时消遣赏玩之处。西路行宫，主要是皇后和妃嫔宴寝之所。行宫西路坐落在行宫中路的西南侧。在隆福寺西南方建有暂安殿，到清朝后期，随着国家内忧外患的加深，加上皇帝驾崩突然，陵寝工程往往还在修建中，只好奉移到隆福寺暂安殿停放，以待工竣后最终奉安地宫。如咸丰皇帝和孝德皇后的梓宫于同治元年（1862）九月初九日从北京出发，至九月十二日奉移到隆福寺暂安殿，一直到同治四年（1865）九月二十二日未时才最终葬入定陵地宫，停放了整整三年之久。② 又如，同治皇帝和孝哲毅皇后的梓宫，于光绪元年（1875）九月奉移隆福寺暂安，一直到光绪五年（1879）三月二十六日寅刻才最终奉安惠陵地宫。③

整座隆福寺行宫共有殿楼房亭 79 间，游廊 72 间。同时行宫外围设有军机处 6 间，看守房 6 间，还有守护营房、马队营房、御马圈、炮台、火药库、靶场等附属设施。内委千总 1 员，委署千总 1 员，兵 7 名。内有翠云山房、翠微室、碧巘丹枫、挹霞叫月、天半舫、翼然亭诸胜。设达喇嘛 1 员，得木齐 1 名，格司贵 1 名，教习 3 名，小喇嘛 20 名，守庙兵 10 名。每年清明、中元、冬至和岁暮四时大祭和帝后忌辰大祭时，隆福寺的喇嘛专门负责诵经。隆福寺的桥道及地盘差务由遵化州恭办，因是皇家御用喇嘛教寺庙，故一切费用均由清政府支付。至今，在隆福寺行宫遗址不远处，留有一个名叫隆福寺村的村庄，此村的西营在清代设有里营衙门和外营衙门，分别是管理看护寺院和行宫的机构。该村现有的满族村民绝大部分都是当年看护寺院和行宫人的后裔。④

福泉寺行宫在遵化州西北 40 里，建于明代。福泉名称为明武宗所赐，因泉沸如汤，引为浴池，故赐其名福泉。康熙皇帝多次临幸，并有御题温泉行（康熙十九年九月题），镌碑泉北。扈从诸臣应作诗章刻石四壁。行宫建于福泉寺东，

---

① （清）于敏中等编纂：《钦定日下旧闻考》卷一一七《京畿·蓟州四》，北京：北京古籍出版社 1981 年版。

② 咸丰皇帝病逝于咸丰十一年（1861）辛酉七月十七日寅刻热河行宫烟波致爽殿。孝德显皇后病逝于道光二十九年（1849）十二月十二日，她的棺椁最初停在皇城内的吉安所，六天后又奉移到京西的田村殡宫。

③ 同治皇帝病逝于同治十三年（1874）甲戌十二月初五日酉刻养心殿。孝哲毅皇后暴亡于光绪元年（1875）二月二十日。

④ 刘景发：《清东陵隆福寺及其行宫考略》，见清宫史研究会编《清代宫史论丛》，北京：紫禁城出版社 2001 年版。

道光九年（1829）裁撤。

蟠龙山行宫：位于三河县西北50里，建于清朝前，乾隆十九年（1754）移建于蟠龙山迤北大新庄。设内委兵4名。

丫髻山行宫：在怀柔县东南90里，有丫髻山二峰，山上建有碧霞元君祠。行宫位于山东4里。设内委千总1员，委署千总1员，兵7名。

荣辉河行宫：在玉田县东八里铺小泉河西，嘉庆二十一年（1816）修建，历时三年工竣。为皇帝东巡驻跸之所。皇帝驻跸时频颁赏赉。又赐“小泉河”为“荣辉河”，赐宫侧佛寺名“万寿兴隆寺”，御书扁曰“慧日延辉”，御书联曰：“三界尽登极乐国，亿年长户大清朝”。道光十一年（1831），以岁久失修，奏准赏给直隶，为修理衙门之用。①

汤山行宫：在昌平州东南30里，南距京城50里，有温泉可浴，建于康熙年间。乾隆二十八年（1763）五月，乾隆奉皇太后巡幸塞外曾驻跸于此。嘉庆二十九年（1824）九月，嘉庆皇帝自热河回銮，驻跸石槽行宫，次日驻跸汤山行宫。设苑丞1员，苑副3员，笔帖式4员，苑户40名，匠役10名。

蓝沟行宫：在昌平州东43里，至京师德胜门50里。设内委千总1员，委署千总1员，兵4名。

南石槽行宫：在顺义县西北30里，由畅春园往热河跸路，銮舆避暑，每年再经因建，设内委千总1员，委署千总1员，兵4名。

只园寺行宫：在怀柔县南门外，清朝前，皇帝出古北口往往于县南门外三教堂左侧张设黄帏。至康熙四十九年（1710），即于三教堂址改建只园寺，遂建行宫于其地。康熙五十三年（1714）奉敕增建。设内委千总1员，委署千总1员，兵4名。

刘家庄行宫：在密云县东门外1里，清之前，皇帝驻跸民房或张黄幄。康熙二十二年（1683）始建行宫。设内委千总1员，委署千总1员，兵4名。

罗家桥行宫：在密云县东北35里，建于康熙五十一年（1712）。设内围兵4名。

要亭行宫：或名珧亭、姚汀行宫，御制诗集中写为要亭。在密云县东北70里，建于康熙三十二年（1693）。设内委千总1员，委署千总1员，兵4名。

三家店行宫：在顺义县境，从东直门出京往古北口驿路，始为驾幸热河首站。设内围兵4名。

上述东、北两路行宫，有的修建于清朝以前，为皇帝出巡驻跸之用。有的是

① （清）何松泰纂修：《光绪遵化通志》卷十《陵寝志·行宫》，光绪十二年刊本。

清王朝专为谒陵而建。东路中的一些行宫，如燕郊行宫、白涧行宫、桃花寺行宫和隆福寺四行宫，帝、后每次直接展谒东陵时，都要在此驻跸。至于北路各行宫，主要是为皇帝去承德避暑山庄或北巡时驻跸之所。清朝皇帝常常在去这些地方的时候顺路展谒东陵。因此，这些行宫事务与东路行宫一样，均归马兰镇总兵兼内务府大臣兼管。

二、行宫的管理及其维护

两路行宫所设总管、苑丞、千总、委署千总、笔帖式、苑副、苑户、匠役、进殿兵、兵、达喇嘛、得木齐格、司贵各、教习等，直接隶属于马兰镇总兵兼内务府大臣，一切应行事宜均派内关防司员兼理，各由总管暨达喇嘛呈报核夺。

朝廷给予上述人员的俸饷，总管为每员岁支俸银160两。苑丞1员，岁支俸银80两。千总每员岁支银60两，月支地折银1两5钱。委署千总每员月支钱粮银1两，地折银1两（内盘山委署千总2员，每员月支银各加1两）。兵每名月支钱粮银1两，地折银1两（内盘山进殿兵每名月支银各加5钱）。以上俸折银两，年终由内务府衙门派员弁赴部支领，按季散放。

隆福寺行宫里的达喇嘛1员，月支钱粮银11两2钱2厘零。糙粳米3石3斗7升5合，米折银4两7钱2分5厘，春夏月支牛羊豆草银4两5钱6分5厘。冬季支烤炭银9两7钱2分。得木齐1名，月支钱粮银2两8钱6分零，糙粳米7斗5升，米折银1两5钱。冬季烤炭银2两1钱6分。格司贵1名，月支银米款目与得木齐相同。3名教习和20名小喇嘛，每名月支钱粮银2两，糙粳米3斗7升5合，米折银5钱2分5厘，冬季烤炭银1两8分。以上钱粮银款，由蓟州按季解内务府散放，米石由永济仓支领。[①]

乾隆九年（1744）五月，经内务府议核奏准，看守燕郊、白涧、桃花寺、隆福寺四处行宫千总、兵丁所食俸禄铺粮，并拨给地亩一半。除由罗家桥拨派看守燕郊行宫千总福舒的俸银马干，交与马兰峪内务府总管巴图照古北口提督标下之例，支领俸米仍由本佐领支领，其拨派守燕郊行宫8名兵丁，每名应拨给地亩60亩。由热河拨派看守白涧、桃花寺、隆福寺等处行宫千总，每员拨给地90亩，兵丁每名拨给地60亩。至于支放米粮，则由马兰峪内务府总管巴图，依照看守热河各处行宫的定例，千总俸银在本佐领下关领，兵丁每月所食米粮，每年冬季量行内务府特行户部关领存储，按月支放办理。

行宫总管岁俸银两与陵寝内务府五品郎中相当，在所有官弁中，隆福寺达喇

① （清）何松泰纂修：《光绪遵化通志》卷十《陵寝志·俸饷》，光绪十二年刊本。

嘛的俸饷最高，各项相加后，岁领俸银在250两左右。此外，这些人员常会得到皇帝的赏赉。“每遇皇上诣独乐寺拈香，曾经赏给该庙僧众银三两。”①

嘉庆十九年（1814）三月十七日，东陵总管内务府大臣英和面奉谕旨：嗣后凡遇巡幸拜庙，住持系喇嘛，照旧由军机处奏赏；住持系和尚道士，由内务府奏赏。当年七月皇上巡幸热河，顺路恭谒东陵，所有沿途经由道路和驻跸处所，遇有拈香僧道庙宇，应赏银两之所，俱由奏赏。

之所以给隆福寺喇嘛如此高的待遇，是因为隆福寺行宫是距陵寝最近的一处行宫，是清朝皇帝谒陵祭祀时唯一的一处拜佛之所，皇帝祭陵时均驻跸在此。同时，每逢陵寝大祭之时，隆福寺的喇嘛们必须提前到陵寝侧殿诵经，这是祭祀程序中一项重要的内容。因为清朝皇帝均笃信佛教，尤其信奉喇嘛教。隆福寺行宫之设，其主要缘由之一是为帝、后谒陵提供一个随时礼佛的场所，可以说是皇家御用寺庙。另外，在祭日里通过众喇嘛诵经来超度祖先的灵魂，以此体现后世子孙的孝敬之心。

隆福寺距清东陵30里，每遇大祭，众喇嘛到东陵诵经都是步行前往，其住宿以及斋饭，均由东陵提供。诵经完毕后，再步行返回隆福寺，往返路途要走60里，路途虽然不算遥远，但这条路山河石道过半，若再赶上雨雪天气，水势涨发，众僧就更难行走。乾隆五十二年（1787）二月，隆福寺喇嘛1名，带领得木齐1名、格司挂1名、教习2名、班的8名，共计13名，奉旨于陵寝大祭前进殿念经。当时，隆福寺喇嘛依什册巴尔曾上呈，请求皇上饬令“附近隆福寺，或石门，或蓟州驿派办有棚子大车三辆，遇素服祭日前期到隆福寺，以备送众喇嘛往返，不致在路少有舛错迟误，再亦有壮陵寝体制观瞻”②。也就是说，每次陵寝大祭前，朝廷应指定附近地方州县等专门派车接送诵经的喇嘛，一是解决僧人们的旅途劳顿之苦，二是以壮陵寝体制。在有关清东陵的奏折中，“以壮观瞻”这样的字样，不止一两次看到，从而再次说明了清东陵在清朝统治者的心目中，不仅仅只是祖先的墓地所在，更是大清江山的象征，如何塑造以及维护好这个象征是清朝统治者时刻都在考虑的问题。可以说，有关陵寝的一切事物，不论大小，都牵涉这个象征的塑造和维护。因此，上到皇帝，下到各级守陵官员无不为之兢兢业业。

东北两路行宫，关系到皇帝谒陵时的往来驻跸，所以历代马兰镇总兵兼内务府大臣对两路行宫的管理都极为重视，他们在认真履行职责的过程中，不断研究一些新的管理办法和规制，经常向皇帝敬陈管见。乾隆十一年（1746），马兰镇

---

① 《内务府堂簿册》，东陵御营档15，原件藏中国第一历史档案馆。

② 《内务府来文》，第2927包，原件藏中国第一历史档案馆。

总兵布兰泰，曾就两路行宫的管理提出五条建议，呈奏皇上定夺。其内容如下：

其一，看守行宫外围弁兵，宜常以看守，以专责成。

其二，内围外围，宜互相稽查，以严偷安，以杜弊窦。

其三，看守内围弁兵，宜派热河熟谙者补放。千总带领包衣，携眷驻防，以安防守。

其四，内围千总统归总管挑补，以昭划一。

其五，办理行宫档案，应专责其任。

布兰泰的五条奏陈，其核心是加强两路行宫的管理，有的是对过去规章制度的改革修订，有的完全是布兰泰的新创。在地理位置上，行宫虽然远离陵寝，但它是陵寝的一部分，是为陵寝服务的机构。故在管理上是统属于东陵的。各行宫内所设置的弁兵亦均在陵寝内部拣选补放。帝、后每次谒陵，在各陵寝祭拜行礼后，也就离开了陵寝，并不在陵寝居住，而是驻跸在行宫。所以实际上在行宫的时间更长。所以行宫管理的好坏，直接关系到皇帝的驻跸，自然也关系到有关守陵官员的政绩。故此，历任总兵官均不敢怠慢。

第三节　谒陵途中发生的事件

前面我们已经讲到，清代帝、后谒陵，其随扈兵丁差役动辄数千，各种应用物资除了从京城随带外，还需要地方州县提供。宏大的队伍，庞杂的人员，在大约十天往返的谒陵路上，曾发生了一些有趣的故事，这些故事可以帮助我们从新的视角去解读清朝的历史。

一、雍正朝的“水缸事件”

雍正十一年（1733）正月，皇帝在展谒东陵途中，发现所经地方的道路两旁安设很多水缸，就此雍正帝询问按察使宝启瑛，得知这些水缸是动支钱粮和派用民力专门用来装水洒道清尘。雍正帝大为不悦，即刻下令查明，并降谕旨切责：“地方官职司民牧，当以利济闾阎，修养百姓为务，乃只以洒道为迎合朕心之举，错谬以极。銮舆所过，即略有尘土，亦复何碍。尔等于此处过于用心，冀朕欢悦，转之被朕谴责，何不以此心用之于民生吏制，重受朕之嘉奖耶。”① 同时，训斥宝启瑛“身为职掌刑名之大员，而识见庸陋如此，则听断狱鞫之际，必有不

① 中国第一历史档案馆编：《雍正朝汉文谕旨汇编》第十册，桂林：广西师范大学出版社 1999 年版，第 30、275 页。

得其当者”。雍正以这件事为例，告诫各部院大臣，办事俱要认真负责。如刑部因为刑名总汇，其各部事务有很多与刑名相关。再如户部钱粮之亏欠、工部工程之查核、吏部和兵部员弁之考成，皆有其职。因此，各部院大臣交与刑部的案件，均应慎重周详，以免出现差错。

雍正是中国历史上一位杰出的政治家，他“勤于政务，洞悉世情，办事认真，御下严格，以雷厉风行的姿态纠正了康熙晚年吏治疲沓、贪污公行的弊端，结束了皇族内部的长期争夺”[①]。尽管目前史学界对他继承皇位的合法性还存在种种质疑，或者在他身上还有心胸不太宽广、性情有些残忍等诸多缺欠，但他仍不失为一位“杰出的政治家”、“有作为的皇帝”。上述的水缸事件足以证明这一点。我们完全可以推测，历代皇帝在展谒东陵时，所经之地的地方官员均在御路两旁安设水缸，用来洒道清尘。如光绪三年（1877）三月二十六日，在穆宗皇帝和孝哲皇后梓宫永远奉安时，光绪帝奉慈安、慈禧皇太后敬诣山陵，“跸路所经，除道清尘及预备各项车辆，势不能不借资民力”[②]。也就是说，这种现象应该说是司空见惯的，不仅仅只出现于雍正朝。但值得注意的是，唯有雍正指出了这个问题，而且对相关大臣的批评可谓一针见血，句句到位。这说明了雍正皇帝本身的素质和为政理念。通过这个事件，使我们从不同的侧面了解了作为最高统治者的雍正对帝国各级官吏的严格管理，他那敏锐的洞察力以及他治理国家的严谨务实的作风，让后人为之敬佩，从而使我们对雍正朝在所谓康、雍、乾盛世中的“承前启后”的历史地位有了更深刻的理解。

二、“不准租住民房”——道光朝对随从人员的禁令

由于谒陵队伍庞大，随扈人员众多，官弁差役的途中过夜，除了一部分在大营周围支搭帐篷外，还有很大一部分租住民房。这种现象相沿已久。但至道光五年（1825）二月，皇帝下发谕旨：“朕每遇行营，所有各处随往人员，理应在大营周围支搭帐房住宿，不准租住民房。前次大营周围支搭帐房甚少，租住民房者甚多，由此相沿，必将旧例废弛，成何事体。”[③] 因此饬令总理行营王大臣查明严办，并要求此后各司处随往官员兵丁等，务须谨遵御旨，按照分定方向处所支搭帐篷住宿，不准私行租住民房，倘有不遵旨者，一经查出，不论官员还是兵丁，均“从重惩办，绝不姑贷”。

道光皇帝为什么下令禁止租住民房？虽然在谕旨中没有说明，但分析其原

① 戴逸主编：《简明清史》第二册，北京：人民出版社1984年版，第78页。
② 《内务府堂簿册》，御营阁抄档18，原件藏中国第一历史档案馆。
③ 《内务府堂簿册》，堂95，原件藏中国第一历史档案馆。

因，除了与原有制度不合外，无疑还与历来谒陵随扈人员，尤其是一些太监、差役等借机骚扰地方百姓有关。在道光前后的皇帝，对随扈人员以陵寝大差的身份敲诈民人之事均有察觉，也都曾三令五申颁布禁令，予以警示，但骚扰事件还是不断发生。像租住民房一事，不仅仅是骚扰百姓的问题，而更重要的是一些不法之徒可以借机进行肆意勒索。道光帝之所以下发谕旨严禁随扈员役租住民房，说明在此之前，随扈人员因租住民房而扰累百姓的事件频繁发生，已经到了必须加以严厉制止的地步了。从所存档案资料看，到清朝后期，谒陵随扈官兵借差务之名需索事件更为严重。如光绪《玉田县志》记载："驿路冠盖相望，差徭之繁重称最，更时有陵寝大差支应供给，往往官民交困。"① 有关这方面的谕旨，绝大多数为清代后期皇帝颁布。不仅由京城随扈官兵，同时所经地方州县的一些官吏也常常借陵差之名，苛派民间车马夫役，扰累百姓。

咸丰十一年（1861）正月，皇帝在展谒东陵和顺路去往避暑山庄前，通过总理行营王大臣传谕直隶总督顺天府尹等：凡跸路经行及中伙处所，其道路只需一律平垫，毋庸照旧例加细垫修。原因是近年直隶地方，兵差络绎不绝，致使民力拮据，"若再以差徭扰累闾阎，朕心实有不忍"②。所以饬令直隶总督顺天府尹严饬各州县，不得借端勒派，倘有阳奉阴违者，即行查明参奏。并通谕扈从人员车马，不得践踏禾苗，影响小民耕作。

光绪元年（1875）七月，皇上恭送穆宗皇帝和孝哲皇后梓宫奉移隆福寺行宫暂安，行在管辖番役员外郎祥煜等，奉旨饬令各随营差役"妥协当差，勿许沿途滋生事端，并严查前后营各处当差披甲人苏拉等，倘有指称内外各处借端需索、招摇撞骗者，密为访察，据实回明，即行严拿究办，毋得稍有瞻循。该番役等，倘有不安本分，私行勒索，一经查出，定将该番役等从重治罪，绝不姑贷"③。

三、光绪朝的"随扈太监事件"

光绪十二年（1886）二月，光绪帝在恭奉慈禧谒东陵前，曾下发谕旨，令管道大臣及直隶总督，督饬各员弁兵在所有经过道路严行稽查。如有随扈员役以及太监人等车马践踏，并沿途借差骚扰勒索等事，即令该管大臣等查拿参奏。并令总管内务府大臣严饬各总管太监，对此次所有随从太监，要认真约束，不准沿途滋事。如有借差骚扰勒索等事，即由内务府大臣查明，照例惩办。但是，不管事

① （清）夏子鎏修，李昌时纂：《玉田县志》，光绪十五年刻本。

② 中国第一历史档案馆编：《咸丰、同治两朝上谕档》第十一册，桂林：广西师范大学出版社 1998 年版，第 14 页。

③ 《内务府堂簿册》，东陵御营堂谕档 108，原件藏中国第一历史档案馆。

先怎样三令五申地明谕禁令，谒陵途中的勒索事件始终无法避免。

当谒陵队伍出宫不久，即到达燕郊行宫的时候，首领太监李长喜、太监梁祥荣、邢有瑞等勒索草料、殴打差役。因此李长喜被处罚半年钱粮，董祥荣、邢有瑞，各打80板，并交刑慎司，发往打牲乌拉3年。同时，对相关人员也进行了处罚。如当日总管佟禄、刘得来均被罚3个月钱粮；同日总管佟禄、奉旨总管佟禄尚、乘轿首领梁进喜、吕文福，俱因错差务，亦被罚月银3个月；太监袁全和因错差务，被责打80板，发往吴甸3年；同日总管连英、奉旨总管周得福、首领多环，俱因错差务，各罚月银1年。①

尽管在事件发生后，总管太监王得福能够据实陈奏，并立即严惩各随从太监等，但最终还是被罚。

其实，太监在谒陵途中滋事勒索早在嘉庆朝或嘉庆朝以前就已经存在了。在嘉庆十九年（1814）八月，皇帝谒东陵时，令直隶总督那彦成先期严行饬所属各州县，"嗣后跸路经过地方，如有太监需所之事，即禀明总督，据实奏闻惩办。若隐匿不奏，或私行给予，经朕查出，必将该州县及该督，一并治罪不贷"②。这种饬令的下达，肯定是有针对性的。也就是说，太监勒索事件不是到了同治和光绪年间才出现的，应该是由来已久，只不过积弊日深而已。

同治四年（1865）七月，御史汪朝棨以陵差期近，请严禁扰累，以恤黎元之由，上奏皇上，随后皇帝下发谕旨，"本年山陵大差，跸路所经，除道清尘以及预备各项车辆，势不能不借资民力，惟恐承办各州县，假手吏胥，分外苛敛，借国家力役之征，削民自肥，殊堪痛恨。着顺天府府尹、直隶总督严饬承办各州县及办差官员，务须洁己奉公。倘查有借差科派扰累闾阎者，即着指名严参。其随行太监、校尉、并各项厮役人等，随驾外出，或恃众横行，沿途滋事，情尤可恶。着内务府銮仪卫各堂官，先行晓谕，首领太监及校尉等，毋得恃众滋事。如有强取民间什物者，一经查出，即照抢夺例治罪。"③ 类似同样内容的谕旨，在光绪五年（1879）敬诣山陵时也颁发过。④ 谕旨中除了针对地方州县具体办差人员外，主要还是针对太监等随扈人员。相对来说，这些人的滋事更为严重。下面所讲的事件中完全可以说明这个问题。

光绪二十七年（1901），皇帝展谒东陵，在往返途中，随扈人员多有恣肆不

---

① 《内务府堂簿册》，东陵御营阁抄档19，原件藏中国第一历史档案馆。

② 中国第一历史档案馆编：《嘉庆、道光两朝上谕档》第十九册，桂林：广西师范大学出版社2000年版，第382页。

③ 中国第一历史档案馆编：《咸丰、同治两朝上谕档》第十五册，桂林：广西师范大学出版社1998年版，第328页。

④ 《内务府堂簿册》，东陵御营阁抄档18，原件藏中国第一历史档案馆。

遵约束者，其中大部分是太监。而且，一个太监往往带着数十名亲眷随从谒陵。为什么这些亲属也要跟着谒陵？乍看起来令人觉得匪夷所思。但是细加分析，原因不难理解，这些相随的亲眷绝不是为拜谒皇陵或者一路游山玩水看风景，他们的目的无非是想沿途仗势勒索，或强买强卖，或通过各种手段，聚敛财富。如当时有一个姓崔的总管太监，在跟随他这次谒陵的亲属中有一个他的表弟，气焰非常嚣张，沿途州县，“莫敢谁何，即在火车站中，亦复乱催乱打，虽随扈大员，不敢与抗”①。他们把来往途中所掠夺的货物搭乘公车拉回，这次谒陵返回时共载以大车2 000余辆，到京后，先在城内各大寺卸车，将其私货分出，然后，再把皇上所用物品运送宫内。这2 000余辆大车所装货物，实际上属皇宫的还不及一半，也就是说大部分都是太监们及其亲属勒索掠夺之物。从地方到京城一路走来，百姓看到此情此景不免议论纷纷，因为不知内情，均以为皇上谒陵供应繁多，奢侈浪费之极。即如云南巡抚李经义所言：“贻累圣听，真堪痛恨。”因此李经义专门就此上书向皇帝建议：“嗣后随扈内监以及当差人等，均应酌定人数，先期册报，发给执照为凭。如无执照，准地方官照光棍讹索例处治，无须关白，以免牵制。”② 在第二年即光绪二十八年（1902）展谒东陵之前，光绪颁发谕旨，反复强调：谒陵途中一切核实撙节，以免扰累。其余随扈各事宜均应力求简约。当时，随扈太监借谒陵之机，仗势勒索滋事，已到了非常严重的程度。这种局面并非是在一两年内形成的。随着时代的变迁、清王朝国势的衰落，在内忧外患、兵荒马乱的形势下，清朝统治者已没有能力对皇陵实行严格的管理，虽然禁令不断下发，但很多时候俱是一纸空文。说归说，做归做，国家的控制力在逐渐丧失。

四、庆郡王永璘私入桃花寺行宫

皇帝谒陵，自皇宫启銮后，至陵寝拜祭，包括往返途中驻跸，整个过程都有一套极其严格的规章制度。而对各类随扈人员，亦有诸多条款的约束，即便是皇子宗室也不例外，充分体现了帝国皇权的威严。

嘉庆十三年（1808）七月皇帝谒东陵，当谒陵队伍走到桃花寺行宫时，随同谒陵的庆郡王永璘私自进入行宫观玩。嘉庆帝得知后，谕令军机大臣在永璘来密云请安时传旨面讯。据永璘称：此次路经桃花寺，因雨水泥泞，所带茶壶落后，

---

① 中国第一历史档案馆：《光绪朝朱批奏折》第二十九辑，《云南巡抚李经义奏折》，“光绪二十八年正月”，北京：中华书局1995年版，第803页。

② 中国第一历史档案馆：《光绪朝朱批奏折》第二十九辑，《云南巡抚李经义奏折》，“光绪二十八年正月”，北京：中华书局1995年版，第803页。

一时口渴，进至庙内寻茶，并在佛前叩头，随后由角门进至行宫，想瞻仰御笔，但见殿门关闭，于是便即退回，仍由庙门走出。至于行宫内部光景，从前扈从时曾经进内瞻仰过，这次委实没有进内。但官庙也不应该随便进入，一时糊涂，只求治罪。对永璘的申辩，嘉庆皇帝并不信任。他认为永璘素耽游玩，举朝皆知。此次“至桃花寺，朕料其必私进行宫游玩，今日询之果然。试思伊学问浅薄，平日于作诗写字，并不留心，又岂真欲瞻仰御笔，实属遁辞。若云口渴寻茶，则山下村店觅饮之处甚多，何用上山寻至庙内，明系欲进至行宫游览耳。从前永璘为皇子时，原应在阿哥所住宿，此时既已分府，名位悬殊，行宫禁地，何得肆意游观”①。在这之前果郡王永瑹，曾因私至昆明湖游玩而受到处罚。永璘此次私入桃花寺行宫，其性质与永瑹完全相同，因此亦应加以惩戒。遂交与仪亲王、成亲王议处具奏。并令通谕王公等，嗣后凡遇派往祭陵，均不准擅入行宫。

对永璘的处置很快便有了结果，嘉庆十三年（1808）七月二十二日，仪亲王、成亲王等奏议处以庆郡王永璘罚郡王俸十年，并撤出恩赏当铺一座。但仪亲王、成亲王认为：此次嘉庆王永璘奉派前往祭陵，辄私入桃花寺行宫游玩，追传旨询问，正在愧惧交迫之际，一时未将叫开角门及在庙门外吃饭各情节说出。而且吃饭时仅在阶下，顺路进至行宫后，只在院内观玩，旋即退回，并未擅开殿门。另外桃花寺行宫与昆明湖虽同属御用禁地，然而其两处围筑稍有区别。事后，永璘即有悔过之意。鉴于这种情况，永璘私入桃花寺行宫游玩，与从前果郡王永瑹私至昆明湖恣意划船箫鼓之事，终有区别。所以皇帝再次降旨，令永璘退出内廷行走，以闲散王随围，并将原赏园屋一并撤回。将原议罚郡王俸十年改为四年，不准查抵。同时将原议撤出恩赏当铺一座，改为毋庸撤出。对永璘给予了宽大处理。这件事情发生后，嘉庆皇帝希望永璘经此次训诫之后，“宜倍加感愧，加意检束，事事小心，无负朕教诲成全之意”②。

至嘉庆三十五年（1830），皇帝再次展谒东陵的时候，庆亲王永璘已经薨逝，因为嘉庆每年谒陵，俱派永璘随扈，此次皇上一路触景生情，尤其驻跸盘山行宫时，更想起往日皇上拜庙时，永璘亦常随其左右，“或遇赏饭，亦必预赉予”。但此时再也看不到永璘的身影了。“抚今思昔，怆然冷怀。”③ 过去嘉庆帝谒陵时一般在这里要驻跸五日，而这次皇帝因为睹物思人，心情悲凄，故提前由盘山启銮，回到京城皇宫。这个事件使我们看到了作为一国之君的嘉庆，在威严之外，同样也具有与平凡人一样的亲情流露。

---

① 中国第一历史档案馆：《光绪朝朱批奏折》第三十二册，北京：中华书局 1995 年版，第 328 页。

② 中国第一历史档案馆：《光绪朝朱批奏折》第三十二册，北京：中华书局 1995 年版，第 328 页。

③ 中央研究院历史语言研究所藏明清史料。

五、蝗虫事件

嘉庆四年（1799）春，正当农田禾苗生长之际，蓟州、玉田、丰润、迁安等地遭受蝗灾，当时，朝廷饬令各州县地方官率领民人自行灭虫，经过大力捕杀，飞蝗只剩下零星遗孽。尽管虫灾很快被控制住了，但是，庄稼还是损伤很多。因受灾的这些地方均为陵寝周围近地，朝廷除酌借籽种给民人，以便农民尽快恢复生产外，嘉庆皇帝还下令各地方官，将受灾之地应需蠲缓钱粮，据实上奏，听候恩旨。"不可稍存讳饰之见，现距奉移之期不远，彼时跸路所临，经朕看出成灾情形，或派大员前往询问村农，或被民人呈诉，则该督讳灾之咎，恐不能解免也。将此谕令知之。"①

地方官为了政绩，掩饰灾情不报或少报之事，历代均有发生。虽然朝廷有饬令在先，但多数情况下皇帝还是被蒙骗，尤其是那些鞭长莫及的边远地区。而处在陵寝附近的地方则不同了，处在天子脚下，而且还是与皇家陵寝接壤或皇帝谒陵的必经之御道。

嘉庆四年春除了对陵寝周围受灾州县予以蠲免钱粮外，还因本年九月高宗梓宫奉移东陵胜水峪裕陵地宫，提前修垫道路，亦将大兴、通州、三河、蓟州、遵化五州县当年应征钱粮予普行蠲免。同时，因办理过兵事务，对自山海关至磁州一带，复降旨加恩蠲免钱粮十分之三。这样大兴、通州等五州县，即系官兵经过之处，"亦已叠沾恩泽"。当九月中旬，嘉庆帝恭奉高宗皇帝梓宫奉移时，针对之前胡季堂所奏称：蝗虫黄色者，则能害稼，黑色者并不为害之说，特令扈从侍卫等向道旁拾取蝗虫，亲加阅看。虽然确实黑色者较多，黄色者甚少，"但既有飞蝗，庄稼岂能全无伤损。恐胡季堂所奏，究系地方官粉饰之言，未可凭信"②。即刻令直隶总督查明各处受灾轻重情况，将遭蝗灾之地灾情轻重及时上奏。不久，又将大兴、通州、三河、蓟州、遵化五州县，再蠲免来年应征钱粮十分之三，"以示锡惠推恩，旁敷闿泽至意"。

通过蝗虫这件小事，既让我们看到地方官吏平时粉饰政绩的积弊，同时，又使我们看到了嘉庆皇帝的睿智和勤勉。作为皇帝，他对地方官吏的心态了如指掌，所以，他不轻信他们的话。纵观嘉庆一朝，仅就祖先陵寝的管理来说，嘉庆在清代各帝中表现亦算突出者。除这一件事外，还有很多事情都显示出他的精明，令后人佩服。

---

① 中国第一历史档案馆编：《嘉庆、道光两朝上谕档》第四册，桂林：广西师范大学出版社 2000 年版，第 267 页。

② 《清仁宗实录》卷五一，北京：中华书局 1986 年版，第 646 页。

第四节　蠲免钱粮——对所经州县的恩惠

清朝历代皇帝在展谒东陵时，对所经州县钱粮均予以蠲免。每次对哪些地方进行蠲免，蠲免多少，均没有定制。往往视具体情况而定。这种蠲免其实有时是作为一种补偿而实施的。因为，每年皇帝谒陵或帝、后梓宫奉移和奉安之前，都要修垫道路，途中驻跸时还要支搭帐篷，所以难免要占用民人土地，损毁农田。另外，沿途还需要地方供备车马和各种物资等。总之，谒陵或奉安大典“势不能不借资民力”①。当然，并不排除清廷通过这种蠲免来达到笼络人心的目的。不管出于什么原因，蠲免对地方百姓来说总是一件好事。

雍正元年（1723）皇帝谒陵时，曾“令将大兴、三河二县，通州、蓟州、遵化州三州，雍正元年应征正项钱粮一万三千三百七十六两零，亦尽行蠲免”②。并令直隶督抚，遍饬所蠲州县，实心奉行，使小民均沾实惠。严禁官吏私行征收。一旦发现，定将重处。从谒陵蠲免中，也可看出雍正皇帝对吏治的重视。

对地方州县的蠲免，由于没有定制，所以各代乃至各次不尽相同。除了遵循惯例外，很多时候完全取决于皇帝自己的随意性。而这个随意性的决定往往和皇帝的心情好坏有关。如乾隆十五年（1750）八月，皇帝奉皇太后谒陵巡幸，由京城出发后，沿东路行宫路线，第一站驻跸燕郊行宫，然后又经由白涧行宫和隆福寺行宫，最后到达东陵，先后谒昭西陵、孝陵、孝东陵、景陵，之后又按来时路线返回。在驻跸桃花寺行宫时，乾隆在所颁发的谕旨中说：“朕恭谒祖陵，所过京东州县，田中收获之象，较往年似觉歉薄。大抵因夏秋雨水过多，是以不能尽获丰稔。今所见如此，则前途亦大略相似。朕时巡省方，舆跸所至，民依念切，虽成灾之处，已照例赈恤。即不成灾处所，当薄收之年，亦时为轸念。向来临幸地方，应征钱粮，俱行按分蠲除。此次经过直隶州县，其实未被灾，仍属丰收之处，按照旧例，蠲十分之三。若歉收之所，着加恩蠲免十分之五。”③

同治元年（1862），因咸丰皇帝和孝德皇后梓宫奉移山陵，曾降旨将沿途经过之大兴、通州、三河、蓟州、遵化州等州县当年地丁钱粮分别蠲免，并将由京

① 中国第一历史档案馆编：《咸丰、同治两朝上谕档》第十五册，桂林：广西师范大学出版社 1998 年版，第 328 页。

② 中国第一历史档案馆编：《雍正朝汉文谕旨汇编》第十六册，桂林：广西师范大学出版社 1999 年版，第 18 页。

③ 《清高宗实录》卷三一七，北京：中华书局 1986 年版，第 1097～1098 页，

至遵化州一带经过地方，凡有平毁麦苗者，每亩赏给银一钱，以资补助。对这次蠲免，有的大臣提出上奏，认为帝、后梓宫奉移山陵，计自京起，经宛平县境内田村，最后到达隆福寺。但宛平县并没有在蠲免之列。应该与大兴县等州县一样“共沐恩施”，而此次遵化州地面并未经由，毋庸蠲免。最终皇帝采纳了这位大臣的意见，下令蠲免宛平县同治元年地丁钱粮十分之五，另外还赏给农民籽种银两。“其遵化州地面，既未经由，与民田无碍，即着毋应蠲免，以示区别。”①

光绪元年（1875）九月内阁奉上谕，穆宗皇帝和孝哲皇后梓宫奉移山陵，所过桥梁、道路，皆为历年辇辂经行、万姓瞻仰之地，故“宜加渥泽，用广恩施”沿途所经之大兴、通州、三河、蓟州四州县地方，本年地丁钱粮蠲免十分之五，遵化州蠲免十分之七。② 不久，即17天后的九月十八日，皇帝颁发谕旨，对本次帝、后奉移山陵所过之处，“百姓追思德泽，爱慕孔殷，允宜叠沛恩施，以示轸恤”。将大兴、通州、三河、蓟州、遵化五州县本年应征钱粮全行蠲免，而且，该五州县尚有应征本年各项器租，并着一体蠲免。饬令顺天府尹和直隶总督即刻刊刻滕黄，遍行晓谕，使每户民人周知，均沾实惠。

每年陵寝大祭，一般皇帝都应亲往，但也有例外，根据现有的档案资料，我们得知道光皇帝于二十九年（1849）因为京东一带遭受水灾，恐加重地方负担而放弃了例行的谒陵计划。道光在上谕中说“跸路所经，不能不借资民力。虽节经降旨加恩蠲缓赈恤，仍恐民困未苏，益以差徭，未免更形拮据。所有此次谒陵典礼，着暂停前往”③。

受到蠲免最多的地方通常是遵化州、通州、蓟州、大兴、三河等。因为当皇帝直接谒陵而不是顺路前往的时候，基本都是走东路行宫路线，上述地方是这条线路的必经之地，所以得到的蠲免恩惠最多。如下几条记载可以说明这个问题。

嘉庆四年（1799），皇帝谒东陵时，因先期修垫道路，对所经之地的百姓“亦宜轸恤。着将大兴、三河、通州、蓟州、遵化等州县本年应征钱粮，一并普行蠲免”④。并令直隶总督即刻刊刻告示，遍行粘贴晓谕，以避免像从前一样对蠲免令的压隔，任听一些官吏的私征弊混。使民人得沾实惠。

① 中国第一历史档案馆编：《咸丰、同治两朝上谕档》第十三册，桂林：广西师范大学出版社1999年版，第255页。

② 中国第一历史档案馆编：《光绪、宣统两朝上谕档》第三十五册，桂林：广西师范大学出版社1996年版，第155页。

③ 中国第一历史档案馆编：《嘉庆、道光两朝上谕档》第五十四册，桂林：广西师范大学出版社2000年版，第13页。

④ 中国第一历史档案馆编：《嘉庆、道光两朝上谕档》第二十五册，桂林：广西师范大学出版社2000年版，第323页。

道光二年（1822）三月，皇帝恭谒东陵，所有跸路经过之大兴、通州、三河、蓟州、遵化五州县应征钱粮，均蠲免十分之三。[①]

咸丰二年（1852）九月，皇帝恭谒东陵时，对所有跸路经过之大兴、通州、三河、蓟州、遵化五州县地方，将本年应征本年钱粮恩蠲免十分之三。[②]

光绪十二年（1886）二月，光绪皇帝恭奉皇太后谒东陵，这一年京畿周围发生旱情，所有跸路经过之大兴、通州、三河、蓟州、遵化五州县地方，应征本年钱粮，着蠲免十分之四，以此“用示体恤闾阎。有加无已之至意”[③]。光绪十六年（1890）和十八年（1892），皇帝恭谒东陵时，对所有跸路经过的上述五州县的当年应征钱粮亦蠲免了十分之三。[④]

需要说明的是，上述这些蠲免并不包括所经州县全境，只是御道经过两旁地亩二三里为限。如嘉庆十七年（1812）三月皇帝恭谒东陵时，“将沿途经过地方，着加恩将本年应征地丁钱粮蠲免十分之三。则经由之大兴、宛平、昌平、顺义、平谷、通州、三河、蓟州、遵化。密云等十州县，似应仍循旧例，将御道两旁二三里界内地亩钱粮，逐一造报请免”。[⑤] 所以说，这种蠲免的出发点主要是对占地的补偿。如光绪元年（1875）九月，穆宗皇帝和孝哲皇后梓宫奉移山陵时，沿途州县庄稼即将成熟，并正在播种麦苗之际，所有由京至遵化州一带谒陵经过的地方，“凡有平毁麦田者，每亩赏给银一钱，俾农民购买籽种，借资补助”[⑥]。此款银由直隶藩库节年耗羡款内动支，核实报销。

清政府对地方州县的蠲免，是出于补偿和维护统治的需要，尽管这种蠲免不是在跸路所经的州县内全部或大范围的进行，但是地方百姓还是从中得到了实惠。当然在谒陵蠲免的同时，地方州县除了按规定供备某些物资外，有的官员在皇帝召见时，往往带上当地贵重的土特产进献，以取悦于皇帝。中国第一历史档案馆所藏《内务府堂簿册》，记载了光绪元年（1875）九月十八、十九日，皇帝谒东陵期间，分别召见直隶总督李鸿章、提督傅振邦、副将冷庆、布政使孙观、密云副都统景丰、通永道英良、马兰镇总兵兼东陵总管内务府大臣景瑞等。李鸿

① 中国第一历史档案馆编：《嘉庆、道光两朝上谕档》第二十七册，桂林：广西师范大学出版社2000年版，第100页。

② 中国第一历史档案馆编：《咸丰、同治两朝上谕档》第二册，桂林：广西师范大学出版社1998年版，第331页。

③ 《内务府堂簿册》，东陵御营阁抄档（御）19，原件藏中国第一历史档案馆。

④ 《内务府堂簿册》，东陵御营（御）22、行在发札档（札）370，原件藏中国第一历史档案馆。

⑤ 《内务府来文》，第2938包，原件藏中国第一历史档案馆。

⑥ 中国第一历史档案馆编：《光绪、宣统两朝上谕档》第三十五册，桂林：广西师范大学出版社1996年版，第155页。

章和景瑞呈进果品，傅振邦呈进太和鸡。九月二十一日，当皇上驻跸桃花寺行宫时，景瑞又进呈野鸡9只。[1] 光绪皇帝颁发谕旨，对直隶雇佣民夫，着再加恩赏银5 000两，在广储司动支，由李鸿章分别支领。与此同时，又对此次经过之燕郊、白涧、桃花寺、隆福寺四处行宫的官弁、喇嘛等分别给予了恩赏。不仅陵寝所在地的直隶地方官进贡，其他地方官员也借皇帝谒陵之机呈进各种物品，努力表现对皇帝的忠心。如光绪二十七年（1901）三月初三日，皇上与四阿哥、六阿哥等众随扈人员展谒东陵，在白涧行宫驻跸时，崇文门监督呈进黄花鱼18尾。两江总督、管理盐务璧昌呈进缎绸袍褂料共350匹，大小绛丝荷包100对，一两重银锞3 000锭等。这些物品除了皇上留用外，其余运赴圆明园内殿总管太监查收。另外，长庐盐政沈拱辰呈进金腿板鸭、松卷彩蛋各9桶，南酱瓜蕊、八宝莴笋、甜茄腐乳等，这些东西除了皇帝留用内外分赏外，其余均交与膳房。[2]

对大兴、通州、三河、蓟州和遵化州五州县的蠲免钱粮，是清朝统治者对恭谒祖先陵寝所经地方社会的恩惠，或者也可以说是对扰累百姓的一个补偿。浩大的谒陵队伍，从外部观瞻上营造了皇陵的庄严；而谒陵时的蠲免钱粮，则是在百姓的内心里一点一滴的培植起皇陵的神圣。总之，清王朝围绕着皇陵所做的一切，其根本目的就是使大清帝国江山的象征——皇陵永远矗立在昌瑞山麓和子民的心中。

第五节　从谒陵之行看康、乾二帝的为政风格

清朝各代皇帝展谒东陵，并不是单纯性的。一方面，谒陵期间仍要随时处理国家政务；另一方面，皇帝往往顺便巡幸地方，借以亲自考察官吏政绩和了解民情。因此，在往返数十天的谒陵路上先后发生了很多有趣的故事，透过这些故事，我们看到了皇帝谒陵所蕴含的更为丰富的内容和更加重要的政治意义。

以康熙和乾隆两朝为例，通过《康熙起居注》和《清高宗实录》的记载，我们得以了解康熙和乾隆在谒陵期间处理了哪些国家政务以及在处理这些政务的过程中所展现出来的睿智和魅力。

康熙十一年（1672）八月皇帝奉太皇太后展谒东陵时，于二十二日甲子，驻跸蓟州西，蓟州文武各官来朝，当日召集蓟州官兵至驻跸处一起射猎，并谕蓟州城守都司佥书蒋元泰等“尔等训练甚善，但兵以食为天，须全给军饷，俾沾实

① 《内务府堂簿册》，东陵御营发札档（扎）358，原件藏中国第一历史档案馆。

② 《内务府堂簿册》，东陵日记档（日）8，原件藏中国第一历史档案馆。

惠，毋得侵克。地方如有盗贼，须严行缉拿，毋致扰民。兵丁仍加意训练”①。九月初四日辰时，康熙帝到太后行宫问安，受太后嘱托，“游览近地，访问民生”，前往三屯营巡视。于九月初五日卯时前往景忠山，驻跸三屯营南，当天，经过遵化县时，命遵化县官兵俱于西门外陈列以便皇帝检阅。同时，三屯营和迁安县文武各官来朝。②

康熙十七年（1678）九月初十日戊申，太皇太后幸遵化温泉。辰时，康熙诣太皇太后宫候太皇太后登辇，帝随辇行，出神午门，设卤簿。在京王以下文武各官，俱服蟒袍跪送。出东直门，至进膳处，帝扶掖太皇太后降辇，入行宫后，帝御进膳所。膳毕，复诣太皇太后行宫，下马趋近前侍立，候太皇太后登辇，帝扶辇行数武，然后乘马随行。至平家潭驻跸处，帝步送太皇太后至行宫门，扶掖降辇入宫，帝始回宫。这一日通州总督仓场、户部侍郎邵甘等、守备谢必显等来朝。

十一日己酉，驻跸三河县南。是日，驻防三河县防守尉纳棱格等、知县任熟等来朝。

十二日庚戌，驻跸蓟州城西。是日，蓟州知州董廷恩、千总王振等来朝。

十三日辛亥，驻跸石门南。

十四日壬子，巳时，至温泉。康熙帝于牌坊外下马，随太皇太后辇至行宫。视降辇入行宫毕，率内大臣、侍卫、大学士，三品以上官员，诣孝陵。至五洞桥，各官下马，随驾至陵寝门外，分两翼侍立。皇帝陵寝门内行礼，各官在陵寝门外随行礼。是日守陵寝总管罗敏、副将卢崇耀，率大小文武官员来朝。

十五日癸丑，辰时，康熙帝诣太皇太后行宫问安。申时，帝复诣太皇太后行宫问安。

十六日甲寅，早，帝率内大臣、侍卫、大学士，三品以上官员，诣孝陵读祝展祭。

二十五日癸亥，帝驻跸燕郊南。

二十六日甲子，午时，帝由朝阳门进东华门，诣皇太后宫问安毕，回宫。

事隔不到一个月，即十七年十月初三日庚午，康熙皇帝再次前往温泉。由神武门出东直门，驻跸帮郡北。初四日辛未，驻跸蓟州城内。

初五日壬申，酉时，帝至温泉，随诣太皇太后行宫问安毕，驻跸鲇鱼池城内

十六日癸未，帝以随侍太皇太后幸温泉，乘便巡视北边。辰时，诣太皇太后行宫问安毕，出鲇鱼口，驻跸白旗营。是日，松棚路都司王福洪等来朝。

① 中国第一历史档案馆整理：《康熙起居注》第一册，北京：中华书局1984年版，第54页。
② 中国第一历史档案馆整理：《康熙起居注》第一册，北京：中华书局1984年版，第56页。

十七日甲申，帝驻跸熊山。是日，龙井关把总陈国柱等来朝。

十八日乙酉，帝入龙井口，驻跸汉庄营城西。是日，三屯营副将兰泗等来朝。

十九日丙戌，帝驻跸三屯营城南。是日早，上先率内大臣、侍卫射毕，复命三屯营副将兰泗、守备、千总等官射猎。

二十日丁亥，帝驻跸兰河岸。是日，康熙皇帝幸景忠寺，沿途僧人及乞丐人等，俱加赏赐。登山游览毕，赐景忠寺僧银一百两，令供奉香火。是日，上康熙帝命三屯营副将兰泗，亲率所属官兵，列阵以观军容。康熙帝检阅军阵后，对内大臣塔达、吴穆纳、一等侍卫衣都额真郎谈、一等侍卫色胡里、二等侍卫那达齐、学士喇沙里说："朕观官兵阵势，旌旗器械，鲜明修整，可赐兰泗等官缎匹及兵丁等茶，尔等亲视赏赉。"内大臣塔达、吴穆纳等领命后，赐兰泗等缎匹有差，并赐兵丁茶。兰泗等奏曰："兵丁置备器械，皆臣等职内之事，虽赴汤蹈火，亦臣子之所当然。今蒙皇上轸恤厚赐，臣等安敢不益加勤勉，以报皇上弘恩。"兵丁俱大悦。①

上述详细罗列这些日期，其目的是想明了康熙此次幸温泉和谒东陵都做了什么事情。从九月初十日离开京城，至九月二十六日返回皇宫，共用了16天的时间。在这16天里，康熙曾多次召见各地方官员和镇守将领，同时与三屯营将备一起射猎。清朝皇帝展谒东陵，常常要去三屯营和景忠山，为什么这样重视三屯营和景忠山？三屯营位于景忠山附近，原名"三屯忠义卫"。明天顺二年（1458），蓟镇总兵府胡镛群在此修筑城池，并将蓟镇府从寺子谷迁至三屯营。明王朝为加强北边防卫，于隆庆元年（1567），将抗倭英雄戚继光调至京师，命其总理蓟州、昌平、保定练兵事务，为三镇总兵。万历初年，戚继光重修三屯营城，并亲自撰写《重建三屯营镇府记》。戚继光镇守蓟州长达15年之久，期间训练精兵、修筑长城、重建三忠祠等，创立了显赫功绩。清顺治四年（1647）裁总兵，改设蓟协三屯营副将。蓟镇为华北九镇之一，军事上具有重要的战略地位。所以，康熙非常重视这里的防守，常乘谒陵之便光顾于此，通过射猎、检阅镇兵操练以及赏赐，与镇守官兵们沟通感情，感化和激励将士们严守边疆，忠心报国。所以皇帝谒陵往往不是单纯性的，所包含的政治意义应是最重要的。

康熙二十一年（1682）十月十九日，皇帝又一次谒孝陵，由东华门出东直门，驻跸三河县东。通州总督仓场户部侍郎喀尔兔、马汝骥等，通州道霍炳、副将郭惠等，顺义县驻防防守尉巴郎、三河县驻防协领纳冷格、三河县知县余学昌

① 中国第一历史档案馆整理：《康熙起居注》第一册，北京：中华书局1984年版，第386页。

等来朝。

二十日癸巳，驻跸蓟州。是日，蓟州知州王彦宾等来朝。

二十一日甲午，驻跸黄崖营东刘家庄。

二十二日乙未，驻跸石门驿西。

二十三日早，扈从大学士勒德洪，学士阿兰泰、金世鉴捧折本面奏请旨：为礼部题，原任巡抚金俊母陈氏先封一品夫人，应照所封品级与祭一次。康熙帝曰："金俊广东居官甚为不善，闻尚之信家诸项财物，伊设方侵取甚多。虽有照品与祭之例，但其母原照伊官得封，不宜按例与祭。这本且留，俟回京再行详议。"又请定原任刑部侍郎叶方蔼阵亡，原任护军参领赠副都统阿尔赛谥名。帝曰："谥典甚有关系，必与其人功绩相符，予谥始当。若并无功绩，即行予谥，或功绩平常，予谥过当，则优劣不分，无以为效力者劝。叶方蔼予谥文敏，阿尔赛予谥壮愍。"少顷，皇帝率内大臣、侍卫诣孝陵，行三跪九叩礼毕，三奠酒。内大臣、侍卫随后行礼。皇帝哭，众皆哭。又诣皇后陵，三奠酒。皇帝哭，众皆哭。是日，皇帝驻跸汤泉。遵化州知州韦国佐、游击赵温等，守罗文峪口守御萨海等来朝。

二十四日丁酉，早，帝亲诣孝陵，照四时大祭礼，读祝祭奠。是日，帝驻跸汤泉。

二十五日戊戌，照祭孝陵礼，遣大臣祭皇后陵。是日，帝驻跸冷嘴头。

二十六日己亥，早，大学士、学士捧折本面奏请旨：为户部议开浚黄河，盱眙县民余有霞三顷余田被挑，请将康熙二十一年应征钱粮蠲免。帝曰："所免钱粮数目虽少，但浚河数年，并未有被挑田地蠲免钱粮之处，何此三项独被挑耶？若此后各处俱以浚河被挑为辞频请蠲免，所免必致渐多，此事必有他故。目今总河靳辅即至，俟伊至，询问便知其故。这本着依议。尔等并记之。"又礼部请旨，原任都统季哈里应否予谥事。上曰："凡有劳绩者酌量予谥，则谥号始与劳绩相符，可以鼓励后人。季哈里任都统未久，无甚劳绩，不必予谥。"又刑部题，审谭第晋、谭第升、谭第兴等，当谭弘反叛时，避入山林，后于军前投诚，俱应毋庸议。上曰："伊等不从谭弘为恶，且来军前投诚，理应免议。但谭氏在四川年久，不可使之仍居彼省，应迁之别地。这本且留，俟回京再行启奏。"是日，上驻跸罗文峪口内。

二十七日庚子，帝出罗文峪口，驻跸拦羊口。

二十九日壬寅，早，上御行幄，大学士、学士捧折本面奏请旨：为吏部议，将郎中朱臣因家人偷盗官木等分别罚俸事。帝曰："朱臣身为监工之官，其家人偷盗官木，全无觉察，伊所司何事？此等若行宽宥，此后人员必致懈驰。这所议尚轻，着再议具奏。"又议，镇江府知府高龙光不将丁忧知县卞三锡久不归旗缘由查报，照例罚俸六个月。帝曰："卞三锡丁母忧解任，不即回旗终丧，迟延时日，深为不合。高龙光着依议。卞三锡俟该抚题参到日，议罪具奏。"又工部销算宁寿宫工价事。帝曰："此系禁内之地，朕所悉知。添造房屋不多，紫禁城内又不筑地基，何用钱粮如此之多？这所用数目太浮。内务府衙门官员原系一同监工，着都察院会同内务府，查明详议具奏。"是日，上驻跸龙湾地方。

三十日癸卯，帝入龙井关口，驻跸汉庄城西。是日，三屯营副将黄国昌等、喜峰口驻防守御伍什等、松棚路都司金英等来朝。

十一月初一日甲辰，帝驻跸潵河西。

初二日乙巳，早，上御行幄，大学士、学士捧折本面奏请旨：为吏部题郎中图鼐现议革职，交刑部。其差往湖广采取楠木、杉木，应令工部另差官员事。帝曰："伊等与前时不同，前者所居去境辽远，未被教化，今已迁移近境，岂可仍前视之乎？理应准其买人，给予牛只。着该部再议具奏。"是日，帝驻跸三屯营城南。三屯营副将黄国昌、守备王喜泰来朝。

初三日丙午，帝驻跸金山寺。

初四日丁未，帝驻跸汤泉。

初五日戊申，早，帝御汤泉后殿，大学士、学士捧折本面奏请旨：为监察御史徐廷喜条奏，京通各仓坐粮厅监督，请选廉能司员差遣，户部议准行事。帝曰："各部所设司官俱有应理之事，若屡屡选择廉能，反滋烦扰，无益实事。差用户部官员行之已久，不应兼遣别部官员，频更定例。况选择廉能官员止可间或奉旨行之，不当以为定例。若行为定例，日久便为无用之举矣。着仍照现行例行。"是日和次日，帝驻跸汤泉。

初七日庚戌，早，帝诣孝陵三奠酒，内大臣、侍卫、部院三品以上官员随行礼。帝举哀，众皆举哀。随诣皇后陵，亦奠酒举哀。是日，帝驻跸孙家庄，遵化州知州韦国佐、游击赵温来朝。

初八日辛亥，早，上御行幄，大学士、学士捧折本面奏请旨：为吏部议，监察御史堪泰题参罗文瑜不用火牌，及回奏又不将伊原有火牌之处声明，不合。应降二级调用，但有所加十二级，应销去加二级，免其调用。帝曰："该部不将徐元文原参堪泰徇庇巧饰之处详察议处，但将堪泰题参罗文瑜不用火牌草率具议，明系徇情。堪泰与罗文瑜同城而处，巡抚相去数百里，堪泰乃专管之员，且又同城，并不题参，闻巡抚具疏，始行题参，非巧饰而何？该部明知次等情节，舍其应得之罪，但欲从轻结案，只将不用火牌之处议拟，殊为不合！着再议具奏。"又礼部题明安南国进贡金银器皿，与本内所开数目短少事。帝曰："外国进贡之物原不足重，但嘉其诚意而已。金银器皿短少乃是小事，外尚有香等各种皆非可用之物。物既无用，照所贡尽数收之，恐外国轻视中国，以为可欺。且驿递传送，亦属烦苦，此本俟回京详议。”是日，帝遣领侍卫内大臣噶都、福山、索额图及每旗侍卫各10人，诣纯亲王墓奠酒。帝驻跸邦均南。

初九日壬子，三河县驻防协领纳冷格、三河县知县余学昌，通州总督仓场、户部侍郎喀尔兔、马如骥等，通州道霍炳。副将郭惠等来朝。午时，皇帝由东直门进东华门，诣太皇太后、皇太后宫问安，之后回宫。并对随扈总管内务府大臣和一、二、篮翎侍卫等赏赐银一万两，缎百匹、鞍马十匹。①

康熙四十五年（1706）十一月谒东陵，皇帝驻跸白涧行宫时，曾率皇太子及善射人员射猎，然后命诸王、贝勒、贝子、公射猎，又命三屯营副将段腾龙等及古北口提督管总兵官事马进良、标下推阶游击等缺都司马麟等射猎。皇帝又率善射人员射猎。射毕，皇帝入行宫，不一会，奏事沙孜来保出，以马进良所题古北口右营游击等缺，请将后塘路都司马麟等补授。新补广西永宁守备年满千总马守贵留于古北口，俟缺出补用。传谕曰：“马麟等朕已亲闻其射，俱有可取，着照该提督所题补授。马守贵亦照该提督所题留古北口，缺出补用。”是日，以上驷院马一匹赐和硕显亲王颜璜，又以雉、兔遍赐执事人员。

二十六日庚午，帝由桃花寺诣暂安奉殿，行谒告三跪九叩头礼，续奠三爵，举哀。又诣孝陵，行谒告三跪九叩头礼，续奠三爵。诸王、大臣、侍卫各官俱随行礼，助哀毕，帝至遵化汤泉驻跸。是日，暂安奉殿、孝陵陵上官兵俱赐以鹿、兔、雉。

二十七日辛卯，帝驻跸遵化州东，大学士马齐传旨，谕礼部侍郎邵穆布曰：“今授尔为两江总督，明日即面请训旨，星速赴任。”邵穆布进幔城跪奏：“臣本一介微臣，蒙皇上拔擢侍郎，方以不能效力仰报为惧。今又简授总督，臣心中益不自安。总督职任重大，地方事务臣未尝经历，实不能胜任。”白于奏事沙孜来保，为之传奏。谕曰：“朕知尔，故授斯任，尔其勿辞。”

二十八日壬午，早，上御行宫，两江总督邵穆布入奏曰：“臣秉性庸愚，未历外任，两江总督责任重大，臣诚不能胜之。因叩首恳请。”帝曰：“朕知之，尔平日甚敬慎。敬慎则何事不可为？凡事俱有例，但合理即行，不可迟缓。若事久则弊生，惟勤敏则事不壅积。尔年已高，南方湿热，当节饮食。似尔等者，多生一日，皆有裨于朕也。”邵穆布奏曰：“臣蒙皇上擢自微贱，位至大臣，已沐天地高厚之恩。又以臣年老，论以当节饮食。臣何等人，实不克当，但谨志训旨，效死以图报皇恩于万一耳。”上曰：“尔当敬慎。地方重大，作速赴任，务于年前到彼。”是日，帝驻跸景忠山。

① 中国第一历史档案馆整理：《康熙起居注》第二册，北京：中华书局1984年版，第913～917页。

二十九日癸未，帝驻跸兰阳城南。申时，上御行宫，大学士马齐，学士黑寿、舒图以折本请旨：九卿遵旨议奏，山东来年钱粮，令折收小钱、铜器。又问山东巡抚赵世显回奏，征收小钱、铜器，既有利于民，且可令私钱禁止，具折呈览。上曰："兹事如所议行。直隶所属州、县亦照山东折收小钱、铜器，未知可行否？令在京大学士九卿来奏。"是日，以鹿、麅、獐、雉、兔、鱼赐领侍卫内大臣下及侍卫，以鹿赐护军、执世人等①。

乾隆十九年（1754）二月，帝谒东陵，在启銮离开皇宫时，即处理了三件大事：

其一，严处办事苟且的奇通阿。乾隆帝启銮后，谕曰："挑选山海关供交马匹时，据查马大臣奏称，除去鼻湿瘸马，所交俱系好马，当令其奇通阿覆加查察。而奇通阿并不详细查明，惟冀苟且了事，巧词具奏，显有回护察马大臣之义。八旗人等恶习，皆由此类不肖之徒酿成，殊负朕简用之恩。奇通阿等俱着交部严加议处。今年正当用马之际，着该部于挑选自京赴热河马匹时，仍派伊等查勘。临期若有疲瘦残疾马匹，朕惟伊等是问。"

其二，对尹继善之奏的批评。谕军机大臣等："据尹继善奏，革职通判周冕应追亏空银两，已于半年限内全完。但误工属实，应否于该处正法，请旨遵行等语。此奏又用伊巧伪故智。周冕之罪，若所重在缺料误工，则从前二闸漫口时，即应照李焞、张宾之例正法，亏空帑项，自不难着落各上司分赔。若罪在亏帑，则彼即限内全完，只应将伊误工应得之罪，按例办理。岂得复请于该处正法。试问该督本意。果见为周冕必应请旨正法耶。抑明知其罪不至正法，而姑为此奏，以见其执法耶。此等伎俩，屡施无益，亦何必乎伊既两请。朕亦不能定此，仍令尹继善将周冕应否正法之处，系治伊亏空之罪，亦系治伊误工之罪，定议覆奏。"

其三，令清查旗地，禁止私典与民。军机大臣等议奏：以俸饷坐扣赎出地亩及买得公产地亩共九千八百十三顷八十二亩，除租佃与民及典卖在旗外，其余典卖与民人地亩共七百二十五顷二十八亩。此项地亩系特恩动帑向民赎回，在官员俸饷中坐扣，俾各得原业，不许私行典卖与民，例禁甚严。但竟有一些旗人，图利私典与民，民人亦违例私典。此后将此项七百二十五顷有零地亩尽行撤出，照户部原奏收取租银，年终汇奏赏给旗人之例办理。帝曰：旗人原圈地亩及自置地亩内，从前清查时未报，此次报出典卖与民，共一万四千七百五十九顷零，若自行报出，则免其治罪。应交与各参佐领清查原业主，如能交银回赎者，令其回赎，如不能回赎者，将此项地亩官赎所得租息亦照部议办理。并将八旗地亩册

① 中国第一历史档案馆整理：《康熙起居注》第三册，北京：中华书局1984年版，第2049页。

档，咨送户部，转行直隶总督，除现纳钱粮民地外，挨村清查，有无遗漏隐匿旗地，勒限一年，据实造册咨部。户部即令各该旗造册矜印，收储备查。如有再行违例私典与民，及民人私自典卖，或被查出，或被首告，从重治罪。将地亩价银，尽行撤出，交与该旗照定例办理。并将该管大臣地方官严加议处。

皇帝沿东路行宫，先后驻跸燕郊、白涧和隆福寺行宫，在此皇帝又发谕旨：从前赏给孙嘉淦住房一所，着赏尚书汪由敦居住。并饬内务府大臣等，于官房内酌择一所给孙嘉淦之子孝愉居住。尚书刘统勋，亦着赏给住房一所。之后帝谒昭西陵、孝陵、孝东陵、景陵，俱未至碑亭即降舆痛哭。步入隆恩门，诣宝城前行礼，躬奠哀恸，王以下文武大臣官员随行礼。至孝贤皇后陵奠酒。是日，驻跸桃花寺行宫。①

乾隆四十五年（1780）九月，皇帝恭谒东陵，经两间房行宫、要亭行宫、密云县行宫、大新庄行宫、白涧行宫和隆福寺行宫。谒陵礼毕，对精心修养东陵子树的绿营千、把总，各赏官用缎一匹；外委、兵丁等各赏给一个月的钱粮。在桃花寺行宫驻跸时，降旨恢复允祁贝子爵位（前因陵寝事务未能妥协，由贝子降授公爵）。与此同时，军机大臣等议复密云副都统都尔嘉“请于怀柔县北阴背山，开采煤窑”的奏折。帝曰：“查阴背山，旧有出煤踪迹，如果无碍民间田庐坟墓，产煤旺盛，不惟满兵生计有益，即怀密一带商民，均沾其利，事属可行。应令地方官招商试采，逾年照例升课。倘试采无效，仍请封禁。”是日，驻跸白涧行宫，在此，又“谕本年顺天乡试诸生中，三场完卷，年届八十者孟盼等九名，榜发俱未中试，念其踊跃观光，至老弗衰，宜沛渥恩，以广化泽。着加恩将孟盼、郭青垲、李宗绎、杜子甫、郑其德、梁丙瑨、韩庚申、高本亮、李允宝等俱赏给举人，准其一体会试，俾皓首寒儒，得偿宿愿，用昭嘉惠士林至意。”又谕曰：“刑部审讯乡场传递文字之誊录陈七等一案，将陈七拟绞监候，其代请作弊之恒泰、春泰等发往乌鲁木齐。”② 是日，驻跸燕郊行宫。

乾隆四十八年（1783）十月辛未，皇帝驻跸隆福寺行宫，壬申，谒昭西陵、孝陵、孝东陵、景陵，俱未至碑亭即降舆痛哭，步入隆恩门诣宝城前行礼，躬奠哀恸，王以下文武大臣官员随行礼。至孝贤皇后陵奠酒。回到行殿后，勾批江西、安徽罪犯，江西斩犯2人，绞犯3人。安徽斩犯1人，绞犯2人，余115人予勾。是日，驻跸桃花寺行宫。

癸酉，谕军机大臣等：“昨何裕城覆奏办理秋审错误，自陈慌悚一折，已钞寄农起阅看。本日雅德亦有覆奏之折，其余定拟失当之何定等案，业经朕指出询

① 《清高宗实录》卷四五六，北京：中华书局1986年版，第941~943页。

② 《清高宗实录》卷一一一四，北京：中华书局1986年版，第890页。

问，伊自知错谬，不敢再为强办。则前日农起之饰词陈奏，其意究欲何为，抑仍受庸劣刑名幕友之愚耶。着再将雅德折钞寄，令其阅看，一并据实覆奏。本年秋审案件，不能办理允协，又复冒昧陈奏，仰蒙训饬，惶恐难名，又荷睿虑周详，命刑部能事司员长麟，来司晋臬，嗣后，于刑名事件，唯当细意讲求，不敢妄逞臆说。”是日，驻跸白涧行宫。①

康熙和乾隆，作为清王朝盛世时的两位皇帝，历来史家对他们的高度评价毋庸置疑，代表他们丰功伟绩的那些标志性事件，诸如平定三藩之乱、统一台湾、亲征朔漠、吸收西学、统一新疆、治理西藏、编纂典籍等，不说家喻户晓，也可以说知者甚多。但在这些大事之外，还有很多鲜为人知的所谓“日常小事”，这些小事不仅同样能展现盛世明君的风采，甚至在某种程度上更为生动和丰富。如上述谒陵路上发生的事件，为我们更全面地了解康熙和乾隆二帝提供了一个新的视角。两位皇帝那种洞察秋毫，赏罚分明，决策果断，勤勉睿智，对国家政治的掌控游刃有余的人格魅力和治国谋略，通过这些小事，生动而清晰地呈现在我们面前。不得不令我们感慨，国家有这样的君王，繁荣昌盛是必然的。

① 《清高宗实录》卷一一九一，北京：中华书局1986年版，第912~913页。

第六章　维系大清江山绵延不绝的帝国象征

西方人类学家卡西尔认为，语言和象征思想是人类文化最基本的特点，基于此，他将人种定义为“象征的动物”。他说人类能够以象征的方式交流而改变了整个生活；与其他的动物相比，人不只是活在一个较广的世界中，而且是“另一个全新层面的世界”。接着他进一步阐述：象征式表现是人的意识的主要作用，是了解所有人类生活即语言、历史、科学、艺术、神话和宗教的基础。因象征思想具有普同性，所以它是了解人类文化的钥匙。① 那么什么是象征呢？关于“象征”的概念，人类学家们有诸多定义和分类，就一般界定而言，认为一事务（基于类似的性质，或实际或观念上的关联）为一般公认代表其他事务者。谢丽·B. 奥特纳在其《关键的象征》一文中，把象征归纳为两种：一为“概括性的”；一为“阐发性的”②。前者的含义为“它被人们以强烈情感的与相对混沌不分的方式，看作是概括了，展现了，或再现了系统所意味的东西，从最广泛的意义上说，此类范畴本质上是神圣象征的范畴，它包括所有受人敬畏的对象和引发强烈情感的刺激因素。”接着，奥特纳进一步说明“概括性象征的重要运作方式——我们不会忘记——是它的汇聚能力，是它吸引、增强和催化对相应者影响的能力”③。最有影响的著名象征人类学家格尔茨亦把象征分为两种，其一是“为思想和行动提供模式的象征”。

象征人类学自20世纪五六十年代产生后，逐渐形成两种研究倾向：一种是以列维—施特劳斯为代表的，以结构人类学、结构语言学、认知人类学为中心的“抽象的系统学派”，重点放在神话研究中象征的分类和理论方面；另一种以特纳为代表，是由微观社会学、社会语言学、民俗学、文艺批评等领域所共同具有

① ［德］卡西尔：《论人》，见［英］布莱恩·莫里斯著，张慧端译：《宗教人类学导读》，台北：国立编译馆1996年版，第251～252页。

② ［美］谢丽·B. 奥特纳著，倪为国译，宋立道校：《关键的象征》，载史宗主编，宋金泽、宋立道、徐大建等译：《20世纪西方宗教人类学文选》，北京：生活·读书·新知三联书店1995年版，第204～211页。

③ ［美］谢丽·B. 奥特纳著、倪为国译、宋立道校：《关键的象征》，见史宗主编、宋金泽、宋立道、徐大建等译：《20世纪西方宗教人类学文选》，北京：生活·读书·新知三联书店1995年版，第204、209页。

的“象征和社会的动力学派”，重视庆典和祭仪及其集体过程。[①]

清东陵是清帝国的象征，作为清帝国的象征，按照上述人类学家们的解释，即属于奥特纳的“概括性的象征”和格尔茨的“为思想和行动提供模式的象征”以及由特纳为代表的“象征和社会的动力学派”所重视庆典和祭仪及其集体过程研究倾向的象征。本书通过清东陵的修建、陵寝制度、护陵和谒陵几个方面的论述，揭示了清朝统治者为巩固统治以及维系大清江山绵延不绝而如何塑造清东陵这个帝国象征的核心问题。

第一节　清东陵的风水象征

关于清东陵的风水，我们在第二章中已经作了论述。清东陵从选址、规划、设计到营建的整个过程，甚至建成后陵园的管理和防护，始终贯穿着中国传统的风水思想。清朝统治者对风水理论的利用，也是学习和吸收汉族传统文化的一个具体体现。清东陵的风水中具有很多象征意义，这些风水中的象征，不但使皇陵披上了一层神秘的外衣，而且更表达了皇权的至高无上。

如皇陵选址当中的“觅龙”这个环节，就蕴含了“象征”的意义。所谓觅龙，就是寻找龙脉。“地脉之行止起伏曰龙。”[②] 而所谓龙脉就是指地表起伏的山脉。风水中的觅龙最讲求山势悠远层叠，这样，来龙才能有势，生气才能贯通。风水理论把自然山脉关系比喻成人类社会中的“宗族”关系，从发脉的高山太祖山起，至太宗、少祖、少宗和父母山等。“寻龙法，寻祖宗，寻父母祖宗所居极高之方。”[③] 即觅龙要先觅祖宗之山，然后再觅父母之山。“祖宗之山为群山发脉处，父母之山为穴场所在山脉的入首处。”[④] 理想的陵穴后面就是要有太祖到父母（主山）这样几层山峦。清东陵的选址完全合乎风水理论的要求。如雾灵山是东陵的太祖山，是东陵龙脉的发源处。雾灵山高大雄伟，“山高四十余里，峰顶摩天，左右峰峦拱列，深松茂柏苍郁，长拥祥光，每月六月六日现，土人候之。上多有奇花，又名万花台”。此山“自东北蜿蜒而来，脉接昌瑞。实风水之大源，后龙之正脉”[⑤]。雾灵山自北向南而下，到昌瑞山处又起一峰，此为生气

① 金泽：《宗教人类学导论》，北京：宗教文化出版社2001年版，第22页。

② （清）姚廷銮撰：《阴阳二宅全书》，上海：江左书林民国十一年石印本。

③ 盛华中主编：《中华传世绝学》，《数术绝学·博山篇》，济南：济南出版社2002年版。

④ 刘沛林：《风水——中国人的环境观》，上海：上海三联书店2003年版，第104页。

⑤ （清）布兰泰：《昌瑞山万年统志》下函，卷一《志山川》，光绪年间写本。

凝聚之处，《昌瑞山万年统志》卷一《志山川》说：昌瑞山“佳气团结，郁郁葱葱，巍峨数百仞，玉阶金阙，垣合紫薇，嘉祥叠见，屡产灵芭，是故出乎山之类拔乎山之萃，而不可与众山为伍者。至于前后左右诸山并诸水等，皆所以为此山之带砺而朝拱乎”。昌瑞山山北2 452平方公里的区域内，群山耸立，万岭奔腾，树木茂密，成为清东陵的后龙风水禁地。这种由生气贯通的蜿蜒起伏的太祖山和少祖山，即象征着帝运绵长。按《葬书·内篇》所讲：“地势原脉，山势原骨，委蛇东西，或为南北，千尺为势，百尺为形。势来形止，是为全气。全气之地，当葬其止。”那么昌瑞山作为全气之地，就成为清东陵的少祖山（或叫主山），帝、后陵寝即依昌瑞山南麓修建而成。

又如来龙左右两侧，不但要求具备砂山，还要求有多重，借以形成对穴区的环抱、拱卫、辅弼之势。正如《博山篇》“论砂”中所云：“两边鹄立，命曰侍砂，能挡恶风，最为有力。从龙抱拥，命曰卫砂，外御凹风，内增气势。绕抱穴前，命曰迎砂，平低作揖，拜参之职。面前特立，命曰朝砂，不论远近，特来为贵。”① 对左右砂山的高低、形式、对称以及距穴区的距离等均有要求，“过远过低则势散，过近过高则太逼”②。这种布局即包含了宗法秩序的象征意义。

再如清东陵的“南向为尊”、背山而建，“近案”（影壁山）和“远朝”（金星山），象征死去的皇帝如同生前一样，坐在金銮殿上，昌瑞山就是龙椅椅背，前面的“近案”似皇帝上朝用的几案，再前的“远朝”似众臣来朝。这样的风水格局，利用了自然山川形势，达到了象征皇权即清朝统治永恒存在的效果。

英国著名科技史家李约瑟博士曾经对中国古代建筑中的风水象征含义予以阐述，他认为风水理论使中国传统建筑同自然环境完美和谐地有机结合起来，“再没有其他地方表现得像中国人那样热心体现他们伟大的设想‘人不能离开自然’的原则……皇宫、庙宇等重大建筑自然不在话下，城乡中无论集中的，或是散布在田园中的房舍，也都经常地呈现一种对‘宇宙图案’的感觉，以及作为方向、节令、风向和星宿的象征主义”③。虽然李约瑟所论仅仅是阳宅，事实上，阴宅，尤其是作为帝王的陵寝的风水中，更充满了象征的色彩。

乾隆裕陵神功圣德碑上的两句话就更能说明问题：“圣水深壑，灵山翠微，亿年安宅，巩我丕基。”

---

① 盛华中主编：《中华传世绝学》，《数术绝学·博山篇》，济南：济南出版社2002年版。

② 冯建逵：《清代陵寝的选址与风水》，见王其亨主编：《风水理论研究》，天津：天津大学出版社1992年版，第139页。

③ 转引自冯建逵、王其亨：《关于风水理论地探索与研究》，见王其亨主编：《风水理论研究》，天津：天津大学出版社1992年版，第139页。

第二节　清东陵的宗法秩序象征

清东陵不仅在风水中具有诸多象征，同时，宗法秩序的象征亦在陵寝的建筑布局中得以体现。

在风水理论指导下修建的清东陵，亦处处体现了宗法秩序思想。“清代陵寝典礼制度中，建筑体制是一个极为重要的组成部分。依尊卑秩序，分为帝陵、后陵和妃园寝制度，各配置不同等级、规模、数量以及不同形制的建筑物，按照严整的空间序列，以明确的轴线组织各自独立又呈现有承继统绪或隶属关系的建筑组群，显示出清王朝宗法礼制的森严。”[①] 从各陵所在的位置上看，入关后的第一位皇帝顺治的孝陵是清东陵整座陵园的中心，居于至尊的地位。它修建在昌瑞山主峰之下，坐北朝南，其他帝陵按左昭右穆次序分列两侧，形成了环抱有情、内倾向心的艺术效果。沿孝陵金井向南延伸，一直到朝山——金星山，形成了一条中轴线，各地面上的大小建筑均建在中轴线上或者两侧。陵园的总门户——大红门和雄伟壮观的石牌坊都是正对孝陵建在中轴线上。由于陵寝建筑是礼制性、纪念性很强的建筑群，故“中轴线的组织，对于建筑构图‘居中为尊’传统观念的表现，对于建筑组群空间布局中序列效果，即通过谒陵路线上予人以富于戏剧性变化的‘连续的综合印象’或‘知觉群’的程序安排，都具有决定意义”[②]。古代的匠师，在规划设计陵园的时候，总是遵循两个主旨考虑的：一方面紧密配合自然山川形势，将主陵放在整个陵区的中心位置上，另一方面又以人工建筑来加强尊卑贵贱的视觉效果，通过自然山川形势和人工建筑物的有机结合，将皇陵的礼制象征表达出来。

在清东陵的总体规划中，最能体现长幼尊卑次序的就是陵寝神道部分。清东陵以孝陵为中心修建了一条长约6公里的总神道，其他各皇帝陵也建有神道，分别与总神道相接，而每座皇后陵又与所属皇帝陵的神道相连接。神道各随地形，弯弯曲曲，在方圆48平方公里的前圈内形成了“曲中有情”的神道网。而神路（包括总神路和各帝陵神路）两侧的石像生，从数量、种类到形制，各陵之间亦存在着很大的差异。在清东陵，孝陵神路两侧的石像生数量最多，共设置了18

① 王其亨：《清代陵寝风水：陵寝建筑设计原理及艺术成就钩沉》，见王其亨主编：《风水理论研究》，天津：天津大学出版社1992年版，第144页。

② 王其亨：《清代陵寝风水：陵寝建筑设计原理及艺术成就钩沉》，见王其亨主编：《风水理论研究》，天津：天津大学出版社1992年版，第147页。

对，由北向南，依次为：文臣 3 对、武士 3 对、马 2 对（立、卧）、麒麟 2 对（立、卧）、象 2 对（立、卧）、骆驼 2 对（立、卧）、狻猊 2 对（立、卧）、狮 2 对（立、卧）。而其他各帝陵均少于孝陵。孝陵的石橡生不但种类最为齐全，而且形制也大于其他各陵。

清东陵帝、后、妃三类陵寝均建在同一陵区内，打破了清以前不单独建皇后陵和妃园寝或只建帝、后陵而不建妃园寝的旧制，通过这三类陵园寝的外在规划布局、建筑规格及其祭祀制度、管理员役的配置等，来体现严格的尊卑等级秩序。

另外，清东陵只有孝陵建有具服殿（更衣殿）。此殿位于大红门以北东侧，坐东面西，这里是帝、后乃至王公等谒陵时更衣、方便和休憩的地方。作为全陵区唯一一座有具服殿的陵寝，显示了孝陵在东陵内至尊的地位。

还有孝陵的七孔神路桥，在整座陵园现存的一百多座桥梁中，是独一无二的，它不但桥孔较多（一般帝陵所建桥梁多为一孔、三孔、五孔），而且，当敲击此桥的石栏杆时，还能发出金属般的声音，并与古代宫、商、角、徵、羽五音相近，故曰“五音桥”。

陵寝的前朝部分中最重要建筑隆恩殿的隆恩门有三，左为“君门”是皇帝出入之门；右为“臣门”，是王公大臣们出入之门；中门为“神门”，是帝、后、妃们的棺椁入葬地宫时经过之门，也是死去的帝、后、妃们的神牌通过之门户。陵寝门同隆恩门一样，亦分君、臣、神三门，严格地按照规定出入，不能有半点差错。

在清东陵，只有皇帝陵建有神功圣德碑亭，后、妃陵园寝均无。

帝、后陵各建筑顶盖均用黄色琉璃瓦，妃园寝则用绿色琉璃瓦。

总之，在清东陵，帝、后、妃的陵寝建筑，从设计、规模以及用料等均有严格的等级差别，尊卑有序的宗法礼制象征通过这些精心规划的物态建筑体现出来。

第三节　清东陵的仪式象征

关于“仪式”概念的含义，中外学者均有论及。西方人类学家李区解释说：“仪式是象征动作，而神话是其在概念范畴的副本。他写道，神话和仪式基本上是同一的。但是，仪式动作到底象征什么？这一点相当明白，是‘代表’社会结构。他写到，‘我的看法是，仪式动作和信仰同样应该被理解为某种对于社会秩序的象征述说形式’；并且‘仪式使社会结构清晰了，……仪式所象征的结构即是公认的人之间与团体之间合宜的关系。'"[①] 简单地说，李区即把仪式象征视为隐喻或反映社会结构，这个社会结构是社会秩序，是意识形态系统的一个层面。中国大陆学者郭于华在《仪式与社会变迁》一书的导论中，也对"仪式"的概念进行了阐述。他说："仪式，通常被界定为象征性的、表演性的、由文化传统所规定的一整套行为方式。它可以是神圣的也可以是凡俗的活动，这类活动经常被功能性地解释为在特定群体或文化中沟通（人与神之间，人与人之间）、过渡（社会类别的、地域的、生命周期的）、强化秩序及整合社会的方式。"他接着说："仪式作为象征性的行为与活动，不仅是表达性的，而且是建构性的；它不仅可以展示观念的、心智的内在逻辑，也可以是展现和建构权威的权力技术。而政治权力亦不仅仅表现为简单的强制，而是力图呈现为一种合法合理的运用。"[②]

清东陵作为皇家陵寝，有很多仪式活动，诸如丧葬仪式，即帝后妃的奉移、奉安仪式；帝后妃的谒陵仪式；大大小小的祭祀仪式等。清朝统治者通过这些一整套象征性的仪式活动，将清帝国的政治意图和专制权威充分地表达出来，进而起到整合社会的作用。

在本书第一章中，已对清东陵帝后妃的奉安和祭祀作了详细的叙述。清东陵帝后的奉安仪式，其规模之大、名目之繁，可以说在历史上达到了极致。有关这一点，我们可从奉移前的大量的人力物力备办过程得以知晓。如仅抬运大行皇帝梓宫的杠夫就多达60 班，共7 920 人，出京城后要用最高标准的128 人大杠抬运。一副梓宫所用杠夫如此之多，完全是出于仪式的考虑。另外还有众多的王公、大臣、侍卫、太监及内务府官员作为扈从人员随行，组成了浩浩荡荡的庞大队伍。清朝统治者通过帝后奉安仪式的展演，将专制皇权从一个侧面体现出来，起到了震慑臣民的作用。

再如帝后的谒陵，其仪式也更为壮观。我们可从第五章谒陵之行中有关谒陵随护人员和所需物资、谒陵途中发生的事件中，了解谒陵仪式的大体情况。首先，表现在谒陵队伍的庞大。以嘉庆年间的一次谒陵为例，仅京随扈从官兵即多达1 972 名。同时，直隶还要派清道、缉捕、站道等各种官兵2 000 名。如此众多官兵的随护，并不仅仅是从安全防卫的角度考虑的，其中还有以壮观瞻的因素在内。因为在清朝统治者看来，皇帝谒陵若不派众多兵丁扈从，则"殊不足以崇体制而昭严整"。其次，表现在物资的大量配备上。在清王朝覆灭的前夕即宣统

① ［英］布莱恩·莫里斯著，张慧端译：《宗教人类学导读》，台北：国立编译馆1996 年版，第254 页。

② 郭于华：《导论：仪式——社会生活及其变迁的文化人类学视角》，见郭于华主编：《仪式与社会变迁》，北京：社会科学文献出版社2000 年版，第4 页。

元年九月的一次谒陵时，仅雇备四套大车就达 1 442 辆，实在令人震惊。在风雨飘摇、财政极度困乏的艰难时期，爱新觉罗的后世子孙仍竭尽全力办理谒陵事宜，而且场面还如此隆重，这不能不说是清朝统治者重视仪式的又一个具体体现。

至于陵寝祭祀，更是有一套烦琐的仪式。通过本书第一章中对清东陵祭祀仪式细致的描述，我们可以了解祭祀仪式的大体情况。

陵寝祭祀（大祭）仪式中均要进行所谓的“初献礼”、“亚献礼”和“终献礼”这样一些琐碎甚至重复的步骤，每一个细小的动作，诸如君臣的站立位置、何时跪拜叩头、何时退回原位等都有严格的规定。每次祭祀中仅礼部官员就有读祝官、赞引官、对引官、典仪官、司帛官、司爵官和司香官等众多职司名称。从这些名称中我们也能够想象到祭祀仪式的烦琐状况了。

清东陵（包括西陵在内）祭祀仪式的烦琐、隆重，可以说在中国历史上达到了登峰造极的程度。清朝统治者为什么要这样做呢？他们这样做的目的是什么？难道说体现的是爱新觉罗的子孙对祖先的崇拜和孝敬吗？作为少数民族建立的清政权，尤其在入关以后，他们将从汉人那里学来的传统礼制加以发扬光大，以此取得汉人的认同，达到维护和巩固统治的目的。正如英国文化人类学家特纳所说的：“仪式具有政治上整合的功能。”特纳还指出：“视仪式‘不仅一如涂尔干和芮德克利夫布朗的理论所言，为表达凝聚’，使社会的价值和社会情感烙印于人们心中，同时也将社会规则之间真实的冲突予以渲染，并确定尽管冲突存在，社会依然是统一的。”① 亦如郭于华所言，仪式“就是一种权力技术或权力实践的过程”②。那么，清东陵的祭祀仪式也正是清朝统治者权力技术的一个实践。

第四节　清帝国永恒的象征

清朝统治者重视祖先陵寝的经营，其原因一方面源于中华民族自古具有的“灵魂崇拜”、“祖先崇拜”的传统观念，而“祖先崇拜又是灵魂崇拜的必然产物，而且具有更深刻的宗教意义，崇拜的对象虽然也是鬼魂，但必须是与自己有血缘关系的鬼魂。在崇拜者看来，这种鬼魂总是护佑着它的后人，因此表现格外

① ［英］布莱恩·莫里斯著，张慧端译：《宗教人类学导读》，台北：国立编译馆 1996 年版，第 272 页。

② 郭于华：《导论：仪式——社会生活及其变迁的文化人类学视角》，见郭于华主编：《仪式与社会变迁》，北京：社会科学文献出版社 2000 年版，第 4 页。

虔诚”①。同时，在祖先崇拜的背后还具有中国传统思想文化中“孝”这一精神的支撑。所谓孔子在《论语·为政》中所说的：“生，事之以礼，死，葬之以礼，祭之以礼”，就是强调对父母生前和死后均要严格按孝道行事，由此也就出现了历史上以“孝廉举官”和“三年居丧”的制度。清朝统治者继承了中华民族的这一传统，运用儒家“孝”的观念来“正德”和“厚生”，以此维系统治秩序，达到“以孝治天下”的政治目的。另一方面，把陵寝作为帝国的象征，并通过一系列仪式来塑造这个象征，以此表达着君权神授和神圣不可侵犯，进而达到统治秩序的稳定和王朝的长治久安的目的。透过风水理论、自然山川地理和人工建筑等这些外在的形式，我们可以窥探凝结其中的深刻的政治含义。不仅如此，这个深刻的政治含义还通过清朝统治者对清东陵的精心管理进一步显示出来。清朝统治者把入关后营建的第一座皇陵——清东陵作为帝国象征的考虑是不难理解的。因为在中国历史上，每当政权更迭，一个新的王朝建立之后，所面临的首要问题是如何为新政权的合理存在作辩护和宣传，汉族之间的改朝换代是这样，而作为少数民族的新政权，更是如此。“清人在入关前后，对汉族王朝政治体制和意识形态等‘合法性资源’一直是在努力学习、认真钻研的。”② 作为少数民族满族建立的清王朝，在替代了汉族政权之后，面对中原汉族的抵制和反抗，如何使自己的政权合法化，这是摆在清朝统治者面前的头等大事。为了争取人心，巩固统治，首先就必须学习汉族文化，效仿汉族政权的统治模式，用儒家的礼制来整合和维系社会及其秩序。其中很重要的一个表现就是在陵寝制度上对历代尤其是明代的直接沿袭，借此证明新政权亦是中国历史法统传承的合理接续。

为塑造清东陵这个帝国的象征，清朝统治者利用了各种办法。

首先，在陵址相度的过程中，对传统的风水理论进行了充分的运用和发挥，使陵寝罩上了一层浓厚神秘的外衣，令人们产生敬畏之感。

其次，通过物态的建筑以及各种仪式的的展演，使严格的礼制秩序得以展现，进而使清帝国在民众心中树立一种令人信服的绝对权威。静止与动态这两种形式所产生的效果，是将无形的制度和权威通过具体的实态和行为让人们领会到或者看得到一种真实的存在，并逐渐在人们的心目中得到强化。比如陵寝氛围的营造，通过周密的规划，包括各建筑组群的布局、树木的种植、守护人员的配置等，使得皇陵的庄严神圣凸显出来。在此基础上，再通过烦琐而隆重的丧葬祭祀

① 王祥龄撰：《中国古代崇祖敬天思想研究》，私立中国文化大学哲学研究所博士学位论文，1991年，第4页。

② 王家范：《明清易代的偶然性和必然性》，《史林》2005年第1期，第5页。

仪式和皇帝们每年身体力行的带有程式化的一系列谒陵仪式的表演，更使得礼制秩序观念、帝国的权威昭示出来，以达到教化臣民的目的。由此说来，清东陵即是一个象征的符号，清朝统治者通过这个象征符号，将帝国统治的合法性表达出来，使其统治得以维护和巩固，大清江山得以绵延不绝。正如美国文化人类学家、修辞家、符号人类学和释义人类学倡导者、普林斯顿大学高等研究院教授克利福德·格尔茨在其著作《文化的解释》一书中所说："仪式表演本身就引导人们接受权威，而权威是宗教观点的基础。用一套单一的象征符号，引入一套心境和动机因素——一种气质——并定义一个宇宙秩序的图像——一种世界观。"① 清朝帝、后和王公大臣拜谒祖先陵寝时所进行的一套烦琐的仪式，其真实目的就是要把权威和礼制观念引入臣民的心中，并深化为强有力的、恒久的情绪，甚至使这些东西逐渐转变成宗教信仰式的精神力量。

再次，严密的陵寝日常管理和防护，更强化了这个象征的威严和神秘。火道、界桩、风水墙等各种界限标志及其各种禁令，突出了皇陵至高无上的地位。

总之，无论形式还是内容，清东陵都表达了一个核心问题：清帝国的合法地位及其绵延不绝的永恒存在。

① ［美］克利福德·格尔茨著，韩莉译：《文化的解释》，南京：译林出版社2002年版，第145页。

参考文献

一、档案资料

1. 中国第一历史档案馆编：《光绪、宣统两朝上谕档》，桂林：广西师范大学出版社，1996 年。

2. 中国第一历史档案馆编：《光绪朝朱批奏折》，北京：中华书局，1995—1996 年。

3. 中国第一历史档案馆编：《嘉庆、道光两朝上谕档》，桂林：广西师范大学出版社，2000 年。

4. 中国第一历史档案馆编：《康熙朝汉文朱批奏折汇编》，北京：中国档案出版社，1984—1985 年。

5. 中国第一历史档案馆编：《康熙起居注》，北京：中华书局，1984 年。

6. 中国第一历史档案馆编：《乾隆朝上谕档》，北京：中国档案出版社，1998 年。

7. 中国第一历史档案馆编：《乾隆起居注》，桂林：广西师范大学出版社，2002 年。

8. 中国第一历史档案馆编：《咸丰、同治两朝上谕档》，桂林：广西师范大学出版社，1998 年。

9. 中国第一历史档案馆编：《雍正朝汉文谕旨汇编》，桂林：广西师范大学出版社，1999 年。

10. 中国第一历史档案馆编：《雍正朝汉文朱批奏折汇编》，南京：江苏古籍出版社，1989—1991 年。

11. 《雍正朝满文朱批奏折全译》，合肥：黄山书社，桂林：广西师范大学出版社，1998 年。

12. 中国第一历史档案馆编：《雍正起居注》，北京：中华书局，1993 年。

13. 道光朝军机处录副奏折（有关陵寝的）约 17 件。

14. 嘉庆朝军机处录副奏折（有关陵寝的）约 53 件。

15. 内务府档案目录（陵寝事务）约 1 001 件，15 册。

16. 内务府来文补遗（陵寝事务）约 99 件。

17. 内务府来文目录（陵寝事务）约 7619 件。

18. 内务府事简目录（陵寝，嘉庆、光绪、宣统朝）约 308 件。

19. 内务府堂簿册（有关清东陵的）共 45 件。

20. 内务府堂清册（包括清东、西陵的）约 54 册。

21. 乾隆朝汉文录副奏折（有关清东陵的）约 176 条。

22. 同治朝军机处录副奏折（有关礼仪、宫廷、陵寝的）约813件。
23. 刑部档案案卷目录（涉及遵化、丰润、迁安）约1 063件。

二、方志资料

1.（清）边中宝纂：《直隶遵化州志》，乾隆二十一年刻本。
2.（清）常明修，（清）杨芳灿、谭光祜纂：《四川通志》，嘉庆二十一年刻本。
3.（清）陈昶修，王大信纂：《三河县志》，乾隆年间刻本。
4.（清）何松泰纂修：《遵化通志》，光绪十二年刊本。
5.（清）黄廷桂、宪德修，张晋生等纂：《四川通志》，乾隆元年刻本。
6.（清）万青黎、周家楣修，张之洞、缪荃孙纂：《顺天府志》，上海：上海书店，2002年影印本。
7.（清）王葆安修，陈式谌纂：《香河县志》，民国二十五年铅印。
8.（清）吴士鸿修，孙学恒纂：《滦州志》，嘉庆十五年刻本。
9.（清）夏子鎏修，李昌时纂：《玉田县志》，光绪十五年刻本。
10.（清）张吉午纂修：《顺天府志》，康熙年间抄本。
11.（清）郑侨生等纂修：《遵化州志》，康熙年间刻本。
12. 遵化县志编纂委员会编：《遵化县志》，石家庄：河北人民出版社，1990年。
13.（清）李鸿章等修，黄彭年等纂：《畿辅通志》，光绪十年刻本。
14.（清）唐执玉、李卫修，陈仪、田易等纂：《畿辅通志》，雍正十三年刻本。

三、专志及其他

1.（汉）青乌子撰，（金）兀钦仄注：《葬经》，见（明）周履靖辑：《夷门广牍》，长沙：长沙商务印书馆，民国二十九年影印本。
2.（晋）郭璞撰：《古本葬书》，上海：上海商务印书馆，民国十一年。
3.（明）缪希雍撰：《葬经翼》，上海：上海商务印书馆，民国十一年影印本。
4.（明）王在晋撰：《历代山陵考》道光四年刻本。
5.（清）布兰泰：《昌瑞山万年统志》，光绪年间写本。
6.（清）查继佐：《罪惟录》，杭州：浙江古籍出版社，1986年。
7.（清）长润等纂修：《陵寝规制》，清稿本。
8.（清）陈云章：《劫炭集：卧云山馆诗存》，光绪十三年刻本。
9.（清）顾炎武著，黄汝成集释：《日知录》卷十五《墓祭》、《陵》，上海：上海古籍出版社，1985年。
10.（清）嘉庆二十年官撰：《钦定工部则例》，嘉庆二十年刻本。
11.（清）李元度：《国朝先正事略》，长沙：岳麓书社，1991年。
12.（清）梁份撰：《帝陵图说》，清抄本。
13.（清）王先谦：《九朝东华录》，光绪年间石印本。
14.（清）王先谦：《康熙东华录》，光绪二十五年石印本。

15.（清）翁同龢：《翁文恭公日记》，北京：商务印书馆，民国十四年影印本。
16.（清）禧耆等撰：《屡堪皇陵地势奏案》，道光年间抄本。
17.（清）禧耆撰：《堪定陵寝吉地奏议》，全国图书馆文献缩微复制中心，2004 年。
18.（清）徐干学：《读礼通考》，南京：江苏书局，清光绪七年刻本。
19.（清）佚名撰：《明陵纪事》，清抄本。
20.（清）于敏中：《日下旧闻考》，北京：北京古籍出版社，1981 年。
21.（清）毓樠撰：《修复陵寝各件》，光绪间抄本。
22.（清）昭梿：《啸亭杂录》，北京：中华书局，1980 年。
23.（清）朱孔阳辑：《历代陵寝备考》，上海申报馆，光绪年间铅印本。
24.（清）朱寿朋：《光绪朝东华录》，北京：学苑出版社，2000 年影印本。
25.《东陵工部各项料估清册》，光绪二十六年抄本。
26. 清东陵工程处编：《东陵工程处堂片簿》，光绪年间抄本。
27.《光绪三十三年分陵寝岁暮祭祀料估清册》，清抄本。
28.《穆宗升遐祭祀等事项抄》，清抄本。
29.《万寿国号皇陵忌辰单》，清末刻本。
30.《裕陵年祭祀供用清册》，清抄本。
31.（清）黄振芝：《清东陵浅说》，清抄本。
32. 李学勤主编：《十三经注疏·仪礼注疏》，北京：北京大学出版社，1999 年。
33. 钱实甫：《清代职官年表》，北京：中华书局，1980 年。
34. 守陵人撰：《陵寝事宜易知》，中国第一历史档案馆。
35. 素尔纳等纂修，沈云龙主编：《钦定学政全书》，《近代中国史料丛刊》第三十辑，第 293 册，台北：文海出版社，1968 年。
36. 吴振棫：《养吉斋丛录》，杭州：浙江古籍出版社，1985 年。
37. 小横香室主人：《清朝野史大观》，上海：上海文艺出版社，1990 年。
38. 叶泰辑：《地理大成》五种，上海：上海九经书局、铸记书局，民国五年石印本。

四、正史

1.（汉）班固撰：《汉书》，北京：中华书局，1975 年。
2.（汉）范晔：《后汉书》北京：中华书局，1976 年。
3.（汉）司马迁：《史记》，北京：中华书局，1975 年。
4.（明）宋濂等撰：《元史》，北京：中华书局，1976 年。
5.（清）昆冈等修，吴树梅等纂：《钦定大清会典》，台北：新文丰出版公司，1976 年。
6.（清）昆冈等撰：《钦定大清会典事例》，台北：新文丰出版公司，1976 年。
7.（清）张廷玉撰：《明史》，北京：中华书局，1974 年。
8.（宋）欧阳修、宋祁撰：《新唐书》，北京：中华书局，1975 年。
9.（元）脱脱等撰：《宋史》，北京：中华书局，1977 年，
10.（元）脱脱撰：《金史》，北京：中华书局，1975 年。

11. 乾隆年间三通馆奉敕编修：《清朝文献通考》，上海：上海商务印书馆，1936 年。
12. 刘锦藻等撰：《清朝续文献通考》，上海：上海商务印书馆，1936 年。
13.《清实录》，北京：中华书局，1986 年。
14. 鄂尔泰等修：《八旗通志》，长春：东北师范大学出版社，1986 年。
15. 嵇璜等修：《清朝通典》，上海：上海古籍出版社，1988 年。
16. 嵇璜等修：《清朝通考》，上海：上海古籍出版社，1988 年。
17. 嵇璜等修：《清朝通志》，上海：上海古籍出版社，1988 年。
18. 唐邦治撰：《清皇室四谱》，见沈云龙主编《近代中国史料》第八辑，台北：文海出版社，1967 年。
19. 王钟翰点校：《清史列传》，北京：中华书局，1987 年。
20. 萧一山：《清朝通史》，北京：中华书局，1985 年。
21. 赵尔巽等撰：《清史稿》，北京：中华书局，1976 年。

五、舆图

1.（清）方观承编：《遵化州、易州、冀州、赵州》（舆图、义仓图），乾隆年间刻本。
2.（清）方观应：《畿辅义仓图》，乾隆元年刻本。
3.（清）游开智：《永平府舆地全图》，光绪五年刻本。
4.《大清东陵风水全图》，民国八年谷宗瑞绘。
5.《大清东陵形势全图》，光绪二十六年绘本。
6.《大清会典祭祀行礼图》，清抄本。
7.《调查东陵略图》，民国十四年绘本。
8.《东陵陵寝图考》，民国十九年铅印本。
9.《东陵图式》，民国间佚名绘。
10.《普陀峪陵寝工程图样》，同治年间绘本。
11.《遵化县全图》，徐受卿绘，民国二十二年石印本。
12.《遵化州地契总跋》，清乾隆年间抄本。
13.《遵化州地图》，北洋陆军参谋处绘，清光绪三十二年石印本。
14.《遵化州地舆图》，清光绪末年绘本。
15.《遵化州山河村堡舆图》，清光绪末年绘本。

六、碑刻资料

河北省唐山市政协文史资料委员会编：《唐山碑刻选介》（2003、2004 年）第一、二辑收录的相关碑刻。

七、专著

1.［美］克利福德·格尔兹：《文化的解释》，上海：上海人民出版社，2002 年。

2. ［日］赤塚忠：《中国古代の宗教和文化：殷王朝の祭祀》，东京：角川书店，1977年。

3. ［日］川本重雄：《寝殿造の空间と仪式》，东京：中央公论美术出版社，2005年。

4. ［日］冈村秀典：《中国古代王权と祭祀》，东京：学生社，2005年。

5. ［日］金子修一：《古代中国と皇帝祭祀》，东京：汲古书院，2001年。

6. ［日］曾布川宽：《六朝帝陵》，南京：南京出版社，2004年。

7. ［日］曾布川宽：《昆仑山への升仙：古代中国人が描いた死后の世界》，东京：中央公论社，1981年。

8. ［英］菲奥纳·鲍伊著，金泽、何其敏译：《宗教人类学导论》，北京：中国人民大学出版社，2004年。

9. ［英］李约瑟著，柯林·罗南改编，上海交通大学科学史系译：《中华科学文明史》，上海：上海人民出版社，2003年。

10. 《中国建筑艺术全集》，北京：中国建筑工业出版社，2003年。

11. 艾永明：《清朝文官制度》，北京：商务印书馆，2005年。

12. 布莱恩莫里斯著，张慧端译：《宗教人类学导论》，台北：国立编译馆，1996年。

13. 杜赞奇：《文化、权力与国家：1900—1942年的华北农村》，南京：江苏人民出版社，1996年。

14. 梁思成：《中国建筑史》，北京：中国建筑工业出版社，2005年。

15. 杨宽：《中国古代陵寝制度研究》，上海：上海古籍出版社，2003年。

16. 谢敏聪：《中国历代帝王陵寝考略》，台北：中正书局，1987年。

17. 金泽：《宗教人类学导论》，北京：宗教文化出版社，2001年。

18. 刘晔原、郑惠坚：《中国古代的祭祀》，北京：商务印书馆，1996年。

19. 周积明、宋德金主编：《中国社会史论》，武汉：湖北教育出版社，2001年。

20. 刘沛林：《风水·中国人的环境观》，上海：三联书店，1995年。

21. 郭松义等著：《清朝典章制度》，长春：吉林文史出版社，2001年。

22. 冯尔康：《雍正传》，北京：人民出版社，1985年。

23. 郭于华：《死的困扰与生的执著》，北京：中国人民大学出版社，1992年。

24. 刘道超：《择吉与中国文化》，北京：人民出版社，2004年。

25. 罗开玉：《中国丧葬与文化》，海口：海南人民出版社，1988年。

26. 王铭铭、潘忠党主编：《象征与社会》，天津：天津人民出版社，1997年。

27. 王铭铭：《社会人类学与中国研究》，北京：生活·读书·新知三联书店，1997年。

28. 徐吉军、贺云翱：《中国丧葬礼俗》，杭州：浙江人民出版社，1991年。

29. 宋德胤：《丧葬仪观》，北京：中国青年出版社，1991年。

30. 刘晓春：《仪式与象征的秩序——一个客家村落的历史、权力与记忆》，北京：商务印书馆，2004年。

31. 清代宫史研究会编：《清代皇宫陵寝》，北京：紫禁城出版社，1995年。

32. 杨志刚：《中国礼仪制度研究》，上海：华东师范大学出版社，2001年。

33. 张德泽：《清代国家机关考略》，北京：学苑出版社，2004 年。

34. 赵世瑜：《狂欢与日常——明清以来的庙会与民间社会》，北京：生活·读书·新知三联书店，2002 年。

35. 中国第一历史档案馆编：《清代帝王陵寝》，北京：中国档案出版社，1982 年。

36. 张秦英、刘汉华编著：《悠悠帝陵今何在：中国古代帝王陵寝》，北京：人民日报出版社，1995 年。

37. 朱子彦：《后宫制度研究》，上海：华东师范大学出版社，1998 年。

38. 詹鄞欣：《神灵与祭祀：中国传统宗教综论》，南京：江苏古籍出版社，1992 年。

39. 陈戍国：《中国礼制史》，长沙：湖南教育出版社，2002 年。

40. 刁书仁：《满族生活掠影》，沈阳：沈阳出版社，2002 年。

41. 窦忠如、刘彩杰：《追忆明清皇陵》，北京：新世界出版社，2004 年。

42. 方光华：《俎豆馨香：中国祭祀礼俗探索》，西安：陕西人民教育出版社，2000 年。

43. 冯其利：《清代王爷坟》，北京：紫禁城出版社，1996 年。

44. 黄进兴：《优入圣域：权力、信仰、正当性》，西安：陕西师范大学出版社，1998 年。

45. 瞿明安、郑萍著：《沟通人神：中国祭祀文化象征》，成都：四川人民出版社，2005 年。

46. 李凤民、陆海英编著：《沈阳福陵》，长春：东北大学出版社，1996 年。

47. 李凤民主编：《兴京永陵》，长春：东北大学出版社，1996 年。

48. 李国荣主编，《清宫档案揭秘》，北京：中国青年出版社，2004 年。

49. 李万贵、庞玉忠：《清东陵》，北京：中国世界语出版社，1997 年。

50. 刘仁甫编：《前明十三陵始末图说》，编者自刊，1915 年。

51. 刘锡成：《象征：对一种民间文化模式的考察》，北京：学苑出版社，2002 年。

52. 祁人等主编：《清东陵的掌故和传说》，北京：中国民间文艺出版社，1989 年。

53. 秦国经主编：《清代官员履历档案全编》，上海：上海师范大学出版社，1997 年。

54. 史宗主编，金泽、宋立道、徐大建等译：《20 世纪西方宗教人类学文选》，上海：上海三联书店，1995 年。

55. 宋大川等：《金代陵寝宗庙制度史料》，北京：北京燕山出版社，2003 年。

56. 孙翠玲、冬熊编著：《陵寝下的神秘》，北京：昆仑出版社，2000 年。

57. 孙中家、林黎明编著：《中国帝王陵寝》，哈尔滨：黑龙江人民出版社，1987 年。

58. 唐山市政协文史资料委员会编：《清东陵》，北京：社会科学文献出版社，1995 年。

59. 王伯扬主编：《帝王陵寝建筑：地下宫殿》，北京：中国建筑工业出版社，2004 年。

60. 王计生主编：《事死如生：殡葬伦理与中国文化》，上海：百家出版社，2002 年。

61. 王学智：世界遗产论坛《明清皇家陵寝专辑》，北京：北京科学出版社，2004 年。

62. 于善浦、石玉新：《东陵盗宝记》，石家庄：河北人民出版社，1985 年。

63. 于善浦：《清东陵大观》，石家庄：河北人民出版社，2003 年。

64. 徐广源：《清朝皇陵探奇》，上海：新世界出版社，1998 年。

65. 徐广源：《清东陵史话》，上海：新世界出版社，2001 年。

66. 晏子友：《明清帝王及其陵寝》，台北：台海出版社，1998 年。
67. 晏子友：《清东西陵》，北京：中国青年出版社，2000 年。
68. 俞进化：《清东陵与西陵》，北京：北京出版社，1981 年。
69. 岳南：《日暮东陵：清东陵地宫珍宝被盗之谜》，上海：新世界出版社，2004 年。
70. 张文生：《中国皇陵》，北京：北京燕山出版社，1992 年。
71. 郑小江：《中国死亡文化大观》，南昌：百花洲文艺出版社，1995 年。
72. 中国人民政治协商会议河北省遵化县委员会编：《遵化史话》第四辑，1987 年。
73. 周洁：《中日祖先崇拜研究》，北京：世界知识出版社，2004 年。

八、论文

1. ［美］何炳棣：《捍卫汉化：驳伊芙琳·罗斯基之"再观清代"》（上），《清史研究》2000 年第 1 期。
2. ［美］何炳棣：《捍卫汉化：驳伊芙琳·罗斯基之"再观清代"》（下），《清史研究》2000 年第 3 期。
3. ［日］曾布川宽著，苌岚译：《陵墓制度和灵魂观》，《文博》1989 年第 2 期。
4. 白洪希：《清陵寝员役制度初探》，《满族研究》2003 年第 2 期。
5. 常书红：《清代的北京旗、民一体化进程——兼论北京满汉文化的交融》，《北京师范大学学报》2004 年第 1 期。
6. 晁福林：《战国时期的鬼神观念及其社会影响》，《中国史研究》1998 年第 2 期。
7. 陈春声：《历史的内在脉络与区域社会经济史研究》，载《明清时期中国区域社会变迁笔谈》，《史学月刊》2004 年第 8 期。
8. 成积春：《从乾隆时期满族文化传统的迅速转变看汉文化的影响》，《齐鲁学刊》1997 年第 4 期。
9. 杜家骥：《雍正之弟改名阿其那、塞思黑问题试析》，《满族研究》1998 年第 2 期。
10. 方国华：《裕陵楠木采办考略》，见清宫史研究会编《清代宫史论丛》，北京：紫禁城出版社，2001 年。
11. 高换婷：《清代陵寝档案研究》，见清宫史研究会编《清代宫史论丛》，北京：紫禁城出版社，2001 年。
12. 葛玉红：《清代丧葬习俗特点之研究》，《辽宁大学学报》2004 年第 5 期。
13. 郭成康：《也谈满族汉化》，《清史研究》2000 年第 2 期。
14. 韩利、王立平：《同治皇帝及其陵寝诸事探微》，见清宫史研究会编《清代宫史论丛》，北京：紫禁城出版社，2001 年。
15. 金恒源：《雍正帝篡位说新证》，《史林》2004 年第 3 期。
16. 李炳海：《周族灵魂归宿观念及相应文化现象》，《北方论丛》1995 年第 2 期。
17. 李万贵：《试论清东陵环境与建筑的关系》，见清宫史研究会编《清代宫史论丛》，北京：紫禁城出版社，2001 年。
18. 李云霞：《试论清代的"礼治"》，《满族研究》2004 年第 2 期。

19. 刘景发：《清东陵隆福寺及其行宫考略》，见清宫史研究会编《清代宫史论丛》，北京：紫禁城出版社，2001 年。

20. 刘曙光：《丧葬礼俗起源初探》，《中原文物》1994 年第 2 期。

21. 刘源：《商周祭祖礼研究》，南开大学博士学位论文，2000 年。

22. 罗丽欣：《从普陀峪定东陵的建筑风格分析慈禧复杂的心理》，《满族研究》2002 年第 3 期。

23. 孙静：《欧立德著〈满洲之道：八旗与晚期中华帝国的族群认同〉》，《历史研究》2005 年第 2 期。

24. 王成民：《关内外清陵建筑对比谈》见清宫史研究会编《清代宫史论丛》，北京：紫禁城出版社，2001 年。

25. 王佩环：《从新发现的满文档案再释阿其那与塞思黑》，《故宫博物院院刊》2000 年第 2 期。

26. 王震中：《祭祀、战争与国家》，《中国史研究》1993 年第 3 期。

27. 行龙：《论区域社会史研究的理论与方法》，《史学理论研究》2004 年第 4 期。

28. 徐广源：《从宝华峪陵寝的兴废看道光帝的性格》，见清宫史研究会编《清代宫史论丛》，北京：紫禁城出版社，2001 年。

29. 徐广源：《道光陵搬迁始末》，《故宫博物院院刊》1989 年第 2 期。

30. 薛福录：《雍正帝与养廉银》，《档案工作》1990 年第 3 期。

31. 扬宽：《先秦墓上建筑和陵寝制度》，《文物》1982 年第 1 期。

32. 杨珍：《满文档案中所见允禵皇位继承人地位的新证据》，《中国史研究》1990 年第 3 期。

33. 尹庆林：《清代东陵御路琐议》，见清宫史研究会编《清代宫史论丛》，北京：紫禁城出版社，2001 年。

34. 张丽梅：《试论皇太极对满汉文化的态度》，《满族研究》2001 年第 4 期。

35. 赵世瑜：《社会史研究向何处去?》，《河北学刊》2005 年第 1 期。

36. 赵世瑜：《作为方法论的区域社会史》，载《明清时期中国区域社会变迁笔谈》，《史学月刊》2004 年第 8 期。

37. 邹爱莲：《从两件奏折清单谈东西两太后及其陵寝的兴修》，见清宫史研究会编《清代宫史论丛》，北京：紫禁城出版社，2001 年。

本书获得嘉应学院资助出版